# 중국 고적 발굴기

陳舜臣 지음
이용찬 옮김

대원사

대원동서문화총서
# 중국고적발굴기

초판 1쇄 발행 | 1988년 12월 17일
개정판 1쇄 발행 | 1990년 03월 30일
개정판 6쇄 발행 | 2017년 04월 20일


지은이 | 陳舜臣
옮긴이 | 이용찬
발행인 | 김남석
발행처 | ㈜대원사
주   소 | 06342 서울특별시 강남구 양재대로 55길 37, 302
전   화 | (02)757-6711, 6717~9
팩시밀리 | (02)775-8043
등록번호 | 2011-000081호
홈페이지 | http://www.daewonsa.co.kr

ⓒ 대원사, 1988

값 18,000원

Daewonsa Publishing Co., Ltd
Printed in Korea 1998

ISBN | 89-369-0502-3  03300

섬서성 서안시 교외에 있는 반파(半坡) 유적

반파(半坡) 유적. 그러나 아직 전체의 6분의 1밖에 발굴되지 않았다.

채도(彩陶) 어조문 세경병(魚鳥紋 細頸瓶) – 신석기시대

채도(彩陶) 어문발(魚紋鉢) — 신석기시대

「진공동궤」(秦公銅簋)-춘추시대

서안시 교외의 시황제릉

진시황제릉의 병마용갱(兵馬俑坑)에서 발굴된 무관상

병마용(兵馬俑) 진열실에 전시된 말

무사용의 부분

1980년에 시황제릉 서쪽에서 발견된 동마차(銅馬車)

동마차 앞부분의 마부

마차의 뒷문

4마리 중 왼쪽에서 2번째 말의 머리 부분

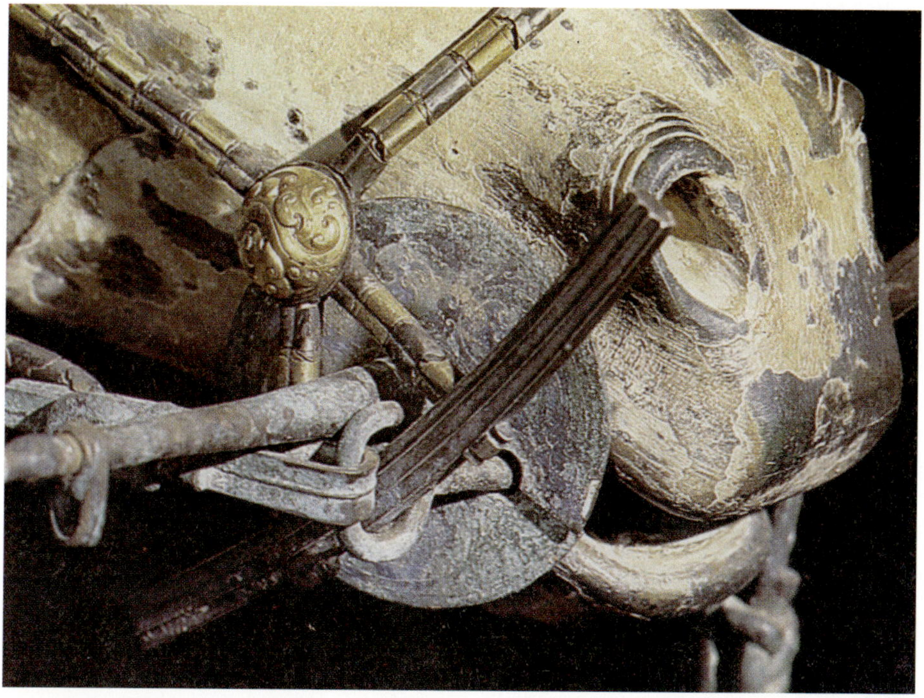

말의 입 부분

오른쪽 곁말(驂馬) 등의 가죽끈

말 이마의 장식

부마(副馬)의 멍애 부분

섬서성 함양궁전 발굴 현장

장사 마왕퇴(長沙 馬王堆) 제1호 한묘릉(漢墓陵)의 외경

장사 마왕퇴 한묘의
발굴 현장

장사 마왕퇴 제3호 한묘 내부

장사 마왕퇴 제3호 한묘의
관곽(棺槨)

장사 마왕퇴 제1호 한묘에서 출토된 백화(帛畵 : 비단에 그린 그림) 부분.
몸은 사람 모양이고 꼬리는 뱀 모양의 신상(神像)

장사 마왕퇴 제1호 한묘에서 출토된 채화목용(彩畵木俑)

춘미화상전(舂米畵像塼). 후한 시대. 사천성 팽현(彭縣) 출토

칠우 동저패기(七牛 銅貯貝器). 전한 시대. 운남성 진녕현 석채산(石寨山) 출토

섬서성 서안시 교외에 있는 당 영태공주묘 전경

당 영태공주묘(永泰公主墓)의 입구

북경시 교외 대보대(大葆臺)의 전한묘(前漢墓) 외경

金代水井

대보대 한묘 안에 있는 금대(金代)의 우물

신강 위구르자치구 투루판의 고창(高昌) 옛성에서 발굴된 아스타나 벽화

앞으로 발굴이 계속될 고창 옛성〔古城〕의 외경

장사 마왕퇴 제1호 한묘에서 출토된 백화 부분.
얼굴은 사람 모양이고 새처럼 날고 있는 묘주(墓主)의 상

장사 마왕퇴 박물관에 진열된 채화관(朱地 彩畵棺)

채화관(黑地 彩畵棺)

대원동서문화총서●2

# 중국고적발굴기

陳舜臣 지음
이용찬 옮김

대원사

# 차    례

# 사라진 북경원인

## 1

지금부터 약 50만년 전으로 추정되는 제4기 홍적세의 제2 간빙기(間氷期)의 유물 이야기라고 하면 우리들은 아찔해질 뿐이다. 그것은 역사의 세계가 아니라 화석의 세계에 속하는 것이기 때문이다.

그러나 나는 땅 속에서 발굴된 것 중에서도 온통 역사와 관계가 있는 것 쪽에 더욱더 많은 관심을 기울였다. 자기의 몸 속에 맥박치는 피와 같은 파장으로 포착할 수 있는 피에 대한 관심이라고 바꾸어 말해도 무방할 것이다. 나의 피는 50만년 전의 사람인 북경원인(北京原人)에게 파장을 맞출 수가 없다. 그러나 중국에서의 발굴 사실을 이야기하려고 할 경우 북경원인에 대해 한마디도 하지 않고 그냥 지나칠 수는 없다.

북경에서 서남쪽으로 54킬로미터 지점에는 주구점(周口占)이라는 마을이 있는데, 삼면이 산으로 둘러싸여 있는 탄광 마을로서 서남쪽에는 용골산(龍骨山)이 있다. 이곳이 바로 북경원인의 옛 고장이다.

스웨덴의 지질학자인 G. 앤더슨(1874년~1960년)과 스단스키 등은 1920년을 전후하여 이 용골산의 발굴 조사를 시작하였다. 앤더슨은 중국 정부의 광공업 고문으로 초빙되어 있던 때였다. 이른바 신해혁명(辛亥革命, 1911년)으로 청나라가 무너지고 중화민국이 수립되기는 하였으나 남북으로 분열되어 있던 시대였다. 앤더슨이 중국에 부임한 것은 1914년의 일이며, 초빙한 쪽은 북방 정권이었고, 그 당시 총통은 원세개(袁世凱, 1859년~1916년)였다. 손문(孫文, 1866년~1925년)을 중심으로 하는 남방 정권은 광주(廣州)에 있었다.

앤더슨은 광공업 고문이었으므로 석탄을 채굴하기 위하여 주구점 일대를 조사한 것은 당연한 일이었으며 지질학자인 그가 고고학이나 고생물학에 관심을 가졌던 것도 당연한 일이었다. 용골산의 석회암 동굴에서 동물의 화석들을 채집하면서 어금니(臼齒, 구치) 화석을 하나 채집했는데, 그것이 아무래도 인류의 어금니와 같은 특징을 가진 것이 아닌가 하는 생각이 든 데서 사건은 시작된다. 1926년 스웨덴의 황태자가 북경을 방문하였을 때, 앤더슨은 학구파인 황태자를 위하여 마련한 모임에서 이 사실을 보고하였다. 이를 계기로 본격적인 발굴 조사가 행해졌으며, 중국측 지질 조사소와 록펠러 재단이 경영하는 협화의학원(協和醫學院)이 공동으로 지원하였다.

당시의 협화의학원을 지금은 '수도의원(首都醫院)'이라고 부르는데 왕부정 (王府井)에 있다. 필자는 담석증을 치료받기 위하여 한 차례 그곳을 방문한 적이 있었는데, 그곳은 청록색의 지붕을 하고 있는 아주 훌륭한 병원이었다. 그곳의 해부학 교수였던 D. 블랙(1884년~1934년)이 발굴 임무의 책임을 맡았다고 전해지는데, 그는 해골이 발견되자 그것이 사람의 화석이 틀림없다고 판단하고, 그것을 '시난트로프스 페키넨시스'라고 명명했다. 우리는 그것을 '북경원인(北京原人)'이라고 부르고 있으나 중국과 일부 다른 나라에서는 '북경원인(北京猿人)'이라고도 부르고 있다. 여하튼 본격적인 발굴 작업은 1927년에 시작하였다. 그후, 만주사변(1931년)으로 발굴이 일시 중단되기도 하였으나 곧 다시 시작되었다. 발굴된 지역은 넓이가 약 2만 평방 킬로미터 이상으로 그 방대한 지역의 바위와 흙을 퍼내며 정성스럽게 조사한 결과 45인의 북경원인의 '유골'을 발견하였다.

중국인 학자로 이 작업에 참가한 사람은 배문중(裵文中, 1904년~1983년)과 가란파(賈蘭坡) 등과 같은 유능한 학자들로서, 이들은 후에 중국 과학원의 고대척추동물 및 고대인류연구소(脊椎動物與古人類研究所)의 간부로서 활약하였다. 1929년에 처음으로 두개골을 발굴한 사람도 배문중이었다.

블랙 교수가 1934년에 급사하자 F. 봐이덴라이히(1873년~1948년)가 후임자로 주구점 조사를 계속하였다. 그는 오스트리아 태생이었으나 유태계였기 때문에 나치스에 쫓겨 미국으로 이주한 사람이다. 중·일 전쟁이 터지자 이 주구점 조사도 중지되었다. 그렇지만 이미 발굴된 것에 대한 연구는 협화의학원에서 계속 진행하였다. 일본군이 북경을 점령하였지만 미국인이 운영하는 이 의학원에 대해서는 손을 쓸 수가 없었다.

북경원인의 유골은 세계에서 가장 귀한 보물로 평가받고 있다. 구석기 시대 초기의 화석 인골이 다른 곳에서도 발견되고 있지만, 유명한 자바원인 (피테칸트로푸스 이렉투스)만 해도 그 두개골은 다 부서진 파편뿐이어서 복원하는 것이 거의 불가능한 형편이다. 여기에 비하면 북경원인은 보존 상태가 비교적 좋은 편이며 그러한 두개골이 다섯 개나 발굴되었다. 자바 원인은 오랫동안 그것이 사람의 것이냐, 원숭이의 것이냐 하는 문제로 말이 많았다. 그러나 북경원인은 분명히 사람의 것에 속하며, 그 화석의 두개골도 거의 완전한 모양으로 출토되었다. 그것은 가장 오래된 두개골로서 학문적으로도 평가할 수 없을 정도로 가치가 매우 높고 신비하다고까지 말할 수 있는 아주 훌륭한 것이다.

1941년 12월 8일 새벽에 일본군이 협화의학원에 들이닥쳤다. 미국에 선전포고를 하였으므로 적국의 자산으로서 접수를 서둘렀던 것이다. 이곳의 청록색 지붕 밑에 세계에서 가장 귀한 보물이 있다는 사실을 모르는 사람은 하나도 없었다. 일본군은 그 보물이 보존되어 있는 의학원의 커다란 금고를 중국측의 배문중 박사 입회하에 열었다. 그러나 어찌된 일일까? 분명히 있어야 할 북경원인의 유골이 홀연히 사라지고 없는 것이 아닌가! "1주일 전 이곳을 열었을 때에도 분명히 있었습니다" 하고 배 박사는 증언했다.

일본과의 관계가 계속 악화되고 있었으므로 전쟁이 벌어질 게 분명하다고 내다본 미국은 세계적 보물인 '북경원인'을 비밀리에 미국으로 옮기려고 계획하고 있었으나, 그 사실을 공동 연구자였던 배 박사도 전혀 눈치채지 못하고 있었다. 금고를 열어 보고 놀란 사람은 입회인이었던 바로 배 박사 자신이었다. 중국에서 발굴된 세계적인 보물을 미국으로 옮긴다는 것은 중국인의 자존심을 손상시키는 일이 될 것이고, 그렇게 되면 자연 그 계획에 반대하는 소리가 높아질 것이 분명하므로 그렇게 되지 않도록 비밀에 붙였는지도 모르겠다. 북경원인은 세계에서 가장 귀한 보물이기에 앞서 중국인에게는 중국의 국보로 더 의식되고 있었다. 그러므로 계획은 극비로 추진시킬 필요가 있었던 것이다. 그런데 이 북경원인은 미국에도 있지 않다. 북경원인의 실종은 세기적인 불가사의로 화제가 되었다.

2

1941년 12월 8일 태평양전쟁이 일어나기 1주일 전에 배문중 박사는 북경원인을 목격했었다. 그렇다면 미국의 극비 이송 계획이 실행에 옮겨진 것은 그 후의 일이었다고 할 수 있으므로 상황은 극히 긴박했다.

1941년 당시의 상황으로 이송은 선박을 이용할 수밖에 없는 실정이었다. 더구나 이미 12월에 접어드는 때였으므로 선박들은 겨울철에 얼어붙은 천진(天津)이 아니라 부동항인 하북성(河北省)의 진황도(秦皇島)로 드나들고 있었다. 그러므로 북경원인은 진황도 부두의 창고로 운반되었을 가능성이 많다. 창고로부터 부선(浮船)에 옮겨지는 것까지 확인하였다는 설도 있었다.

극비 계획이었으므로 수송을 담당한 사람들에게도 그것이 북경원인이라고는 알려지지 않았을 것이나, 신중한 취급을 요하는 것이므로 '귀중품'이라는 주의 정도는 해주었을 것이다. 후에 북경원인 실종에 대한 이야기를 듣고 나서야 "그랬었구나, 그것이 북경원인이었구나!" 하며 당시의 소송 관계자들이 맞장구를 치거나 인터뷰에 응하는 형태로 정보가 제공되었다. 더구나 미국측으로서는 북경원인 이외에도 중요한 물건이 한두 가지가 아니었을 것이다. 다른 물품을 운송하였으면서도 그것이 뒷날 북경원인이라고 단정을 내린 사람들도 있었던 모양이다.

미국으로 옮긴다고 생각할 때 우선 진황도에 운송할 수밖에 없었을 것이다. 실종된 북경원인에 대한 추적은 진황도가 하나의 중요한 요점이 된다. 진황도는 하북성의 산해관(山海關) 서남쪽 약 20킬로미터 지점에 있으며 피서지로서 유명한 북대하(北戴河) 근처이다. 실은 섬도 아닌데 지명에 섬 도(島) 자가 붙어 있는 것은 그곳이 원래 섬이었기 때문이다. 진황도는 육지에 매우 가까운 섬이었던 탓으로 해협을 매립하여 육지로 이은 것이 1898년이었다. 근처에는 당산(唐山)과 같은 큰 탄광이 있어서 석탄 수송 항구로서 이곳이 개발되었다.

「사기(史記)」에 의하면 진나라 시황제는 32년(기원전 215년) 하북성 갈석산(碣石山)에 행차하여 연(燕)나라 사람 노생(盧生)에게 명하여 선인의 섬문고(羨門高)를 찾도록 하였다. 이 갈석산도 진황도 근처에 있는데, 진황선라는 지명은 아마도 시황제가 방문하였다는 데서 유래된 이름일 것이다.

중요한 물건을 미국 상선 해리슨 호에 실을 예정이었으나 전쟁의 시작과 함께 일본 해군이 이 배를 격침시켰다. 일설에는 또 다른 배에 실렸으나 그 배마저도 일본 해군의 포격(혹은 어뢰)을 받고 침몰되었다고 한다. 또한 당시의 기록에 의하면 진황도 항에 머물던 배가 몇 척 침몰되었다고 하는데 그 중에 북경원인이 실렸을 가능성도 있다. 여하튼 북경원인은 바닷속에 가라앉았다는 이야기다.

그밖에도 중국인 노무자가 먹어치웠다는 믿기 어려운 말도 있다. 곧 관계자가 너무나도 소중하게 다루므로 그것이 희귀한 묘약이겠거니 생각하고, 일본의 선전 포고나 적산 몰수 등으로 빚어진 무정부 상태를 틈타 가루로 만들어 마셔 버렸다는 것이다. 망측스런 이 이야기는 믿을 수 없는 이야기지만 현실에는 소설보다 더 괴이한 일이 있는 법이다.

또 북경원인은 미국에 있다는 설도 있다. 이 설에 의하면 1940년에 북경원인의 유골을 가지고 갔다는 설이다. 그게 사실이라면 북경의 협화의학원에 남아 있던 것은 모조품이라는 사실이 된다. 그러므로 점령군 접수에 의하여 그 사실이 폭로될 것을 우려한 미국측 관계자가 미리 모조품을 처분하였을 것이라는 이야기다. 이 또한 있을 수 없는 일이라고 하지 않을 수 없다. 그렇다면 배문중 박사와 같은 전문가를 1년 이상이나 기만하였다는 사실인데, 그것도 믿을 수 없는 이야기다. 더구나 배 박사는 1983년까지 생존해 있었다.

미국에서는 일본군에 의하여 일본으로 빼돌려진 것으로 생각했다. 제2차 세계대전 후 일본을 점령한 미군은 도쿄대학 등에서 집요하게 북경원인의 탐색을 벌였다고 한다. 그러나 북경원인이 사라진 의문은 아직도 풀리지 않고 있으며, 가끔 "나는 그 행방을 알고 있다"는 제보자가 나타나기는 하지만 정작 긴요한 유물은 도무지 나타나지 않고 있다.

이제 북경원인이 사라진 지 40년 이상이 지났다. 앞으로 나타나지 않을지도 모르지만 그래도 나는 언제까지나 기다릴 작정이다. 북경원인에 관한 재미있는 추리 소설을 써 보라고 권하는 분도 여럿 있었다. 그러나 나는 북경원인에 대해서 소설을 쓰고 싶지 않다. 북경원인이 나타나지는 않는다고 해도 사건의 진상이 밝혀질 가능성이 없지도 않다. 너무 황당무계한 이야기는 쓰지 않는 것이 좋을 듯하다.

최근에도 배 박사와 친했던 북경 자연 박물관의 주국흥(周國興)은 북경의 미대사관과 미해군 육전대 사령부 정문에서 근무했던 위병(생존)의 증언을 중시하고 대사관 뒤뜰(지금은 차고로 사용됨)을 시굴해 볼 것을 제의했는데, 그 위병의 증언에 의하면, 1941년 12월 7일, 두 사람이 상자를 하나 메고 와서 대사관 뒤뜰에 묻었다는 것이다.

북경원인은 사라졌지만 그에 관한 상세한 기록은 남아 있다. 중·일 전쟁으로 현지 조사가 중단되고 있을 때, 북경원인의 유골 그 자체에 관한 연구조사가 진행되었다. 그것은 '봐이덴라이히 보고서'라는 것으로 매우 상세한 내용이다. 배문중 박사의 「주구점 동굴 채굴기(周口店洞窟採掘記)」등 중국어로 쓰여진 저서도 있고, 주구점에 가면 '북경원인 전람관(北京猿人展覽館)'이 있어서 나 같은 문외한도 알기 쉽게 쓰여져 있는 해설을 한눈에 볼 수 있다.

3

숫자상의 보고에서도 기이하게 생각되는 점이 있다. 곧 두개골에 비하여 사지의 뼈 부분이 많이 출토되지 않았다는 사실이다. 이에 대해 봐이덴라이히 교수는, 북경원인에겐 '식인'의 습관이 있었을 것이라고 추측하였다.

사람이 다른 동물을 먹을 때 동물의 팔다리의 뼈 속에 있는 뼛골이 맛있으므로 원시인은 그것을 뜯어서 먹어 버린 것이다. 이처럼 사람의 팔다리 뼈도 빠개 버렸기 때문에 그 결과, 발굴되었을 때 사람 뼈의 숫자가 적었을 것이라고 추론하고 있다. 주구점(周口店)의 유인원 동굴에서 나무의 열매와 껍질도 발견되는 것으로 보아 시난트로푸스는 육식뿐만 아니라 식물도 즐겨 먹었던 것이 아닌가 추측된다.

인간이 동물과 결정적으로 다른 점은 도구를 만드는 점에 있다. 유인원들은 그 근처에 있는 돌이나 나뭇가지를 주워서 도구로 쓰는 경우는 있지만 그것을 다듬어 만들 줄은 모른다. 북경원인은 석기(石器)를 만들었다. 화석뼈가 출토된 같은 층에서 분명히 인공 석기로 보이는 것이 출토되었다. 예를 들어서 조약돌의 한쪽이나 또는 양쪽을 다듬어서 날을 세웠든가 손으로 잡기 쉽게 만든 것 등이 그런 것이다. 주거지로 삼았던 동굴에는 불을 사용한 흔적도 많이 발견되었다. 조약돌 기구를 사용하여 동물의 고기를 자른 다음 그것을 구워서 먹었을 것이다. 또한 불은 난방용으로도 사용되었을 것이다. 아무리 진화된 원숭이라도 이와 같은 일을 할 수는 없었다. 따라서 북경원인이 사람이라는 사실엔 의심의 여지가 없다.

주구점에서 출토된 사람 이외의 유골은 111종류에 달하는 동물의 유골로 그 중의 30종은 이미 멸종된 동물의 유골이다. 또한 지금은 북경 주변에 서식하지 않는 물소나 코뿔소의 뼈도 같은 층에서 나왔다. 고양이도 있었는데 그 뼈를 살펴볼 때 크기가 사자만 했었다. 이 원시 세계에서도 사람은 석기라는 강력한 무기를 사용하였으므로 주위의 세계를 지배하는 위치에 있었던 것으로 추정된다.

봐이덴라이히 보고서는 북경원인의 후두골에는 작은 화살형 돌기가 있으며 이것은 현재의 황색 인종(몽골로이드)의 특징과 합치된다는 점에 주목하고 있다. 또 숟가락 형의 상문치(上門齒)를 갖는 것도 몽골로이드의 특징이다. 그렇다고 해서 북경원인이 몽골로이드의 직접 선조라고는 확인되지 않고 있다.

주구점 조사는 큰 산 하나를 완전히 파헤친 정도로 조사 범위가 방대했다. 원인동(猿人洞)이라고 부르는 동굴의 퇴적층은 50미터에 이른다. 특이한 것은 가장 깊은 층에서 제일 상층부까지 수십만년이 걸렸을 터이지만, 가장 깊은 층에서 나온 두개골과 최상층부에서 나온 두개골의 해부학적 차이를 거의 찾아볼 수 없다는 사실이다. 그것은 그들의 생활이 오랜 세월 안정되어 있었다는 증거가 된다. 이 점은 외적인 요소로서, 침입이 없었다는 사실을 뜻하는 것일 게다.

그러나 구석기 시대 초기의 중국 북부에는 시난트로푸스만이 살고 있었던 것은 아니다. 1954년 산서성(山西省) 양분현(養紛縣) 정촌(丁村)에서 구석기 시대 초기의 유적이 발견되었는데 사람의 치아도 3개가 출토되었다. 그 중 2개는 상문치였으며, 앞서 말한 몽골로이드의 특징인 숟가락 형이 인정되었던 것이다. 치아의 주인은 '정촌인'이라고 명명되었다. 조사를 담당한 사람은 주구점 조사 활동에서 훈련을 쌓은 노련한 배문중과 가란파 등이었다. 정촌인은 시난트로푸스보다는 약간 새로운 인간형으로 추정되었다. 이와 같이 한 톨의 치아로도 여러 가지 사실을 알게 되므로 같은 층에서 출토되는 석기류도 많은 참고가 될 것은 두말할 나위도 없다.

P. 떼야르 드 샤르댕과 카톨릭 신부 E. 리샨이 오르도스 지방을 조사한 것은 1922년부터 그 다음해에 걸쳐 있었던 일이었다. 황하(黃河)가 감숙(甘肅)의 난주(蘭州) 부근에서 북쪽으로 영하(寧夏)의 은천(銀川)과 내몽고의 포두(包頭)에 걸쳐 크게 만곡(灣曲)하여 산서(山西)와 섬서(陝西)의 경계를 남하하는 안쪽을 오르도스라고 한다.

샤르댕은 그곳에서 채집한 동물의 화석을 정리하면서 영양의 이빨 뒤에 한 톨의 사람 치아가 붙어 있는 것을 발견하였다. 어린이의 상문치였으나 몽골로이드의 특징인 숟가락 형이 인정되었다.

단 한 톨의 치아로써 하투(河套, 오르도스)인이라고 명명되었던 것이다. 완전히 화석화되어 있는 상태에서 협화의학원의 블랙 교수는 구석기 시대인이라고 판단했다. 또한 치아 안쪽 밑부분에 돌기가 있는 것으로 보아 이것은 네안데르탈인에 가깝다는 것이었다.

화석인류학에 의하면 네안데르탈인은 크로마뇽인으로 전화(轉化)하여 현재의 인류로 이어진 것이다. 이러한 전화는 인간이 '결박(結縛)'이라는 것을 터득한 사실에서부터 비롯되었다. 결박이라는 것은 나무나 돌에 줄기 같은 것으로 물건을 묶든가 또는 막대기에 돌을 묶든가 하여 무거운 물건을 묶어서 질질 끌어 운반하게 된 것을 의미하는데, 이것은 지금까지의 기술을 익혀서 터득한 것이다. 이리하여 생활 양식이 바뀌고 사지의 뼈가 압박 상태에서 완화됨으로써 체격도 점차 변화되었다. 주구점의 동굴에 살았던 북경원인은 전기 구석기 시대의 인간이지만 아주 높은 동굴에서는 살지 않았던 것 같다. 그 후 수십만년 동안의 침식 작용으로 지형이 변하면서 동굴에서 겨우 사람이 살 수 있게 되었다. 그곳에서 출토된 후기 구석기 시대의 일부 화석으로 변한 사람의 뼈는 분명히 현재의 인류—호모 사피엔스—로 인정되고 있다. '산정동인(山頂洞人)' 또는 '상동인(上洞人)'이라고 부르는 것들이 배문중이 중심이 된 발굴반에 의해 발굴된 것이다.

이 발굴반에 의하여 1933년부터 이듬해까지 완전한 3개의 두개골을 포함한 10구 이상의 인골이 출토되었다. 3개의 두개골은 노인, 중년 부인, 젊은 여성의 것이었다. 흥미로운 사실은 이 중년 노인의 것은 크로마뇽인의 특징인 긴 머리통인데 비하여 얼굴은 몽골로이드 같고 중년 부인은 에스키모, 젊은 여성은 멜라네시아인의 두개골과 닮았다는 사실이다.

상동인 시대—후기 구석기 시대—주구점 주변은 가히 국제적이었던 것처럼 생각된다. 이것은 여러 지방의 사람들이 이곳에 모여서 살았거나 상동인이 여러 지역으로 돌아다닌 결과인지도 모른다. 이상하게 생각되는 것은 3개의 두개골 중 2개는 타박상을 입은 것같이 구멍이 있고 나머지 한 개도 목부분에 상처를 입었다는 사실이다. 이것은 먼 곳에서부터 이곳까지 왔다가 원주민의 습격을 받았거나, 아니면 그들이 이곳에 정착해 있었는데 외부로부터 공격을 받았기 때문일 것이다.

4

렉펠리(1845년~1894년)라는 동양학자가 있었다. 그는 프랑스 태생이나 대영박물관과 런던대학에서 교편을 잡았던 사람으로, 중국의 고대 문명이 서방 세계에 기원을 갖고 있다는 학설을 주장하였다. 그는 「중국 고대 문명의 서방 기원설(Western Origin of the Early Chines Civilization)」이라는 저서도 있다.

문명은 거의가 높은 곳에서 낮은 곳으로 흐르거나, 동으로 흐르며, 서쪽으로 번지는 것도 있을 것이다. 따라서 바빌로니아가 영화를 누리고 있을 때 그 문명의 일부분이 동쪽으로 번졌으리라는 것을 생각할 수 있다. 그런데 렉펠리는 사람까지도 서쪽에서 동쪽으로 옮겨졌다고 주장했다. 이른바 중국인 서방 기원설이 그것이다. 그의 주장은 당시 이론이지만 지금으로서는 설득력이 별로 없다. 그가 살았던 당시에는 아직 북경원인이 발견되지 않았으므로 그러한 학설을 펴볼 수도 있었을 것이다.

옛 시대의 사실은 추측과 추리로써 탐구되는 것이지만 발굴 조사의 자료는 그 탐구의 중요한 절차다. 렉펠리 당시엔 중국에는 석기 시대가 없었다고 보는 것이 상식이었다. 미국의 천재적인 동양학자로 1934년에 자살한 라우퍼(1874년~1934년)조차도 중국에는 석기 시대가 없었다고 생각했던 것 같다.

일본에서도 구석기 시대가 존재하였다는 사실은 제2차 세계대전 후의

이와주쿠 유적(岩宿遺蹟, 群馬縣 新田郡)의 발견으로 겨우 확인되었던 것이다
그 전까지는 구석기 시대가 존재하였을 것이라는 정도로 추측하는데 지나
지 않았다. 교토대학의 하마다로오사쿠(浜田耕作, 1881년~1938년)가 다이쇼
(大正) 시대부터 쇼와(昭和) 초에 걸쳐 후지이사시(藤井寺市, ‘大阪府’)의 고후
(國府) 유적을 열심히 발굴한 것은 구석기 시대의 존재를 확인하기 위한
것이었다. 그럼에도 그 확인은 제2차 세계대전 후에 이루어졌다. 1949년 이와
주쿠 유적에서 구석기 시대의 존재가 확인되고 나서부터는 계속해서 구석기
시대의 유적이 발견되어 현재 2천 개 소에까지 이르고 있다.

도구를 만든 것이 인간일진대 석기의 탄생은 인간에 의해서 탄생한 것이
며, 이것은 또한 문명의 탄생이라고도 말할 수 있다. 구석기 시대가 존재하지
않았다는 것은 거기에는 곧 옛 문명이 없었다는 것을 뜻하는 것이다. 그래서
중국의 문명이나 사람도 서방에서 왔다는 렉펠리의 발상이 가능했을지도
모른다. 그러나 이제 북경원인의 발견으로 인간이나 문명의 싹이 50만년
전부터 중국에 존재했다는 사실이 분명해졌다.

1964년 섬서성 남전현(藍田縣)에서 출토된 화석 인골—두개골—은 북경원
인보다 적어도 10 만년 정도 더 오래되었다는 사실도 밝혀졌다.

북경이나 남전이라는 황하 권역에서뿐만 아니라 남방에서도 구석기 시대
의 유적이 발견되었다. 1965년 운남성(雲南省) 원모현(元謀縣)에서 사람의
안쪽 앞니(門齒)의 화석과 석기류가 발견되었는데 이것은 과학적인 측정
결과 170만년 전의 것으로서 현재까지는 이 ‘원모인(元謀人)’이 중국에서
가장 오랜 인간으로 밝혀졌다. 사천성(四川省) 자양현(資陽縣)에서 소년의
완전한 두개골이 발견된 것은 1951년이었다. 이 ‘자양인(資陽人)’은 약 8만년
전의 호모 사피엔스이지만 얼마간은 시난트로푸스의 특징도 남기고 있다.
‘상동인(上洞人)’이 2만 7천년 전의 인간으로 추정되므로 ‘자양인’은 그보다
훨씬 오래된 것이라고 볼 수 있다.

네델란드의 폰 케니히스바르트 박사(1902년~)는 1935년부터 1939년에
걸쳐 홍콩의 약종상으로부터 ‘용아(龍牙)’라고 사들인 동물의 화석 어금니를
구하였는데 그는 이것을 유인원(類人猿)의 이빨일 것이라고 생각하였다.
사람의 이로서는 너무 크기 때문에 그는 그 이의 주인공인 유인원을 기간토
피테쿠스 블랙키(Gigantopithecus Blacki)라고 명명하였으며 이것은 거대한

유인원을 뜻하는 것이었다.

그러나 블랙 박사의 후임자로서 북경의 협화의학원에서 주구점 조사에도 참여하였던 봐이덴라이히 교수는 이 이가 클지라도 원숭이의 것은 아니고 사람의 것이라고 인정하고 기간토안트로푸스 거대한 사람라고 불러야 한다고 주장하였다. 1944년 제2차 세계대전이 한창일 때였다. 봐이덴라이히 박사는 북경원인의 정교한 모형을 가지고 1940년에 미국으로 돌아갔다.

약국에서 산 것이므로 그 '용아'가 어디에서 발견된 것인지는 모른다. 산 장소가 홍콩이므로 화남(華南)쯤일 것이라고 추측할 정도이다.

호모 사피엔스(현생 인류) 탄생의 과정에 대한 학설에는, 사람은 난쟁이로부터 진화되어 커진 것이라는 설과, 반대로 거대한 것으로부터 진화되어 작아졌다는 설이 있다. 거대한 것은 거인증에 의한 것으로서 진화에 의하여 그 증상이 사라지면 작아진다고 설명한다. 봐이덴라이히 교수는 후자의 설을 신봉하였다. '용아'의 크기로부터 추정할 때 그 주인공의 몸집은 3미터나 4미터 정도가 된다. 그러나 아무리 거인이 나타난다고 해도 진화 소형화론자(進化小型化論者)인 봐이덴라이히 교수가 기죽을 일은 없었다. 그는 다음과 같은 설을 주장하였다.

히말라야 고지는 티베트에서 사천, 운남, 광서(廣西)까지 이어진다. 봐이덴라이히 교수는 이 근처를 인간의 발상지라고 생각하였다. 그곳에서 인류의 조상인 거인—기간토안트로푸스—이 태어났으며 점차 진화(소형화)한 그 일부는 남하하여 자바원인(피테칸트로푸스 이렉투스)이 되고 북상한 일부가 북경원인(시난트로푸스 페키넨시스)이 되었다는 것이다.

그러나 홍콩의 약국에서 '용아'를 산 케니히스바르트 박사는, 중국 남방의 화석을 연구하고 같은 층에서 출토된 것으로 생각되는 10개의 이 중에서 8개는 '용아'이지만 2개는 북경원인의 신종인 시난트로푸스 오피시날리스의 것이라고 분류하였다. '용아'의 주인공(케니히스바르트 박사의 명명에 의한 기간토피테쿠스 블랙키)은 북경원인의 신종과 함께 살고 있었으므로 전자가 후자의 조상이라는 관계는 성립되지 않는다는 견해를 나타냈다.

5

광서의 계림(桂林)은 관광지로서 날마다 수많은 관광객이 찾아든다. 일본에서도 많은 관광객이 가고 있다.

계림 산수(山水)의 특징은 예로부터 네 가지가 꼽히고 있다.

　　산세가 수려하고(山勢秀)
　　강물이 맑으며(江水淸)
　　동굴이 많고(岩洞奇)
　　암석이 아름답다(石頭美)


이 중에 세번째의 '암동기'는 천연 동굴이 많다는 뜻이다. 길이가 1킬로미터나 되는 종유 동굴(鍾乳洞窟)인 '칠성암(七星巖)'이나 그보다 약간 작은 '노적암(蘆笛巖)' 같은 곳은 관광객이 반드시 찾는 곳이다. 그 이외에도 많은 동굴이 있으며 지난날에는 동굴이었지만 메워진 곳도 헤아릴 수 없이 많다.

원시 인류는 천연 동굴을 주거지로 이용하였다. 북경원인도 주구점의 용골산(龍骨山) 동굴에서 살았다. 계림말고 광서도 동굴이 많아 원시 인류가 자리잡기에는 알맞는 지역이었다. 그래서 제2차 세계대전 후 이 근처가 고생물학 연구의 대상지가 된 것은 당연하다. 이곳은 관광객이 그다지 찾지 않을지 모르나 증피암(甑皮巖)이라는 동굴에서 신석기 시대 초기의 유적이 발견되었으며, 그곳이 유적의 작은 진열관이 되기도 했다. 이곳은 약 1만년 전의 유적지로 처음에는 원시인들의 생활 동굴이었던 곳이나 나중에 와서 매장 장소로 사용되었던 것 같다. 1979년 3월에 필자가 찾아갔을 당시 아직 4분의 1 정도밖에 발굴되지 않았으나 비교적 완전한 유골 13구 이외에도 이빨과 뼈 조각 등 30여 점이 출토되었다.

광서는 고생물 연구의 보고로서 북경원인 연구의 제1인자인 배문중 박사는 이곳에서 일찍이 1935년에 광서 동굴의 조사를 하여 구석기 시대의 차돌로 된 박편석기(剝片石器)를 발견하였다. 1956년에는 배문중 박사를 단장으로 한 중국 과학원이 광서에서 약 200개의 동굴을 조사하여 그 중의 한 곳에서 기간토피테쿠스의 이(齒) 곧 문제의 '용아' 3개를 발굴하였다. 그들은 동굴뿐만 아니라 광동, 광서의 약국을 찾아다니며 다시 47개의 '용아'를 구했다. 결과적으로 동굴에서보다는 약종상으로부터 구한 것이 훨씬 많았다.

추리 소설을 즐겨 읽는 독자라면 왜 케니히스바르트 박사가 약국에서 그 내력을 더듬지 않았는지 의아스럽게 생각할 것이다. 박사도 당연히 그런 노력을 하였다. 그러나 약국의 주인으로서는 공급자로부터 '용아'의 산지를 밝혀낼 수가 없었던 것이다. 그것은 장사꾼의 비밀이기 때문이다.

중국 과학원은 크기가 사람 이의 3배에서 6배나 되는 '용아'를 50개나 구했다. 이것은 입의 아래 위 치아를 복원하는 데 충분한 수량이며 그것을 복원한 결과 위턱의 송곳니와 앞니의 사이가 작은 점, 그 외 몇 가지 점에서 인간의 그것과 닮았으나, 송곳 같은 아래턱의 송곳니와 앞쪽이 뒷쪽보다 훨씬 넓은 제3어금니 그리고 부채꼴의 아래턱 제1 어금니 등은 화석이 된 오랑우탄의 것에 가까운 특징이 나타나 있다는 사실을 알게 되었다. 그러므로 '용아'를 가진 거대한 생물은 역시 사람이 아니고 케니히스바르트가 명명한 대로 기간토피테쿠스로 불러야 했던 것이다.

이 점은 중국 과학원 고대척추동물 및 고대인류연구소에서 1956년 12월에 공식적인 견해로 발표함으로써 "사람이냐, 원숭이냐?"하는 오랜 의문에 대한 답을 내렸다. 다시 기간토피테쿠스의 완전한 아래턱이 발견됨으로써 봐이덴라이히 설은 사라지게 되었다.

충격적인 북경원인의 발견과 각지에서 구석기 시대의 유적이 확인된 것이 기껏해야 지난 반 세기 동안에 있었던 사실이다. 앞에서도 말한 바와 같이 그 전까지 중국에는 석기 시대가 있었다는 사실조차 의문시되었다. 북경원인에 관계하였던 앤더슨 박사도 감숙(甘肅)에서 돌도끼가 발견되었다는 소식을 듣고 매우 흥분하였다고 한다. 결국 그것이 그의 감숙과 섬서 조사의 계기가 되었다.

중국의 사람과 문명이 역사 시대에 서방의 바빌로니아에서 동쪽으로 옮겨 온 것이라고 한 렉펠리의 설은 어디까지나 19세기에나 통하는 학설이라고 하지 않을 수 없다. 대항해(大航海) 시대로부터 산업혁명에 걸친 서고동저(西高東低) 사상이 유럽인의 머리에 뿌리박혀 있었기 때문에 렉펠리와 같은 괴상스런 학설을 주장하는 인물이 나타나게 되었던 것이다.

중국의 석기 시대 존재에 대한 확인이 늦어진 것은 중국인의 문명관에도 문제가 있었는지 모른다. 그것은 석기 같은 것을 사용한다는 것은 야만인들이나 하는 짓이며 자신들과는 관계가 없다는 중화사상(中華思想) 때문이었다. 그래서 청동기의 수집가는 있었어도 석기를 찾아 모은 사람은 없었다.

'금석학(金石學)'이라는 학문이 있으나, 이때의 '석(石)'이란 돌비석에 새겨진 문자에 관한 학문으로서 '석기(石器)'와는 관계가 없다. 관심조차 없었으므로 그 발견이 늦어진 것이 당연하다.

구석기 시대에 관하여는 아직도 의문시되는 것이 있다. 신석기 시대로 이어지는 중간에 '중석기 시대'를 설정하는 것이 보통인 것 같다. 생각하기에 따라서 중석기 시대는 신석기 시대의 초엽이라고도 본다. 중국에서는 이 중석기 시대의 유적이나 유물은 그다지 많이 발견되지 않았는데 앤더슨은 이 시기에 비가 많이 와서 유실된 때문이 아닌가 하고 생각하였다.

구석기 시대나 중석기 시대는 우리들의 호기심을 불러일으키지만 거의 '연계성(連繫性)'을 느끼게 하지는 못한다. 아직 역사 시대라고 할 수 없기 때문일 것이다.

시난트로푸스나 기간토피테쿠스는 우리에게 원시의 낭만이다. 아득히 먼 세월——백만년, 수십만년——을 거쳐 겨우 역사의 낭만 시대로 들어가는 것이다.

# 채문도기(彩紋陶器)의 길

## 1

석기 시대에서 구석기 시대와 중석기 시대 그리고 신석기 시대는 어떤 구별이 있는 것일까? 중석기 시대의 유적이 중국에서 별로 눈에 띄지 않는 것은 그것이 비에 씻겨 없어졌기 때문일 것이라고 앤더슨이 생각했다는 사실은 앞에서 지적하였다. 또한 중석기 시대를 신석기 시대의 초엽에 묶어서 구와 신으로만 구별하는 학설이 있다는 사실도 소개한 바와 같다.

대체적으로 구석기 시대는 북경원인들의 시대——우리들의 혈통과 관계가 없는 시대로서 지질학적으로도 홍적세에 속한다. 그 시대의 유물들은 화석으로서 땅 속 깊이 묻혀져 있는 것이다. 이에 비하여 신석기 시대는 지질 연대로도 '현대'에 속해 있다. 굳게 닫혀져 있는 것이 아니라 그 위에 흙이 쌓여 있을 뿐인 시대이다.

인간을 동물과 구별하는 결정적인 특징은 도구를 만드는 일로, 그 도구란 주로 석기(石器)였다. 그리고 이 점이 신·구의 석기 시대를 구분하는 손쉬운 방법이기도 하다. 구석기 시대의 석기는, 그 소재인 돌을 깨고 잘라내어 만든 것이다. 이에 대하여 신석기 시대의 석기는 갈고 닦고 한 것이다. 돌을 갈고 닦으면 깨고 잘라낸 것보다 날카로워진다. 생활 도구로서나 무기로서도 이것은 대단히 진보한 것이라고 하지 않을 수 없다.

이것은 아주 작은 차이같지만 돌을 빠개는 것에서 갈고 닦고 하는 것을 터득할 때까지 실로 수십만년의 세월이 걸렸다. 그리고 그런 사실이 인간의 생활을 크게 바꾸어 놓았다.

사냥과 채집은 구석기 시대 사람이 살아가기 위한 방법이었다. 갈고 닦은

석기를 사용하면서부터 농경(農耕)과 목축을 하게 되었다. 구석기 시대에도 동물을 길들인 흔적이 전혀 없는 것은 아니지만 사육하여 번식시키게 된 것은 신석기 시대에 와서의 일이다. 이것이 목축이며 더욱 날카로운 석기로 땅을 일구고 곡물을 가꿀 수 있게 되어 인간의 생활도 점차 안정되어 갔던 것이다.

구석기 시대에 인간은 천연 동굴을 찾아 살았지만 신석기 시대에 이르러선 지표에 튼튼한 굴을 스스로 만들어서 그곳에서 살아가게 되었다. 주거지를 마련할 수 있게 된 것은 말할 것도 없이 훌륭한 도구——신석기의 덕택이었다. 아무리 석기가 날카로워도 바위층에는 집단으로 살 수 있는 굴을 팔 수는 없었다. 그래서 주거로서 굴을 파기 쉬운 곳은 농경에도 알맞는 곳이었을 것이다.

인간이 살아가기 위하여는 물이 필요하였고, 농경에는 더욱 많은 물이 필요하였으므로 물을 얻을 수 있는 땅을 선택하게 된 것이다. 따라서 황하(黃河)와 양자강(揚子江) 변두리에서 신석기 시대 사람들이 살았던 유적이 발견된 것은 당연한 일이다. 특히 황하권의 황토는 비옥하여서 농경에도 적합하였고 주거하는 굴을 파는 데도 적당했던 것이다.

신석기 시대는 역사 시대로 이어진다. 황하를 중국 문명의 어머니로 부르는 것은 이러한 배경 때문이다.

중석기 시대의 유적이 적은 것은 앤더슨 박사가 설명하듯이 홍수로 인해 유실된 때문인지도 모른다. 그 홍수란 우리가 상상하는 것보다 더 극심한 것이었으리라. 신석기 시대가 시작되기 전에 우리들의 상상을 초월하는 기상(氣象)의 큰 변화가 있었던 것은 사실이다. 세계 도처에 홍수의 전설이 있는 것은 그러한 기억이 전해진 것일 게다. 역사 시대에 접어들어서 대략 수천년 사이에 황하는 몇 차례나 물줄기를 바꾸었다. 금세기에 들어와서도 일부의 물줄기가 바뀌고 있다.

그 전부터 긴 세월 동안 황토를 날랐던 황하는 물길을 더욱 광범위하게 바꾸었을 것이다. 그리하여 물줄기는 화북 평야(華北平野)에까지 닿아서 그 평야 전체에 물이 넘쳤다가 서서히 줄어들어 황하라는 형태를 이루었으며, 그 지역을 황하권 또는 황하 지대라고 부르게 된 것이 아닌가 생각한다.

사람들은 하천에서 그다지 멀지 않은 곳에 살았을 것이다. 너무 가까우면 범람할 때에 흘러가 버리므로 될 수 있으면 약간 높은 곳이 안전하다고 생각했을 것이다. 하천이나 호수는 농경뿐만 아니라 어로(漁撈) 장소로서도 생활에 도움이 되었다. 토기(土器)가 차츰 보급되고 물레가 출토됨으로써 직물을 짜는 기술도 개발된 것으로 추측된다. 구석기 시대의 인간은 짐승 가죽을 두르고 있었으나 신석기 시대에 이르면 조잡스럽기는 하나 옷이라는 것을 몸에 걸치게 되었을 것이다.

'결박'을 터득한 것만으로도 구석기 시대의 인간은 체격이 바뀌게 되었다. 오늘날의 우리들로서는 "……한 것만으로도"라고 말하지만 그렇게 간단한 것만은 아니었다. 석기의 '연마(研磨)'가 얼마만큼의 풍족함을 우리 조상들에게 베풀었는지는 측정하기 어려운 점이 있다. 우리의 선조뿐만 아니라 우리들도 그 은혜를 입고 있다는 것은 말할 나위도 없다.

## 2

새로운 문화가 탄생하려면 결박과 연마와 같은 기술의 대혁신이 필요하다. 지금부터 1만년 전이라면 아주 오래된 시대였으므로 그러한 기술 혁신이 있게 된 과정에 대해서는 잘 알 수 없다. 시대가 발전하면서 여러 군데에서 석기 연마에 관한 일이 시작되었던 것일까? 아니면 어떤 하나의 집단에서 기술 혁신이 시작되어 점차로 전파되었던 것일까? 필자는 후자의 경우가 그럴 듯하다고 생각하지만 그렇게 단정할 수 있는 충분한 근거는 없다.

결박과 연마를 알게 된 것은 커다란 자극이었다. 새로운 문화가 탄생하려면 자극이 있어야 한다. 그렇지 않으면 몇 천년이 아니라 몇 만년까지도 같은 생활이 계속된다. 최근의 눈부신 속도의 기술 진보를 생각하면 몇 만년이나 같은 형태의 생활을 계속했었다는 것은 믿기 어렵다. 그러나 석기 시대에는 어제나 또 천년 전이나 만년 전에도 거의 비슷한 생활을 반복했다.

신석기 시대 후기부터 역사 시대로 돌입한다고 보아도 좋지만 중국의 경우는 오래된 순으로 열거하면 앙소 문화(仰韶文化), 용산 문화(龍山文化), 소둔 문화(小屯文化)라고 보는 것이 관례이다. 이것은 발굴 지점의 지명을 딴 것이지만 그 명칭이 타당한 것인지 여부에 관하여는 이설도 있다. 그러나 일반적으로 널리 통용되는 것이므로 거기에 따르려고 한다.

1920년이라고 하면 북양군벌정부(北洋軍閥政府)의 광정고문(鑛政顧問)이었던 앤더슨이 아직 주구점에서 시난트로푸스 페키넨시스와 만나기 이전의 무렵이다. 그는 조수인 유장산(劉長山)을 하남성(河南省) 낙양(洛陽) 서쪽에 있는 신안현(新安縣)으로부터 면지현(澠池縣)에 파견하였다.

군벌 정부가 외국인 지질학자를 영입한 것은 지하 자원을 개발하여 자체의 경제력을 신장시키기 위해서였다. 또 철광이 발견되면 다량의 총포와 탄환을 만들 수 있다. 그렇게 되기까지에는 시간이 걸리므로 광맥을 저당하여 외국으로부터 차관을 얻을 수도 있다. 그러나 고용된 외국의 지질학자는 철광이나 탄광 이외에 고생물학에도 흥미를 가질 수 있다고 본다. 지질학과 고생물학은 깊은 관계가 있다. 앤더슨은 고생물학 쪽에 더 깊은 관심을 갖는 학자였다. 2년 전에 그는 이 지방에서 제3기 포유동물의 화석을 발견하였다. 그 당시 철저히 찾아보면 더 많은 것을 채집할 수도 있었다. 그래서 그는 믿을 수 있는 조수를 파견했다. 어쩌면 석기 시대의 유물이 있을지도 모르니 유의해 달라고 앤더슨은 유장산에게 당부하였다.

앞에서도 말했지만 이때까지 중국에 석기 시대가 있었다는 것을 증명할 수 있는 것은 아무 것도 나와 있지 않았다. 그래서 중국에 석기 시대는 없었다고 생각하는 학자가 적지 않았다. 외국의 학자들마저 그렇게 생각하는 것은 중국의 문명은 어딘가—아마 바빌로니아—에서 사람과 더불어 이동해 왔을 것이라는 선입관에 영향을 받았기 때문일 것이다. 중국인 학자는 "문명 중국에는 석기 시대와 같은 야만적인 시대는 없었다"라고 생각하였을지도 모른다.

조수인 유장산은 면지현의 앙소라는 곳에서 수백 개의 돌도끼와 돌칼을 구하여 "이것은 틀림없는 석기다!"라고 생각하며 북경으로 돌아왔다. 이리하여 겨우 금세기에 접어들어 20년이나 걸려 중국에 석기 시대가 존재하였다는 사실이 유물에 의하여 판명되었다. 유장산은 매우 싼 값으로 앙소 마을의 농부로부터 그것들을 사들였다. 농삿일을 하다가 밭에서 파낸 돌이 비록 얼마 되지는 않았지만 돈이 되었으므로 농부는 매우 기뻤을 것이다. 앤더슨은 그 석기들을 보고 가슴을 설레이며 현지로 달려갔다. 그의 기록에 의하면, 그때가 1920년 4월 18일의 일이었다.

앙소 마을은 면지현의 북쪽 약 6킬로미터 지점에 있으며 현재의 중국 지도에는 문화 유적지를 나타내는 3개의 점으로 표시되어 있다.

면지라는 지명은 오래된 기록에도 가끔 나온다. 낙양에 가깝기 때문에 역사 시대에는 자주 전쟁터가 되기도 하였다. 진나라 시황제가 죽은 다음 진승(陳勝)과 오광(吳廣)이 군사를 일으켜 천하가 매우 어지러워지고, 2세 황제 2년(기원전 208년)에 진승의 부장인 주문(周文)이 진나라 장군 장한(章邯)에게 쫓겨 이곳에서 자결하였다. 우리가 즐겨 읽는 「삼국지」에서도 낙양을 점령한 동탁(董卓)이 손견(孫堅)에게 패하여 민지까지 퇴각하여 그곳을 동월(董越)에게 지키게 하고 자기는 장안(長安)으로 도망쳤다.

이러한 면지현 앙소 마을 남쪽 1킬로미터 정도의 지점에서 발굴 작업이 시작되었다. 그런데 뜻하지 않은 물건이 이곳에서 발견된 것이다. 그것은 채색된 토기이다. 앤더슨은 푼돈을 주어 아이들에게 석기를 모으게 하여 제법 많은 수량을 모았으나 같은 문화층에서 채색 토기 파편이 출토되어 그를 당황케 하였다. 그는 유능한 지질학자이기는 하였으나 그 무렵에는 아직 고고학 조사의 경험이 그다지 깊지 못하였다. 채색 토기편이 석기와 더불어 출토된다는 사실은 그로서는 상상할 수도 없는 일이었다. 그래서 그는 며칠 밤을 뜬눈으로 지새며 그 일을 생각했다고 그의 저서에서 밝히고 있다. 처음에는 아무리 생각하여도 풀리지 않을 수수께끼처럼 생각되었다. 이것은 마치 임상 경험이 많지 않은 의사가 환자의 복잡한 증상 때문에 번민하는 것과 같은 상황이었다.

그러나 실상 앤더슨은 앙소 마을에서 그렇게 고민할 필요가 없었던 것이다. 하루 빨리 북경으로 돌아가서 의사가 과거의 임상 사례를 조사하듯이 그도 도서관에서 과거의 고고학 조사 보고서를 차근히 음미하는 것이 최상의 해결책이었던 것이다. 그 점에 생각이 미친 앤더슨은 북경의 도서관으로 달려가 그곳에서 중앙아시아의 아나우 유적 조사 보고서를 뒤져 보았는데 거기엔 앙소 토기와 흡사한 채색 토기의 컬러 사진이 있었다. 금속 시대(金屬時代) 초기라는 주석이 붙어 있었다. 금속 시대 초기라면 신석기 시대의 후기와 겹친다고 보아도 무방할 것이다. 채색 토기와 석기가 함께 출토된다는 것은 하나도 이상할 것이 없었던 것이다. 어쨌든 채문 도기에 의하여 대표되는 신석기 시대의 문화에 '앙소 문화'라는 이름이 붙여졌다.

앞에서도 열거하였지만 앙소 문화 다음에 회전대를 사용한 보다 세련된 흑도(黑陶) 문화 시대가 있는데, 이것은 발굴 지명에 따라 '용산 문화'라고 명명하게 되었다.

앙소 마을은 후일 하내(夏鼐, 1910년~ ) 씨에 의하여 재조사되었는데 하내 씨는 1983년 NHK의 초빙으로 일본에 갔던 일도 있는 중국 고고학의 최고 권위자이다. 지질학자를 겸하고 있는 앤더슨과는 달리 그는 영국에서도 충분히 고고학을 배웠으며 중근동(中近東)의 발굴에도 참가한 경험이 있었다. 그의 재조사에 따라 앙소 마을의 유적은 앙소 문화에 속한 것은 물론, 채문 도기 이외에도 흑도와 회도(灰陶)도 포함되어 있으므로 엄밀히 분류하자면 오히려 용산 문화에 편입되어야 한다는 사실이 판명되었다. 모처럼 그 지명을 따서 앙소 문화라는 학술명을 만들었던 것이지만 앙소 마을의 신석기 시대 유적은 앙소 문화를 대표하는 것은 아니었다.

지금 앙소 문화를 대표하는 유적은 두 개의 유적 곧 섬서성 서안(西安) 시의 반파(半坡) 유적과 하남성 섬현(陝縣)의 묘저구(廟底溝) 유적에 지나지 않는다고 보고 있다.

3

앙소 문화의 바탕은 채문 도기이다. 그러므로 앙소 마을의 유적이 앙소 문화를 대표할 수 없는 까닭은 앞에서 말한 바와 같이 이곳의 문화는 혼합되어 있어서 채문 도기가 반드시 중요한 요소가 될 수 없기 때문이다. 채문 도기도 회전대를 사용하지 않았다. 손으로 빚어서 모양을 만들었다. 가마(窯)는 지하에 판 둥근 것으로서 그 흔적은 곳곳에서 발견되고 있다.

돌을 재료로 하여 만든 것이 자기(磁器)이고 흙을 재료로 해서 구워낸 것이 도기(陶器)로서 이를 총칭하여 도자기(陶磁器)라고 일컫는다는 사실은 주지하는 바와 같다. 토기(土器)도 흙을 재료로 하여 굽는 것이므로 당연히 도기에 들지만, 일본에서는 보통 잘 구워진 질이 좋은 것과 그렇지 못한 것으로 구분하여 전자를 도기, 후자를 토기로 구별한다. 승문식(繩文式)이나 미생식(彌生式)으로 구워진 것을 일본에서는 도기라고 하지 않고 토기라고 부르는 것이 보통이다.

채문 도기가 중국의 문헌에서는 채색 도기(彩色陶器) 또는 앙소 문화 도기로 표현되는 경우가 많고 일본에서는 채문 토기(彩文土器)로 기술되는 경우가 많은 것 같다. 승문식이나 미생식의 호칭인 '토기'도 구워낸 것임에는 틀림없지만 이상하게도 그 가마의 흔적은 아직 발견되지 않았다. 그 까닭은 앙소에서와 같이 땅 속에서 굽지 않고 야외에서 구워 냈기 때문일 것으로 추측된다.

앙소의 채문 도기는 땅 속에 판 직경 2미터 정도의 둥근 가마(丸窯)에 손으로 빚은 진흙 그릇을 넣고 둘레에 장작을 쌓아서 구운 것이다. 이때 밑바닥에 작은 구멍을 많이 뚫어 두기 때문에 그것이 밑에서 연결되어 공기가 순조롭게 소통된다. 그리하여 산화(酸化)나 환원(還元) 및 탄화(炭化)가 자유롭게 되어 여러 가지 색으로 구워지는 것이다. 온도는 1천도에서 1천5백도 정도에 이른다.

석기를 찾으러 나섰다가 채문 도기를 발견한 앤더슨은 고고학에 대한 지식이 부족하였던 탓으로, 지금 와서 생각하면 필요없는 걱정을 했던 셈이다. 그러나 그는 채문 도기로 생각이 복잡해져 북경의 도서관에서 문제를 해결한 뒤에도 그 일에 몰두하게 되었던 것이다. 앤더슨의 '채문 도기 순례'가 시작되었다.

그가 목적하던 것이 채문 도기였던 까닭에 그의 손발이 되어 일했던 사람들의 눈에도 그런 부류 이외의 것은 보이지 않았던 것 같다. 앙소에서도 채문 도기가 너무나 선명하고 의외성을 띠고 그 앞에 나타났던 탓으로 흑도나 회도는 간과되고 말았다. 북경의 도서관에서 앤더슨이 본 것은 판펠리(1837년~1923년) 탐험대의 보고서였다. 판펠리는 미국의 하바드대학 교수로서 일본과도 인연이 깊었던 인물이었다. 그는 도쿠가와 마쿠후(德川幕府)에 초빙되어 1861년부터 63년까지 홋카이도(北海道)에서 지질 조사를 하고 그 후 청나라에도 초빙되어 지질 조사와 지도 작성을 위한 자료 수집을 하였다. 또한 그가 러시아의 중앙아시아 아나우 유적을 조사한 것은 1903년부터 이듬해에 있었던 일이다. 그 보고서는 북경의 도서관에서 그때까지만 해도 새로운 부류에 포함되어 있었을 것이다. 컬러판도 있었기 때문에 앙소에서 출토된 채문 도기가 그것과 닮았다는 사실을 알게 된 앤더슨은 반사적으로 "채문 도기는 서방에서 왔다"고 생각하였음에 틀림없다. 이와 같은 순발성이 중요하지만 때로는 지나친 선입견이 되기도 한다.

하남성 서쪽의 앙소에서 채문 도기가 나온 것이므로 그것은 필시 서방의 중앙아시아에서 중국의 신강(新疆), 감숙, 섬서를 통하여 들어왔을 것이 틀림없다고 생각하였다. 이리하여 '채문 도기의 길'을 걷는 앤더슨의 순례가 시작되었다. 그는 감숙의 각지에서 발굴을 하고, 겨울에 야외 활동이 불가능한 기간에는 난주시에서 골동품상을 쑤시고 다니면서 채문 도기를 사들이려고 하였지만 그렇게 많은 양을 구하지 못하였다. 골동품이나 미술품 수집가도 5천년이 더 된 채문 도기의 소성(素性)을 잘 알지 못했으나, "이상한 외국인이 색이 있는 항아리를 사려고 하고 있다"는 소문이 퍼져 급기야 채문 도기 항아리를 안고 팔러 오는 사람이 많아지기 시작하였다. 더욱이 흙이 붙어 있는 점으로 미루어 분명히 새로 파낸 것으로 보이는 항아리도 많아서 앤더슨은 조수를 시켜 가까스로 그 산지를 확인하게 된 경우도 있었다. 그곳은 도하(洮河) 유역의 계단식 구릉이 있는 곳으로 신점(辛店)이라고 부르는 곳이었다.

도하는 난주 서쪽에서 황하와 합류하는 곳이었다. 지금은 그곳에 큰 댐이 조성되고 대규모 발전소가 건설되어 '유가협(劉家峽)'이라는 이름으로 전국에 알려지게 되었다.

나는 황하와 도하가 만나는 지점 근처에 배를 타고 건넜던 일이 있었다. 진나라 시황제가 축성한 이른바 만리장성은 동쪽의 요녕성(遼寧省)의 요동(遼東)에서 시작하여 서쪽의 감숙성 민현(岷縣)의 임도(臨洮)에 이른다고 「사기」에 적혀 있으며 유가협에서 도하를 거슬러 올라간 약 7, 80킬로미터 지점에 있다. 신점은 현재의 지도에는 감숙성 신전(神甸)으로 되어 있다. 그리고 임도의 바로 남쪽에 있는 마가요(馬家窯)도 앤더슨의 발굴 범위에 속해 있다.

앙소의 발견은 1920년의 일이지만 앤더슨의 감숙 조사는 1922년부터 시작되었다. 이 동안 북경원인의 치아 화석이 출토되어 앤더슨의 관심은 지질학으로부터 완전히 고고학으로 기울어지게 되었다. 이렇게 하여 '채문 도기'는 앤더슨의 마음을 사로잡았지만, 이것을 러시아령인 중앙아시아의 아나우 유적에서 출토된 채문 도기와 결부시켜, 이 채문 도기가 서방에서 전해졌다는 생각을 굳게 마음 속에 품게 되었다.

4

고대 로마의 중핵인 앤더슨의 채도 서방 기원설(彩陶西方起源說)은 그 후의 고고학 조사에 의하여 겨우 흔들리기 시작한 것 같다. 앤더슨이 중국의 석기 시대 발견자라는 영예만은 부정할 수 없지만, 그 후 수많은 신석기 시대의 유적이 여러 학자들에 의해 발견되었다. 후에 이야기하겠지만 1953년에 발견되고 5회에 걸쳐 발굴 조사된 반파 유적 등은 어김없는 앙소 문화의 유적이라는 것을 알게 되었다.

반파 유적이 먼저 발견되었더라면 앙소 유적이 발굴되었을 때에도 앤더슨이 채문 도기에만 매달리지 않고 흑도나 회도에 눈을 돌려 채도를 기본으로 하는 문화는 '반파 문화'라는 것을 깨달았을 것이 분명하다. 현재는 방사성 탄소 측정치라는 고고학의 새로운 무기가 개발되었으므로 시대 측정이 더욱 정확하고 용이하다.

앤더슨은 중앙아시아의 아나우 유적에서 출토된 채도가 서방에서 동방으로 전해졌다고 생각하였으며, 그러한 생각이 그의 낭만을 불질렀던 것이다. 감숙에 들어온 채도는 다시 동쪽의 섬서로 전해져야 했을 것이다. 그러나 방사성 탄소 측정치에 의하면 섬서의 반파 유적은 6080년(±110)에서 5600(±105)년 전으로 되어 있다.

이에 비하면 감숙 유적에서 가장 오래된 것은 조가취(曹家嘴) 유적으로 그 측정치는 4540(±100)년 전으로 되어 있으므로 동쪽 섬서의 반파 유적보다는 1천년이 뒤진다. 감숙의 채도는 서방의 기원(起源)보다도 동방의 기원으로 생각하는 것이 자연스럽게 생각된다.

서와 동을 연결시키는 통로로 신강(新疆)이 주목을 받은 것은 당연할 것이다. 앤더슨은 1925년 중국을 떠나 고국인 스웨덴 학계에서 요직에 앉게 된다. 그의 귀국 후 같은 스웨덴 사람 헤딘(1865년~1952년)이 중국으로 건너와 신강 지구의 조사에 종사하였다.

중국에서는 이미 민족주의가 팽배하여 외국인만의 조사는 허용하지 않았다. 흔히 헤딘 조사단이라고 부르지만 정확히는 중국·스웨덴 공동 조사로 그 이름도 '서북 과학 고사단(西北科學考査團)'으로 명명되어 중국측에서도 황문필(黃文弼)과 서병창(徐炳昶)과 같은 유수한 학자가 참여하였다. 1927

년에서 1935년까지 이 고사단의 조사 활동이 수행되었다. 그에 의하여 채도가 출토된 유적이 몇 군데 발견되었다.

합밀(合密, 신강성 위구르 자치구)의 동남 85킬로미터 지점에 있는 묘아곡(廟兒谷)이 그 한 예이다. 신강이라고 해도 이곳은 감숙성의 경계에 가까운 땅이어서 고사단은 두 번에 걸쳐 조사하였다. 또 투르판(신강성 위구르 자치구)의 동과 서에서도 발견되었다. 동쪽은 승금대(勝金臺)이며 서쪽은 야르호트(交河城)이다. 또한 천산남로(天山南路)의 투쿠슨, 남강(南疆)의 차말(且末)에서도 채문 도기가 발견되었다.

그러나 기묘하게도 같은 신강에서 발견된 채문 도기는 묘아곡, 승금대, 교하, 투쿠슨, 차말과 같은 곳에서 발견된 것과 형태가 다르고 공통된 점을 거의 없다고 보고되어 있다. 단원 중의 한 사람인 베르그만은 이와 같은 자료를 상세하게 음미하고 서아시아와 중국 본토 사이에는 상정할 만한 기술적인 유대 관계가 나타나지 않는다고 보고 중국 채도의 서방 기원설은 생각하는 것처럼 그렇게 단순한 문제가 아니라고 결론지었다.

앤더슨의 낭만은 이러저러하게 그가 중국을 떠난 지 십수년 만에 거품처럼 사라지고 말았다. 채도 기원설은 제2차 세계대전 전에 서북 과학 고사단에 의하여 이미 커다란 의문이 제기되고 제2차 세계대전 후 더욱 충실한 과학적 조사에 의하여 결정적으로 부정되었다고 해도 무방할 것이다.

'실크 로드'는 동에서 서로 가는 통로였다. 그런데 앤더슨은 서에서 동으로의 '채도 로드'를 설정하였지만 이것은 성립되지 않았다.

인간은 멀리 떨어져 살면서도 같은 시대 같은 사실을 생각하게 되는 가능성도 있다. 채문 도기의 서방 기원 전설 가운데 하나는 앞에서 말한 앙소 유적의 환요(丸窯) 문제도 있었다. 바닥에 구멍을 뚫어 송풍(送風)시키는 구조는 이란의 시아르크 유적에서 볼 수 있는 가마의 바람 통로와 같다. 그렇다고 해서 이 노하우가 서쪽에서 동쪽으로 전해진 것이라고는 간단히 말할 수 없다. 극단적으로 말하면, 동에서 서로 전해진 것이라는 가정도 불가능하지는 않다. 앞으로 어떤 유적이 발견되고 얼마나 많은 자료가 나타날지는 알 수 없다. 케임브리지대학의 정덕곤(鄭德坤) 교수가 말하듯이 이것은 "선반 위에 모셔 둘" 주제일 것이다. 그러나 나는 사람들이 역사에 관하여 웅장한 가설을 설정하는 것에 반대하지는 않는다. 왜냐하면 그것은 찬성자와 반대자의 활발한 논쟁을 불러일으켜 무엇인가 발전하도록 할 것이기 때문이다.

중국의 문명뿐만 아니라 중국인까지도 서방에서 왔다고 했던 렉펠리의 학설도 앞에서 소개하였다. 그리고 지금 앤더슨의 '채문 도기의 길'이라는 낭만도 접해 보았다. 이 두 가지 주장은 후일의 발견과 조사에 의하여 거의 부정되었지만 나는 이 두 위대한 학자를 멸시하고 싶은 생각은 추호도 없다. 뿐만 아니라 오히려 큰 박수를 보내고 싶은 기분이다.

앙소 문화 다음에는 용산 문화의 시대가 되지만 1930년에는 중국의 부사년(傅斯年, 1896년~1950년)에 의한 '이하동서설(夷夏東西說)'이 있고 일본의 나이토고낭(內膽湖南, 1866년~1934년)에 의한 대체 학설이 있었다. 또 다시 선반 위에 올려질 학설일지 모르지만 나는 두 학설 모두 거의 부정된 것으로 생각한다. 그러나 두 석학의 학설은 수확이 많은 부산물을 낳았다. 곧 인간의 문명에 관한 학문을 크게 발전시키는 계기가 되고 있다. 그 밑바닥에 흐르고 있는 낭만에도 경의를 표해야 할 것이다.

여하튼 앤더슨은 채문 도기를 기본으로 하는 '앙소 문화'의 존재를 깊은 땅 속에서 끌어내 주었다. 그 앙소 문화의 정화(精華)는 앙소보다는 오히려 반파였다는 사실도 언급하였다.

다음에는 앙소 문화의 대표인 반파 유적에 관하여 살피기로 하겠다.

# 반파(半坡)에 살다

1

지금 새로운 호화 저택이 세워지고 있다. 그렇다면 난방은 대체로 중앙 공급식으로서 최신의 기술을 동원한다고 보면 좋을 것이다. 겨울에도 방안은 하루 종일 따뜻하다. 그러나 이 집의 주인은 패널 히팅(방사 난방) 같은 난방 방식보다는 오랫동안 친숙했던 화로를 더 그리워한다. 주인은 부자였으므로 거금을 들여 골동품 상인으로부터 에도(江戸) 시대의 명장이 만든 화로를 사서 방에 두었다. 그리고 이 주인은 젊었을 때 영국에서 유학한 경험이 있으므로 벽난로 옆의 안락 의자에 앉아서 위스키 잔을 한 손에 들고 추리 소설을 읽는 것을 인생의 낙 중에서 가장 보람된 것으로 생각하고 있다. 저택을 지을 때에도 특별히 벽난로를 만들게 하였다. 이것은 난방이 목적이 라기보다는 분위기를 위한 것이었다.

이렇게 한 후, 몇 천 년이 지나 이 저택이 고고학자에 의하여 발굴되었다 고 하자. 그리고 그때 화로의 잔해에 눈을 뺏긴 학자가 이 시대 난방의 기본 은 화로였다고 단정한다면 이것은 잘못된 생각이다. 물론 벽난로가 기본이라 는 생각도 잘못일 것이다. 발굴된 장소의 최신 난방 시설인 중앙 난방 방식 을 그 시대의 난방의 기본으로 하지 않으면 안 되는 것이다.

그리고 이 저택이 아시야(盧屋)에 있었다고 할 경우 발굴자는 화로를 난방 의 기본으로 하는 문화에 '아시야 문화'라고 명명하였다면 어떻게 될 것인 가? 화로로 난방을 하던 시대가 분명히 있었다. 그리고 아시야라는 곳도 분명히 있었고, 그곳에서 화로가 출토된 사실도 틀림없다. 그러나 잘 생각해 보면 무엇인지 좀 어색하다 할 것이다.

지금까지의 가설은 앙소 문화라는 이른바 공인되어 정정하기 어려운 명칭을 설명하기 위하여 필자가 만들어 낸 이야기이다. 적절한 예가 되지 않을지는 몰라도 앙소(아시야)에서 채문 도기(화로)가 나온 것은 사실이다. 그러나 거기에서 실제로는 손으로 빚어 만든 채문 도기보다 고도의 기술——회전대를 사용하여 만든 흑도가 출토되었다. 화로를 기본으로 하는 에도 시대의 문화가 분명히 존재했었다. 그러나 발굴한 유적의 시대에 그것은 이미 난방의 주류는 아니다.

앙소 유적에서는 채도 이외에 흑도도 출토되었다. 그럼에도 채도를 기본으로 하는 문화에 '앙소 문화'라고 이름을 붙여 온 세상에 통용되고 말았다. 우리가 앙소 문호를 설명하기 위하여 반파(半坡) 유적을 선택하지 않으면 안 되는 이유를 독자들은 알게 되었을 것이다.

섬서성 서안(西安)시 동쪽의 반파 마을에서 신석기 시대의 유적이 발견된 것은 1953년의 일이었다. 서안에서 제2 발전소를 건설하게 되었을 때 그 기초 공사 중에 신석기 시대의 유적 같은 것이 나온 것이다. 그 후 조사 결과에 따라 중요한 유적이라는 사실이 밝혀짐으로써 발전소 건설 계획이 변경되어 다른 곳으로 옮겨졌다. 그리하여 반파 마을에서는 1954년부터 1957년에 걸쳐 중국 과학원 고고연구소에 의하여 본격적인 조사가 이루어졌다.

이와 같은 선사 유적이 발굴되면 상세한 조사를 거친 다음 출토품을 꺼내고 그 자리를 보존하기 위하여 다시 묻어 두는 것이 상례이다. 그러나 반파의 경우에는 앙소 문화의 대표적인 것이고, 또 많은 사람의 참관에 도움을 주기 위하여 발굴한 장소를 그대로 두고 그 위에 철로 만든 큰 지붕을 씌웠다. 6천년 전에 인간이 살았던 원형 유적을 비바람에서 보호하기 위하여 울타리를 만들었으며 사람들은 그 울타리 안으로 길을 걸으면서 구경할 수 있다. 진열장 안의 출토품만을 보는 것과 비교하면 훨씬 박진감이 넘치는 방식임이 분명하다.

이 반파 박물관이 완성된 것은 1972년의 일이었으며, 나는 그 해 10월 20일 고대 유물이 아직도 생생하게 살아 있는, 거대한 체육관 같은 박물관을 참관하고 깊은 감명을 받았던 일을 지금까지도 생생하게 기억하고 있다.

앤더슨이 발굴한 감숙 신점의 유적은 도하 연변의 계단 모양의 지형에 있었는데, 이 유적으로 보아 앙소 문화기의 사람들은 주거를 강에 가까운

이 단구(段丘)에 잡았다. 반파도 황하로 빠지는 위수(渭水)의 지류인 산하(滻河) 동쪽 기슭의 황토인 단구에 있었다. 현재의 강 밑바닥으로부터 높이 9미터에 이르는 단구이다. 그리고 강으로부터 800미터 정도 떨어져 있다.

이 반파 유적의 면적은 대략 7만평방 미터이며 주거지는 약 3만 평방미터이다. 그리고 문화층——사람이 살았던 흔적이 남아 있는 층——은 약 3미터에 이르므로 사람들은 제법 오랫동안에 걸쳐 이곳에서 살았다는 사실을 알 수 있다. 몇 세대 정도의 사람이 살았는지는 정확하게 알 수 없지만 튼튼한 굴 위에 새로운 주거가 구축되고 바닥이 다섯 겹으로 되어 있는 예도 보고되었다.

주거는 원형, 방형, 장방형이 있으나 원형이 가장 많은 것 같다. 직경은 약 5미터이고 가옥 윗부분——지붕에 해당하는 부분은 부서져서 형체가 남아 있지 않으나 기둥 구멍이나 남아 있는 물건으로 추측하건대 원추형의 지붕으로 벽은 지푸라기를 섞어서 이긴 진흙으로 몇 번씩이나 발라서 햇볕에 말려 굳힌 것으로 생각된다. 3미터에 이르는 문화층 속의 주거지에서도 아래층 것보다 위층의 것이 더 발달한 것은 당연하다고 할 수 있다. 반파 유적에서 확인된 수백 개도 넘는 기둥 구멍 아래층 것보다 위층 것이 많다. 또한 아래층 기둥 구멍은 기둥을 세우기 위한 단순한 구멍이지만 위층의 기둥 구멍 둘레에서는 고운 백토(白土)가 확인되었는데 이런 것으로 기둥을 더 튼튼히 고정시키고 있었던 것 같다.

3미터의 문화층이 이루어지기까지 얼마나 많은 세월이 흘렀는지는 모르겠지만 신석기 시대 후기의 사람들은 착실하게 진보하고 있었다는 사실이 이 유적에 나타나 있다. 1만년대에서도 그다지 변화를 보이지 않던 구석기 시대 사람들에 비하여 6천년 전의 이 반파 마을 사람들은 적어도 1백년 단위로 기술을 진보시켰던 것이다.

발굴 조사 보고에 의하면, 반파 유적은 전성기 때 2백 채 이상의 주거가 있었고, 추정 인구는 5백 명에서 6백 명 정도였으며 매우 단합된 공동생활을 하고 있었던 것 같다.

2

　천연 동굴에 살고 있던 구석기 시대인은 한 동굴에 그렇게 많은 인원을 수용할 수 없었을 것이다.

　집단적인 사냥도 했을 것이나 소수의 무리가 몇 개씩 짝을 이루는 그런 형태였을 것으로 생각된다. 앙소 문화의 반파인은 주거지 주위에 도랑을 팠다. 도랑의 너비는 6미터에서 8미터나 되며 맹수 같은 외적으로부터 주민을 지키는 역할을 했다. 주거지의 반은 땅 속이며, 가장 많은 원형의 주거지도 앞에서도 말한 바와 같이 직경이 5미터 정도이지만 방형의 주거지도 너비는 거의 4, 5미터로 모두 중앙에 화로가 마련되어 있었다. 그런데 마을 중앙 부분에서 특별히 큰 건물자리가 발견되었다. 이 건물의 서쪽 3분의 1 정도는 부서졌으며, 중앙의 화로 부분도 당(唐)대에 만들어진 묘소 때문에 파손되어 남아 있는 부분은 남북 10.8미터, 동서 10.5미터이어서, 이것을 복원하면 160 평방미터 규모가 되므로 이 건물은 특별한 건물이었음에 틀림없다.

　그 당시는 원시 씨족 사회였으므로 재산은 공동 소유였을 것이고, 이 큰 건물은 집회 장소였을 것으로 상상된다. 그러나 강력한 세습 추장은 아직

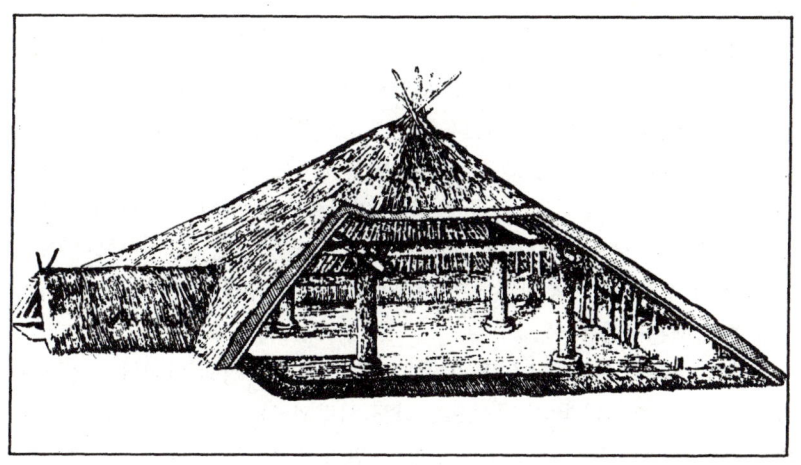

집회소로 추측되는 대형 가옥 복원도

없었던 것 같다. 사냥이나 싸움 또는 치수 공사(治水工事) 등으로 주민을 잘 다스리는 유능한 지도자가 씨족 전체에서 추천되었을 것이다. 그리고 그것은 주민들 생활을 위한 방편이었으며 지도자는 1대에 한하고 세습되는 일은 없었다. 이러한 사실은 반파의 묘제(墓祭)에서도 확인된다.

성인이 죽게 되면 도랑 밖 곧 교외에 매장되었다. 그러나 아이들이 죽으면 거주 지역 내에 항아리에 담아 묻었다. 교외의 묘지에서 130구를 발굴하였으며 대체로 한 묘소에 1구가 묻혀 있었다. 그러나 예외도 두 곳 있었다. 한 곳에선 두 명의 사내, 또 한 곳에서는 4명의 여인이 합장되어 있었다. 그리고 반파의 묘소에서는 대개 발쪽으로 5, 6개의 토기가 함께 묻혀 있었다. 판자로 감싸인 묘에는 토기가 4개 부장되어 있었으며 따로 63개의 골제(骨製) 구슬과 한 개의 녹색 비취 및 장식 바리때 밑에 3개의 둥근 돌이 놓여 있었다. 이 묘의 주인이 특별한 인물이었는지는 몰라도 그 규모는 다른 묘소와 다를 바 없었다. 설사 반파 씨족 사회에 신분의 차이가 있었다고 해도 그것은 극히 사소한 경우였을 것이다.

반파의 어린이 묘소에서도 하나의 예외가 있었다. 아이의 유골 주변을 판자로 지탱한 것이 있었다. 특별한 신분을 가진 아이였는지 어떤지는 모른다. 그리고 다른 아이의 경우와 다르다고는 해도 그다지 차이가 발견되는 것은 아니다.

황하권 문화를 고찰할 때 황하권 이외의 앙소 문화 묘제도 참고로 해야 할 것이다. 같은 섬서성이라도 보계(寶鷄)의 북수령(北首嶺), 화현(華縣)의 원군묘(元君廟), 화음현(華陰縣)의 횡진(橫陳) 마을 등에서 앙소 문화의 유적이 발견되었다. 그리고 원군묘나 횡진 마을에서는 집단 매장을 했다. 단지 원군묘에서 1구의 늙은이 유골 둘레에 자갈로 장방형의 석관(石棺) 같은 것을 만들어 둔 예외적인 것이 있었다. 또한 부장품도 원군묘에서보다 여인과 노인의 묘에서 그 부장품의 수가 훨씬 많은 경향을 보여 주었다. 모계 사회였기 때문이었을까?

묘제를 통해서 볼 때 앙소 문화기에는 현저한 신분상의 차이가 있었다고 할 수 없다. 널빤지나 비취 장식으로 다른 사람과 약간 구별할 수 있는 정도의 인물이 있었던 것으로 추측될 뿐이다. 반파 마을의 사람들은 근본적으로는 농민이었다. 그래서 신석기 시대를 '금속 사용 이전의 농경 문화기'라고

정의하는 사람도 있다. 반파에서의 주식은 좁쌀이었고, 가루로 만들든가, 익히든가, 또는 삶든가 했던 것 같다. 농경에서도 강가에서 물을 밭으로 끌어 들이는 작업이나 그 물을 배분하는 일 등 공동 작업이 적지 않았다. 그리고 구석기 시대로부터의 집단 사냥도 이어지고 있었다. 또는 다른 집단과의 투쟁도 때로는 있었을 것이다. 그럴 때에는 마을 사람들을 지휘, 지도하는 자가 있어야 한다. 그래서 '현명하다'고 인정된 사람이 마을 사람들로부터 받들어지게 된다. 여기에서 '현명하다'는 것은 정신이 긴장되어 빈틈이 없다는 것을 뜻한다. 재(財), 보(寶), 화(貨), 자(資) 등의 용법에서도 알 수 있듯이 조개(貝)는 재산을 나타낸다. 어질 현(賢)자에는 자산 관리를 잘한다는 뜻이 있으며 오히려 그것이 원래의 뜻이기도 하다. 반파의 사람들은 말하자면 관리인을 선택했다고 말할 수 있을 것이다. 그러므로 그를 편의상 촌장(村長)이라고 부르기로 하겠다. 촌장은 일을 돌보는 사람이므로 매우 바쁘고 씨족 사회에서는 이렇다 할 보수도 없이 무사 분주한 직분이었다. 인망이 있었기 때문에 주민들로부터 추대되어 할 수 없이 취임하였을 것이다.

중국의 신화나 전설이 그런 사실을 반영하고 있다. 고대의 성왕(聖王)은 모두 사람들에 의해 추대된 것으로 되어 있다. 성왕의 대표격이라 할 수 있는 요(堯)와 순(舜)도 모두 추대되고 세습되지 않았다. 반파의 역대 촌장 중에서도 특히 헌신적이며 공로가 컸던 사람에 대하여 마을 주민들은 널빤지 묘에 비취 장식 등을 부장품으로 하여 기념하였는지도 모른다.

3

앙소 문화의 기본은 반복해서 말하지만 앤더슨을 매료시킨 채문 도기였다. 진흙을 햇볕에 쪼여 말리면 단단해진다는 사실을 옛날 사람들도 자연을 관찰하여 알고 있었다. 태양의 광선보다도 더 강한 것——불로 구우면 더 단단해지지 않을까 하고 생각하게 된 것은 당연하다.

도구를 만든다는 것은 사람들의 특징이다. 또한 동물 중에서 사람만이 불을 만들고 그것을 조정할 수가 있다. 도구의 소재는 주로 돌이나 나무 같은 것이다. 이번에는 진흙으로 형체를 빚어 그것을 불에 구워 만드는 일이 시작되었다. 이리하여 도기가 탄생하였다. 일본에서는 그 초기의 단계의 것을 토기라고 부른다는 것을 앞에서 말했다.

앙소 문화기의 채문 도기에 대하여 앞에서 이야기하였다. 지면을 파고 만든 환요에서 토기를 구워 냈지만 반파에서는 가마의 흔적이 교외에서 6개 발굴되었다. 같은 도랑 밖에서도 묏자리는 북쪽 교외에 있었고, 가마터는 동쪽 교외에 있었다. 그 가마 중의 1개는 포켓 모양의 튼튼한 굴 모양으로 된 것이지만, 5개는 수평원통(水平圓筒) 터널 모양의 것이었다.

반파의 토기를 대별하면 (1) 조사도(粗砂陶), (2) 세니도(細泥陶), (3) 세사경도(細砂硬陶)로서 (1) 이 전체의 약 60%, (2) 가 35%, (3) 이 5%의 비율로 되어 있다. 이것을 용도별로 유형을 나누어 보면 (1) 음식 용기, (2) 물그릇, (3) 취사 기구와 저장 용기의 3종류가 된다.

반파에서 수집된 도기 사금파리는 50만 개 이상으로 이 유적 출토물의 80% 이상을 차지하고 있다. 그러나 완전하게 복원된 것은 1천 점 정도에 지나지 않는다. 그 중에 음식 용기는 바리때, 밥그릇, 쟁반, 발 달린 밥그릇, 접시, 컵, 가운데가 파진 큰 접시, 평평하고 둥근 큰 접시 등이었다. 물그릇류로서는 주둥이가 뾰족한 병, 보시기, 주전자처럼 생긴 것으로서 3점이 출토되어 2점만 복원되었고 항아리, 취사 기구나 저장 기구로서는 물동이, 시루, 가마솥, 삼발솥, 큰 단지, 주둥이가 큰 물통, 바닥이 넓은 물통 그 밖에 뚜껑, 받침대 같은 것으로 생각되는 것으로 분류되었다.

수많은 반파의 채문 도기 중에서도 가장 훌륭한 것은 항아리 종류일 것이다. 중국 과학원 고고연구소의 보고서에도, "조형미의 우아함, 솜씨의 정교함, 반파 도기 중에서 가장 훌륭한 것으로 본다"고 기록되어 있다.

반파의 항아리는 모두가 세니도제(細泥陶製)로서 표면이 갈고 닦여 여러 가지 문양이 새겨져 있다. 생활 용구뿐만 아니라 부장품으로도 이용되었지만 부장용으로 땅에 묻혀 있는 조사도(粗砂陶)는 발견되지 않았다. 반파의 사람들은 항아리 부류를 무척 애용하였던 것 같다.

항아리는 주둥이가 작고 목줄이 가늘며 몸통은 불룩하다. 목줄이 잘록하거나 불룩한 몸통, 항아리 밑바닥에 그려 있는 선 등 몇 개의 양식이 있지만 그 모두가 6천년 전 반파인의 미(美)에 대한 의식이 상당한 수준에 있었음을 나타낸다. 반파의 항아리에 관한 한 소박한 원시인의 치졸성이라는 평이 적합치 않다.

  반파인들은 석기(石器)나 골기(骨器)를 만드는 데도 상당한 솜씨를 보였
다. 돌이나 뼈를 가공하여 장신구를 만들었는데 모양도 지극히 다양하다.
머리빗, 귀걸이, 목걸이, 팔찌, 혁대 등이 있지만 역시 도기제가 많고 돌이나
자개, 뼈, 뿔의 순위로 되어 있다. 반파인들은 매우 멋쟁이였다고 해야 할
것이다.

  채문 도기에 그려져 있는 문양은 실로 흥미진진하다. 숫자상으로 보면
물고기 모양이 압도적으로 많다. 더구나 한낱 실물을 본딴 것뿐만 아니라
도안화되어 있었다. 왜 물고기 모양이 많은 것일까? 반파인들을 농업을 영위
하면서 어로도 함께 했던 모양이다. 출토품 중에는 골제 낚시와 망의 추도

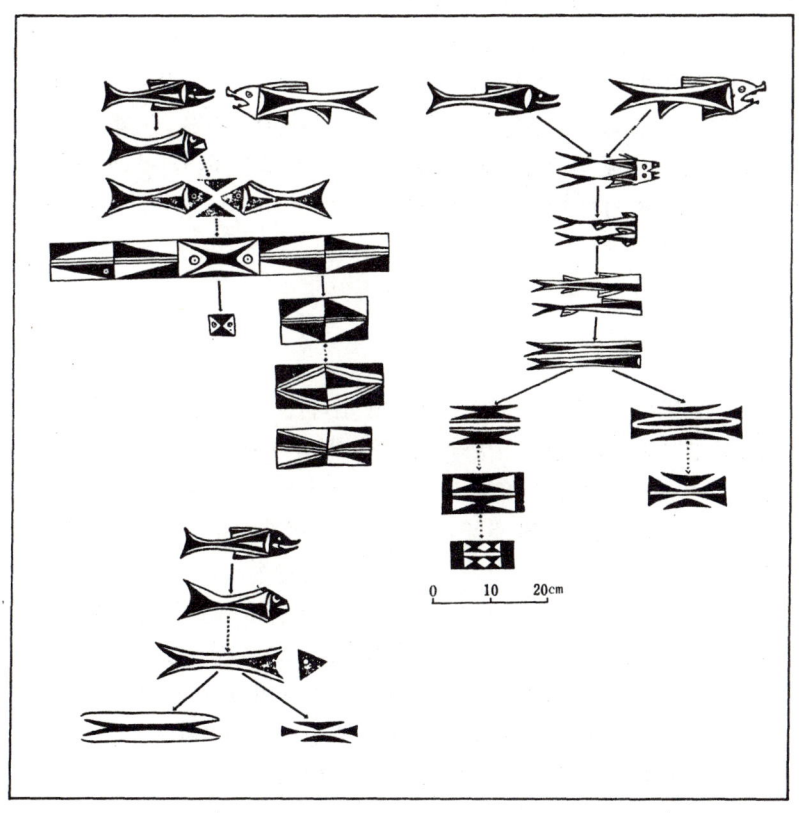

포함되어 있었다. 물고기는 그들에게 가장 가까이에 있던 생물이었는지도 모른다. 그리고 반파 유적 중에는 작은 기둥 구멍으로 감싸인 직경 6미터 정도의 원형면이 있었는데 아마도 가축을 사육하였을 것으로 믿어진다. 유적의 여기저기에서 돼지, 개, 양의 뼈가 발견되었으며 소나 말 그리고 노루의 뼈도 발굴되었다. 양이나 노루의 도안도 있기는 하지만 숫자상으로는 물고기에 비할 바가 아니었다.

물고기 모양이 항아리나 바리때에 그리기 쉬웠던 탓이었는지도 모른다. 물고기는 물과 관계가 있다. 농경에 물을 갖다 주고 어업에서 물고기를 길러주는 것은 강이다. 강물에 대한 고마움 혹은 외경스러움에서 특별히 물고기의 무늬를 많이 사용하였을 것이라는 사실도 생각해 볼 수 있다. 혹은 반파인들은 물고기를 숭배하는 집단이었는지도 모른다.

채문 도기에는 기하학적인 문양도 들어 있었다. 그 안에는 역시 물고기 형체에서 변형된 것으로 추정되는 것도 있었다. 앞서의 보고서인 「중국전야고고 보고집(中國田野考古報告集)」 중의 「서안반파(西安半坡)」 부제는 '원시 씨족 취락 유적지(原始氏族聚落遺跡址)'――에는 물고기 무늬의 변화 추측도가 수 점 있는 바 이는 반파인의 예술적인 감각을 생각하는 데에 극히 흥미로운 자료이다.

4

물고기의 모티프 디자인 중에서 마음에 걸리는 것은 사람의 얼굴을 한 물고기 문양(人面魚紋)이다. 상상력이 풍부한 사람이 보게 되면 원반을 타고 있는 우주 비행사를 상상할 수도 있다. 반파에서는 이 문양이 7가지나 출토되었다. 그 중 외벽에 묘사된 것을 제외하고는 나머지 모두가 내벽에 묘사되어 있었다.

사람 얼굴에는 그 머리에 삼각모와 같은 것이 씌워져 있고 톱날 같은 눈금이 새겨져 있었다. 외벽에 묘사된 것만이 삼각모를 쓰지 않았다. 그것은 어깨 부분을 외벽의 밑둥 부분에 그린 것으로, 둥근 머리가 입의 언저리에 와 있어서 삼각을 그릴 빈 자리가 없었기 때문에 생략한 것인지도 모르겠다.

원반으로 보이는 것은 물고기일 것 같다. 그리고 사람 모습의 양쪽에는 물고기가 달라붙는 형상을 한 그림도 있었다. 그리고 물고기 대신에 쇠뿔과 같이 위로 구부러진 선이 붙어 있는 예도 있었지만 그것도 역시 물고기를 표현한 것으로 보는 것이 옳을 것이다.

1977년 나고야(名古屋) 시립 박물관 개관 기념일에는 '중화 인민 공화국 출토 문물전'이 개최되었는데 중국으로부터 1백 점의 훌륭한 문물이 운반되어 전시되었다. 시대순으로 진열했으므로 그 제1호는 앙소기의 '채도 인면어 문발(彩陶人面魚紋鉢)'이었다. 이것은 반파 유적에서 나온 것은 아니었다. 반파에서 150킬로미터 떨어진 섬서성 임동현(臨潼縣)의 강채(姜寨) 유적에서 출토한 것이었다. 반파보다 약 20년 후인 1972년에서 1974년에 걸쳐 발굴된 같은 앙소기의 유적이었다. 그러나 반파에서도 이와 똑같은 것이 출토되고 있었다.

강채에서 출토된 이 바리때는 밑부분에 작은 구멍이 있는데 출토되었을 때에는 질그릇 관의 입을 막고 있었다는 것이다. 반파에서와 같이 강채에서도 어린이는 질그릇에 넣어서 매장되었으므로, 이것은 관뚜껑이었다고 볼 수 있다.

그렇다면 이 그림은 무엇인가 특별한 뜻을 지니고 있지 않으면 안 된다. 반파의 보고서에도 있었지만 성인의 매장 예에 비해 유아의 매장 예가 많은 점으로 미루어 당시 생활 환경이 혹독해서 유아의 사망률이 높았을 것으로 추측된다. 성인의 시체는 교외에 그대로 매장된 것으로 보아 유아의 매장을 더 중요시했던 것으로 보인다.

성인이라면 씨족에 대한 임무를 얼마간은 수행하다가 죽었을 터이지만 유아는 이제부터라고 할 때에 죽었던 것이다. 반파뿐만 아니라 앙소기의 사람들은 유아의 죽음을 한결 애석하게 생각했던 것 같다. 그리하여 교외에 매장하는 데는 더할 수 없는 슬픔이 앞서는 것 같아 거주지 가까운 곳에다 질그릇에 넣어 매장하였던 것으로 생각된다.

반파나 강채인들이 물고기를 숭배한 씨족이었던 까닭에 유아는 조상 곁으로 간다고 생각하였을 것이다. 그러므로 뚜껑 속에 새겨진 것은 조상이 계신 곳으로 안내하는 역할을 한 것인지도 모르겠다.

삼각형으로 된 송곳니 형(形)의 줄무늬는 상문(喪紋)이라고 앤더슨도 주장했다. 감숙 마가요(甘肅馬家窯)나 반산(半山)의 앙소기 거주 유적에서 출토된 채도 중에서 송곳니 형의 줄 문양이 있는 토기는 어김없이 부장품이었다는 사실에서 그는 이렇게 생각하였던 것이다. 일상적으로 사용하는 토기 중에는 그러한 문양이 들어 있는 것이 하나도 없다.

앤더슨은 송곳니열 상문설(鋸齒列喪紋說)에 관하여 한나 리드 여사의 보고를 원용했다. 보고서에서는 북유럽의 석기 시대 후기의 부장 항아리에서도 같은 톱니의 문형(紋形)이 있다고 되어 있다. 한나 리드 여사의 설에 의하면 삼각형은 여성의 성기를 나타내며 그것은 다산과 풍요의 상징이며 이를 반복적으로 나열하여 송곳니 형으로 보이게 함으로써, 그 효과를 높이려고 하였을 것이다.

중국의 언어, 음운학(音韻學)의 세계적인 권위자인 스웨덴의 칼글렌(1889년~1978년)은 한나 리드 여사와는 반대로 삼각형을 남성의 상징이라고 해석했다.

갑골문자(甲骨文字)에서 '조상'을 나타내는 劦를 곽말약(郭沫若, 1892년~1978년)은 남성의 성기로 해석하는데 은대(殷代)의 사회가 이미 부계 사회였음을 근거로 한 것 같다. 이것은 앞부분이 삼각형으로 뾰족하게 되어 어떤 물건에도 접촉할 수 있는 형태라는 설 곧 조상에게 바치는 제물을 뜻한다는

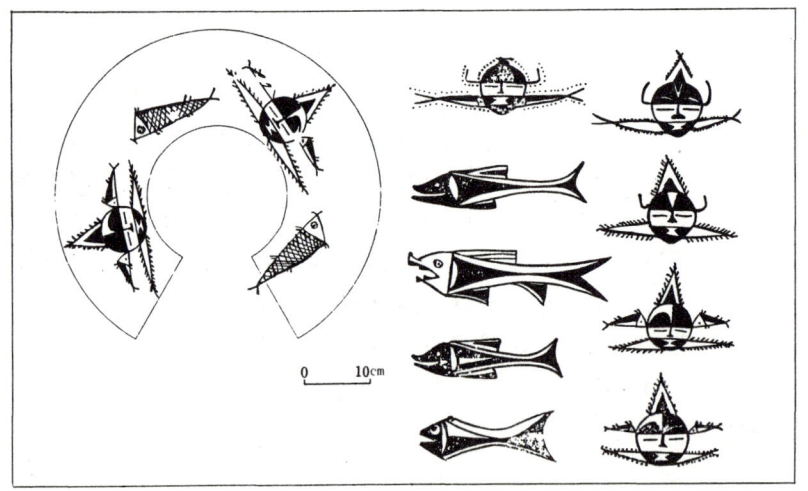

외벽에 있는 그림

설이 유력하다.

송곳니 형에서 삼각형의 뾰족한 쪽이 남성이고 우묵한 쪽이 여성으로 음양의 무한한 전개라고 보는 견해도 있는 것 같다. 남성의 상징이든 여성의 상징이든 또는 양자의 결합을 표현하든 간에 그것은 굳건하게 '삶'에 관련된 것으로 일견 상문에는 걸맞지 않는 것같이 생각된다. 그러나 죽은 자에 대하여 갱생이나 또는 다른 세계에서의 '삶'을 부여하려고 한 바람의 주술적인 문양이었는지도 모르겠다.

인면어문(人面魚紋)의 삼각모를 볼 경우 일본인이라면 바로 죽은 자의 이마에 붙어 있는 삼각포(三角布)를 연상하지 않을까, 야나기다 구니오(柳田國男, 1875년~1962년)에 의하면 이것은 상복을 나타내는 것으로, 삼각으로 된 지관(紙冠)을 가까운 친척들만이 썼으므로, 나중에는 죽은 자만이 갖는 유령의 표식처럼 되었다는 것이다. 설사 그것이 망부의 표시라고 해도 왜 죽은 자에게 삼각건을 씌우는가? 이것은 반파나 앙소기의 상문과 어떤 관계가 있는 것인가? 추리해 보는 것도 재미있을 것이다. 청나라의 라빙(羅聘, 1733년~1799년)의 귀취도(鬼趣圖) 같은 것을 보아도 그 당시 중국의 망자(亡者)는 삼각건을 쓰지 않았다.

5

반파의 묘소에서 사람의 뼈가 나왔는데, 이것은 6천년 전 이 땅의 주민에 관하여 중요한 단서가 되어 줄 것이다. 중국 과학원은 사람의 뼈에 대하여 고고연구소뿐만 아니라 고대 척추동물 및 고대 인류연구소 연구원의 협력을 얻어 상세한 측량을 하고 보고서에 그 숫자를 기술하였다.

결론부터 말하면 반파인은 기본적으로 몽골로이드이다. 이른바 황색인종이라고 부르는 인종에 속한다. 60구의 인골을 조사한 결과 같은 몽골로이드라도 현재 섬서성에 살고 있는 화북 사람보다는 오히려 화남의 한족(漢族)에 가까운 체질이라는 사실이 밝혀졌다. 이 인종은 반파가 소속된 섬서성의 보계(寶鷄)에 살았으며 이것은 반파와 동일한 문화 유형을 가진 북수령(北首嶺)의 인골을 연구한 바 동일한 결과가 나타났던 것이다. 앙소 문화 유적에 살고 있는 사람들도 현재의 화남 한인(華南漢人)에 가까운 체질이라는 사실이 조사 결과 판명되었다.

앙소 문화를 만든 사람들——물론 반파인도 포함하여——은 남방에서 옮겨 살다 후에 북방 사람과 혼혈을 이루게 되었다고 추측할 수 있다. 화남 한인에게 가깝다고 하여도 약간의 차이가 있다. 화남 한인은 인종 혼혈이 적어 비교적 원형을 유지하였고 북상한 사람들은 약간 변했다고 한다.

두번째로 생각해 볼 수 있는 것은 중원(中原, 황하권)의 원주민(반파인도 포함하여)이 점차 남방으로 옮겨 살게 되었다는 것이다. 고대에는 황하 유역의 한인이나 화남 한인의 골격이 거의 같았다. 남방으로 이주한 중원인(中原人)이 같은 체질의 화남인들과 그다지 변화가 없었던 것은 중원인으로 남은 사람들은 북방에서 끊임없이 남하하는 사람들과 융합하는 기회가 많아 현재의 화북인 체질을 형성하게 되어 차이가 조금 커졌다고 보는 것이다.

이상의 두 가지 설은 민족의 이동을 전제로 하지만, 같은 골격을 가진 중원과 화남 사람 어느 쪽도 이주하지 않았다는 전제하에서 생각해 볼 수도 있다. 북방은 유목민과 접하고 있기 때문에 원주민과의 접촉이 잦아서 체질이 약간 바뀌어졌을 것이라는 생각도 가능하다.

반파인에 대하여 말한다면,

① 그들은 남방에서 북상하여 아직 북방 사람들과 접촉하기 전이었다.
② 그들은 그 후 남방으로 이주했다.
③ 그들은 그대로 황하권에서 거주하였으며 발굴된 앙소기는 아직 북방의 영향을 받기 전이었다.

라는 3가지의 상황이 고려된다. 중국의 역사를 조명할 때 어느 쪽의 상황도 가능할 것이다. 필자로서는 그들이 남방으로 이주했을 가능성이 가장 농후한 것으로 생각은 하지만 아직 어떤 확실한 근거는 없다.

모계 씨족 사회는 주구점 산정동인 시대(周口店山頂洞人時代) 이후, 앙소 문화기 이전에 시작된 것으로 생각된다. 그것은 수천년에서 수만년의 기간이 었겠으나 고고학적으로는 공백기인 것이다. 아마도 격동하는 기상의 변화와 대홍수에 의한 유적의 유실이 그 원인이었을 것이다. 황토가 퇴적된 깊은 곳에 매몰되어 있을 것으로 생각된다. 만약 대홍수가 있었다고 하면 황토

퇴적의 심층부에 유적이 있다고 해도 정돈된 형태로 남아 있지는 않을 것이다.

산정동인(혹은 수십만년 전의 북경원인)과 앙소기의 사람들을 이어주는 선은 공백 기간이 너무 길어서 극히 희미한 상태에 있는 것처럼 생각이 든다. 산정동인은 적은 수의 두개골에 의하여 크로마뇽인, 몽골로이드, 에스키모, 멜라네시아인과 닮았다는 사실을 앞에서 언급하였다. 그들은 돌구슬을 이어서 목걸이를 만들기도 했었다. 단 한 가지 유념해 두어야 할 점은, 그들은 시체를 주거지내에 매장하였으며, 그 주변에 적철광분(赤鐵鑛粉)을 다량 뿌렸다는 사실이다. 반파의 질그릇 관은 바리때로 뚜껑이 되어 있으며 그것은 세니홍도(細泥紅陶)로서 적색 안료(赤色顔料)의 흔적이 확인된다. 적색 안료를 매장에 사용했다는 사실은 산정동인과 반파인 사이의 오랜 세월의 공백기를 희미하게나마 이어주는 하나의 선이라고 볼 수 있을 것이다. 3, 4세 가량 된 유아의 허벅지 상단 부분에 분명히 인위적으로 안료를 바른 암홍색이 확인되었다는 보고도 있다.

신석기 시대인이 시작한 농경은 곡물을 저장함으로써 사람들의 생활을 안정시켰을 것으로 생각된다. 곡물은 육류나 생선에 비해 오랫동안 저장이 가능하다. 그러므로 어느 때는 부족함 없이 먹다가 없으면 굶는 생활 방식에서 '저장법'을 터득했다는 사실은 커다란 진보라 하지 않을 수 없다. 사람들은 자신의 의사나 지휘자의 명령이나 조언에 따라 자신들의 생활을 조정할 수 있게 되었다. 계획성을 갖는다는 것은 저장으로부터 비롯되었다고 말할 수 있을 것이다.

반파에서는 주거지 근처에 많은 저장용 움이 있었다. 아래층 것은 구경(口經) 1미터, 깊이 10미터 정도의 작은 것이 많다. 위층 곧 새로운 층에서는 그것이 생활을 더욱 안정시켰음에 틀림없다. 위층의 저장용 움은 클 뿐 아니라 벽면에 진흙을 바르고 이것을 불로 굳혔다. 이리하여 더 안전하게 보존할 수 있었던 것이다. 이 점은 앞에서도 이야기한 기둥 구멍에 관한 연구에서 본 바와 같으며 반파인들이 기술면에서 착실하게 진보했다는 사실을 이야기해 주는 것이다.

반파의 경제 생활은 농업이 주였고 사냥이나 목축이 부업이었다고 생각된다. 그리고 농업의 역군은 여성이었으며, 묘제를 보아도 그 사회가 모계 사회였음에 의심의 여지가 없다. 남녀의 합장은 보이지 않는다. 합장은 단 2가지 경우뿐이었으며 각기 남성 2구, 여성 4구였다는 사실을 이미 언급하였다. 가계는 어머니 쪽으로 계산되었다. 북수령의 앙소 문화 유적에서는 남성의 묘와 여성의 묘가 따로 되어 있다. 일부일처제의 혼인 관계는 없었고, 씨족의 중심은 여성이었다. 마을의 지도자는 여성이 아니었으며 경험이 풍부한 노인이었을 것 같다. 묘소 제도에 신분의 차이가 거의 없음에도 여성과 노인의 묘가 적기는 하지만 부장품이 많다는 점도 앙소기가 모계 사회였다는 것을 상징하는 것 같다.

인골을 측정한 바에 의하면 반파의 남성 평균 신장은 169.45센티미터라고 한다. 보고서에 여성은 두개골의 측정표밖에 실려 있지 않지만, 남성보다는 일반적으로 작고 머리의 너비와 코의 지수(指數)는 남성보다 약간 큰 숫자로 나와 있다.

몸의 크기뿐만 아니라 용모에 관하여도 현대의 몽골로이드——일본이나 중국인과 그다지 다른 것 같지 않다. 우리들이 길거리에서 잠시 반파인을 만났다고 해도 식별할 수 없을 것이다.

물레틀도 출토되었다. 직물도 생산되었으며 더구나 출토품을 보면 무늬가 들어 있는 흔적도 있다. 발도 그냥 짠 것이 아니고 역시 무늬를 넣었다.

필자는 반파인의 기술 진보를 강조하였지만, 반파를 중기의 앙소 문화라고 한다면 후기에서는 그 문화의 퇴화 현상을 볼 수 있다. 후기 앙소기의 연대는 용산 문화를 거쳐 중원에서는 이미 금속 청동기 시대에 접어들었던 기원전 1천 5백년 전후였다. 현대를 일렉트로닉스의 시대라고 하지만 아프리카의 오지에 석기 시대 그대로의 생활이 남아 있는 것과 같은 것이다.

앤더슨이 발굴한 신점(辛店)의 유적은 후기 앙소기의 것으로 그는 채문 도기에 흠뻑 빠져 기뻐했지만 반파 등 앙소 중기의 것에 비하면 그 문양은 빈약한 것이다. 문양뿐만 아니라 본바탕의 흙도 거칠고 침투성이 있는 조악품이 많다. 하나의 문화는 한결같이 상승하는 것이 아니라 상승기가 있고, 전성기도 있으며, 하강기도 있는 것이다. 그리고는 퇴폐기에 이르게 된다. 우리들은 그 사실을 역사의 기록에서뿐만 아니라 대지에서 발굴되는 출토품——문화 유물을——검토하는 것으로 알게 된다.

북경의 중국 역사 박물관에서 촬영을 하기 위하여 반파에서 출토된 채도

어문발(彩陶魚紋鉢)을 별실로 나를 때 나도 슬그머니 양손을 대보곤 무의식 중에 깜짝 놀랐다. 그 크기에 비하여 놀랄 정도로 가볍고, 섬세한 칠기(漆器) 처럼  느껴졌기 때문이다. 정성을 다하여 연마한 예술품이라는 사실이 분명 히 내 손 끝에 와 닿았다. 같은 시기에 촬영한 어조문세경호(魚鳥紋細頸壺) 는 보계의 북수령 출토품으로 앙소 전성기의 훌륭한 작품이다. 새가 물고기 (너무 커서 용으로 보는 설도 있음)의 꼬리를 쪼고 물고기가 몸을 돌려 반격하 는 연계된 문양도 훌륭하다.

촬영하는 사이에 우리들은 왕굉균(王宏鈞) 관장이나 일본에 강연차 온 적이 있는 사수청(史樹青) 선생과 점심을 같이 하였다. 그 자리에서 나는 나의 감정을 시 한 수로 읊어 두 분에게 드렸다.

### 어문송(魚文頌)

황하의 비바람 6천년에(黃河風雨六千年)
억조에 걸친 서민의 예지를 전하도다(億兆黎民慧叡傳)
오랫동안 땅 속에 묻혀 천재지변을 만나고도(久理地中逢霹靂)
비늘 소리 비로소 들리느니 반파의 연못이여(鱗聲初響羊坡淵)

반파의 3미터 문화층은 이 앙소 중기의 문화가 상승 곡선을 더듬고 있었던 사실을 나타내는 것 같다. 그 양질의 부분과 양질의 경향이 용산 문화로 옮겨질 수 있었다.

이제 우리들은 앙소 문화에서 용산 문화로 눈을 돌릴 때가 왔다.

# 남성의 시대로

## 1

1930년부터 그 다음해에 걸쳐 산동성(山東省) 역성현(歷城縣) 용산진(龍山鎭)에서 발굴된 신석기 시대 말기의 유적은 학계에 커다란 파문을 불러 일으켰다. 발굴된 곳은 용산진 성자애(城子崖)라는 곳이었다. 그 아래층에서 검게 빛나는 도기가 많이 출토되었다. 앙소 유적의 채도와는 전혀 느낌이 달랐으므로 발견자의 첫 인상이나 보고에 접한 학자의 반응도 다른 문화 곧 이질의 문화가 땅 속에서 나타났다고 보았던 것 같다.

앙소 문화를 채도 문화라고 부르듯이 이 용산 문화를 흑도 문화(黑陶文化)라고 부르는 경우도 있다. 이 문화의 가장 돋보이는 특징, 곧 기본이라고 할 수 있는 것은 흑도이므로 그렇게 부르고 싶은 것도 당연할 것이다.

성자애를 발굴한 것은 국립중앙연구원 역사어언연구소(歷史語言硏究所)의 구성원이었으나 얼마 안 되어 중·일 전쟁이 일어났으므로 용산 문화의 본격적인 연구는 제2차 세계대전 이후로 넘겨졌다. 제2차 세계대전 이전의 연구는 추리적 연구, 혹은 영감에 의한 연구랄 수 있는 성격이 다분했던 것 같다.

부사년(傅斯年)의 '이하동서설(夷夏東西說)'도 그 하나였다. 황하를 토대로 하는 중국의 문화는 '이(夷)'와 '하(夏)'의 두 계통이 있다고 하는 학설이다. 채도인 앙소와 흑도인 용산의 두 문화 유적이 발굴되었으므로 그 충격으로 '이하동서설'이 나왔을 것이다. 용산진은 제남(濟南)의 바로 동쪽인 역성현에 속해 있다. 제남을 찾는 방문객들은 '반드시'라고 해도 좋을 정도로 황하 연변으로 차를 몰고 가지만 모태인 황하도 이 근처에서는 이미 하류(下流)

에 들게 된다. 앙소 유적이 발견된 면지현도 황하의 연안이지만 이곳은 중류
라고 할 수 있는 곳이다. 면지와 역성의 두 현(縣)은 같은 황하권이라고 해도
6백 킬로미터나 떨어져 있다. 부사년의 주장에 의하면 앙소 채도 문화는
하족(夏族)의 것이고 용산 흑도 문화는 이족(夷族)의 것으로 서쪽의 하족과
동쪽의 이족과의 접촉 곧 상호간의 문화적 충격에 의하여 중국에 종합적인
문화가 탄생되었다.

이것은 확실히 기개 장대하고 매력 있는 학설이었다. 이 논문은 1935년에
「경축 채원배 선생 65세 논문집(慶祝 蔡元培先生 六五歲 論文集)」에 발표되어
실로 일세를 풍미한 감이 있었다. 부사년은 성자애를 발굴했던 국립 중앙연
구원 역사어언연구소의 연구원이었으며 후일 소장이 된 인물이므로 그 영향
력도 자못 컸을 것이다.

이제까지의 정통적인 역사는 하왕조 다음에 은왕조가 이어진다는 상황으
로 설명되었는데 이것을 뒤집어엎고 하나라와 은나라는 같은 시대에 병존하
고 있었다는 획기적인 학설을 주장하였다. 은나라의 신화에 의하면 간적
(簡狄)이라는 여인이 까만 새(玄鳥)가 떨어뜨린 알을 먹고 설(契)이라는
아이를 낳았는데 이 설이 은의 시조가 되었다고 한다. 이와 같은 난생 신화
(卵生神話)는 한국을 포함한 동방의 것이므로 부사년은 성자애의 용산 문화
를 이족(夷族) 곧 은나라의 것이라고 생각했다.

종으로 이어진 것을 횡으로 병존했었다고 하는 이러한 사고 방식은 부사
년이 처음으로 생각했던 것은 아니다. 일본에서도 나이토 고낭(內藤湖南)이
이미 생각하고 있었다. 더구나 나이토 고낭은 동방에서 일어났던 것이 하
(夏)나라로, 서방 변경에서 일어난 은나라와 병존 대립하였을 것이라고 주장
하였다. 동과 서가 반대로 되어 있기는 하지만 세로를 가로로 본 발상은
결국 같다.

고고학적인 발굴은 그때까지의 학설을 증명하는 경우와 그것을 뒤집어엎
는 경우가 있다. 또한 성자애에서의 발굴과 같이 새로운 학설을 낳는 계기가
되기도 하지만 그에 이어지는 발굴에 의하여 그 새 학설까지 뒤집게 되는
경우도 종종 있다. '이하동서설'이 그 좋은 예일 것이다.

성자애에서 용산 문화라고 명명된 유적이 발굴되었을 때 앙소 문화와의
차이가 너무나 현저하였기 때문에 부사년과 같은 석학조차도 현혹당하고

말았던 것이다. 그리고 가장 현저하였던 것은 흑도였다. 앙소기에서는 아직 사용되지 않았던 회전대가 용산기에는 사용되었다. 아마도 한 대의 회전 축봉(回轉軸棒)으로 가동되었을 것이다.

용산에서 출토된 '토기' 중 우수한 것은 칠흑 색깔에 겉은 연마되어 빛나고 있었다. 물론 앙소의 채도도 좋은 것은 반들반들 하지만 그 이상으로 닦여져 있다. 석기의 경우에서 연마술을 익히게 된 사실은 획기적이었지만 토기에서의 연마는 실용적인 면보다도 미적인 의식면에서의 진전을 이야기해 주는 것이다. 그리고 용산 문화 중에는 다갈색을 띤 조잡한 토기도 있으나 그것은 일용품이며 공들여 만든 것은 특별한 날에 쓰였던 것일 게다.

신석기 시대 말기의 용산인(龍山人)은 그들의 세월에서 특별한 사건을 부각시키는 일을 시작한 것 같다. 매일매일이 똑같은 일의 반복이 아니고 특별한 날을 갖게 된 흔적이 있었다. 앙소 문화에는 없었던 점술(占術)이 성행했다. 소나 노루의 어깨뼈를 태운 흔적이 많이 나타나는데 거기에 나타난 금으로 길흉을 판단하였던 것 같다. 이렇게 하여 인간은 드디어 자연이나 기상이 하는 대로 내맡겨두는 것만으로는 양이 차지 않아 그것을 미리 알아내어 대처하려는 적극적인 마음을 갖게 되었던 것이다. 이리하여 "하늘의 뜻을 묻는다"는 발상이 나타나게 되었다.

미적 감각의 진전은 일본의 승문토기(繩文土器, 일본 석기 시대의 토기)에서 미생토기(微生土器, 일본 석기 시대에서 금석 병용 시대에 걸친 토기)로 변하는 과정과 비슷하다. 울퉁불퉁한 것보다 날렵하고 상쾌한 모양을 아름답다고 느끼게 되었던 것이다. 앙소기의 사람들은 채도의 겉면에 여러 가지 무늬를 그렸다. 물고기의 문양이 많고 인면어문이 있었다는 점도 언급했다. 사실적인 물고기형이 점차 기하학적으로 정리된 무늬가 되었다는 점도 그림으로 도시하였다. 그러나 용산기의 사람들은 겉치레보다는 물건 자체를 아름답게 하려고 생각하였던 것이다.

난곡(卵殼)이라고 해서 계란 껍질처럼 두께를 얇게 만드는 기술도 있었다. 앙소기의 사람들은 누구나가 진흙을 빚어 토기를 만들었다고 생각된다. 그러나 용산기의 난곡 도기는 특별한 훈련을 받아 경험을 쌓지 않으면 만들 수 없었을 것이다. 그리하여 용산기에는 도기 전문가가 따로 있었을 것이라는 사실에서 다른 분야에서도 분업이 이루어졌을 것이라고 추측된다.

전문화라는 것은 각 분야의 기술이 발달하는 결과를 가져왔다. 용산 문화도 생산의 기본은 농경이었으나 앙소 문화보다는 기술적으로 발달했다. 앙소기에는 거의 도구로 사용되지 않았던 조개 껍질이 용산 문화에서는 용기로만 아니라 땅을 파는 도구로 사용되었다. 대개가 민물에서 나온 것이지만 이것은 따로 갈고 닦지 않아도 예리하므로 농경에서는 제법 위력을 발휘했을 것 같다. 그리고 톱이나 낫 또는 식칼용으로도 사용되었다. 물론 장신구로도 사용되었다.

2

용산기에는 앙소기 때보다도 농업이 성행했다. 농기구가 발달된 탓도 있었겠지만 마을이 앙소기보다 커지고 인구도 많았을 것은 당연하다. 저장용 움도 용산의 경우는 입구가 좁고 속이 넓은 이른바 자루 모양이 일반적이었다.

용산 유적이 앙소 유적과 다른 큰 특징은 마을 전체가 성벽으로 둘러싸여 있었다는 사실이다. 앙소 유적은 폭이 넓은 도랑을 파서 주민을 외적으로부터 지켰는데 그때의 외적은 맹수 같은 것이었을 게다. 6미터만 되도 그것을 뛰어넘는 맹수는 거의 없었을 것이다. 그러나 도구를 가진 인간이라면 나무를 베어 도랑에 다리를 놓고 건널 수 있다.

성벽은 적을 막을 수 있을 뿐만 아니라 밖에서 내습하는 적을 공격할 수 있는 거점이 될 수도 있다. 이와 같이 평화로운 씨족 공동 사회에 부족 항쟁이 시작된 것 같다.

성자애의 성벽은 너비 13.8미터, 깊이 1.5미터의 둥근 바탕의 도랑 위에 구축되어 있었으며 남아 있는 것은 높이가 3미터나 된다. 판축(版築)이란 두 쪽의 판자 사이에 흙을 넣고 물을 부은 다음, 발로 짓이기는 원시적인 시멘트 공법이다. 후에 진나라 시황제가 만리장성을 축성할 때도 이와 같은 공법을 활용하였다.

채도와 흑도, 도랑과 성벽, 이만한 차이라면 다른 문화라고 보는 것이 당연하다고 할 수 있을지 모르겠다. '이하동서설'이 학계를 떠들석하게 하고 많은 사람이 그것을 받아들이게 된 것은 의심의 여지가 없다. 그러나 1930년대는 중국의 고고학 조사가 막 시작되었을 때였다. 그리하여 발굴된 유적은 많지 않았고 마치 해면의 빙산을 보듯이 저기에 앙소가 있고, 이곳에 용산이 있다는 느낌이었다. 그러나 실제는 물 속에서 이 두 문화가 연결되어 있다는 사실이 제2차 세계대전 후의 수많은 발굴로써 판명되었다. 용산 문화는 절대로 앙소 문화와 별개로 독립한 것이 아니다. 앙소 문화 위에 그것을 딛고 용산 문화가 창출되었던 것이다.

제2차 세계대전 후 발굴된 하남성(河南省) 섬현(陝縣)의 묘저구(廟底溝)나 삼리교(三里橋)의 유적을 조사한 결과, 중국 과학원 고고연구소는 이 유적이 앙소 문화에서 용산 문화에 이르는 과도기적 문화를 나타낸다고 보고했다. 두 개의 빙산을 연결하는 중간의 빙산이 그 후 몇 개 더 발견되었다.

앞에서도 언급한 바와 같이 앤더슨에 의하여 문화라고 명명된 앙소 유적도 하내(夏鼐) 씨의 재조사에 의하여 이것을 용산 문화라고 불러야 한다는 사실이 밝혀졌다. 다시 말해서 앙소 유적에는 채도도 있었고 흑도도 있었지만 앤더슨은 그것을 간과하였을 뿐이다. 현재 용산 문화로 간주되고 있는 유적은 3, 4백 개에 이르는 것 같다. 앙소 문화의 기초 위에 용산 문화가 창출되었다고 하면 이것이 이족(夷族)과 하족(夏族)이라는 두 민족의 문화라는 설은 그 근거가 희미해지지 않을 수 없다.

앙소와 용산을 연결하는 구실을 하게 된 묘저구와 삼리교에 관하여는 중국 과학원 고고 연구소의「묘저구 및 삼리교(廟底溝與三里橋)」(1959년)라는 상세한 보고서가 있다. 사실 묘저구에는 앙소 양식의 채도 문화 유적도 있으나, 그곳의 제2기 문화는 앙소와 용산의 교량 역할을 했다. 거기에는 앙소 문화에 없었던 마제 반월형(磨製半月形) 돌식칼, 돌낫, 그리고 조개껍질 식칼 등이 출토되었다. 또한 나무로 된 쌍치 경작구(雙齒耕作具)도 앙소 문화에는 없었던 물건이다. 이것들이 용산 문화에 있었다는 사실은 이미 언급하였다.

도기에서는 홍도(紅陶)의 수가 줄고 흑도가 늘어 난각도(卵殼陶)까지 있었다. 그리고 여러 가지 그릇류도 늘어났다. 앙소에는 하나도 없었던 다리가 굽은 솥(鬲, 력)이 많이 출토되었다. 이 솥은 3발(三本脚)이었으며 보통의 3발 솥이 그 전체를 지탱해 주는 데 반해 이 솥의 다리 부분은 속이 비어 있어서 그곳에 물을 붓고 그 위에 찜통을 얹어 놓고 밑에서 불을 때게 되어 있었다. 이것도 용산 문화에 많은 그릇 종류의 하나이다. 다만 용산과는 달리 회전대를 사용한 것이 적고 대부분은 '이조 반축법(泥條盤築法)' 곧 일본에서 말하는 말아올리는 방법에 따랐다. 묘저구 제2기와 거의 같은 삼리교 유적에서도 출토된 토기 가운데 회전대를 이용한 것은 5분의 1정도에 지나지 않았다.

1955년부터 1957년에 걸쳐서 발굴된 예서(澧西)와 객성장(客省庄) 유적은 앙소기로부터 전국기(戰國期)에 걸치는 오랜 기간의 것이었고, 그 중 객성장〔일명 개서장(開瑞庄)〕제2기로 불리는 유적이 묘저구 제2기의 것과 비슷하였다. 토기도 손으로 빚은 것, 말아올린 것, 회전대를 이용한 것 등 3종이 있으나 회전대가 아직 적었던 것도 공통된 특징이다. 회전대가 거의 없는 앙소와 회전대가 주류를 이룬 용산과의 중간 정도였다고 할 수 있다. 두 문화의 틈이 메워지고 같은 계통의 문화였다는 사실이 겨우 증명된 셈이다.

용산 문화의 농경은 농기구나 기타에서 보아 매우 발달한 것이었다. 이 또한 앙소에서 바로 뛰어넘어 발달한 것이 아니고 착실하게 개량의 단계로 쌓아 나아갔던 것이다.

도구의 연구에 따라 농경이 발달할수록 도구에 의존하게 되는 경우가 훨씬 많아졌을 것이다. 물론 사냥이나 채집, 목축과 어로도 이루어졌으나 농업이 앙소기보다 더 생활의 기본이 되었을 것 같다.

그리고 생활의 규모도 확대되었다. 용산기의 마을도 극히 면적이 넓어서 60만 평방미터에서 36만 평방미터라는 놀랄 만한 넓이에 이르렀다. 부가 축적되는 것은 좋았으나, 앙소기의 씨족 공동 사회의 규칙에서 일탈하여 사유 재산제에 눈을 떠 가면서 빈부의 차이가 눈에 띄기 시작하였다. 이러한 점은 묘지 제도에서도 알 수 있다.

앙소계(系)의 유적에서는 성인의 묘가 교외에 있었지만, 용산계의 유적에 이르면 묘소는 성벽에 둘러싸인 거주 지역을 사용했다. 거주 지역이 매우 넓었으므로 묘지의 공간이 충분했기 때문이기도 하였겠으나 다른 이유도 있었을 것이다. 동물의 뼈로 점을 쳤던 사실로 보아 하늘과 영계와 현세와의 사이를 중개하는 전문가도 있었을 것이다.

더욱이 앙소와 용산을 연결하는 객성장 제2기의 유적에서는 점괘용으로 쓰였던 뼈가 출토되었다. 성자애의 그것은 소나 노루의 것으로 대부분 송곳으로 구멍을 뚫어서 구웠으나 객성장의 그것은 한결같이 양의 어깨뼈로 구멍을 뚫지 않고 어느 곳에 불을 붙이는 방법을 택했다.

용산계의 산동성 영양현(寧陽縣) 보두(堡頭) 유적에서 120기의 묘가 발굴되었다. 1959년에 작성된 보고서에 의하면 큰 것은 길이가 4.2미터나 되고 너비는 가장 넓은 것이 3미터나 되며 널(棺)의 흔적도 확인되었다고 한다. 작은 것은 유해의 키를 넘지 않는 정도였다고 한다. 그리고 부장품은 가장 많은 곳에서 160점, 가장 적은 곳에선 토기는 없고 돼지 등의 동물뼈가 최소한 1개 정도는 있었다. 보통 3, 4개 정도가 있었고 많은 묘에는 14개까지 있었다. 또한 망자의 손에는 1, 2개의 돼지 송곳니가 쥐어져 있었다. 또 거북 껍질이 부장되어 있는 예도 보고되었다. 그리고 대개의 경우는 '앙신직지장(仰身直肢葬)이지만 '측신굴지(側身屈肢)'의 예도 조금 있었다. 또한 극히 희소하기는 하지만 합장의 예도 있었다.

또 다른 용산계 유적인 단토(丹土), 경지진(景芝鎭)에서도 묘소가 발견되었으나 모두 단신의 앙신직지장이었다. 부장품은 가장 많은 것이 18점, 가장 적은 것이 6점으로 보두 유적에서와 같은 차이는 없었다. 그리고 부장품은 주로 도기나 생산 도구는 한 점도 없었던 것 같다. 보두 유적에서는 낚시, 톱, 송곳 같은 생산 도구도 부장되어 있었다. 같은 용산계에서도 경지진에 비하여 보두는 여유가 있었던 것 같다.

3

원시 씨족 사회는 용산 문화계의 유적에서 그 붕괴 과정이 생생하게 나타나 있다. 이 사회를 원시 공산 사회라고 표현하는 경우가 있듯이 모든 것은 씨족 구성원의 공유물이었다. 그렇다면 묘지 제도에도 대소가 있어서는 안 된다. 앙소 문화계의 묘제에도 미세한 차이가 있었지만 그것은 이미 언급한 바와 같이 일을 맡아 본 사람의 공로에 대한 일종의 사은 표시였을 것으로 생각된다.

용산 문화계의 보두 유적에서 볼 수 있는 묘제에서는 그 크기나 부장품에서 많은 차이가 인정된다. 아마도 사유 재산의 관념이 서서히 퍼졌던 까닭일 것이다. 처음에는 씨족 공유 재산과 개인의 사유 재산이 있었고 점차 후자가 점하는 율이 증대된 것으로 보인다. 사유 재산이 많아지면 상속이 있게 되는 것은 당연하다. 이리하여 재산뿐만 아니라 일을 맡아 보는 추장의 자리도 세습하게 되었을 것이다.

보두 유적의 묘에서 생산 도구가 부장되었음을 언급했지만 그것은 남성의 묘에 한정되어 있었다. 유일한 예외는 물레틀로서 이것은 여성의 묘에 들어 있었다. 그리고 머리에 장식품이 있는 것도 여성의 유해뿐이었다. 이에 따라 방직을 제외한 다른 생산은 남성에 의하여 수행되었다는 사실을 알 수 있다. 앙소기에는 남성은 사냥, 여성은 농업이라는 분업이 있었고, 생활의 기본이 농업이었으므로 당연히 여성 중심의 사회가 되어 가계도 모계로 이어졌다. 아무개 여인의 자식이라는 것은 분명하였으나 그 아이의 아버지가 누구인가는 문제시되지 않았다. 용산 문화의 묘는 생산의 주역이 이미 남성이었다는 사실을 이야기해 준다.

생산의 주역인 남성의 사유 재산이 점차 증대된 것은 당연한 일이다. 모계 사회에서는 그 재산의 상속이 어렵다. 왜냐하면 어머니는 자기의 아이가 누군지를 알고 있으나 남성은 자기의 아이를 모르기 때문이다. 아마도 처음에는 형제 상속이 행해졌을 것 같다. 한 어머니 밑의 형제는 분명하다. 그 중의 남성은 '자기 아이'에게 재산을 넘기고 싶어할 것이다. 그러나 분명하게 자기 아이임을 확인하기 위하여는 어느 여성을 독점하지 않으면 안 된다.

이렇게 해서 남녀 관계가 자유 연애제에서 결혼제로 옮겨진다. 일처다부(一妻多夫)에서 일부일처(一夫一妻), 나아가 부와 권력에 의하여 일부다처제(一夫多妻制)로까지 발전하게 된다. 반파에도 합장의 예가 두 개 있었지만 남자 2명, 여자 4명과 동성의 합장이므로 형제 자매의 합장일 것으로 추측된다. 그러나 용산 문화기에 이르면 가끔 남녀의 합장이 행해진다.

감숙의 임하현에서 대하장(大何庄)과 진위가(秦魏家) 2개 소에서 1960년에 행해진 발굴 보고가 나와 있다. 이것은 제가 문화(齊家文化)라고 하여 용산 문화계의 것이다. 거기에 남녀 합장의 예가 기술되어 있다. 남자는 앙신직지이고 그 왼쪽에 여성이 사나이를 향하여 다리를 감은 모습으로 묻혀 있었다. 같은 해에 보고된 감숙성의 무위현(武威縣) 황랑랑대(皇娘娘臺)의 용산계 유적에서는 1인의 남성과 2인의 여성, 3인의 합장묘의 사례가 거론되었다. 앙산직지의 사나이를 중심으로 하여 2인의 여인이 그 좌우측에서 각기 옆으로 다리를 감은 모습을 하고 있다. 분명히 일부다처제이나, 이 경우는 모계 사회의 일처다부제와는 달리 독점적인 형태였던 것이 틀림없다.

체력과 지력 그리고 축적된 재산이 점아 큰 권력을 낳고 그것이 한 사람에게 집중되었다. 모계 씨족 사회에서 부계 씨족 사회로 바뀌고, 이제까지의 뒷바라지 역활과는 달리 명령자로서의 추장이 생기는 경향이 있었다.

농기구의 발달에 의한 생산력의 증대로 이제까지보다 많은 사람을 먹여 살릴 수 있었다. 용산 문화의 거주 구역이 이상할 정도로 광대하였던 것도 그러한 점과 관계가 있었을 것이다. 인구가 늘어나면서 풍토가 비슷한 그다지 멀지 않은 곳에 씨족의 일부가 옮겨 사는 경우도 있었을 것이다.

용산기의 특징으로서 각 거주 지역이 고립되지 않고 모두 시계(視界) 범위 안의 인접한 거주 지역을 볼 수 있도록 분포되어 있었다는 사실이 이를 뒷받침한다. 씨족의 일부가 이주함으로써 조성된 새로운 거주 지역은 갈라져 나온 마을로서 본가의 마을과 얼마간은 친밀한 관계를 유지하였을 것이다. 그러나 수 세대가 지남에 따라 친근감이 희박해져서 경지나 물의 배분 등으로 분쟁이 일게 된 경우도 있었을 것이다. 한 마을에서 권력이 한 사나이에게 집중되고 그것이 세습되는 경향은 혈연에 의한 마을 군(群)으로 확대된다. 이리하여 마을 연합이 생기게 되고 각 마을은 촌장이 모여 연합 촌장을 추대한 시기가 있었을 것이다. 각 마을 사이의 분쟁을 조정하고 물의 배분이나 사냥터의 경계를 정하는 등 이른바 무리의 지도자인 셈이다. 그리하여 지난날 한 마을에 있었던 지도자가 권력자로 이르는 길과 똑같은 과정을 거쳐 마을 연합의 지도자도 막강한 촌장이 되었을 것이다.

「사기」의 '오제본기(五帝本記)'에 의하면, 중국의 신화의 황제(黃帝), 고양(高陽), 고신(高辛), 요(堯) 이들 네 사람은 서로 혈연 관계에 있었던 것으로 되어 있다. 요 다음의 순(舜)은 오제의 마지막으로 7세대를 소급하여 황제의 아들인 창의(昌意)로 이어진다. 「사기」에도 그 사이는 비천한 서민이었다고 기술하고 있다. 순의 선양(禪讓)을 받은 우(禹)를 「사기」에선 황제의 손자의 손자(玄孫)였다고 하고 있다. 이와 같이 중국에서 황제(黃帝)는 인간의 시조이며 신화는 모든 것을 여기에 결부시킨다. 그러므로 오제에 관하여 그것을 사실(史實)이라고 받아들이는 사학자는 없을 것이다. 오제는 가공된 사실일지는 몰라도 중원에 막강한 정권이 탄생하는 과정을 그런대로 설명하기 위하여 창안되었을 것이라고 해석할 수도 있다.

고고학적 발굴을 신화의 여러 단계에 맞추어 생각한다는 것이 어쭙잖지만 우(禹)가 '하왕조'라는 세습 왕조를 형성하는 사이에 앙소와 용산의 문화기가 있었던 것으로 생각된다. 그리고 하왕조를 이은 은왕조를 고고학적 용어로 소둔(小屯) 문화의 시대라고 한다. 용산 문화의 상층에 소둔 문화가 겹쳐져 있는 경우가 많기 때문에 용산 문화가 곧 하왕조, 적어도 용산 문화의 후기 는 하왕조라고 생각할 수도 있다.

「사기」의 '죽서기년(竹書紀年)'에 의하면 하왕조는 우(禹)에서 걸(桀)까지 472년간 계속되었다고 한다. 순의 선양을 받은 우를 제외하고 세습한  계 (啓)까지 16제(帝) 13대가 된다. 하왕조의 뒤를 이은 은왕조는 5, 6백년 정도 계속된 것으로 되어 있다.

실증지상주의(實證至上主義)적인 사학자는 이제까지 증거도 없는 하(夏) 와 은(殷)이란 후세 사람들이 날조한 가공 왕조였다고 생각하였다. 나중에 기술하겠지만 안양현(安陽縣) 소둔 마을이 발굴되어 그것이 은나라의 수도였 음이 의문의 여지없이 증명됨으로써 은나라는 '가공'에서 '실제'의 왕조로 격상되었다. 갑골편(甲骨片)이라는 기록에 의하여 은왕조는 실재했을 뿐만 아니라 「사기」에 기술된 왕의 계보가 거의 틀림없음이 판명되었다.

그렇다면 하왕조는 어떠했을까?

4

용산 문화는 층위적(層位的)으로도 「사기」에 하왕조라고 되어 있는 시대 에 상당하는 시기를 가지고 있을 것이다. 뿐만 아니라 용산 문화의 일부는 은왕조 시대와도 중복된다.

문화에는 흔히 발달된 중심부와 뒤지고 있는 지방적인 것이 공존한다. 용산 문화계의 유적은 수없이 발굴되고 조사되었으나 웬일인지 지방적인 듯하다.

수도인 문화의 중심 곧 은나라의 은허(殷墟)에 상당하는 하허(夏墟)가 아직 발견되지 않았다. 하허가 아닐까 하는 유적의 발견이 가끔 보도되고는 있지만 아직 확인된 것은 없는 것 같다. 그러므로 용산 문화기에는 아직

88

왕조라고 할 수 있을 정도의 권력 중심이 없었던 것이다. 곧 하왕조의 가공설도 아직은 완전히 부정되지는 않았다. 그러므로 용산 문화에 대한 발굴연구의 한 가지 요점은 여기에 있다고 할 수 있다.

하왕조에 대한 문제는 나중에 언급하기로 하고 잠깐 황하권 이외의 신석기 시대 문화를 간단히 살펴보기로 하겠다.

일본이 만주라고 불렀던 중국의 동북 지방의 고고학 탐사는 제2차 세계대전 후에 이르러 시작되었을 뿐이므로 아직 상세한 점은 알 수 없다. 단지 대별하여 '길장 지구(吉長地區, 길림성의 길림과 장춘)' 문화 및 '장백산 지구(長白山地區)'의 문화로 분류되는 것 같다.

길림시의 서단산(西團山)에서 매우 오래된 묘 60여 기가 발굴되었으나 부장품으로 청동기류는 한 점도 나오지 않았으므로 제법 오래된 것으로 생각된다. 같은 길림시의 토성자(土城子) 유적은 그 지층으로 보아 그 하한은 한(漢)나라 이전으로 추측되고, 청동 도끼 같은 것이 출토되어 비교적 새로운 것으로 보인다. 그러나 공통적인 점은 돼지의 아래턱이 부장되어 있는 것으로 이것은 용산 유적에서 돼지의 두개골이 부장되어 있으며 유해의 손에는 돼지의 송곳니가 쥐어져 있는 것을 연상하게 한다. 또한 토성자 유적의 석관(石棺) 90%가 그 뚜껑에 돼지의 이빨이 놓여 있었다. 양돈이 한창이었던 것 같다. 도기는 주로 홍색사도(紅色砂陶)이지만 앙소에서는 볼 수 없는 다리 굽은 솥이 출토되었다.

남성의 묘에는 돌화살촉, 돌까뀌, 돌끌 등이 부장되고, 여성의 묘에는 물레틀, 돌식칼이 부장되어 있었다. 이로 미루어 남녀의 분업이 분명했으며 사냥과 농경은 남성의 일이었다. 씨족의 공동 묘지로서 대개의 묘는 잇대어져 있었으나 개중에는 약간 떨어져서 조성된 것도 있었다. 그리고 그 묘에는 부장품도 많고 석관도 정중하게 가꾸어져 있는 것으로 보아 씨족 내에서도 신분이나 빈부의 차가 있었다는 것을 말해 주는 것 같다. 그러나 합장의 예는 없고 모두 단신장이었다.

장백산 지구 문화로서는 왕청현(汪淸縣) 백초구(百草溝)의 유적이 발굴되어 1961년에 보고서가 나왔다. 출토품 중에 골기(骨器)가 상당한 양을 차지한 것은 주민의 주된 생업이 사냥이었던 까닭일 것이다. 돌화살촉은 400점 정도 출토되고 한 묘에서 33점까지 나온 예도 있다. 그리고 점술용 뼈가 나왔다.

그것은 양의 어깨뼈로 구멍이 뚫리지 않은 채 직접 구워진 것이었다. 여하튼 길장 지구의 문화는 농경과 목축을 주로 했고, 장백산 지구의 문화는 사냥과 어로를 주로 하는 이질적인 문화를 탄생시킨 것으로 생각된다. 특히 동북 지방의 원시기의 인골은 현재의 퉁구스계 사람들의 체질과 닮았다고 한다.

동북 지방의 고고학 연구에는 제2차 세계대전 전에 일본의 학자가 제법 참여했다. 도리이 류죠(鳥居龍藏, 1870년~1953년)의 「남만주 조사 보고(南滿洲調査報告)」 외에 하마다 고오사쿠(浜田耕作), 야기쇼오 사부로오(八木奘三郎, 1886년~1942년), 미즈노 세이이치(水野清)와 고마이 가즈지카(駒井和愛, 1905년~1971년), 그리고 미가이 쓰기오(三上次男, 1907년~), 도시마다 사다히코(島田貞彦, 1889년~1946년) 등의 조사 보고가 남겨져 있다. 한편 흑룡강성(黑龍江省) 앙앙계(昂昂溪) 유적을 발견한 사람은 루카 시킨이며 그것을 조사한 사람이 양사영(梁思永, 1904년~1954년, 梁啓超의 아들)이었다. 또한 앤더슨이 사과둔(沙鍋屯)을 조사했다.

이와 같이 동북 지방의 선사 유적을 연구한 결과 얻어진 결론은 그것이 변경 문화(邊境文化)로서 앙소, 용산, 소둔 등의 중앙 문화가 혼합되어 있다는 사실이었다. 뿐만 아니라 북방 초원의 세석기 문화(細石器文化)도 들어 있었다. 나쁘게 말하면 오합잡탕이고 좋게 말하면 선진 문화가 종합되었다고 할 수 있을 것이다.

북방 초원의 세석기 문화의 특징은 황하권의 그것과는 달리 농경적인 요소가 희박한 점이다. 세석기 문화는 그 존재가 알려진 데 비하여 조사 연구가 뒤지고 있는 분야이다. 동북 지방의 북쪽 변경인 몽고 지방, 영하(寧夏), 신강(新疆)에 이르는 지방에서 이 문화가 일어났다. 이 지방의 사람들은 목축을 주로 하고 그 다음으로 사냥을 일삼았다. 그러므로 특징은 그 이름과 같이 작은 석기—돌 화살촉, 뾰족한 기구, 깎는 기구, 돌창, 돌조각, 돌징—등을 사용한다. 여러 가지 석재를 사용했으며 옥돌과 비취까지도 사용했다.

신석기 문화는 화살의 발명에 의하여 발달하였다고 한다. 도기는 회색도(灰色陶)이고 홍색도가 그 다음이며, 포두(包頭, 내몽고 자치구)의 전룡장(轉龍藏) 유적에서 출토된 것은 그 종류가 매우 다양하다. 오르도스 지방에서 제법 많은 채도가 출토되었으나 이것은 남방의 농경민과의 교역이 이루어지면서 입수된 것인지도 모르겠다.

앞에서 언급한 바와 같이 지리적이거나 기타의 조건으로 조사가 지연되고 있어서 앞으로의 연구를 기대한다.

티베트 동부의 흑하(黑河)에서 세석기가 발견되었다는 보고가 있고 앞으로도 새로운 발견이 있을 것 같다. 그러나 연구가 지연되고 있다고 해도 세석기 문화는 절대로 변경 문화는 아니다. 건조한 지대의 대표적 문화이다. 케임브리지대학의 정덕곤 교수는 북방의 세석기 문화와 남방 삼림 지대의 역기박편석기 문화(礫器剝片石器文化)가 중국의 주요한 두 문화이며, 황하 중류의 이른바 중원에서 서로 영향을 주고받아 새로운 문화를 탄생시킨 것으로 생각한다. 그리고 그 새로운 문화란 바로 앙소 문화다. 그 앙소에서 용산 그리고 소둔이라는 중국 문화의 주류가 형성된다. 부사년이나 나이토 고낭이 생각하던 동서의 접촉보다는 남북의 접촉이 중국의 문화를 낳게 한 강한 용수철이 되었다고 하는 생각이다.

## 5

장강(長江) 유역의 신석기 시대 후기의 유적은 그 발견조차 세석기 문화의 것보다도 훨씬 뒤진다. 그것은 모두 신 중국 성립 이후에 조사되었다고 해도 무방할 것이다.

사천성의 무산현(巫山縣)은 삼협(三峽, 사천, 호북, 양성 경계의 양자강 중류에 있는 세 협곡)의 명승지나 「삼국지」의 백제성(白帝城, 유비가 죽은 곳) 등으로 유명하지만 현내의 대계진(大溪鎭) 서쪽에서 유적이 발굴된 것이 1959년의 일이었다. 대계(大溪)라는 강이 장강에 합류하는 곳에 산이 있고 주거 지역과 묘지가 있어서 '대계 문화(大溪文化)'라고 명명되었다. 같은 모양의 유적이 그 후 30개 소 정도 보고되었다.

연마된 돌쾡이나 도끼 이외에 골침(骨針), 돌화살촉, 뼈로 만든 창 등도 발견됨으로써 농업과 함께 어로나 사냥도 행해졌다는 사실을 알 수 있다. 대계 사람들은 소형 석기를 연마하여 정교하게 만드는 것을 특기로 삼았다. 직경 7밀리미터의 조개 구슬을 1천여 개나 꿰어 만든 목걸이도 출토되었다. 문화층은 두 개나 있고 전기 층의 토기는 모래가 섞인 홍도이며, 후기

충에서는 그 밖에 세니흑도(細泥黑陶)나 세니홍도(細泥紅陶) 등도 발견되었다. 묘지는 후기의 것으로 부장품이 가장 많은 곳은 58점이고, 가장 적은 곳에선 한 점도 나오지 않았다. 상아를 베개로 삼아 누워 있는 유해나 입안에 물고기를 물고 있는 사례도 있었다. 또 개가 부장되어 있는 묘도 있었고, 어린이 묘 쪽이 일반적으로 부장품이 많았다고 보고되었다.

1955년부터 시작된 호북성(湖北省) 경산현(京山縣)의 굴가령(屈家嶺) 유적의 발굴은 벼를 길렀었다는 사실이 판명되어 큰 수확을 거두었다. 이 굴가령에는 4개의 문화층이 있다. 1밀리미터나 2밀리미터의 얇은 난각 흑도(卵殼黑陶)를 만들었다는 점에서 굴가령인은 대계인에 뒤지지 않는 예술가였던 것 같다. 토기의 종류도 많고 다른 곳에서는 볼 수 없는 장경권족호(長勁圈足壺), 고권족두(高圈足豆)라는 독특한 것도 있다. 독창성이 뛰어난 부유한 사람들이었던 모양이다.

굴가령 문화계의 유적에서는 주거유적이 매우 적지만 발견된 것은 모두 반 지하식이 아니고 지상에 건축되어 있었다.

1951년에 강소성(江蘇省) 회안현(淮安縣)의 청련강(靑連崗)에서 발견된 신석기 시대의 유적과 같은 모양의 것을 '청련강 문화'라고 한다. 연마 석기를 많이 사용하였고 토기는 사질홍도(砂質紅陶)와 니질홍도(泥質紅陶)가 많으며 회도와 흑도는 적다. 세발대의 높은 도기가 많은 것도 특징으로 꼽힌다. 이곳에서도 벼농사 흔적을 볼 수 있고 하천이 가까워 어로도 성행하였던 것 같다. 묘지에서는 225구의 인골이 발견되고, 그 중 206구는 부장품을 가지고 있었다. 부장품의 수에는 차이가 있어서 이미 빈부의 차가 있었다는 것을 말해 준다.

절강(浙江) 북부의 원시 유적은 제2차 세계대전 전에도 약간 발견되었고 대체로 용산 문화계로 보고 있었다. 그러나 제2차 세계대전 후 절강성 항주(杭州)시 서북의 양저(良渚), 가흥현(嘉興縣)의 마가병(馬家浜), 오흥현(吳興縣)의 전산양(錢山漾)이나 구성(丘城) 등에서 같은 모양의 유적이 발견됨으로써 그 자체가 독특한 점을 갖는 문화로 인정되어 '양저 문화(良渚文化)'로 명명되었다. 그리고 전산양에서는 볍씨가 많이 발견되었다. 주거가 지상에 세워진 것도 앙소나 용산과 다른 형태라는 증거의 하나이다.

양저 문화에서는 묘제에서도 상당한 특징을 찾을 수 있다. 부장품이 전무하다고 할 수 있을 정도로 없었다. 양자강의 대계나 청련강의 것이 단신장이었는데 비하여 양저에서는 남녀 합장의 사례가 있었다. 30개 중의 한 예이지만 이 묘만은 널빤지로 싸여 있었으므로 매장자가 특별한 신분에 있었던 것 같다. 일반적으로 양자 강변의 신석기 시대 유적은 원시 씨족 공동체가 붕괴되던 시기의 것으로 생각된다.

장강권의 유적 중에 굴가령은 한수(漢水)에 있고 하남(河南)과 섬서에 가까워서 황하권 문화의 영향을 받기 쉬운 위치에 있었다고 할 수 있다. 혹은 이것을 황하권에 편입시켜 앙소와 용산의 연결 부분으로 생각할 수도 있으며 실제로 그러한 학설도 있는 것 같다. 만일 그렇다면, 앙소·굴가령·용산이라는 계열이 설정된다. 단지 영향을 받았다는 관계에서만이 아니다. 그러나 앙소 문화가 장강(양자강)·한수 지구에 있었던 원시 문화에 영향을 주어 그것이 굴가령 문화가 되고 다시 주원에서 용산 문화가 일어난 다음 점차 그것에 융화되었다고 생각하는 연구자들이 많은 것 같다.

반복해서 말하지만 1920년대 초엽까지 중국에는 석기 시대 같은 것이 없었다고 생각한 학자들이 있었다. 석기가 나오지 않았으므로 그렇게 생각한 것도 당연했을 것이다. 그러나 파기만 하면 중국의 도처에서 신석기 시대의 유적이 나타났고 그 발견은 아직도 계속되고 있다.

양자강으로부터 남쪽—복건(福建), 광동(廣東), 운남(雲南)—에서도 신석기 시대의 유적이 발견되고 있다. 화남(華南) 유적의 연구는 이제부터라고 해도 좋을 것이다. 예를 들면 복건의 신석기 시대 토기는 화력이 약하게 구워져 있어서 이제까진 노천에서 구워졌을 것으로 추측되었다. 그러나 복건성 민후현(閩侯縣)의 담석산(曇石山) 유적에서 가마터가 발견되고 그것이 앙소 문화의 것과 매우 유사한 양식으로 되어 있다는 사실이 보고되었다. 그 보고는 최근 「고고(考古)」 1983년 12월호에 게재되었다. 중국의 신석기 시대에는 여러 가지 모양의 문화가 존재하였으며, 그것들은 상이한 점과 함께 통일성도 인정된다는 사실이 담석산 유적의 보고에서 강조되었다.

광동성의 남해현(南海縣)에 있는 서초산(西樵山) 유적은 신석기 시대에는 석재의 공급지로 홍콩의 심만(深灣) 하층 등 주강(珠江)의 삼각주 각지에서 서초산의 영세 암석기(零細岩石器)가 출토되었다. 모래가 섞인 토기나 니질 도편(泥質陶片)이 자주 나오는 서초산의 제2층은 5660년(±125년) 전으로

측정된다. 양자강의 청련강이나 양저 문화는 4700년 전에서 5700년이라는
측정 수치를 나타냈다. 그러므로 약간의 차이는 있다손 치더라도 중국의
신석기 시대의 문화는 전국에 걸쳐 어떤 통일성을 지니고 발생한 것으로
생각된다.

　그리하여 용산 문화는 그 말기에 원시 씨족 공동 사회가 점차 해체되고
다음 문화로 옮아가는 것이다. 일반적으로 그것을 노예 사회라고 부른다.

# 환상(幻想)의 하왕조(夏王朝)

## 1

일본의 고고학계에서 가장 기대하는 것은 아마도 야마 다이고쿠(邪馬台國)의 장소와 히미코(卑彌呼)의 묘소가 밝혀지는 일일 것이다. 히미코의 묘에서는 혹시 위나라의 옥새가 나올지도 모른다. 그것은 고고학자뿐만 아니라 역사에 관심 갖는 사람들의 꿈이라고 할 수 있다. 중국에서 이에 걸맞는 것은 하허(夏墟, 하왕조 수도의 유적)가 확인되는 것이다.

은허(殷墟, 하남성 안양현)가 발견되었을 때 중국 지식인들의 흥분은 대단한 것이었다. 은왕조가 가공의 것이라는 학설이 그것으로 일축되었던 것이다. 그러나 하허는 아직 확인되지 않았으므로 하왕조의 가공설은 아직 뒤집히지 않았다. 우왕에서 걸왕까지 17왕 472년이라는 세월뿐만이 아니라 그 존재 자체마저 의심스러운 상태 그대로 남아 있다.

왕조라는 것은 권력 기관이므로 신분의 차가 있고, 빈부의 차가 있으며, 원시 씨족 공동 사회가 무너지지 않으면 왕조는 탄생하지 않는다. 신분의 차이란 위로는 왕이 있고 아래로는 노예가 있다는 것이다. 왕은 한 사람이지만 노예는 많아 그들이 생산의 주역이 되므로 노예제 사회라고 부른다. 옛 사회의 붕괴와 새로운 사회의 탄생은 물론 서서히 일어나는 것이므로 거기에다 분명한 연대를 붙인다는 것은 무리한 일이다.

어느 날 갑자기 왕조가 탄생하고 수도가 건설되는 것이 아니다. 「사기」의 '오제본기'에 이미 사악(四嶽), 제후(諸候), 백관(百官)이라는 말이 나온다. 씨족 공동체의 말기에 각 마을의 촌장은 세습되었을 것이다. 그리고 좀더 많은 연합 마을을 지배한 촌장은 아마도 제후라고 불렀을 것이다. 사방에

한 사람이 있어 제후를 지배하였다는 사악은 각각 제후 연합의 촌장이었을 것이다. 사악과 같은 지위에 있던 인물 중에서 모든 것을 지배하는 자가 나타나 왕이라고 칭하고 왕조 비슷한 것이 시작된다. 그리고 이 왕조 비슷한 것도 그 규모가 점차 커졌을 것이다. 권력을 집중시키고 노예의 노동력으로 생산을 증가시키면 권력 기관도 비대해질 것이다.

용산 문화의 후기는 하나라에 해당될 것이다. 물로 하(夏)라는 왕조가 실재하였다는 전제에서의 말이다. 그리고 문화명으로 말하면 하나라 다음의 은나라는 소둔 문화이다. 그러므로 용산 문화 후기와 소둔 문화 초기 유적 가운데 하왕조 시대의 것이 있어야 한다.

흔히 신문에 "환상의 하왕조 유적 발견되다"라는 제목이 나온다. 하왕조 시대에 상당하는 유적은 얼마든지 발견되고 있다. 다만 은허 경우와 같이 수도의 유적이 그것을 증명하는 물건(은허의 경우는 갑골편)과 함께 발견되지 않으며 안 되는데 그것이 중국의 역사에 관심을 갖는 사람들의 꿈인 것이다. 산서성(山西省) 하현(夏縣)의 동하빙(東下馮), 양분현(襄汾縣) 도사(陶寺), 하남성(河南省)의 언사현(偃師縣) 이리두(二里頭), 범수현(汜水縣)의 낙달묘(洛達廟) 등에서 그 시대에 상당하는 유적이 발견되고 궁전이었을지도 모르는 큰 건물의 유적이 있었다고 보고되었다. 하허(夏墟) 후보지의 하나로 볼 수 있으나 아직 단정할 단계는 아니다.

특히 이리두 유적에는 두 개의 대건조물 유적이 있어서 중국의 고고연구소의 보고서에는 '궁전(宮殿)'이라는 표현을 쓰고 있다. 「고고」 1983년 3월호에는 2호 궁전에 관한 보고가 있었다. 그것에 의하면 부지는 동서 58미터, 남북 72.8미터의 장방형으로 되어 있고, 문은 남향이며, 지붕이 달린 회랑[중국에서는 낭무(廊廡)라 한다]이 확인되었다는 것이다. 중심부 건물의 기초는 북쪽 32.75미터, 남쪽 32.6미터, 동쪽 12.4미터, 서쪽 12.75미터로 되어 있다. 기초의 네 변에는 각기 기둥의 구멍이 모두 24개였던 것으로 보이며 현재 남아 있는 것은 20개뿐이다. 그 구멍은 직경 20여 센티미터이고, 깊이는 40에서 75센티미터로 측정된다.

그런데 이리두에는 오래 전부터 사람이 살고 있었다. 문화층은 4층이나 있다. '궁전'은 제3기의 건물이라고도 생각된다. 그 아래에 제1기와 제2기의 지층이 있고 위에 제3기와 제4기의 흙이 덮혀 있기 때문이다. 또한 탄소(炭

素)로 측정한 결과 이리두 유적의 상한은 기원전 300년에서 400년 정도 계속된 것으로 추정되었다.

은나라가 시작된 때에 대해서 여러 가지 설이 있지만 기원전 1600년 무렵으로 보는 것이 타당할 것 같다. 그렇다고 보면, 이리두 유적은 그 상한에 가까운 수치를 택했을 때 은나라 건국 이전이 되고 하한을 택하면 은나라가 생긴 이후가 된다. 그리고 중간을 택했을 때에도 은나라 이전이 되므로 '환상의 하왕조' 유적이 아닌가 하고 생각하게 된다.

2호 궁전의 큰 특징은 그 바로 북쪽에 커다란 묘가 있는 점이다. 중심부에서 약간 동쪽에 쏠려 있으나 그 남단은 궁전 기초의 1.5미터 북쪽에 있고 북단은 북쪽 담과 0.9미터밖에 떨어져 있지 않다. 같은 지층에 있으므로 묘는 처음부터 구내에 조성되었다고 믿어도 좋을 것이다.

실제로 이 이리두의 대묘는 중국 대묘 중 가장 오래된 것이다. 장방형의 수혈(竪穴)로서 묘 입구의 동서는 그 한 변이 5.2미터, 또 한 변이 5.3미터이고, 남북은 두 변이 모두 4.25미터이다. 묘 속은 2층으로 되어 있고, 묘실은 동서 1.85미터, 남북 1.3미터이다. 전한 시대(前漢時代)에 만든 묘 때문에 이 대묘의 동남쪽은 훼손되어 있다. 그러나 이런 일은 흔히 있는 일이다. 그리고 대묘의 중앙에 도굴 흔적이 있다. 상당히 오래 전에 도굴꾼에 의하여 부장품은 모두 도둑맞았을 것이다. 이 대묘를 발굴하였을 때에는 아무 것도 없었다. 다만 도굴 구멍에서 주사(硃砂)와 칠피(漆皮) 및 조개 껍질의 장식품 조각이 발견되었을 뿐이었다. 고대의 도둑들이 서두르다 조금 흘리고 갔던 모양이다. 묘 입구의 서쪽에서 한 개의 점술용 뼈가 발견되었으나 이것은 부장품은 아닐 것이다. 또한 도굴 구멍과 전한 시대 묘 사이에 완전한 개의 뼈가 있었으나 이것은 순장된 것으로 보인다. 개의 뼈는 길이 35센티미터로 홍칠(紅漆)을 한 나무 상자에 넣어져 있었던 것 같다. 그리고 그 상자는 도굴 구멍을 팔 때에 훼손되었다.

2

이 이리두의 대묘는 은허에서 1976년에 발견된 부호묘(婦好墓, 소둔 5호묘)와 거의 같은 규모였다. 묘 위에 흙을 덮고 묘소를 둥글게 가꾼 것은 춘추

시대 후기부터 비롯하여 전국 시대에 보급되었으므로 이리두의 대묘도 분구
(墳丘)가 없었음은 두말할 나위가 없다. 이른바 암장(暗葬) 형식이다. 은허에
서 발굴된 대묘 십수 기는 왕릉으로 추정되나 매장자는 알 수 없다. 다만
새로 발견된 이 소둔 5호 묘는 부장된 동기(銅器)의 비문 등으로 22대 왕인
무정(武丁)의 왕비 중 한 사람이었던 부호(婦好)라는 사실을 알았다. 점술서
의 월식(月蝕)에 대한 기록으로 동작빈(董作賓, 1895년~1963년)은 「은력보
(殷曆譜)」를 만들었다. 거기에 의하면 무정은 기원전 1300년 무렵의 사람이
다. 이리두의 연대를 그 아래인 기원전 1500년이라고 하더라도 이 묘는 같은
규모의 부호 묘보다 200년이나 빨리 조성된 것이 된다. 무정에게 몇 명의
아내가 있었는지는 모르나 적어도 부호는 황비에 틀림없다. 200년이나 전에
그것과 같은 규모의 묘에 안장된 것을 보면 특별한 사람이었음에 틀림없을
것이다.

　그러므로 이리두 대묘의 매장자는 하왕조의 왕이었을 가능성이 있다. 또
은나라의 19대 반경(盤庚)이 안양(安陽, 하남성)으로 천도할 때까지 몇 번이
나 수도를 옮겼다. 박(亳), 오(隞), 상(相), 형(邢) 등의 지명이 은나라 서울로
사기에 기록되어 있는 바 이리두가 초기의 은나라 수도였다고 하면 매장자
는 은나라 초기의 왕이었는지도 모른다. 또 여러 지방에 사악과 제후로 불리
는 실력자가 있었으므로 그러한 사람들이었을 것이라는 생각도 해볼 수
있다.

　그러나 궁전 유적의 연대를 상한으로 좁혀 가면 아무래도 '하왕조'의 냄새
가 풍긴다. 이 이리두의 대묘는 도굴당했기 때문에 손댈 곳이 적어서 확증할
방법이 없다.

　이리두의 '궁전'이 대묘와 아주 가까이 있다는 사실이 아무래도 꺼림칙하
다. 고대인은 사람이 죽으면 모습은 볼 수 없으나 생시와 같은 생활을 한다
고 믿었다. 앙소기부터 항아리 등을 부장하는 것도 사후 생활의 편의를 위한
것이었을 것이다. 이리두의 궁전은 혹시 매장된 사람이 생활하는 장소인
'침실'이었는지도 모르겠다.

　궁궐 '宮' 자는 우리 안에 건조물이 있다는 것을 뜻한다. 사방이 담으로
싸여 있는 것이 궁이다. 권력자의 통치부도 궁이지만, 망자의 묘소도 감싸여
있으니 이것 또한 궁이라고 부를 수 있다.

고대 권력자의 통치부는 '아침(朝)'과 침실(寢)'이 같은 우리 안에 있었을 것이다. 아침이라는 것은 '조정(朝廷)'이라는 용어에서도 알 수 있듯이 군신(君臣)이 출사하고, 왕이 통치 행위를 하는 곳이다. 왕은 그곳에서 공무를 행함과 동시에 '침실'이라고 부르는 곳에서 생활을 했다. 잘 '寢' 자는 울 깊숙히 들어(侵=㝱)가서 거기에 침대(爿)가 있다는 것을 나타내는 자이다. 그리하여 후세에서는 아침 부분을 '외조(外朝)', 침실 부분을 '내조(內朝)'라고 부르게 되었다. 아침은 바깥에, 침실은 안쪽 깊숙이 있었다. 이 양자를 합해서 '궁전'이라고 하는 것이다.

망자가 생전과 같은 생활을 해야 한다면 역시 궁전이 마련되어야 한다. 그리하여 살았을 때의 궁전의 아침에 해당하는 부분이 '종묘(宗廟)'이다. 그리고 침실은 그대로 침실로 부르든지 또는 '능침(陵寢)'이라고 부르기도 했다. 종묘에는 위패를 모시고 자손이나 군신이 제사를 모신다. 망자는 그곳에서 예를 받지만 이것은 공적인 행사이고, 보통 때의 사생활을 하기도 했었다. 종묘에는 위패가 있지만 침실에는 망자의 의복이나 의관 또는 책상과 같은 일용품이 놓이게 된다.

묘 부근이나 바로 윗쪽에 '침실'을 만드는 제도는 진나라 시대에 시작되었다고 하였으나 복단대학(復旦大學)의 양관(楊寬) 교수는 고고학적 조사나 문헌 등을 종합하여 볼 때 그 기원은 전국 시대라고 볼 수 있고, 더 나아가 은나라까지 소급되어야 한다고 주장한다.

만일 이리두 유적을 하왕조 시대의 것이라고 보고, 그 중심 건조물이 침실이라고 한다면 능침 제도는 은나라가 아니라 하나라에까지 소급하게 된다. 중국사회과학원 고고연구소의 보고에는 "1호 궁전 유적이 종묘류에 속한 건축인지를 고려할 가치가 있다"고 간단하게 기술하였으나 필자는 그 가능성이 짙은 것으로 생각한다.

「주례(周禮)」의 정현(鄭玄, 127년~200년) 주석에, "앞은 묘라 하고, 뒤는 침(寢)이라고 한다"라는 글이 있다. 「시경」에는 건물이 중첩된 모양을 '침묘역역(寢廟繹繹)'이라고 표현한 것만 보아도 춘추 시대 왕릉의 모양을 상상할 수 있을 것이다. 하왕조라면 춘추 시대보다 1천년이나 앞섰던 왕조이므로 묘지 제도도 같지 않을지 모른다. 침(寢)은 있으나 사당은 없었다는 사실도 생각할 수 있다.

이리두 2호 궁전 유적에는 큰 건물 같은 것이 하나밖에 없었는데, 이것이 침(실)과 사당 중의 어느 쪽에 속하느냐 하는 것은 고대인의 발상으로 생각해 볼 때 침(실) 쪽이 귀중했을 것으로 보인다. 어차피 그곳은 삶의 터전이기 때문이다.

「이아」〔(爾雅, 3권) 중국에서 가장 오래된 사전. 주공이 편찬하였다고도 하고 공자의 제자가 편찬하였다고도 하나 한나라 때 편찬되었다는 설이 유력〕에 의하면 사당은 동시에 별채가 있으나 침(실)에는 그런 것이 없고 방만 있었다. 사당은 산 사람의 주거인 '아침'에 해당되어 군신이 모이게 되므로 거실이 필요하다. 이에 비하여 침(실)은 산 사람과 죽은 사람을 불문하고 가족만의 생활 터전이므로 거실이 필요없다.

이리두 2호 궁전의 중심 건물은 대지 위에 세워지고 방이 세 개 있을 뿐이고 달리 별채에 해당하는 것은 없다. 대묘(大墓)에서 극히 가까운 점으로 미루어보아 침(실)이라고 보아야 할 것이다.

보고서에 남쪽의 '대문'이라고 기록되어 있으나 보통 사용되는 문으로서는

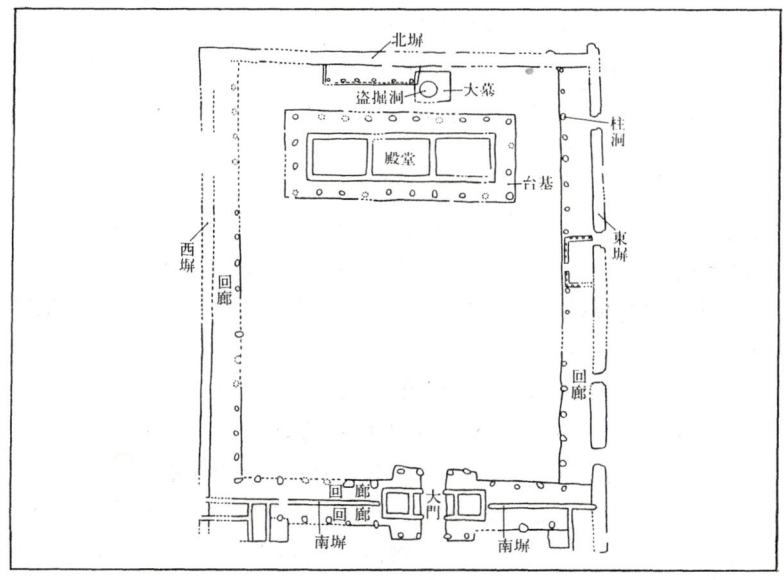

2호 궁전 유적 평면도

너무 큰 것 같다. 문의 건조물은 동서 14.4미터, 남쪽 4.35미터(단 복도 부분을 포함하면 10.7미터)의 방 3개가 있다. 또한 이 궁전의 부지는 사방이 울타리로 감싸여 있으며 동서와 북쪽의 3면은 흙벽이고, 남쪽만이 목조로 만든 뼈대가 된 벽이며 그 내외는 복도로 되어 있다. 더욱이 남쪽 울타리 서쪽 가까운 지점에 남쪽으로 건물이 있었던 흔적이 있다. 그리고 동쪽에는 그와 비슷한 흔적이 있지만 한나라 묘 때문에 훼손되어 분명하지가 않다. 또한 동서에 작은 건물이 있고 남쪽 울타리의 복도를 포함하여 이것을 뒷날 사람들이 만든 별채로 본다면 문이 되어 있는 일대는 이른바 종묘(宗廟)에 해당하는 부분인지도 모른다.

사후의 '사당'은 예배를 드리는 곳이고, 생전의 '아침'과 같이 정치나 의식을 행하는 곳은 아니었다. '침(실)'보다는 작게 건조되었을 것이라는 견해도 있을 것이다.

3

엄밀한 학문적 입장에서 하나라인지 은나라인지 시기를 정하기 어려울 때는 하한선을 취해야 한다고 생각한다. 보고서에도 이 대묘는 한편으로 상(商, 은나라)의 묘라고 기술하고 있다. 그러나 그것은 상나라나 그 이전이라는 뉘앙스가 있는 것이다.

이리두 유적에서는 동기(銅器)가 얼마 가량 출토되었다. 구리로 만든 벼슬 직함 2점과 구리칼 2점이 있다. 또 2호 궁전 구내에서는 구리 활촉 1점과 구리그릇의 발 부분 파편 1점이 출토되었다. 또한 옥그릇 이외에 질그릇도 발견되었다. 붉은색의 옻 껍질만이 겹쳐 있는 것은 벌써 수없이 발견되었으며 또한 통그릇과 그 형상이 인정되는 것도 각 1점씩 있다. 그 이외에 짐승의 얼굴로 보이는 무늬(獸面紋)가 들어 있는 칠그릇 파편도 1점 나와 있다.

2호 궁전 대묘의 도굴 구멍에 칠피(漆皮)가 흘러 있었다는 사실은 앞에서 언급하였다. 2호 궁전 대묘 이외에도 남북 2미터에서 2미터 반, 동서 1.3미터 내외의 중형 묘 3기의 묘 갱도에서 칠피를 확인하였다. 이것은 옻관(漆棺)의 잔해로 보인다. 3기 모두 밑바닥에는 주사(硃砂)가 깔려 있는데, 깔려 있는 범위는 관 밑 정도로 보인다. 칠피가 확인된 묘가 다른 묘에 비하여 부장품이 많은 것은 신분의 차이를 나타내는 것임은 말할 나위도 없다.

기물(器物)에 옻칠을 한 시기에 대한 문제는 주나라 때 그것도 동주(東周) 이후까지 한 것으로 알려졌었다. 그러나 은나라 중기의 반룡성(盤龍城) 묘에서 조화칠기(彫花漆器)가 발견됨으로써 옻의 역사는 훨씬 앞당겨지게 되었다. 이리두가 하나라의 유적이라고 한다면 옻의 연대는 하나라에까지 소급되지 않으면 안 된다. 지하에서 나온 것에 따라 옻의 연대는 1천년이나 소급된다.

이리두 유적에서는 끝내 문자가 발견되지 않았다. 반 지하 주거의 기초 부분에서 발견된 골편(骨片)에 물고기 모양이 새겨져 있는 것이 확인되어 어쩌면 이것이 문자일지 모르겠다는 사실에 크게 흥미가 집중되었다. 그러나

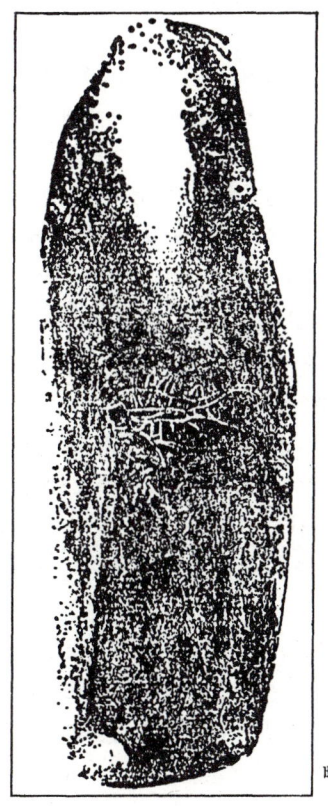

뼈에 새겨진 고기 모양 (탁본)

그 탁본은 보았을 때 나의 인상으로는 기호화되지 않은 점으로 보아 오히려 그림으로 보아야 하지 않을까 생각했다.

앙소기인 옛날부터 고대인은 물고기의 문양을 즐겼다. 물고기를 입에 물고 있는 모양의 매장 형태도 있었다는 것을 언급한 바도 있다.

그리고 개가 순장된 사례는 은나라 묘에서는 간혹 발견되는 예이다. 개는 후각이 예민한 동물이다. 고대인은 '고(蠱, 뱀, 지네, 개구리 같은 독충)의 독기를 두려워하였다. 원한을 품고 죽은 망령이 '고'가 된다는 설도 있다. 인간의 감각으로는 '고'의 접근을 예측할 수가 없다. 그러므로 후각의 예민한 개를 옆에 두고 고의 접근을 가능한 빨리 막아내려고 하였음에 틀림없다. 은나라의 경우는 개와 개를 거느린 병사가 흔히 순장되어 있었는데, 그 원류로서 2호 궁전의 대묘에 있는 개에 대하여는 유의할 만한 점이 있다. 미리 알아낸다는 것뿐만 아니라 개는 독기를 적극적으로 막아낸다고 생각했을 가능성도 있다. 개(살았건 죽었건 간에)는 '고'를 물어 죽일 수 있다는 생각이었을까? 재앙을 털어버리고 깨끗하게 한다는 뜻의 발(友) 자는 개에게 칼(刀)을 덧붙인 모양으로 되어 있다.

하나라 유적 후보 가운데 산서성 하현의 동하빙 유적이 있다. 고대 성루의 유적으로는 규모가 작지만 청동 그릇과 그 주형(鑄型)이 되었던 돌 등이 발견되었던 곳이다. 이곳은 크게 나누어 2개 문화층이 있으며 아래층은 용산 문화의 유형이고 위층은 이리두의 것과 닮았다. 탄소 측정을 할 수 있는 표본이 이리두만큼 많지 못하여 연대에 관해서는 결론이 나오지 않고 있으나 이리두 유적보다 약간 후대의 것으로 추정된다.

같은 하나라 유적 후보인 산서성 양분현의 도사 유적은 상한이 기원전 2400년, 하한은 기원전 1800년으로 되어 있다. 그리고 적어도 600년간은 이곳에 사람들이 살았다는 사실이 확인된다. 연대로는 은나라와 동일한 연대가 아니므로 만일 하왕조가 실재했던 것이라면 아마도 하나라의 유적임에 틀림없을 것이다.

하왕조가 아직도 '환상'이라고 가면을 벗어던질 수 없는 것은 확증이 없기 때문이다. 최신의 측정법으로 연대를 측정할 수 있으나 은나라가 시작된 기원전 1600년 무렵보다 앞서 하왕조가 존재하였던 것인지는 확인되지 않았다.

문자가 없다는 사실도 결정적인 증거가 되지 못하는 점이다. 이리두 2호 궁전의 대묘가 왕릉인지 어떤지도 확인할 수 없다. 도굴되지 않았다면 결정적인 물증을 얻을 수 있었을지도 모른다.

은나라도 지난날에도 '환상'이라는 단서가 붙었던 왕조다. 그러나 은허에서 문자가 새겨진 갑골편이 10만 편이나 나와 그 실재에 대한 의문이 사라지게 되었다. 갑골편의 기록은 22대의 무정기(武丁期)에서부터 시작되었으며, 그 이전의 것은 없다. 다만 조상의 제왕에 대한 제사와 관하여는 상세한 기록이 남아 있어서 무정 이전의 역대 왕명을 모두 알게 되었다. 꺼림칙한 것은 10만여 편이나 되는 갑골편 안에서 전대(前代)인 하왕조에 대하여 언급된 부분이 단 한편도 없다는 사실이다.

계통을 달리하였으며, 제사에 필요없는 다른 왕조에 관한 사실을 기록할 필요성을 인정하지 않았던 것인지도 모른다.

4

적기는 하지만 구리 그릇이 이리두 유적에서 발견되었다. 이것은 용산 문화 말기에 현저해졌던 씨족 사회의 붕괴를 더욱 부채질했음에 틀림없다. 구리로 만든 직함(銅爵, 벼슬 창호가 새겨진 명패 같은 것)과 함께 구리 화살촉(銅鏃)이 출토되었다. 권위의 상징과 무기로서 사용되었던 모양이다.

이때에도 부족 간의 싸움이 있었을 것이다. 포로는 대개 살해되었을 것으로 생각된다. 그러나 도구의 발달과 수리 공사(水利工事) 연구 등의 지능 발달로 일이 많아졌으므로 포로를 죽이지 않고 노예로 부리게 되었을 것이다. 씨족 사회의 묘지 제도는 대개 앙신장(仰身葬)인데 간혹 엎드린 자세로 매장(俯身葬)된 경우가 발견되어 그것은 노예였을 것이라고 추측하는 학자도 있었다. 가령 이들이 노예라고 해도 그 수는 매우 적었다.

앙소기부터 사람들은 저장 장소를 만들었다. 겨울철의 식량이나 흉작에 대비하기 위한 것이었으며, 그 장소로 보아 공공용이었을 것이다. 재산의 사유가 시작되자 저장품은 개인용이 되었다. 그리고 그 양이 많으면 많을수록 그 사람은 집단에서 대우를 받을 수 있었다. 그리하여 처음에는 씨족의 성원들로부터 추천되던 촌장이 드디어 세습제로 이어지게 되는데 이것은 신화에도 반영되고 있다.

요나 순과 같은 고대 성인은 실존하지 않았을지도 모른다. 옛날에는 선양(禪讓)—덕망 있는 현인에게 촌장 자리를 양위한다—의 형태가 계승되었다. 그래서 그런 옛날의 좋았던 시대를 추억하면서 요순의 신화가 생겨났을지도 모른다. 순(舜)도 치수(治水)에 성공한 우(禹)에게 촌장 자리를 양위하였다.

우의 아버지 곤(鯀)은 치수에 실패하여 살해되었다고 전해진다. 그러므로 우는 아버지가 성사시키지 못한 사업을 성사시킨 것이다. 그리하여 우는 하왕조의 시조가 되었고 그때부터 세습 왕조가 시작된 것으로 되어 있다. 우도 실존 인물이라기보다는 신화 속의 신이라는 설이 지배적이다.

'우(禹)'라는 글자 속에 벌레 '충(虫)' 자가 들어 있다. 큰 도마뱀이나 뱀 등의 형상 글자에는 하수(河水)의 신(神)으로 통하는 용(龍)이 들어 있다. 우의 아버지인 '곤(鯀)'은 물고기 어(魚) 편으로 거대한 물고기를 뜻하는데 곤(鯤)이라고도 쓴다. 이 곤은 「장자(莊子)」에 "북명(北冥)에 물고기가 있나니, 그 이름을 곤(鯤)이라 하도다"라고 한 것처럼 곤은 유명한 큰 물고기로서 역시 하수의 신을 나타낸다. 여기에서 우리는 앙소 유적의 '인면어문발'이나 이리두 유적의 골편에 새겨진 물고기 모양을 연상하지 않을 수 없다.

우는 치수의 신으로 최고위에 있었지만 모든 것을 창출했던 것은 아니었다. 마차는 계중(奚仲), 우물파기는 익(益), 술은 의적(儀狄)이 만든 것으로 되어 있다. 우는 신의 세계에서, 후세 독재 황제와 같이 만능은 아니었으나 다른 권위를 인정받고 있는 것 같았다. 왕조의 창설 기운은 무르익었으나 아직도 각지의 부족의 자주성을 용인하지 않을 수 없었던 것 같다.

우가 성공한 치수 공사는 단지 범람을 막았을 뿐만 아니라 수로를 만들어 물을 멀리까지 끌어들이는 일도 포함되어 있었다. 그것은 경작지가 넓어진다는 것을 의미한다. 그의 부하인 익이 개발한 우물파기 기술도 이제까지 경작이 불가능했던 땅을 경작하게 하는 데 도움이 되었을 것이다.

이리두 2호 궁전 뜰(59.5×45미터)의 동북부와 동남부에서 지하수도가 발견되었다. 안지름 약 15센티미터 정도의 니질회도제(泥秩灰陶製)의 원통을 이어서 뜰의 배수를 도모하였다. 거의 완벽한 것이 11개나 발굴되고 나머지는 복원이 불가능할 정도로 파손되었다. 확인된 길이는 동북부에서 약 7미터,

동남부에서 11.6미터였다. 승문(繩紋)이 있으나 땅 속에 묻는 것에 장식을 했을 까닭이 없을 터이므로 가마니 같은 것으로 다져서 원통을 만들 때 생긴 것 같다. 지하수도용의 도관(陶管)을 만드는 기술이 있었다면 궁전 뜰의 배수용뿐만 아니라 다른 데에도 응용할 수 있었을 것이다.

환상 속의 하왕조 시조는 치수에 성공하였다 하나 이러한 도관도 이용하였을 것이다. 경작지가 늘어나면 일이 늘어나므로 적을 죽이기보다는 일을 시키게 되었고, 급기야 노예가 생산에 주력하게 되었을 것이다. 처음에는 이해와 감정의 대립이 싸움의 원인이었으나 이제는 노예를 얻는 것도 싸움의 원인이 되었다.

우의 아들 계(啓)는 일족 중의 유호씨(有扈氏)가 복종하지 않으므로 이를 공격하였는데, 그 선전 포고문이 「서경(書經)」의 '감서(甘誓)'라고 전해진다. 감(섬서성)이란 이때의 전쟁터 이름이다. 굴원(屈原, 기원전 343년 무렵에서 277년 무렵)의 「초사(楚辭)」에 '유호목수(有扈牧豎)'라는 구절이 있는데 왕국유(王國維, 1877년~1927년)는 여기에 유호가 아니라 '유역(有易)'이라는 말이 들어가야 할 것이라고 하였지만 현존하는 원전대로 읽으면 유호는 목동으로 강등되었다는 뜻이 된다. 수(豎)는 성인이 아닌 어린이라는 뜻으로 인간 취급을 받지 못한 노예라고도 해석될 수 있다. 계가 유호를 공격한 것을 '감서'에 그럴 듯하게 그 이유를 밝혔으나 그 궁극적인 목적은 노예 획득이었을지도 모른다.

모계 사회가 자취를 감추고 부계 사회가 되면서 난폭스럽고 어지러운 세상이 되었을 것이다. 「사기」의 '하본기(夏本紀)'에 기술되어 있는 것은 아마도 사실이 아닐 것이다. 후세에 첨묵 가필된 흔적이 많다는 것이 정설이다. 그러나 계의 아들 태강(太康)이 사냥에 열중하여 정사를 돌보지 않으므로 제후 의(羿)에게 쫓겨났다던가, 태강의 동생 중강(中康)이 주색에 빠진 의씨(義氏)와 화씨(和氏)를 정벌시켰다던가 하는 기록으로 보아 초기에 전쟁이 빈번했다는 점은 어느 정도 사실인 것 같다.

부족 연합의 더욱 큰 연합의 촌장이 세습하게 되면 저항이 따르게 마련이다. 이리하여 이리두 2호 궁전은 능침으로 생각되며, 한 사람의 인간이 죽은 다음에 정원에 지하수도까지 만든 점으로 미루어 그 지위는 선망의 표적이었을 것으로도 생각된다. 그리고 세습 정권의 기초가 아직 안정되지 못한 시기에는 군웅들에 의한 정권 쟁탈전이 있었을 것으로 추측된다.

하왕조 유적 후보의 제1호라고도 할 수 있는 하남성의 정주 낙달묘(鄭州洛達廟) 유적이 발견 조사된 것은 1956년의 일이다. 1959년 11월호의「고고」에서는 '하허 조사의 초보(初步) 보고'라는 표현을 썼으나 그 후에는 신중하게 '하허(夏墟)'라는 표현을 피하는 것 같았다. 동작빈은 중국에서의 문자의 탄생은 기원전 3000년 무렵이었을 것이라고 말한 적이 있다. 만일 그렇다면, 하왕조에는 문자가 있었을 가능성도 있다. 그러므로 '하허'를 확인하는 것은 문자가 발견되고 그것이 해독되었을 때라고 말할 수 있을 것이다.

최근 신문을 떠들썩하게 한 '환상 속의 하왕조'는, 하남성 등봉현(登封縣)의 왕성강(王城崗) 유적을 두고 말한 것이다. 이것은 1977년에 발굴이 시작되었으며 탄소 측정에서는 지금으로부터 거의 4000년 전이라는 수치가 나와 있다.

동서로 이어지는 성벽이 있고 내부에는 많은 사람뼈뿐만 아니라 토기류도 출토되었다. 그리고 주목할 것은 갱 안에서 청동기 파편이 한 조각 발견되었다는 사실이다.

그러나 왕도로서는 너무 협소하다는 점도 있다. 거기에다 왕릉으로 볼 만한 묘지도 발견되지 않았다. 발굴은 아직도 계속되고 있으므로 우리는 상세한 보고서를 기다릴 수밖에 없는 형편이다. 그 규모가 작다는 사실에 대하여 하왕조는 은나라에 비하여 작은 왕조였기 때문이라는 변론도 있다. 우리들이 알고 있는 '은허'도 실은 은(상)의 중기 이후의 수도이므로 이보다 600년 훨씬 이전의 하나라 수도가 그렇게 큰 것이 아니었을 것임은 자명하다.

문제의 하남성 등봉현 왕성강은 고산(嵩山)의 남쪽 기슭에 있으며 필자도 1980년에 그 근처를 여행한 일이 있다. 그 지방은 하나라의 시조인 우에 대한 전설이 많은데, 우는 치수에 분주하여 13년간이나 집에 들르지 못했다고 하며,「사기」'하본기'에 나와 있는 그의 집은 고산에 있었다고 전해진다. 그에게는 부인이 두 사람 있었고 손위의 부인은 태실(太室)로, 또 다른 부인은 소실(少室)로 불렀다고 한다. 고산은 이 태실산과 소실산으로 이루어졌는데 각각 36개의 봉우리를 갖고 있다고 한다. 먼 훗날 소실산 기슭의 숲 속에 절이 세워지고 '소림사(少林寺)'라고 명명되어 권법(拳法)의 총본산이 되었던 것은 이미 알려진 사실이다.

지방 전설들이 하나라의 시조인 우의 전설과 관련이 있으므로 하나라의 수도로 본다고 해도 이상할 것은 없다. 그러나 현재로서는 아직도 근거가 희박하다. 안금괴(安金槐) 씨는 1981년 「중원문물(中原文物)」 특별호에서, 이리두의 제1기와 제2기가 하왕조 문화라고 주장했다.

이에 대하여 전창오(田昌五) 씨는 이리두의 제3기야말로 하왕조 문화의 전성기이며 제1 및 제2기와 현저한 차이가 있는 것은 제3기에 이르러 그 곳이 왕도가 되었기 때문이라고 설명한다. 그리고 제4기는 이미 은나라에 접어든 하 문화의 잔류라고 해석한다. 1981년의 논문이지만 일본의 신문에도 크게 보도된 등봉왕 성강(城崗)에 대하여 주역에서는 논하고 있지 않다. 그 해의 고고학 연구를 총괄한 왕세민(王世民) 씨는 하 문화에 관한 토론은 그렇게 활발한 것이 아니었다고 말하였다.

더구나 최근 중국 고고학계에서는, 근거가 충분하지도 못한 데도 큰 주제를 추론하는 것은 삼가하여야 한다는 분위기며, 고고학계가 너무 앞지르는 점을 경계하는 논문도 발표되는 형편이다.

고고학에는 낭만이 있지만 인기에 영합하면 안 된다는 것은 당연한 사실이다.

# 갑골유전(甲骨流轉)

1

유악(劉鶚)의 아호는 철운(鐵雲)으로 1857년, 강소(江蘇)의 단도(丹徒)에서 태어났는데(1909년 사망) 현재의 강소성 진강시(鎭江市)가 그곳이다. 중국의 국학자로서 유명한 나진옥(羅振玉, 1866년~1940년)은 이 유철운을 '기인(奇人)'이라고 말했다. 기인이란, 그 거동이 비범한 사람을 이르는 말이다. 5·4 운동 이전에 훌륭한 백화문(白話文=口語文)으로 「노잔유기(老殘遊記)」라는 작품을 썼다. 중국 문화의 연구에서는 유철운을 빼놓고서는 불가능하다.

유철운은 관리의 아들로 아버지의 임지인 회안(淮安)에 아버지와 함께 있었던 일이 있다. 나진옥은 유철운을 소년 시절부터 알고 있었지만 거리에서 그를 만날까봐 두려워 항상 그를 피해 다녔다고 회고하였다. 왜냐하면 유철운은 장돌뱅이 소년들 하고만 어울렸기 때문에 나진옥은 그것을 두려워하였던 것이다. 장돌뱅이 소년들이란 거리의 불량배 같은 젊은이들을 말하는 것이다. 지체 있는 관리의 아들로서 그러한 패거리와는 어울리지 않아야 하는 데도 유철운은 그런 아이들과 어울려서 놀았다. 점잔을 빼는 무리들보다는 깡패 같은 족속들이 그의 성격에 맞았던 모양이다.

그 당시의 학문은 과거에 급제하기 위한 사서오경(四書五經)의 해석이 주류를 이루었으나 기인 유철운은 새로운 학문인 서양의 과학에 관심을 가지고 있었다. 거기에는 그의 형인 유몽웅(劉夢熊)의 영향도 있었다고 한다. 그는 의학도 공부하여 마침내 상해에서 개업하였다. 국가 고시나 자격 심사도 없었던 시대였으므로 멋대로 개업은 하였으나, 경험 없는 젊은 의사에게 환자들이 오지 않자 할 수 없이 **병원문**을 닫고 장사를 하기 시작하였는데 그것도 실패하고 말았다. 비범한 사람은 평범한 일에 맞지 않는 모양이다.

1888년, 황하가 하남성 정주 근처에서 터졌다. 청나라 조정에서는 10년 (1860년)에 남하 총독을 폐지하고 동하 총독으로 통합했다. 그리하여 청조에서는 관동 순무사인 오대징(吳大徵, 1835년~1902년)을 동하 총독으로 임명하였다. 이때 유철운이 지원해 치수에 참여하였는데 의외로 그 일이 성공하였다. 그런데 이 오대징이라는 사람은 고급 관리였으나 금석학의 대가이고 또 서예가로서도 이름났으며 특히 전서(篆書)에 뛰어났다. 자연 과학에 대해서도 남다른 관심을 갖고 있었는데 유철운도 청동기의 명문(銘文)이나 돌비문 등을 연구하는 금석학에 조예가 깊었다. 아마도 그러한 까닭에서 두 사람은 의기 투합했을 것이다.

나진옥의 '유철운전'[「오십일몽흔록(吾十日夢痕綠)」에 수록]에 의하면 그때 유철운은 작업 인부들 틈에 섞여서 일하였다고 한다. 하남(황하 중류 이남과 황하 북방의 일부)의 범람은 다스려졌으나 이번에는 산동성 쪽에 같은 역사(役事)가 벌어지게 되어 오대징의 추천으로 유철운은 산동 순무사인 장요(張曜)에게로 갔다.

우(禹)는 치수에 성공하여 하왕조의 창시자가 되었다고 전한다. 4천년의 세월이 지났건만 황하는 중국의 모태이면서 변덕스럽게 난폭해져서 사람들을 괴롭히므로 그것을 달래기 위하여 연구를 하지 않으면 안 되었다. 그리하여 중국에서는 치수가 정치가의 최대 임무로 계속 이어지고 있는 것이다.

유철운은 의학이나 수학 등의 자연 과학 이외에 금석학에도 뛰어나고 소설도 쓰는 다재다능한 인물이었으나, 그 자신은 자기를 경세가(經世家) 곧 정치가로 생각하였다.

청조에서는 과거의 최고급인 고시에 급제하여 진사(進士)가 되지 못하는 한 요직에 오를 수가 없었다. 그러므로 획일적이고 지루한 공부를 싫어했던 유철운이 진사가 된다는 것은 어려운 일이었다. 진사가 되지 못한 경세가가 자기의 뜻을 펴기 위해선 진사의 참모가 되는 길밖에 없었다. 유철운은 오대징이나 장요와 같은 정부 고관에게 영향을 끼치며 조언을 하는 형식으로 정치를 실천할 계획이 있었을 것이다. 그리고 그 점에선 어느 정도 성공하고 있었다.

1894년의 청일 전쟁 때, 유철운은 상을 당하여 회안에 머물고 있다가 그후 북경으로 나왔다. 참모로서 그를 중용하였던 산동 순무사 장요는 재임 중인 1891년에 사망하고 포정사(布政使)이던 복윤(福潤)이 승진하여 있었다. 복윤은 몽고족의 고관으로 유철운의 재능을 높이 평가하여 그를 중앙 정부에서 일해야 한다고 추천하였다.

북경으로 나온 유철운은 외자를 도입하여 산서의 광산을 개발해야 한다고 진언하여 승인을 받았다. 의화단(義和團) 사건 직후 배척 사상이 드높았던 시기였으므로 그는 '한간(漢奸)'이라는 비난을 받았다. 이 무렵 그는 나진옥 에게 보낸 편지에서 다음과 같이 썼다.

> 나라에 원래 자본이 없으므로 유럽인에게 위탁하여 개발하는 것이 좋다. 우리측은 엄격한 제도를 만들어 30년 후에 모든 광업권을 반환하게 하면, 그들 은 일시적인 이득을 얻게 되지만 우리는 백세(百世)의 이득을 얻게 된다……

이 산서 광산에 외자를 도입하는 계획을 진언한 후 그는 상해로 가서 매판 (買辦) 일을 하여 돈을 모아 호화로운 생활을 했다고 한다.

1900년 의화단 사건 때 서태후(西太后, 1835년~1908년)의 배척 정책은 신경 질적으로 번져 배척파인 강의(剛毅, 1834년~1900년)는 유철운을 처형하라고 상주하였다. 이른바 '통양(通洋, 외국과 통한다)'이 그 이유였으나 다행히 유철 운은 그때 상해에 가 있었기 때문에 목숨을 부지할 수 있었다.

강의는 만주족의 고관으로 청일 전쟁의 군사비를 조달한 공으로 중앙 정부의 요직에 앉은 가장 강경한 외세 배척 보수주의자로 알려져 있다. 그는 정치의 개혁을 고려하였던 광서 황제(光緖皇帝, 1871년~1908년)까지도 '한 간'이라고 탄핵하였다는데 이것으로 그의 인물됨을 알 수 있다.

8개국 연합군이 북경을 점령하고 서태후와 황제가 서안으로 파천한 다음 유철운은 상해에서 북경으로 돌아왔다. 서태후와 황제에게 버림받은 북경 시민을 위하여 도움을 주려고 제법 많은 자금을 가지고 상경하였던 것이다. 매판 사업으로 번돈이었지만, 그는 원래 가지고 있는 돈은 모두 털어 버리는 성격이었으므로 그 돈을 모두 써버렸다.

기민(棄民)은 곧 기민(饑民)이다. 길 거리에 굶어 죽은 시체가 즐비하다는 말은 전해 들은 유철운은 앉아만 있을 수 없어 상해를 뛰쳐 나온 것이다. 태창(太倉, 정부의 식량 창고)은 러시아군 점령 지구에 있었으나 유철운은 외국인과의 교섭에는 익숙했다. 러시아인은 쌀을 먹지 않으므로 태창에 쌓여 있는 것은 그들에게는 무용지물이었다. 그리하여 그것을 싼 값으로 팔라고 하자 그들은 그것이 밑천 들이지 않은 전리품이었으므로 승낙하였다. 이렇게 하여 유철운은 러시아군에게서 싸게 산 많은 쌀을 싼 값으로 시민에게 방출하였던 것이다.

이것은 의거라고 해야 할 일이었다. 그럼에도 이 일이 8년 후에 문제가 되었다. 유철운과 같은 호기분망한 인물에게는 또 그만큼 적도 많았던 것이다. 그는 국유미를 사사로이 사들였다는 죄목으로 1908년 신강에 유배되고, 다음해 우르무치(신강성 위구르) 자치구에서 타계하였다.

필자가 유철운에 관하여 이렇게 길게 기술한 이유는 실은 그가 갑골문의 발견자이기 때문이다. 발견자라기보다는 처음으로 그것이 있다는 것을 알아차린 사람이었다. 이 발견은 '은허(하남성 안양현)'의 발견과, 발굴에도 이어지는 것이므로 그는 문학사에서뿐만 아니라 중국사학, 특히 고대사 연구에서는 불멸의 별이라고 할 수 있을 것이다.

2

산서의 탄광 개발로 '한간'이라고 비난받고 상해로 떠나기 전에 유철운은 왕의영(王懿榮, 1845년~1900년)의 식객으로 있었다. 청조 시대의 관리는 요직에 오르면 자기의 참모를 거느리는 것이 상례였다. 그리고 전근을 갈 때에도 그들을 데려간다.

왕의영은 산동성 복산현〔福山縣, 현재의 인대시(烟臺市)〕 출신이었으나 조상은 운남에서 살았다고 한다. 광서 6년(1880년)의 진사 출신으로 금석학의 대가였으며, 순수한 문인은 아니다. 청일 전쟁 때 출신지인 산동성 위해위(威海衛) 방위를 위하여 지원하여 출전하는 열혈한이기도 하였다. 관직은 국자감(國子監) 제주(祭酒)에 까지 오르기도 하였다. 국자감이란 중앙의 국립 대학이며 제주란 그 총장을 말한다. 국립 대학이 전국에 하나밖에 없었으므로 최고 학부로서 국립 대학의 총장의 권한이란 막강한 것이었다. 종4품으로 차관급이었으나 지위가 대학 총장이었으므로 특히 학문에 뛰어난 인물이 임명되는 것은 분명하다. 유철운이 그 밑에 있었던 것은 같은 금석학을 연구하고 있었고 또한 의사 소통이 잘 되었기 때문이다. 유철운이 최초의 동반자였던 오대징이 금석학의 대가였으므로 그러한 경로의 추천이 있었을 것이라는 점도 생각할 수 있다.

왕의영에게는 말라리아라는 지병이 있었으며 키니네가 없었던 그 시대의 중국에서는 그에 관한 특효약은 '용골(龍骨)'이라고 생각하고 있었다. 그는 용골 가루를 복용하고 있었다. 왕의영의 심부름을 맡은 사람이 약방에 가서 1근에 6전(錢)이라는 싼 값으로 사서 이를 주인에게 주었다. 어느 날, 유철운은 심부름꾼이 사온, 아직 가루로 만들지 않은 용골을 보았다. 그것에 어떤 글자 같은 것이 새겨져 있었다.

그들은 '은허'의 청동기나 옛 비석에 새겨진 문자를 연구하고 있었으므로 그 글자들이 한 계통의 글자라는 것을 알게 되었다. 유철운은 그 사실을 왕의영에게 알렸으며 그때부터 두 사람이 함께 연구하게 되었다. 그때가 의화단 사건이 발발하기 1년 전인 1899년의 일로 알려지고 있다.

사실은 같은 해에 어느 골동품상이 호북 순무사인 단방(端方, 1861년~1911년)에게 용골을 증정했다. 그 골동품상은 용골이 약간 특이한 물건이라고 생각하면서 그것을 증정한 것이다. 만주족인 단방은 금석학에 조예가 깊었던 인물이었으므로 용골에 새겨진 것이 고대 문자임을 알고 그것을 가지고 온 골동품상에게 글자 하나에 은 두 냥을 지불하였다. 골동품 상인은 놀라서 그것이 그렇게 값진 것이라면 사서 모으기로 결심하고 거래처인 하남성 북부로 가게 되었다.

그 무렵 북경에서는 이미 유철운이 약방을 뒤지고 다녔다. 그는 문자가 새겨진 용골을 남김없이 사들이고 있었다. 그러나 문자가 없는 것은 고려치 않았다. 그리하여 1근에 6전하던 용골의 값이 점차적으로 올라갔다.

그 후 산지인 하남성 북부에서는 물론 북경에서도 주문이 올 뿐만 아니라 예의 단방과 거래하던 골동품상으로부터도 매매 요청이 있게 되었다. 그 후에 유철운은 '갑골편(甲骨片)'이라고 부르는 용골에 대하여 책을 썼는데, 그것이 곧 「철운장구(鐵雲藏龜)」(1903년)이다. 수집품의 일부분의 소개에 지나지 않았지만 그 안에 "귀판(龜板, 갑골편)은 하남성 탕음현(湯陰縣)에서 나옴"이라고 기술되어 있다. 그러나 실제로 이는 업자에게 속았던 것이다. 갑골편의 산지는 이른바 기업 비밀이었으므로 정직하게 말하지 않았다. 실제의 산지는 하남성 안양현의 소둔 마을이었다. 물론 언제까지나 숨겨질 수는 없었다. 그래서 마침내 '은허 발굴'로 이어졌다.

갑골은 주로 소의 견갑골(肩胛骨, 어깨뼈)이며 때로는 귀갑(龜胛, 거북이 껍질)도 있다. 거북이의 경우는 대개 배 부분에 새겨져 있고 등 부분에 새겨진 것은 드물었다. 초기에는 소와 같은 동물뿐이었고, 후에 귀갑이 병용되었음이 확인되었다. 갑골에 관하여는 다음에 언급하기로 하고 여기서는 갑골 발굴에 관계하였던 사람들의 운명을 더듬어 보기로 하겠다.

유철운은 갑골편을 많이 사들인 다음 상해로 떠났다. 상해에서는 매판 장사를 할 수 있었고, 또 북경에서는 배척 움직임이 고조되어 신변의 위험을 느꼈기 때문이다. 그 무렵 이미 도처에서 의화단의 배척 운동이 일고 있었다. 외국인 기피와 개혁 기피의 현상이 일어났으며, 게다가 주위에서는 그러한 운동을 제지하기는커녕 도리어 부추기고 있었던 것이다. 배척 보수의 응어리를 품은 강의(剛毅)는 의화단을 충의지사로 선동하고 있었다. 그러므로 산서 광권 외자 도입의 장본인인 유철운으로서는 북경에서 살 수가 없었다.

1900년에 들어서면서 정부의 묵인 이상으로 비호까지 받게 된 의화단은 기독교 교회를 불태우고 교회 관계자를 죽이기도 하였다. 그리하여 철도나 전선에 이르기까지 '양(洋)'이라고 이름붙여진 모든 것을 남김 없이 파괴하고 그 해 6월에는 외국 공관을 포위하였다. 결국 의화단 습격을 두려워한 외국 거류민들은 외국 공관 구역으로 피난해 있었다. 이 사건은 「북경의 55일」이라는 제목으로 영화화되어 주제가 유행된 적이 있다. 거류민 구출과 청조의 배척 정책을 응징한다는 명목으로 8개국 연합군이 상륙하여 북경을 점령한 것은 그 해 8월의 일이었다.

연합군이 북경을 조여 오자, 서태후는 광서 황제와 소수의 심복을 이끌고 자금성(紫禁城)을 탈출하여 섬서성의 서안으로 피난하였다. 배척파의 거두인 강의도 일행 중에 있었다. 그가 배척 열기의 물결을 타고 유철운의 처형을 진언한 것은 이미 언급한 바와 같다. 그런데 이 강의는 서안으로 가는 도중에 병사(病死)하고 만다. 설사 그가 살았을지라도 후일 연합군으로부터 책임 추궁을 당하여 처형을 요구받았을 것이므로 병사하였다는 것이 어느 면에서 볼 때 그 자신을 위해서는 다행스런 일이었는지도 모른다.

이때 국자감 제주 왕의영은 단련(團練) 대신에 임명되어 있었다. 단련이란 민간인을 훈련시켜 편성한 의용군을 말한다. 금석학의 대가이며 최고 학부의 총장인 그는 의용군을 이끌고 8개국 연합군을 막아내려고 하였다. 그러나 서태후와 광서 황제 그리고 정부의 최고 수뇌들이 이미 도주하였으므로 사기가 저하되어 의용군은 싸우지도 않고 궤주하였다.

왕의영은 문인이었으나 열혈 남아였다. 청일 전쟁에서 청국이 패했을 때 다음과 같은 시를 읊었다.

아래를 보고 위를 보아도 동남뿐 하늘은 반벽(半壁)일세.
술로써 땅을 가르니 눈물은 하염없어라.

수도가 양이(洋夷)에게 유린된 것을 보고 더 이상 살아 있을 수 없다고 느낀 그는 약을 마셨으나 죽지 않자 벽에 절명사(絶命詞)를 남기고 우물에 몸을 던졌다. 부인인 사씨와 과부였던 딸 장씨도 그의 뒤를 따라 죽었다.

국자감 제주였던 그가 연합군으로부터 책임을 추궁당할 까닭은 없었다. 게다가 그는 의화단보다는 우국 충정의 일반 장사꾼들이 국가에 도움이 될 수 있다고 진언하여 의용군을 조직하였던 것이다. 그는 의화단의 과격한 배척 행위에는 전부터 비판적이었다. 그러나 그는 절명사를 남기고 죽었는데 자신의 사상에 충실하고자 죽음까지 택했던 것이다.

주군이 근심하면 신하는 욕되고,
주군이 욕을 당하게 되면 신하는 죽는다.

그는 전후의 책임 문제 따위는 전혀 생각지도 않았다. 그는 이러한 인물이 었으므로 재산이 하나도 없었음은 너무나도 당연한 것이다. 나라에서 받은 녹은 모두 금석과 갑골의 구입 그리고 막료들의 급료로 지급하여 유산이라 고는 한 푼도 없었을 뿐 아니라 도리어 얼마간의 빚까지 지고 있었다. 그리하여 빚을 정리하기 위하여 아들 왕한보(王翰甫)는 아버지의 수집품을 처분해야만 했다. 바로 이 무렵 유철운이 상해에서 달려왔던 것이다. 그리하여 왕의영 소장의 갑골 1천여 편은 그 값을 아는 유철운이 사들이게 된 것이다. 거기에 새겨진 것이 고대 문자임을 깨달은 사람의 손에 갑골이 넘어가게 된 것은 참으로 다행스러운 일이었다.

### 3

유철운이 사재를 털어 난민을 구제하였다는 사실은 이미 언급하였다. 그러나 그는 정부미에 손을 댄 혐의로 후에 신강으로 유배되었다. 그때 러시아 점령 지구의 태창을 그대로 놔두었더라면 수많은 시민이 기아로 죽었을 것이다. 나라에 태창을 그대로 두어서 아사자(餓死者)를 만들어 내는 것과 국고미에 손을 대는 것 중에서 어느 편이 적절한 조치였을까?

중국 문화사에 반드시 등장하는 유철운의 「노잔유기(老殘遊記)」〔언문일치체에 의한 최초의 본격 소설로서, 일본의 후다바테 이시메이(二葉亭四迷)의 「유기구모(浮雲)」에 견주는 평가를 받고 있음〕는 노잔이라는 주인공을 통하여 중국의 관료주의를 통렬히 규탄한 것이다. 그 안에는 탐관오리는 물론 청렴한 관리도 어떤 때는 국사를 그르친다는 지적이 나온다. 그것은 만일 청렴하기만 한 관리라면 정부미를 창고에 산처럼 쌓아 둔 채 거들떠보지도 않고 많은 사람을 굶어 죽게 하였을 것이라는 이유에서이다.

실의에 찬 유철운이 유배지 신강 우르무치에서 한을 품고 사망한 1909년에 후다바테 이시메이도 싱가폴에서 사망하였다. 그리하여 중·일 양국의 언문일치체의 개척자는 기이하게도 같은 해 이역의 땅에서 죽었다.

1900년 의화단 사건이 있던 해 회안(淮安)에서 유철운을 알고 있던 나진옥은 호북성의 농무국 총리 겸 농무학당 감독으로서 무창(武昌)에 있었다. 이듬해 1901년 겨울, 나진옥은 일본의 교육 사정 시찰의 명을 받고 배를 타기 위하여 무창에서 상해로 나왔던 것이다. 이 무렵 유철운은 이미 상해로 돌아와 있었다. 그리고 왕의영이 소장하고 있던 갑골도 가지고 왔다. 그리하여 나진옥은 그 갑골문을 보고 매우 흥분했던 모양이다. 그는 유철운에게 탁본을 떠서 간행하도록 권유하였다. 3천년이나 땅 속에 묻혀 있던 뼈인지라

흐물거리는 것도 적지 않았다. 그러나 중요한 것은 마른 뼈가 아니라 거기에 새겨진 문자인 것이다. 의화단 사건과 같은 전란이 언제 또 일어날지 모르는 상황에 탁묵간행(托墨刊行)하여 각지에 분산하여 두면 안전할 것이라고 생각했던 것이다. 「철운장구」가 간행되기까지에는 이러한 내력이 있었던 것이다.

나진옥은 다음해 5월 일본에서 귀국하였으며 주로 상해, 소주 등의 강남 각지와 때로는 광동에 초빙된 경우도 있었고 자문관으로 북경에 초빙된 것은 1906년의 일이었다. 그는 후일 일본이 내세운 괴뢰 '만주국'에 관계한 탓으로 중국에서는 그다지 평판이 좋지 않았지만 그 공적은 공적으로서 인정되어야 할 것이다.

북경으로 나온 나진옥은 주로 교육과 농업관계 일을 맡아 보았다. 1909년 유철운이 신강에서 사망한 해에 그는 청조가 설립한 경사 대학당(京師大學堂)의 농과 감독(농학부장)이 되어 농학 조사차 일본으로 갔다. 결국 유철운의 갑골도 나진옥에게 넘어갔다. 그는 1910년에 펴낸 「은상정복문자고(殷商貞卜文字考)」에서 갑골의 출토 장소가 안양현 소둔 마을임을 분명히 하고 있다. 그 전 해에 그는 스스로 현지에 가서 그 점을 확인하였던 것이다. 약국이나 골동품상의 기업 비밀이 학문 조사로 폭로당한 셈이다. 궁정의 중요 사항을 기록한 갑골편이 나와 그 산지가 은의 수도(은허)일 것이라는 점이 추측되었다.

나진옥은 동생인 나진상(羅振常)과 의제인 범항헌(范恒軒)을 안양에 파견하여 문물(갑골과 동기 등)을 수집케 함으로써 그때까지 수집된 1만여 편에 불과하던 갑골이 2만여 편으로 늘어났다.

청조 말의 무식한 관리가 명·청조의 공문서가 산더미처럼 쌓이게 되자 처리가 곤란하다는 이유로 소각해 버리려고 했을 때 그 중요성을 일깨워 이를 중지시킨 사람도 나진옥이었다. 슈타인(1862년~1943년)이나 페리오(1878년~1945년)가 돈황(敦煌)에서 수많은 문물을 반출해 간 다음 남아 있던 것을 북경으로 나르게 한 것도 그의 진언에 의해서였던 것이다.

돈황의 잔존 문물이 북경에 도착했을 때, 일본에서 조사차 와 있던 교토 대학(京都大學)의 나이토 고낭(內藤湖南), 가노 나오키(狩野直喜, 1868년~1947년), 오가와 다쿠지(小川琢治, 1870년~1941년) 등과 친교를 맺고 있었다.

청조 타도의 소리가 도처에서 메아리치고 무장 봉기는 끊일 줄을 몰랐다. 청조는 친귀 내각(親貴內閣)이라고 해서 황족만으로 구성된 정권으로 난국을 타개하려고 하였다. 그리하여 실무 경험과 국내외 정세에 어두운 일당으로 구성된 친귀 내각 곧 무능 내각으로 군대조차 호령할 수가 없었다. 서태후가 죽은 다음 청조는 일단 박해하여 해임하였던 원세개(袁世凱, 1859년~1961년)를 기용하였다. 그는 새로운 육군을 창건하였으므로 군대도 충분히 움직일 수 있을 것으로 기대되었을 것이다. 그러나 원세개는 혁명군 측과 타협하여 청조를 팔아넘길 것을 생각하고 있었다. 한때 그를 죽이려고 한 일도 있는 청조는 원세개가 그러한 왕조를 위해서 최후까지 의리를 지키리라고 생각하지 않았다.

1911년 10월 10일, 무창에서 혁명군이 봉기하였다는 보고가 있자 북경은 동요하기 시작했다. 나시혼노우지(西本願寺)의 오다니 고쓰이(大谷光瑞, 1876년~1948년)는 북경의 나진옥에게 일본으로 피난하기를 여러 차례 권유하며 마침내 나진옥은 그로부터 8년간에 걸친 일본 망명 생활을 시작하였다. 망명지는 나이토 고난, 가노나오키, 오가아와다쿠지 등 국경을 넘어 온 학우들이 많이 살고 있던 교토(京都)로 선정되었다.

이때 나진옥은 수집한 갑골을 일본까지 운반하였다. 운반 도중 세관의 통관 검사 등 예기치 않는 일로 그 반수가 파손되었다고 한다. 그러나 특히 값어치가 있는 것은 이미 탁본을 떠 놓았으므로 이것을 바탕으로 하여 일본에서 「은허서계 전편(殷墟書契前篇)」 8권이 1913년에 간행되었다.

4

유철운과 거의 같은 시기에 골동품상으로부터 갑골편을 받고 글씨 하나에 은 2냥씩을 지불했던 단방은 의화단 사건 2년 후인 1902년 호북 순무사에서 호광(湖廣) 총독으로 승진하였다. 의화단 사건으로 배척파는 몰락하였고, 이때부터 외국 제도를 받아들이고 나라를 부흥시키려는 운동이 전국에 걸쳐 일어나기 시작하자 1905년 5명의 대신을 해외 시찰에 파견하기에 이른다. 그리하여 단방은 그 일원으로 선정되었다. 그는 귀국 후 철저한 입헌 추진자가 되어 양강(兩江) 총독으로서 새로운 제도를 하나씩 개혁하였으나 과욕으로 1909년에 실각하고 말았다. 그때가 그의 나이 50세도 채 안 된 때였다. 그러나 그는 다시 한번 기회를 맞게 되었다.

1911년에 철도 국유화 문제가 발생하자 곳곳에서 소요 사태가 빈번히 일어났다. 게다가 이것을 계기로 마침내 10월 10일 무창 봉기가 일어나자 청왕조(淸王朝)는 멸망하게 되었다. 단방은 월한천(粤漢川, 광동-무한-사천) 철로 감독으로서 이 문제의 와중에 끼어들었다.

그는 청조 말에 외국에 팔리고 있던 철도 부설권을 다시 사들여 스스로 건설하여 경영하는 것이 유리하다는 사실을 알게 되었다. 각지의 민가 유지들도 회수 운동을 시작하였고 월한천 철도도 자신이 권리를 회수하여 주식회사로 전환, 건설과 경영권을 유지하려고 하였다. 바로 이러할 즈음 우전부(郵電部) 대신인 성선회(盛宣懷, 1844년~1916년)가 철도의 국유화를 선언한 것이다. 벌이가 되는 것은 모두 정부에서 관리하겠다는 것이었으나 이미 태동하기 시작한 민간의 관계자들이 순순히 받아들일 리 만무하였다. 특히 사천 지방에서는 반대가 극렬하여 파업이 일어나고 있었다.

사천의 총독인 조이손(趙爾巽, 1845년~1927년)은 가끔 북경에 호출당했으므로 총독 대리 왕인문(王人文, 1863년~?)이 소요를 진압하기 위하여 국유화 연기를 전보로 요청했다. 청조로서는 철도의 국유화를 기사 회생책으로 생각했으므로 그런 유연한 방법을 달갑게 생각하지 않고 조이손의 일족인 조이풍(趙爾豊, ?~1911년)을 사천 총독에 임명하였다. 이 조이풍은 지난날 주 티베트 대사로 티베트족의 봉기를 무력으로 진압한 실적이 있으므로 적임자로 생각되었던 것이다. 그러나 사천에 부임하자 반대 운동의 격렬함에 놀라 또 다시 북경에 국유화 연기를 타전하고 말았다. 그럼에도 청조는 이를 받아들이지 않고 월한천 철도 감독인 단방에게 군대를 이끌고 사천에 '탄압'하러 가라는 명령을 내렸다. 그러나 단방은 성도(成都) 바로 앞인 자주(資州)까지 가서는 더 움직이려고 하지 않았다. 사천의 상황이 예사롭지 않아서 위축되었을 것이다. 그러한 단방이 사천에 가기 전에는 사천의 조이풍에게 그곳의 인민을 철저히 탄압하고 소요 주동자를 처형하라는 독촉 전문을 쳤다. 그러나 조이풍은 조이풍대로 단방 같은 인물이 사천에 부임하게 되면 사천 인민은 즉각 중앙에서 떨어져 나가 독립할 것이라고 북경에 타전했다. 이렇게 되자 결단을 내린 단방은 성도를 눈앞에 둔 자주에서 부하 장병에게 이렇게 말했다. "나는 만주인이 아니다. 4대째에 기(旗, 만주족의 조직)에 투항한 한나라 사람이고 원래의 성은 도(陶)이다." 그리고 그는 명함에도 도방(陶方)이라고 새겼다. 군대는 모두 한족이었다. 만주족에 대한 민족적인 원한이 자신에게 돌려지는 것을 두려워하고 있었을 것이다. 더구나 그는 금석학을 즐겨서 갑골편을 가지고 오는 장사꾼에게 많은 돈도 주었고 보통 때 '도제(匋齊)'라고 자처하고 있었으므로 어쩌면 그의 한족설은 사실이었는지도 모른다.

단방의 군대는 호북에서 데려온 무창군이었으므로 무창 봉기를 계획하고 있는 부대와 연락이 되고 있었음은 말할 나위도 없었다. 그의 군대는 봉기할 것으로 뜻을 굳히고 변발(辮髮)을 자르고 견장을 뗀 다음 소매에 흰 띠를 두르고 표지로 삼았다. 10월 7일 새벽에 장병들은 단방을 사살하였으며, 동생인 단금(端錦)도 사살되었다. 추로(鄒魯, 1885년~1954년)의 「중국국민당사고」(中國國民黨史稿, 1929년 증보판, 1947년)에 의하면 단방은 사살되기 직전까지도 "나는 틀림없는 한족"이라고 외쳐댔다고 한다.

단방이 수집한 갑골편이 어떻게 되었는지는 알 수 없지만 아마도 후에 중앙연구원의 수집품에 들어갔을 것으로 생각되나 그 수량은 알 수 없다.

성도에 있던 사천 총독 조이풍도 11월 13일에 새 군대에 의해 사살되었다. 그러므로 단방과 조이풍이 죽은 기간인 10월 10일에 무창 봉기가 있었던 것이다.

조이풍은 전 사천 총독으로 일족인 조이손 대신으로 죽은 꼴이 되었다. 조이손은 후에 동삼성(東三省) 총독인 삼성 장군의 업무를 겸임하였다. 일본인이 청조 말기에 만주라고 부른 지방의 최고 책임자였던 것이다. 그는 한족이었으나 이른바 한군기인(漢軍旗人)이었다. 만주족이 하북성 산해관(山海關)을 넘어 관내의 땅을 침공하기 이전 요녕성 요동의 땅에서 이미 만주족 정권에서 일하고 있던 한족의 자손이다. 보통의 한족보다는 만주의 청 왕조에 대한 충성심이 강했던 것은 당연했을 것이다.

그러나 동북 땅 인구의 거의 대부분은 한족이었다. 특히 일본과 러시아에 대한 반발이 심하여 혁명 의식이 전국에 강하게 퍼져서 조이손도 이제 어찌할 수 없었고 그러는 사이 청 왕조는 붕괴되었고, 새로 탄생한 중화민국(中華民國)은 그를 요녕성 심양(瀋陽) 총독으로 임명하였다. 청조에 대한 충성심이 강한 그는 신 정권의 직책을 맡지 않겠다고 거절하고 사임하여 청도(青島)로 낙향하였다.

드디어 신 정권도 청조사를 편찬하기 위한 기관인 청사관(清史館)을 설치하였다.

이와 같은 일은 역대의 신 왕조가 정해 놓고 해온 일이었다. 새로운 정권의 기초를 위협하는 것은 멸망한 전 왕조의 은혜를 입었던 사람들의 적극적이거나 소극적인 반항이었다. 지식층은 그 문장이나 언론으로 신 왕조에 불리한 행동을 취할지도 모른다. 이러한 위협 인물들을 위협하지 못하도록 하기 위하여는 그들을 신 왕조에 포섭하는 일이 필요하였으나 지조가 강한 사람들은 두 왕조에 봉사하려 하지 않는다. 이른바 불사이군(不事二君)이다. 그러나 지난날 봉사하던 왕조의 역사를 편찬하는 일이라면 비록 신 정권의 기관이라도 봉직하려는 마음을 갖는 경우가 있다. 사랑하는 전 왕조의 역사를 편찬하는 일이므로 다른 사람에게 맡기게 되면 올바르게 기록하지 않을 염려가 있다고 생각하고 자신이 올바른 역사를 기록해야 된다고 하는 그런 의무감 같은 것을 느끼게 되었을지도 모른다.

여하튼 중화민국은 '청사관'을 설치하고 그 총재에 조이손을 초빙하였으며 청도에 머물던 그는 이를 수락하였다. 물론 그 일은 많은 사람의 손으로 이루어져야 한다. 집필을 지도할 간부급 인물도 필요하다. 그들은 학문에 출중하지 않으면 안 되었다. 그리하여 조이손이 맨 처음 머리에 떠올린 사람은 북경을 떠나 일본에 망명하여 교토에 은거 중인 나진옥이었다. 그의 사위로 석학인 왕국유도 동행하고 있었다. 그 사람은 오히려 나진옥보다 학구파라 할 수 있었다. 이리하여 조이손이 교토에 편지를 낸 것은 두말할 나위도 없다.

5

망명 중인 나진옥은 교토의 죠도지마치(净土寺町)에 수백 평의 땅을 구입하여 가옥을 세웠다. 그리고 10여 그루의 소나무와 수백 가지 화초를 가꾸었다. 땅 값이 싼 시대이기는 하였으나 이만한 저택을 망명자의 신분으로 가꾼다는 것도 그다지 쉬운 일이 아니었을 것이다. 흔히 나진옥이 중국의 문물을 해외에 반출하여 그 일부를 팔았다고 말하는 것 같다. 아주 많은 갑골편을 반출하기는 했지만 이것은 어디까지나 연구용이었다.

현재 일본에는 나진옥이 상자에 넣어둔 서화와 골동품류가 수없이 많다. 그 모두가 그가 반출한 것은 아닐 것이다. 감정가로서 그는 사례비만으로도 여유 있는 생활을 할 수 있었다. 저택에는 서재를 증축하고 정원에는 작은 연못도 만들었다. 저택에는 그는 '영모원(永慕園)'이라는 이름을 붙였다. 안지추(顔之推, 531년~602년)는 「안씨가훈(顔氏家訓)」으로 유명하지만 달리 문치청원(文致淸遠)이라고 불린 「관아생부(觀我生賦)가 있는데 그것은 "선궁지영모(仙宮之永慕)"라는 구절에서 딴 것이다. 증축한 서재는 북조 초기의 「대운무상경(大雲無想經)」의 사본이 장사되어 있었기 때문에 '대운서고(大雲書庫)'라고 명명하였다.

그런데 낙성하던 날 청사관 종재 조이손으로부터 청사관의 편수관이 되어달라는 권유 편지가 도착했다. 나진옥은 그 편지를 불태워 재를 연못에 뿌리고 그 연못을 '세이지(洗耳池)'라고 불렀다. 고대 전설 속의 허유(許由)라는 사람은 요 임금이 천하를 맡기려고 하였을 때 이를 사양하고 기산(箕山, 산동성 등봉현 고산의 남쪽)에 숨었으나, 이번에는 구주(九州)의 장관으로 초빙한다는 말을 듣고, 더러운 말을 들었다고 영수(潁水, 하남성 등봉현의 북쪽)에서 귀에 씻었다고 전해지고 있다. 그러한 고사를 빗대서 붙인 이름임에 틀림없다.

그는 망명 8년이라고 하지만 조상을 참배하기 위하여 가끔 회안에 돌아갔었고 갑골편이 출토된 안양을 방문한 일도 있다. 공화국 정부 특히 북방은 보수적인 북양 정권(北洋政權)이었으므로 이 독실한 학자를 처치하려는 계획은 없었다. 1919년 4월, 나진옥은 망명지 일본을 떠나 4월 중에 상해에서 천진(天津)으로 향했다. 천진에서는 폐위된 왕(廢帝) 부의(溥儀, '宣統帝', 1906년~1967년)의 스승이 되었다가 일본이 동북에 괴뢰국가를 세우자 그 '만주국(滿洲國)'의 고관이 되었다.

청조 말에 나진옥은 개혁주의자로 농업 등에 선진 기술의 도입을 주장하였고 갑골 연구와 돈황의 잔존 문물, 고문서 보호 등에도 공로가 있었다. 그러나 괴뢰 정권에 관계했던 사실로 만년엔 비판을 받았다. 그는 1940년 5월에 75세로 요녕성 여순(旅順)에서 타계하였다.

지금까지 갑골편의 발견에 관련하였던 사람들에 대해서 간단히 살펴보았다. 의화단 사건으로 순사한 왕의영, 의거가 도리어 죄가 되어 유배지 우루무치에서 한을 품고 죽은 유철운, "나는 한족이다"라고 외치면서 혁명군에게 죽음을 당한 만주족의 단방, 일본에 망명한 다음 괴뢰 정권에 봉직한 나진옥의 운명을 간단히 훑어보았다. 이들은 모두 불행하게 태어나 행복한 생애를 마쳤다고 할 수는 없다. 그래서 갑골편의 저주라는 이야기가 나온 것도 절대로 이상한 일은 아니라고 할 수 있다.

갑골편을 발굴하는 장소는 일찍부터 모두들 알고 있었다. 그곳이 '은허(은나라의 수도 유적)'라는 사실은 모두에게 알려진 일이었다. 그러나 신해혁명(辛亥革命)에서 남북 항쟁(南北抗爭)으로 바뀌는 시대였으므로 본격적으로 '은허'를 발굴하는 일은 당분간 어려운 일이었다.

은허의 본격적인 조사가 있기 전에 장사꾼들의 열성으로 갑골편이 끊임없이 발굴되었고 그것이 여러 사람에 의하여 연구되었다. 그 중에는 중국인뿐만 아니라 일본인 하야시 다이스케(林泰輔, 1854년~1922년)와 같이 현지 조사를 하여 「귀갑수골 문자(龜甲獸骨文字)」라는 저서를 펴낸 학자도 있다. 그 당시 북벌(北伐)이 완료되어 동북 이외의 남북이 형태상으로는 통일되어서 은허의 본격적인 조사가 겨우 가능하게 되었다. 1928년에 국립중앙연구원 역사어언연구소가 설립되어 은허 발굴 업무를 수행하였다. 국가적인 사업으로서, 이제까지 땅 속에 잠들고 있어서 그 실재 자체가 의문시되던 은왕조를 밝은 세상에 비추어 내려는 거대한 사업이 이때부터 시작된 것이다.

그때까지 갑골 문자의 많은 양이 이미 해독되었기 때문에 기회는 충분히 성숙되어 있었다고 말할 수 있다.

# 은허(殷墟)로 가는 길

1

북벌이 성공하고 국민 정부가 남경(南京)에서 중앙연구원을 설립한 것은 1929년 6월 9일이었다. 이것은 국민 혁명군이 북경에 입성한 날을 기념한 것으로 실제로 조직 조례가 통과되었고 채원배(蔡元培, 1867년~1940년)가 원장으로 임명되리라는 것은 처음부터 예측되었다.

행정 기관에서 분리된 독립적인 학술 연구 기관으로 물리, 화학, 천문, 기상, 지질, 공정, 사회 과학, 역사, 언어의 8개 연구 기능을 갖고 발족하였던 것이다. 이어 심리(心理)와 동식물의 2개 부분이 추가되었다. 중·일 전쟁 발발 후 각 연구소는 중경(重慶)과 남계(南溪)로 옮겨졌고 동식물 연구는 동물과 식물의 2개 연구소가 되고 다시 수학과 의학의 2개 기능이 신설되어 13개 연구소가 되었다. 제2차 세계대전 중 오지로 피난하는 와중에도 기관들이 늘어만 간 데 대하여 이상하게 생각하지 않을 수 없다.

신 중국에서는 1949년 건국 다음 달인 11월에 중국 과학원이 발족되었고 1954년에 국무원에서 독립된 연구 기관이 되었다. 곽말약(郭沫若)이 오랫동안 중국 과학원이 원장으로 있었던 사실은 널리 알려져 있다. 1977년에 중국 과학원 안의 철학 사회 과학부 소속의 각 연구 기관이 분리 독립하여 사회 과학원으로 발족되고 호교목(胡喬木)이 원장이 되었다. 그러므로 그 당시 중국의 아카데미는 이 인문 과학과 자연 과학으로 분리되었다.

은허의 발굴은 중앙연구원이 발족된 1928년부터 시작되었고 역사어언 연구소가 담당하였다. 이 연구소에는 제1반(역사학), 제2반(언어학), 제3반 (고고학), 제4반(민족학)이 있고 발굴은 주로 제3반에서 담당하였다. 발굴

개시라고 해도 연구원 동작빈(董作賓)이 현지를 조사하여 시굴했을 정도이다. 그리고 발굴 목적은 좀더 많은 갑골편을 얻기 위한 것이었다.

갑골이란 앞에서도 언급한 바와 같이 '귀갑수골(龜甲獸骨)'을 약칭한 것이다. 불로 그것을 태워 거기에 나타난 금을 보고 점을 쳤던 것으로 용산 문화의 유적에서 이미 이와 같은 점괘 보는 뼈가 발견된 사실도 언급하였다. 그대로 태운 것도 있고, 작은 구멍을 뚫은 것도 있었으나, 용산 문화나 이리두 유적에서는 글자가 새겨진 것은 발견되지 않았다.

갑골편에 새겨진 것은 '정문지사(貞問之辭)'와 '주사(繇辭)'이다. 점치는 일을 하는 것이 정문지사이다. 예를 들어 내일 사냥을 가려 하는데 길할 것인가, 흉할 것인가를 판단하는 것이 정문지사로서, 불로 태워 갑골편에 나타난 금으로 점을 치는 사람을 '정인(貞人)'이라고 하였고, 점괘에 수확물이 적을 것이므로 흉하다고 나왔을 때 그 판단을 나타낸 것을 '주사'라고 불렀다. 개중에는 좀더 상세하게 그 점괘가 적중하였는지의 여부를 결과까지 새긴 것도 있다. 이와 같은 모든 것을 포함하여 갑골에 새겨진 문자를 '복사(卜辭)'라고 하는 것이다.

'복사'는 사냥 이외에 제사, 전쟁, 기상, 기타 모든 사실에까지 관계했다. 예를 들면, 왕의 치통에 관한 점(占), 그것이 몇 대 전 조상의 저주라는 등의 '주사'가 표시되어 있는 예도 있다. 저주라면 정중하게 제사를 모시고 조상의 노여움을 풀어 주지 않으면 안 된다. 그리고 제사에는 희생이 필요하다. 제사에는 소 10마리와 돼지 5마리면 그것으로 족하다든가, 아니면 더 있어야 한다든가 하는 '주사'도 보인다.

여러 가지 사실에 걸쳐 나타나 있으므로 은나라 사람들의 생활을 '복사'에 의하여 잘 알 수 있었다. 그들은 아주 작은 일까지도 모두 점에만 의존하였던 것이다.

'복사'가 없는 갑골편도 있었다. 물음이나 점이 구두로 행해진 탓일 것이다. 혹은 중요도가 적은 점괘였는지도 모른다. 이 갑골편이 '용골'로서 약국에서 팔리고 있을 무렵, 글자가 새겨진 것은 흠집이 있다고 해서 좀 썼던 것이다. 그리하여 '복사'가 있는 갑골편을 발굴한 업자는 일부러 글자를 지웠다고 한다. 그러나 상황이 뒤바뀌어져서 갑골편이 약재로서가 아니라 골동품으로 인정되어 글자 하나에 값어치가 정해져 거래가 이루어지자 이번에는

'복사'가 없는 갑골에 갑골 문자 비슷한 것을 새겨 넣는 기술자도 나타나게 되었다.

여하튼 더 많은 '복사'를 수집하게 되면 은나라의 사실을 더 상세하게 알 수 있게 된다. 그러므로 중앙연구원의 목적이 '복사'가 있는 갑골편 수집에 중점을 두게 되었음은 당연한 것이었다. 1928년의 예비 조사로 시작된 은허의 발굴은 1937년의 중·일 전쟁 발발 때까지 계속되었으나 그 사이 1930년에 한때 중단되었다. 터무니없는 이야기이긴 하지만 첩자를 의식한 소인배 근성의 관료주의가 이 중요한 발굴을 중단시켰던 것이다.

이제 앤더슨이나 슈타인 또는 펠리오의 시대와 같이 외국인이 중국에서 발굴 작업을 하는 일 같은 것은 민족적인 자존심이 허락지 않았다. 남경의 국민 정부는 각 지방 관서에 문화재의 발굴을 엄금하라는 지시를 내렸던 것이다. 그때 중앙연구원의 한 요원이 발굴하기 위해 안양의 은허로 출발하였다. 안양현은 하남성에 속한다. 하남성 당국도 앞서의 지시 사항을 내세우며 문화재 발굴은 절대 허락할 수 없다며 중앙연구원의 작업을 저지하였다.

한 마디 인사도 없이 갑자기 뛰어들어 발굴하려는 이른바 '중앙' 티를 내는 태도에 하남성 당국도 자존심이 상하였을 것이다. 이 사건은 하남성에서도 발굴에 참여하는 형태로 작업이 재개되었으나 무려 1년이라는 세월이 소요되었다.

그러나 사실 이 1년간의 은허 발굴의 공백기는 오히려 다행스러웠다고도 말할 수 있다. 그 이유는 은허를 발굴할 수 없게 된 요원들이 신석기 시대 말기로 생각되는 산동성 역성현 용산진의 성자애 유적을 발굴하였기 때문이다. 그리하여 흑도를 기본으로 하는 용산 문화의 존재가 분명하게 밝혀졌다.

이것을 발굴한 요원들도 흥분하였다. 그리하여 그들은 은허를 발굴하면서 '복사'에만 눈독을 들이지 않고 은나라 국토로 생각되는 유적 전체를 발굴 대상으로 삼으려고 생각하였다. 이와 같이 용산 문화의 발굴은 커다란 자극이 되어 다음해부터 재개하는 은허 발굴의 성격을 바꾸게 되었다.

126

2

19세기 말, 중국에서는 서태후가 지배하는 보수 정치에 대하여 일본의
명치유신, 러시아의 피터 개혁 정치를 본보기로 정치의 흐름을 바꾸려는
운동이 있었다. 1898년의 무술변법(戊戌變法)이라고 부르는 운동이 그것이었
는데 서태후의 책략에 의해 역 쿠데타로 7인의 동지가 죽음을 당하였다.
주모자는 강유위(康有爲, 1858년~1927년)였다. 두 사람은 가까스로 서태후의
탄압을 피하며 망명하였다.

양계초는 망명처인 일본에서도 건필(健筆)을 휘둘러 계몽 사상가로서
크게 활약하였다. 그는 청조라는 체제를 그대로 두고 정치 개혁을 이루려는
입헌 보황파(立憲保皇派)였다. 그리하여 체제 자체를 바꾸어 버리려는 손문
(孫文)의 혁명파와 언론전에서도 격렬하게 대립하였다. 더구나 그는 스승인
강유위만큼은 보수적이지 않았으며 신해혁명 후에도 원세개의 제국주의에
반대하여 토원운동(討袁運動)에 참가하고 있었다. 만년에는 정계를 은퇴하여
계몽 사상가로서 또한 문제 의식의 제기자로서의 역할을 수행하다 은허
발굴이 시작된 무렵인 1929년에 타계하였다.

이 양계초의 아들인 양사영(梁思永)은 미국 하바드대학에서 고고학과 인류
학을 연구하고 귀국하였다. 은허 발굴의 초기에는 동작빈과 이제(李濟, 18
96년~) 같은 사람들이 중심이 되었으나 급기야 양사영이 중앙연구원의 고고
반에 가담하여 발굴 대장이 되어서 하내(夏鼐)나 유탁(劉燿)과 같은 갓 대학
을 나온 신진 학자들을 지도하게 되었다. 그리고 유탁은 주로 윤달(尹達)이
라는 필명으로 연구 논문을 발표하고 있었다.

1932년부터의 발굴에선 능묘(陵墓)가 차차 발견되어 10기의 대묘와 1천
수백 기의 중소 묘소가 발견되었다. 이와 같은 공적인 대규모 발굴이 있기
이전에 이 지방의 묘소들은 도굴꾼들에 의하여 부분적으로 훼손을 당하고
있었다. 그들의 목적은 묘에 부장되어 있는 청동기나 옥그릇 같은 것이었
다. 그런 것들은 매우 값이 비싸 해외에도 유출이 되었으며 일본에도 많이
와 있다.

중앙연구원의 발굴대가 땅 속에서 끌어낸 청동 그릇이나 옥그릇은 그
근방에 있던 무장 도굴단의 표적이 되어 대원들은 생명에 위협을 느끼기까

지 하였다고 한다. 도굴단 쪽에서 보면 정부가 파견한 발굴대는 자기들의 사업을 방해하는 것이므로 그들을 쫓아내야 한다고 생각했을 것이다. 그리하여 발굴대로서는 그들을 방비해야 할 대책도 강구하지 않으면 안 되었다.

갑골은 그때마다의 문제를 점쳤던 것이므로 그때가 지나면 쓸모가 없었던 까닭에 갱 속에 보관되었던 것 같다. 1936년에 실시된 발굴에서는 직경 2미터, 깊이 1미터의 원형 갱에서 1만 7천 7백여 편에 이르는 귀갑이 출토되었다. 그 중에는 완전한 귀판도 3백 장 가까이 있었고 「은허 문자 을편(殷墟文字乙編)」으로서 3권이 발간되었다. 그 이전의 것은 「갑편(甲編)」으로 편찬되었다.

이에 따라 은나라는 왕이 신권(神權)을 가진 정권이었다는 것을 알게 되었다. 제사를 모시는 일, 점을 주재하는 일은 왕의 권한에 속했다. 모든 일은 신의 뜻을 물어 따르게 되어 있었으므로 왕은 신의 뜻을 집행하는 자로서 은나라는 제정일체(祭政一體)였다.

희생물로는 동물뿐만 아니라 인간도 있었다. '강(羌)'이라는 글자가 나오지만 이것은 변발을 한 사람을 뜻하는 것으로 티베트계의 종족으로 추측된다. 제사에 '강'을 몇 사람 죽여서 공물로 바쳤다는 '복사'가 있다. 또 사냥에 나가 '강'을 얻을 수 있는 가능성에 대한 '복사'도 있으므로 동물과 함께 인간도 사냥의 대상이었던 것 같다. 그들의 목을 잘라 신에게 바친 경우도 있었겠지만, 그들을 부려서 생산에 사용하였던 경우도 많았다. '강'이라는 글자의 윗부분은 양(羊)이므로, 이로 미루어 아무래도 목축민인 것 같다. 소수로 방목 등을 하고 있었다면 은나라 사람에게 붙들리기 쉬웠을 것이다.

'복사'의 연구로 여러 가지 사실을 알게 되었지만 사마천의 「사기」가 은왕 계보에서 진정 정확하다는 사실이 증명된 것은 특기할 일이다. 그리하여 하나라와 은나라를 가공의 신화 시대라고 하는 설은 새로운 증거인 '복사'에 의하면 완전히 부정되고 말았다.

「사기」의 은왕 계보를 명확하게 표시하면 아래 표와 같다.

이것을 '복사'와 조명했을 때 정정할 곳은 3곳뿐이다.

15대 옥갑(沃甲) 「사기」 ──→ 강갑(羌甲) '복사'
26대 경정(庚丁) 「사기」 ──→ 강정(康丁) '복사'

28대 태정(太丁) 「사기」 ─→ 문정(文丁) '복사'

　'복사'에는 왕으로 되어 있으나 「사기」의 계보에서는 보이지 않는 □로
감싸인 2명뿐이다. 그러나 2명 모두 「사기」에는 이름이 보인다. 태정은 즉위
전에 죽고, 조기(祖己)는 왕이 아니고 현신(賢臣)으로 되어 있다. 실제로는
왕위에 오르지 않았지만 제사 때에는 왕의 처우를 했던 것일지도 모른다.

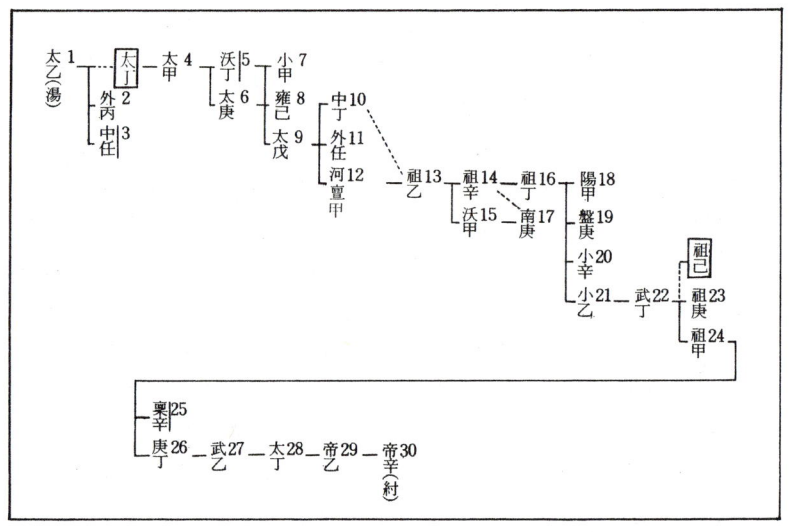

　방선( | )을 친 3명의 왕은 「사기」에는 있으나 '복사'에서는 확인되지 않았
다. 확인되지는 않았으나 실제의 즉위가 부정된 것은 아니다. 10만 여 편의
갑골이 출토되었으나 5, 6백년에 걸친 은나라의 역사를 '복사'가 모두 설명할
수 있으리라고는 말할 수 없기 때문이다.
　그 이외의 「사기」에서는 13대의 조을(祖乙)이 하단갑(河壇甲)의 아들로
되어 있으나 '복사'에서는 중정(中丁)의 아들로 되어 있고, 17대 남경(南庚)
은 「사기」에서는 옥갑(沃甲)의 아들로 되어 있으나 '복사'에서는 조신(祖辛)
의 아들로서 조정(祖丁)의 동생으로 되어 있는 등 2개소가 일치되지 않는
다. 이 2개소가 앞에서 언급한 바와 같이 태정과 조기(祖己)의 2명을 각기

점선으로 표시하였다.

사마천이 「사기」를 쓴 것은 은나라가 멸망한 뒤 1천년이 지난 시기이며 은나라의 건국으로부터는 무려 1천 5, 6백년이 지난 후라는 사실을 생각할 때 이는 실로 놀랄 만한 정확성을 지니고 있었다고 하지 않을 수 없다.

은허의 발굴, '복사'의 연구는 사마천과 그의 「사기」의 신빙성을 높여 주게 되었다. 그리고 기계적인 의고파(擬古派) 학자들을 반성하게 만들었을 것이다. 일본의 시라도리 구라키치(白鳥庫吉, 1865년~1942년) 또는 은나라의 왕통 계보는 음양오행과 천문성신(天文星辰)의 지식에 의하여 후세의 사람들이 만들어낸 것이라고 하여 사실이 아니라고 주장하고 은왕조의 실재까지도 만들어낸 것이라고 하여 사실이 아니라고 주장하고 은왕조의 실재까지도 의문시하고 있었다.

은허의 발굴과 '복사'의 연구는 시라도리 박사의 말년 무렵이었으나 그는 거기에 관심을 가지려고 하지 않았다. 자기의 학설이 뒤엎어진 사실을 알았기 때문이었을 것이다.

3

은나라 시조인 계(契)는 하나라의 신하로서 '상(商)'의 땅에 임명되어 하나라를 대신하게 된 탕(湯, 太乙) 때까지 수도를 8번 옮겼다고 기술되어 있다. 나아가 탕이 은왕조를 세운 다음 5번이나 옮겨 가며 본래의 곳으로 돌아왔다는 것이므로 중복된 경우를 제외하고 통산 12번 옮긴 것이 되며 시라도리 박사는 목성(木星)의 12개 위성과 닮았다고 기술하였다.

원래 이 왕조는 '상(商)'이라고 불러야 하며, 또 중국에서는 그렇게 부르는 경우가 많다. 마지막 천도지인 은에는 3백년 정도 있었으므로 '은'이라고도 부르며 「사기」에서도 은본기(殷本紀)를 확립하고 있다.

현재의 안양 땅 은에 천도한 것은 19대의 반경(盤庚) 시대였다. 동작빈은 제2차 세계대전 중인 '은력보(殷曆譜)'를 만들었는데 그에 의하면 천도는 기원전 1384년에 해당한다. '복사'에 나타난 월식의 기록 등으로 연대를 복원한 것이다. 반경 다음에 소신(小辛), 소을(小乙)의 형제상속이 이어지고 소을의 아들 무정(武丁)이 22대의 왕으로 즉위한다. 현재 발견된 '복사'는 모두 무정 이후의 것으로 이 이전의 것은 아직 1편도 발견되지 않았다.

이른바 갑골문자는 제법 완성도가 높은 것으로서 거기에 이르기까지는 문자 발달 단계가 있었을 것으로 상상된다. 그럼에도 불구하고 지금까지 10만 편 이상이나 발견된 갑골편에 무정 이전의 것이 1편도 없다는 것은 좀 이상하기도 하다. 혹시 중요한 기록이 아니어서 폐기되었는지도 모른다. 그것을 기록으로 남기게 된 것은 겨우 무정의 시대에서부터였을 것이라고 생각할 수도 있다. 또는 어떤 천재가 나타나서 무정 시대에 갑자기 문자가 만들어졌을 것이라는 그러한 가능성도 부정할 수는 없다. 아무튼 은나라 사람은 그 무렵 이미 1년을 365.25일이라고 산출하였던 것이다. 고대인의 두뇌를 너무 경시해서는 안 된다.

22대의 무정 이후의 '복사'에서 조상의 제사와 기타 기술을 통하여 그 이전 왕통 계보가 복원되고 그것을 「사기」와 비교한 것이 앞에서 제시한 표이다.(p.128) 왕의 이름은 알고 있었으나 이제까지 발굴된 대묘 중에서 앞서 거론한 부호묘(婦好墓)를 제외하고 묻힌 자가 판명된 묘는 하나도 없다. 다만 그 규모로 미루어 왕릉이었을 것이라고 상상될 뿐이다.

부장된 청동기도 완성도가 높은 것이다. 글자는 인간의 두뇌에서 계통적으로 창출될 수 있겠지만 동기(銅器)의 주조는 과학 기술이므로 기초 없이 어느 단계에서 갑자기 시작될 수는 없을 것이다. 그래서 청동기가 스키타이계 유목민에 의하여 서방에서 동방으로 전해졌다는 학설이 나온 것이다. 그러나 이 학설의 약점은 은나라 청동기의 기형(器形)이 앙소, 용산의 토기 계열을 따르며, 서방의 기형을 상상하게 하는 것이 없다는 점에 있다. 그리하여 이 문제는 마침내 다른 발굴에 의하여 해결되기에 이르렀다.

하남성의 성성(省城)인 현재의 정주시(鄭州市)는 은나라 때의 오(隞) 근방이었다고 전한다. 1950년에 정주시 근교에서 앙소, 용산의 유적이 발견되어 고고학적으로도 주목되었다. 또 1955년, 정주의 판축(版築) 성벽에서 은나라 때의 유물이 발견되어 갑자기 눈길을 끌게 되었다.

중국의 도시는 외적의 공격에 대비하여 성벽을 쌓았다. 과거의 장안(長安)이나 북경 같은 대도시도 그러했으며, 교통에 장애가 된다고 해서 그것이 제거된 것은 근년의 일이다. 정주의 성벽은 전국 시대의 것을 후대에 와서 보수하였다고 한다. 그러나 그곳에서 은나라 때의 유물이 나왔다고 한다면 은대의 성벽을 전국 시대에 이용하였을지도 모른다.

　정주의 판축 성벽은 주위가 7.2킬로미터에 이르렀는데 이것은 1961년 안금괴(安金槐)가 1961년 4/4 분기의 「문물(文物)」에 발표한 계산대로 할지라도 1만 명의 노동자가 18년에 걸쳐 완성할 수 있는 방대한 공사였다. 위의 계산은 황토 채집 노동자 1천 명이 청동자귀(青銅鏟), 2천 명이 돌자귀(石鏟)를 사용한다는 전제하에서 그렇다. 그 무렵 청동은 귀중품이었으며 실제로 그 시대의 청동 농기구의 출토는 매우 드물다.

　이 문제의 정주 부근 발굴 조사에서 청동기 제작 공방(工房)이 2개 소 발견되었다. 정주시 북쪽의 자형산(紫荊山) 북쪽 기슭과 시의 남관 밖의 철로에 가까운 지점이다. 도가니, 주형(鑄型) 및 연료인 목탄 그리고 제품 등이 발견되고 도가니 안쪽에는 구리 찌꺼기가 확인되었다. 남관 밖의 공방에서만도 1천 개 이상의 주형이 발굴되었다.

　후세의 동경(銅鏡) 등에는 흔히 동범경(同范鏡)이라 하여 동일한 주형으로 만들어진 것이 더러 있다. 예를 들면 중국의 왕중수(王仲殊) 씨는 고송총(高松塚)에서 출토된 해수 포도경(海獸葡萄鏡)을 감정한 다음 서안 근교에서 발굴된 당나라 때의 독고사정묘(獨孤思貞墓)에서 출토된 것과 같은 주형으로 만들어졌다고 말하였다. 그러나 은나라의 청동기는 같은 주형으로 2개 이상의 것을 만들지 않았다. 만일 같은 주형에서 만들어진 2개의 청동기가 있다면 그것은 분명히 위조품이다. 은나라의 청동기는 제사 용품이 많았던 탓인지 하나의 주형은 단지 하나의 동기를 만들기 위하여 만들어졌다. 사치스럽다면 그렇다고 볼 수도 있으나, 그것은 제사용이나 기념품이었지 상품은 아니었던 것이다.

　여하튼 정주 출토의 청동기는 안양의 은허 출토품에 비하여 안정감이 없고 장식도 조잡하다. 따라서 은허의 청동기는 서방에서 전래되었기 때문에 고도의 단계에서 출발하였다는 종래의 학설이 뒤집어졌다. 그리고 그것도 단계가 있었고 서서히 발달하였다는 사실이 증명되었다. 만일 정주가 은나라의 '오(隞)'였다면 안양 천도 후 1백년이 지난 시기에 해당된다.

　'오'에 천도한 것은 10대인 중정(中丁) 때이며 초대 탕(太乙)에서 9대의 태무(太戊)까지는 '박(亳)'에 있었던 것이다. 정주 청동기는 그보다 더 유치한 선대가 있었는지도 모른다.

4

그렇다면 최초의 은나라 도시인 박(亳)은 어디에 있었을까? 현재 안휘성(安徽省)의 북부로 하남성 가까운 곳에 박현(亳縣)이라는 곳이 있다. 지도상에서는 직선 거리로 정주에서 230킬로미터 정도는 떨어져 있으며 안양에서는 300킬로미터나 된다.

최근 정주에서 박(亳)이라고 읽을 수 있는 도문(陶文)이 발견됨으로써 학계에 큰 파문을 불러일으켰다. 정주가 은나라의 '오'라는 사실은 옛날부터의 전설도 있고 앞에서 인용한 안금괴 씨의 논문에도 「정주상(鄭州商) 대성지(城地)—오도(隞都)의 시론(試論)」이라고 표제되어 있어서 누구도 그다지 의심하지 않았던 것이다.

정주 은대의 유적은 이리강(二里崗)에 있고 고고연구소의 보고서에는 '정주 이리강'이라고 되어 있다. 그 북쪽에서 출토된 도기편에 '박(亳)'이라는 글자가 있었기 때문에 이리강 유적이 은나라가 시작된 '박(亳)'이며, 10대째에 천도한 '오(隞)'가 아니라는 학설이 나왔다.

1978년 2/4분기의 「문물」에 추형(鄒衡) 씨가 「정주상성(鄭州商城)은 곧 탕도박(湯都亳)이라는 설」이라는 논문을 발표하였다. 이에 대하여 복건 사범학원 유혜손(劉惠孫) 교수는 박(亳)'이란 사직단(社稷壇)을 뜻한다는 사실을, '복사'를 예로 들면서 '박'은 지명이 아니라고 반론하였다. 안양에서 출토된 갑골편에도 '박'에 해당되는 글자가 있고 그것은 언제나 흙을 쌓아 올린 형체의 Δ 나를 ◊ 수반하는 것이다. 사용되는 도기류에 '박(亳)'자가 보인다고 해서 이상할 것은 없다고 주장하고 있다.

이 문제는 너무나 전문적인 사항이므로 깊이 들어가지 않겠으나 고고학적인 연구에서도 정주 이리강의 출토 문물은 절대로 은나라 초기의 것은 아니고 중기의 것으로 생각된다.

은나라 초에 시조 탕은 "'박'에 있도다"라고 되어 있으나 이것은 "'박'을 일으키다"라고 읽을 수도 있다. 그리고 이것이 고유 명사화되는 한편 보통 명사의 용법도 있었을 것이다. 그렇다면 도대체 은나라 초기의 도시인 박(亳)은 어디에 있는 것일까? 그곳이 발견되거나 발굴되면 우리들은 이리강 이전의 은나라 문화를 알 수 있게 된다. 그리고 청동기도 정주의 공방보다

유치한 형체의 것이 출토될 것이다. '복사'에 그런 시사가 있다. '왕께서 이방 (夷方)을 정벌하고 박(亳)에 있도다"라는 문장이 있다. 이것을 해독하면 이방이라는 것은 현재의 산동 반도 근처에 있었던 이족(夷族)의 땅을 말한 다. 그리고 이 '복사'는 왕의 친정(親征)을 말하므로 그 곳에 가까운 서주가 회안 지역의 어떤 곳을 가리킬지도 모른다. 그렇게 되면 하남성 동쪽의 상구 현(商丘縣)이나 앞서 말할 박현 근처가 그 후보자로서 유력할 것이다.

초기의 은나라 청동기는 아직 출토되지 않았으므로 중기와 후기의 그것에 대하여 고찰해 보기로 하겠다. 중기와 후기의 청동기를 대별하면 식기(食 器), 주기(酒器), 잡기(雜器)로 나뉘어진다. 이것은 일용품이 아니라 제사 용기로 생각된다. 은나라 사람은 제사를 중요시하고 조상이나 자연신에게 여러 가지 제물을 바쳤으나 '신인공식(神人共食)'이라는 사고가 있었으므로 사람도 제사 때에는 그것을 사용하였음이 분명하다.

특히 눈길을 끄는 것은 주기(酒器)의 종류와 수가 극히 많다는 사실이다. 같은 주기라도 술을 담는 '성기'〔盛器 ; 유(卣), 존(尊), 이(彝), 시광(兕觥, 뿔 잔), 호(壺), 부(瓿), 뢰(罍), 화(盉)〕와 '음기'〔飮器, 가(斝), 각(角), 작(爵), 고(觚), 지(觶)〕등이 있다. 은나라 사람들은 매우 술을 즐겼던 것으로 보이 며 은의 멸망은 과도한 음주가 원인이라는 설도 있다. 은을 멸망시킨 주나라 는 특별히 음주를 통제하여 국민에게 마시지 못하게 경고하고 엄벌로 다스 렸다.

삼발솥, 다리 굽은 솥, 질고리 같은 삶는 기구는 직접 불을 받게 되므로 세 발로 되어 있으나 이것은 앙소, 용산의 흐름이 있는 기형(器形)이다. 진흙 을 빚어 만들었던 것을 청동으로 만든 것으로 생각되며 기형에서도 서방 청동 전래설은 설득력이 없다. 더구나 서아시아에서의 청동 역사는 극히 오래 되어 은나라의 건국보다 1천년 전에 질적으로 훌륭한 기술을 지니고 있었다. 그러한 기술이 어떤 형태로 전래되어 황하 유역에서 은나라 사람이 자신들의 그릇을 만드는 데 이용하였을 가능성도 있을 것이다.

도끼, 세모꼴 창, 화살촉, 칼, 창(걸어 당기는 무기)이라는 이기(利器)도 있었으나 실전에서도 사용함과 동시에 의기(儀器)로도 사용되었던 것 같 다. 특히 큰 도끼는 왕권의 상징이기도 하였다. 큰 도끼는 월(鉞)이라고 해서 왕이 출정하는 장군에게 그것을 줌으로써 생사여탈의 왕권을 임시로 위임하였던 것이다.

그 이외에 은나라에서는 타악기(打樂器)가 청동으로 만들어졌으며 이것도 의식과 밀접하게 결부되었을 것이 분명하다.

앙소의 채도는 장식이 있었으나, 용산의 흑도는 그릇 자체를 연마하여 장식으로서는 한결 돋보였다. 은나라는 이를 이어받았으나 청동기에서는 극히 번잡스럽다기보다는 기괴한 동물 글자가 많았다. 이것은 제사나 의식에서 사용하는 그릇인 청동기에 주술적인 힘을 부여하기 위한 것으로 생각된다. 그리고 중국인의 기호인 좌우 대칭 양식이 분명히 나타나 있다.

청동기의 대표적인 모양은 '도철(饕餮)'이며 이는 소와 호랑이의 특징을 조화시킨 것이라고 전한다. 소와 양, 코끼리, 사슴 등의 동물 글자가 많은 것은 근본적으로는 농민이었던 은나라 사람도 목축이나 수렵과 관련이 있었다는 점을 반영한다. 그러나 반대로 목축민이나 수렵민과의 접촉이 많지 않았던 탓인지도 모른다.

곽말약은, 은나라는 목축 시대에서 반경(盤庚)이 안양으로 천도한 다음부터 농업이 본격화되었다고 주장하였다. '복사'에는 손에 끌리는 쟁기에 해당하는 글자가 있으므로 은나라 후기는 목축과 농업의 종합 형태였을 것으로도 생각된다.

5

은허의 발굴로 은대 가공설이 뒤집혔을 뿐만 아니라 은이라는 시대의 상황을 우리가 점차 분명하게 알게 되었다.

은허의 발굴은 1937년 중·일 전쟁의 발발로 중단된다. 중단 전에 발굴되었던 10개의 대묘는 왕릉으로 생각된다. 1004호 묘로 명명된 대묘에서는 무기가 많이 출토되었는데, 묻힌 사람은 '복사(卜辭)'의 전쟁 기사(記事)에 많이 나오는 무정이 아닐까 하고 추측된다. 이 묘는 면적이 320평방미터라고 보고되어 있다.

은나라의 묘실은 방형(方形)의 것과 아(亞)자 형의 것이 있다. 추측의 범주를 벗어날 수 없는 설이지만 은나라의 문화에는 2개의 양식이 있었던 것처럼 생각된다. 이것을 처음에 주장한 사람은 카로그랜으로 그는 청동기의 기형과

문양을 분석하여 A형과 B형의 두 가지가 확인되었다고 한다. 은나라의 왕통
은 두 개의 계열로서 합의에 의해서 왕위에 올랐을 것이라는 설도 유력하
다. 그렇게 설명하면 묘의 형태가 두 개라는 것도 수긍이 간다.

1004호 묘는 방형으로 동서남북에 무덤 길이 있는데, 남쪽 묘도(墓道)가
정면인 것 같으며, 3면이 10미터인데 비해 이곳은 30미터이고 깊이는 13미터
나 된다.

그리고 1001호 묘는 순장자가 많은 묘소였다. 9개의 묘소 갱도에는 개를
데리고 있는 병사들이 묻혀 있었으며, 개에 관한 사항은 앞에서 말한 바와
같다. 그곳은 두개 층으로 되어 있고 위층에는 6구의 순장자 시체가 있고,
그 중 5구는 관에 들어 있었다. 그러나 동쪽의 묘(실)에는 4구가 관이 없었
고, 1구만이 관에 들어 있었다. 아마도 그들은 왕의 생전에 봉직하였던 사람
들로서 각기 계급의 차이가 있었을 것으로 보인다. 남쪽 묘도(墓道)에 59구
의 목 없는 시체가 묻혀 있고, 그중에는 양손을 뒤로 묶인 경우도 있었다.
그들의 목은 묘실 가까이에 함께 묻혀 있었고 그 수효는 73개였다. 그리고
이 1001호 묘는 도굴당했기 때문에 매우 훼손되어 있었다. 또한 이 묘소는
묘실 밖에도 순사자가 묻혀 있었는데, 68구의 유체가 발견되었다. 22기의
순장자 묘가 있었고, 그 중 1기는 중형으로 수 개의 청동기가 부장되어 있었
다. 이것은 결박당하여 억지로 순사를 강요당한 사람도 있었고, 자진하여
순사한 사람도 있었다는 사실을 말해 준다. 청동기가 부장되어 있는 중형의
순장자 묘에 묻힌 사람은 제법 신분이 높았던 인물로 보아야 할 것이다.
저 세상에 가서도 왕에게 봉사할 수 있으리라고 생각했던 모양이며, 당시의
사람들로서는 조금도 의심하지 않고 그렇게 믿었던 것으로 추측된다. 결박당
하여 목이 잘린 것은 전쟁 포로나 노예였을 것으로 생각된다. 위층이나 동쪽
묘실의 유해는 목이 붙어 있으므로 왕의 측근인 봉사자였는지도 모른다.
관의 유무는 계급에 의한 것이었을 것이다. 순장묘의 사람들은 왕과 인연이
있었던 사람 일상 생활을 돕고 있던 사람 혹은 특히 총애를 받았던 사람으로
상상된다.

다른 어느 것보다도 귀갑품(龜甲品)으로 둘러싸인 은나라 사람들은 조상과
자연신을 믿고 저 세상까지 생활이 이어진다고 생각하였던 것이다. 대묘의
발굴에 의하여 우리들은 은의 왕이 인간신(人間神)이며 그 안에 엄격한 계급

이 있었고 많은 노예가 있었다는 사실을 알게 되었다. '복사'의 연구에 의하여 제사에는 동물뿐만 아니라 인간도 공물로 바쳐졌다는 사실이 밝혀졌다. 또한 제사 때뿐만 아니라 궁전이나 종묘를 지을 때 지신(地神)을 달래기 위하여 어린애나 개가 묻히고 이러한 의식이 끝나면 기초를 놓아 역시 동물과 인간이 묻혔던 것이다. 이른바 인주(人柱)인 셈이다.

안양(安陽)의 은허에서 50여 궁전의 터가 발견되었다. 종묘로 보이는 건물 앞에는 1개 군대의 무리가—지휘관에서 병사까지—묻혀 있었다. 총인원 850명, 여러 가지 무기와 5대의 전차 및 그 승차원도 있다. 우리는 최근 진나라 시황제의 병마용의 발견에 눈이 휘둥그래졌던 것이다. 시황제라는 한 사람의 권력에 어안이 벙벙해졌던 것이다. 분명히 그때 보도에서 '지하 군단(地下軍團)'이라는 표현이 있었던 것으로 기억한다. 그러나 이 지하 군단은 흙으로 빚어서 구운 용(俑)이었다. 그러나 같은 지하군단이라도 은나라에선 사람을 생매장했다. 수는 얼마 되지 않으나 그 처참함이란 병마용 이상의 것이다.

은나라 지하 군단에서 병사로 생각되는 사람들은 목이 잘리어 있다. 아마도 노예였을 것이다. 은나라 군대는 그 말기에 이르러 대부분이 노예로 구성되었는지도 모른다. 이 거대한 은 제국이 주나라에 멸망된 상태를 「사기」 '주본기(周本紀)'에선 다음과 같이 기술하고 있다.

> 주(紂)의 군대가 많다고는 하나 모두 싸울 마음이 없고, 마음에는 주(周) 나라의 무왕(武王)이 빨리 들어오기를 바라도다. 주(紂)의 군대가 모두 무기를 거꾸로 들고 무왕을 맞아들이도다……

주(周)나라 무왕이 공격해 오자 목야(牧野, 하남성)에 동원된 70만의 은나라 주왕(紂王)의 군대가 배신해 버렸다는 것이다. 제사 때 공양물로 살해당하거나, 궁전 건설에 인주가 되거나, 강제로 순장당한 노예가 은나라에 충성심을 가질 까닭이 없었을 것이다.

은나라 멸망의 광경은 20세기에 접어들어 발굴된 은허를 관찰함으로써 우리들은 그 상황을 뇌리에 재현시킬 수가 있을 것 같다.

앙소나 용산의 묘지 제도에 관하여는 이미 언급하였다. 특별한 묘제라고 생각할 수 있는 것이라 해도 판자가 들어 있거나, 부장품이 약간 많은 정도의 차이다. 이것들은 앞에서도 언급한 바와 같이 권력에 따라 형성된 것이 아니고, 씨족민들이 그 덕망을 추앙하여 얼마간의 정성을 들여 만든 것으로 생각되는 것이다.

은나라의 대묘는 오늘날의 우리들 입장에서 보면 마치 '아수라장'이다. 발굴에 종사하였던 사람들은 아마도 모두 얼굴을 찌푸리고 눈을 돌렸을 것이다.

왕국유(王國維)의 주장에 의하면 중국의 문화는 주(周)나라부터 시작되며, 은나라의 문화를 계승하지 않았다는 것이다. 이 왕국유는 은허 발굴 전에 자살하였다. 그러므로 은허의 대묘 발굴에 관한 보고서를 읽지 못하였을 것이다. 그러나 그는 친척인 나진옥(羅振玉)과 함께 갑골문자를 연구한 인물이다. '복사(卜辭)'의 연구와 해독 과정에서 그는 은나라에 대해 심한 혐오감을 느꼈을 것이다. 그 은나라가 빛나는 중국 문화의 조상이라는 사실을 왕국유는 믿을 수가 없었던 것이다.

갑골편의 출토로 고대 연구에 정열을 불사른 사람도 있다. 일본에 망명하고 있던 곽말약(郭沫若)도 그 중의 한 사람이다. 그의 망명은 나진옥이나 왕국유와는 다르다. 전자는 청조 유신(遺臣)으로서의 망명이었으나 곽말약은 북벌을 추진한 국공 합작(國共合作)이 무산되고 국민당 우파의 박해를 피한 망명이다. 왕국유의 자살은 북벌의 성공이 직접적인 동기가 되었을 것이다. 청조는 멸망하였어도 청 왕조의 분위기를 짙게 남긴 북양 군벌(北洋軍閥)의 북경에서라면 왕국유는 살아갈 수가 있었다. 그러나 남방 혁명의 파도는 그에게 이질적인 것이었다. 적절한 예는 아니나 그는 북벌 세력을 은나라와 같은 것으로 생각하였는지도 모른다.

곽말약은 일본에서 같은 '복사'를 연구하였으나 왕국유와 같이 은·주 단절설을 취하지는 않았다. 유물사관(唯物史觀)에 의하면, 인류는 원시 공산 사회(씨족 공동체 사회)에서 노예제 사회에 이르고, 다시 봉건 사회를 거쳐 자본주의 사회에 이르게 된다. 곽말약은 '복사'를 연구한 결과 중국에 노예제 사회가 있었음을 확인하였다. 그리하여 중국의 문화도 하나의 흐름 속에서 진행되어 가는 것이며 단절되는 것이 아니라는 사고 방식을 가지고 있었다. 곽말약은 정열적인 연구가였다. 그의 연구는 부분적으로 문제는 있었으나, 지금 생각하면 그는 문제의 제기자로서 훌륭하였다고 말할 수 있다. 곽말약과 왕국유, 거의 같은 시대를 살았던 이 두 사람은 각기 다른 길을 걸었으나 비슷한 점도 적지 않았다고 생각한다.

# 노예 왕조(奴隷王朝)

## 1

중·일 전쟁으로 중단되었던 은허(하남성 안양현)의 발굴은 1950년부터 재개되었다. 그 해에 무관(武官) 마을(안양현)에서 왕릉으로 보이는 대묘가 발굴되어 이것을 '무관촌 대묘'라고 불렀으며, 여기에서도 수많은 순장자의 유골이 발견되었다. 2층으로 된 서쪽에 24구, 동쪽에 17구였으며 관 속에 있던 것은 서쪽에 6구, 동쪽에 7구이다. 묘실의 동서에는 34개의 두개골이 묻혀 있고 남북의 묘도(墓道)에는 22필의 말(馬)이 묻혀 있었다. 묘실 근처에는 무기를 든 병사 1명씩이 묻혀 있었다. 그리고 묘실에는 채색된 가죽, 나무 껍질 그리고 대나무 등으로 만든 삿갓의 잔해가 확인되었다.

이 무관촌 대묘 가까이에 27개의 순장갱(殉葬坑)이 있고 207구의 순장자 유골이 발견되었다. 이 순장갱은 정연하게 만들어져 있었고 크기나 깊이는 모두 동일했다. 그리고 유골은 모두 목이 없는 것이 특이했다. 대묘에 권력자가 묻히게 되었을 때 그들은 모두 살해되었을 것이다. 그 이외에도 순장갱 같은 것이 몇 개 발굴되었으나 앞의 27갱만큼 정연하지 않았다. 잘린 두개골도 내팽겨쳐 있어서 난잡하게 보인다. 이것은 아마도 대묘 가까이에 있을 뿐으로 이 갱내의 유골은 순장자들이 아니었을 것이다. 은나라에서는 왕 등의 묘에서의 순장말고도 하늘이나 조상을 모실 때에도 공양물로 사람을 죽였다. 그러므로 난잡하게 보이는 곳은 제사갱(祭祀坑) 같은 것이었는지도 모른다.

1958년에 안양 후강(後岡)에서 발굴된 원형 갱내에는 54구의 유해가 들어 있었으나 목과 오관이 그대로 있는 것, 목이 없는 것, 목만 있는 것 등 그

잡다한 형태로 보아 제사갱으로 보였다. 주목할 점은 그 모두가 20세 미만의 남성이며, 그 중 5구는 아직 배냇니도 갈지 않은 어린애였다는 사실이다. 또 다른 순장갱과 달리 삼발솥이나 술잔 등의 청동기, 토기, 옥기(玉器), 조개 껍질 같은 것이 들어 있었다.

이러한 것으로 그 당시 상황을 추리할 수밖에 없는데, 무관 마을의 갱에는 부장품 같은 것은 없는 것으로 보아 아마도 특별한 제사가 있어서 신의 뜻을 묻고 그에 따라 54명의 청소년을 생공양한 것이 아닐까 생각된다.

무서운 시대였다. 순장자는 왕릉뿐만 아니라 중형 묘에도 있었다. 1961년 보고에서는 약 600기 정도의 중소 묘지를 발굴하였고 그 중 20기 가량이 순장자가 있었다고 하였다. 그러나 갱 속으로 던져진 순장자나 생공양물은 어쩌면 행복했던 편에 속했을지도 모르겠다. 은허에서 발굴된 갱에도 들지 못하고 살해되어서 그 근처에 유기된 시체가 적지 않게 발견되었기 때문이다.

수많은 순장자가 있는 대묘는 비단 은허뿐만이 아니고 같은 시대의 다른 지방에서도 발견되었다. 산동성 익도현(益都縣)의 소부둔(蘇埠屯) 제1호 묘로 명명된 대묘에서는 순장자 23구, 두개골 25개가 발견되었다. 지방에서도 이미 중앙의 권력자에 필적할 실력자가 나타났던 것 같다.

은나라의 정권을 유지시킨 것은 '다자(多子)'와 '다부(多婦)'와 '정인(貞人)' 이었던 것으로 생각된다. 다자란 은나라의 왕자들로 중요한 지역의 통치를 맡았던 사람들을 말한다. 「사기」 '은본기'에는 은의 시조 계(契)는 상(商, 하남성)이라는 곳에 임명되어 자씨(子氏)라는 성을 순(舜)으로부터 하사받았 다고 되어 있다. 실제로는 정(鄭)이라는 지방을 맡은 왕자가 '자정(子鄭)' 이라고 불리었으며, 마침내 그것이 그 아들의 성씨가 되었다. 소부둔 제1호 묘에 묻힌 사람도 아마 다자 무리의 한 사람이었는지 모른다.

이에 대하여 다부 무리는 왕비나 왕자비를 말한다. 그 여자들은 아무개부 (婦)라고 불리었다. 1976년, 은허에서 발굴된 대묘에 묻힌 사람은 출토된 청동기의 명문(銘文)에 '부호(婦好)'라고 불린 여성으로, 무정(武丁)의 배우자 였을 것으로 추측된다. 이 대묘에 관하여 중국 사회과학원 고고연구소가 1980년에 「은허 부호묘(殷墟婦好墓)」라는 보고서를 냈다. '복사' 안에는 아무 개 부(婦)가 수천의 병력을 이끈 데 대하여 점을 친 것이 있으며, 곽말약은 그것을 모계 사회의 증거라고 해석하였다. 그러나 실제로 여성이 군대를 이끈 것이 아니고 그녀의 친정집에서 출병한 사실을 뜻하였을 것이다.

'다자' 곧 은 왕실의 성원만으로는 제국의 유지가 곤란하였으므로 혼인 정책에 의하여 다른 씨족의 지지를 얻는 것이 필요하였다. '다부'는 왕이나 왕자의 배우자로서 친정집 세력을 은나라에 결속시키는 중요한 역할을 수행하였음이 틀림없다.

부호묘가 이리두(二里頭) 대묘(하남성 언사현)와 거의 같은 규모였음은 앞에서 언급한 바와 같다. 이 부호묘에서는 청동기 210점이 출토되고 그 중 190점이 명문을 가지고 있었다. '부호(婦好)'라는 명문은 190건에 이르므로 우선 이 여성을 묻힌 장본인으로 보아도 무방할 것이다. 무정기의 '복사'에도 부호의 이름이 보인다. 묻힌 자가 누구인지 모르는 경우가 대부분인 은묘소에서 부호묘는 예외적으로 묻힌 사람이 알려진 경우라 할 수 있다.

다자 무리는 나라 안을 굳건히 하고, 다부 무리는 밖에서부터의 지지를 넓힘으로써 은왕조의 기반을 굳혀 갔던 것이다. 그 이외에 정인(貞人) 무리가 은왕을 신성한 왕으로 책봉하였으며, 이들이 또한 정권 유지의 큰 힘이 되었음에 틀림없다.

은허의 조사로 지금까지 2천 5백여 기의 묘소가 발굴되었다. 이 중 대묘는 손꼽을 수 있을 정도이다. 그 소수의 왕릉 구역 이외에 가족묘 지구가 있고 그것도 묘실의 대소와 관의 유무, 부장품이 다과 등에 의하여 신분의 차이가 현저했던 것으로 느껴진다. 그리고 노예의 매장 지역도 있다. 일반 평민—갑골 문자에서 '중(衆)'이라고 표현한 계층—과 노예와의 차이는 제법 미묘한 문제를 내포하는 것 같다. 노예이면서도 부장품을 갖고 있는 예가 있고, 자유민인 '중'이면서도 묘실에 부장품이 없는 사례가 많았다.

권력자의 주위에서 일하던 노예는 후견인을 갖지 못한 자유민보다 오히려 더 나은 생활을 한 것 같다. 묘소가 그 사실을 정직하게 말해 준다.

2

노예제 사회란 그 생산력이 폭넓게 노예에 의존하는 사회를 말한다. 은나라는 노예제 사회였다는 것이, 특히 중국에서는 의문의 여지가 없는 것으로 되어 있다. 이에 대하여 은나라에는 노예가 있었으나 생산의 주역은 자유민인 '중(衆)', 곧 농민이었기 때문에 '노예제 사회'가 아니라는 이설도 있다. 이 이설은 은나라의 노예는 순장자 혹은 제사용으로 사용하기 위하여 양육한 것이며 생산에서는 그다지 비중을 차지하진 못하였을 것이라며 노예제 사회에 대하여 의문시한다. '원시 공산 사회-노예제 사회-봉건제 사회-자본주의 사회'라는 식으로 사회 발전 단계를 도식화하는 유물사관에 불만을 갖는 연구자가 있다는 것은 당연하다. 기원전 천수백년 전의 일이므로 모든 면에서 그 어느 학설도 결정적인 근거를 갖기 어렵다.

유적의 발굴 조사는 결정적인 사실이 될 수 없을지는 몰라도 가장 유력한 재료를 제공해 준다. 수많은 순장자의 유골 발견에 의하여 노예가 많았다는 사실은 증명되었다. 또한 수없이 출토된 청동기는 그것이 노예가 만들었다는 사실을 거의 확실히 이야기해 준다고 말할 수 있을 것이다.

은나라의 청동기는 현대의 기술로서도 주물만 가지고 만들 수 없다는 게 사실이다. 우리들에게 기술은 진보하는 것이라는 선입관이 있다. 현대 기술이 3천 수백년 전의 그것에 미치지 못하리라는 점은 생각조차 할 수 없는 일이다. 그러나 전문가가 그렇게 단정하는 것이므로 믿어도 좋을 것이다. 그러면 어찌하여 현대인은 최신의 기술을 구사하면서도 은나라의 청동기를 만들 수 없는 것일까? 답할 수 있는 길은 한 가지밖에 없다. 곧 그것은 은나라의 청동기는 '비인간적인 제작'의 산물이라는 것이다. 노예였기 때문에 만들 수 있었던 것이고 현대인으로서는 만들 수 없다는 것이다.

은나라의 청동기 공방은 지하에 있었고, 도가니실에서 녹인 구리를 가느다란 홈을 통하여 옆의 주조실에 흘려보낸 것 같다. 작업장은 그다지 넓지 않았다. 지하 공방(地下工房)은 무척이나 더워서 보통 사람들은 견뎌내기 어려웠을 것이다. 청동기를 만드는 노예는 아침부터 밤까지 이 일을 했다. 청동기를 만드는 일 이외에는 아무 것도 하지 않았던 것이다. 겨우 생명을 부지할 수 있을 만큼 음식물이 공급되었지만 그것은 인간이 가축에게 먹이를 줄 정도의 것이었으리라. 노예는 인간의 어느 한 단면을 극한적으로 몰고 간다. 인간 능력의 추상이라고 바꾸어 말해도 좋을 것이다. 더구나 노예는 주인의 의사에 따라 언제나 죽음을 당하는 존재이다. 그러므로 기술 노예는 죽지 않기 위해 훌륭한 작품을 만들지 않으면 안 되었다. 그 기술에 생명이 걸려 있었으므로 오직 거기에만 몰두할 수밖에 없었다. 비인간적인 작업이라고 표현한 것은 이러한 사실에 근거한 것이다.

은나라 다음의 주(周)나라에서도 끊임없이 청동기를 만들었다. 그러나 주나라의 것은 은나라 것보다 뒤진다. 이 점은 만인의 의견이 일치하는 사실이다. 전 왕조에 미치지 못하는 동기(銅器)밖에 만들 수 없었다는 것이 반드시 주나라의 불명예만은 아니다. 주왕조에는 비인간적인 요소가 희박해졌다는 사실을 나타내는 것으로 주나라는 오히려 그 점을 자랑삼아야 할 것이다.

은왕조의 묘지 제도를 연구했던 양석장(楊錫璋) 씨는 청동기 시대의 생산 수준은 아직 다량의 노예를 농경 등 주요 생산에 동원할 조건에 이르지 못하였다고 주장하였다. 노예는 순장이나 공양물이 되든가 아니면 청동기 제작과 같은 비인간적인 작업만을 강요당했었다는 주장이 가능할 것이다. 양씨는 옥관(玉管)을 부장한 노예 묘의 예를 소개한다. 그 노예는 미모였거나 아니면 매우 영특하였거나 간에 아무튼 주인에게 귀여움을 받은 게 틀림없다.

노예는 전쟁 포로거나 사람 사냥에서 붙잡은 인간이었을 것이다. 다자, 다부를 나라의 기초로 하였던 은나라는 혼인 관계로 맺어진 외가의 씨족이나 부족을 포로로 할 수는 없었을 것이다.

'복사'에 가끔 포획이나 제사용으로 죽인 노예 기사가 있으나 그것은 대개 '강(羌)'이라든가 '남(南)'이라고 불린 부족의 사람이었다. '강(羌)'에 관하여는 앞서 목양(牧羊)을 하던 변발의 티베트계 부족으로 추측된다.

'남(南)'이란 글자는 작은 집에 풀의 싹을 넣어 촉성 재배(促成栽培)하는 모습을 나타낸다는 설도 있다. 현재의 상황에 비추어서 볼 때 그것은 틀에 짜인 비닐하우스 재배를 말하겠지만 당시로서는 햇볕이 잘 쪼이는 곳을 택했을 것이므로 그것이 방향을 나타내는 남쪽을 뜻하게 되었을 것으로 생각한다. 또 다른 설에서는 초당과 같은 건물 안에 종(鍾)을 매달은 모양을 나타낸다고 한다. 그와 같은 악기를 가진 부족을 '남(南)'이라고 하고 그들은 원래 남방에서 옮겨 살았을 것이므로 그 부족명이 그 방향인 남쪽을 나타내는 것이라는 말이다.

붙잡혀 죽음을 당하거나 또는 비인간적인 작업을 강요당하였으므로 '강'이나 '남'은 은나라와 동맹 관계에 있지는 않았을 것이다. 한마디로 은나라라고 할지라도 그 시기는 긴 역사이다. 5백년에서 6백년간이나 이어졌으니까 마지막 수도인 안양 은허로 옮기고 나서도 300년이나 계속되었다. 생산 수준이 다량의 노예를 필요로 하지 않는 시기도 있었겠지만 만년에 이르자 그것이 필요하게 되었을 것으로 생각되기도 한다.

그 점은 전쟁에 관한 기록이 '복사'에 많이 나타나는 것으로도 추측된다. 많은 노예를 얻을 수 있는 가장 손쉬운 방법은 전쟁 이외에는 없다. 그리고 이와 같은 노예의 증가가 결국 은나라를 멸망시킨 원인이었다는 생각도 하게 된다.

3

'복사'를 새긴 갑골편은 정말로 신기한 땅 속의 소리라는 느낌이 든다. 갑골편 다음으로 기록을 하기 위하여 죽간(竹簡)이나 목간(木簡)이 이용되었다. 오히려 갑골편과 병행하여 그것들이 이용되었는지도 모른다. 사상(事象)을 점칠 때에 금이 나타난 갑골편에 바로 문자를 새겼으나 공식 기록은 아마도 죽간이나 목간에 기록하였을 것이다. 장방형의 '간(簡)'을 끈으로 묶은 것이 '책(冊)'이었으며 이것은 이미 갑골문에 있다. 중요한 기록이나 문헌은 이 책에 기록되어 귀중하게 여겨지거나 높은 곳에 놓여져 '전(典)'이라는 글자가 되는 것이다. 그러나 대나무나 목편은 썩기 쉬우므로 땅 속에서는 보존되기 어려워 어느 틈엔가 없어져 버렸을 것이다. 은나라 묘소의 관이나 덧관 등도 대개 삭아서 조각이라도 남아 있다면 다행스러울 정도였다.

목간이나 죽간의 시대는 오래 계속되었으나 그것들은 없어져 버렸다. 그리고 은나라가 멸망하고 1천년 이상이 지나서야 겨우 종이(紙)의 시대가 도래하였다. 기원 2세기 초엽을 전후하여 종이가 등장했으나 이 시기는 후한 중기에 해당한다.

남북조의 왕희지(王羲之, 321년~379년)나 당나라의 안진경(顔眞卿, 709년~784년), 저수량(褚遂良, 596년~659년) 같은 명필가의 진정한 유물이라고 단정할 수 있는 것을 우리들은 볼 수가 없다. 북위(北魏)의 힘찬 필적도 종이에 쓴 것이 아니고 비석에 새긴 것밖에 우리는 감상할 수 없다. 그리고 송대

(宋代)의 것도 미심쩍다. 종이나 비단 같은 소재도 마멸되었든가 벌레먹든가
하여 삭아서 부스러지기 쉬운 것들이었다. 그럼에도 불구하고 그보다 1천년
이나 2천년 앞선 은나라 사람의 필적을 우리는 갑골편에서 볼 수가 있다.
이 점은 약간 이상한 부분도 있다. 갑골문자를 발견하였던 사람들의 이야기
는 앞에서 언급하였지만 그들의 흥분을 이해할 수가 있다.

갑골편에 글자가 새겨진 것은 무정(武丁) 이후의 것이었지만 그 문자는
이미 어느 정도의 수준에 이르렀던 것이다. 갑골편에 새기기 전에 '간(簡)'
에 기록되고 제법 발달한 단계에서 갑골편에 새겨졌다고 생각할 수도 있
다. 또 문자라는 것은 어떤 암시를 얻으면 일사천리로 그 체계의 근간을
이룰 수도 있다고 생각하는 사람도 있다. 그들의 주장에 의하면 극히 단기간
에 문자가 생긴 것이 된다.

무정 이후 200년 정도의 갑골 문자가 출토되었으나 그 자체(字體)는 5기로
나눌 수가 있다. 문자로 표현하는 인간의 정신도 매우 관계가 깊을 것이다.
은나라 말년의 200년 동안의 역사는 반드시 평탄하지만은 않았던 것으로
추측된다. 그 시기는 다음과 같이 대별할 수 있다.

제1기는, 글자가 크고 대담하며 힘이 있는 것이 특징이다.

제2기가 되면, 글자가 약간 작아지고 그 대신 정확하고 주의 깊은 서체로
변하며 잘 다듬어져 있다.

제3기는, 글자가 갖는 힘이 약해 보이고 틀린 곳이 많다. 시대 정신이나
인간 정신 모두가 긴장을 잃은 것 같다.

제4기는 다시 글자가 힘을 되찾고 활기가 넘친다.

제5기는 글자가 작아지고 이제까지는 글자와 글자의 간격이나 행간이
대담하게 멋대로 되어 있으나 이 시기에는 배열까지 주의하여 세부까지
배려하였다. 이 시기엔 섬세하고 우아한 점이 특징이다.

같은 갑골 문자라도 시기에 따라 이와 같이 기복이 있다. 제3기는 분명히
퇴폐의 시대였고, 제4기는 반성과 부흥의 시대였을 것이다.

제5기는 난숙기(爛熟期)라 할 수 있다. 그러나 섬세한 것과 우아한 것과
활력을 잃은 것은 백지 한 장의 차이라고 하지 않을 수 없다. 은나라는 바로
이 시기에 멸망한 것이었다.

다음에는 '복사(卜辭)'와 '역사(歷史)'와의 관계를 살펴보기로 하겠다.

'복사'에 기록되어 있는 사물은 모두 존재하였던 것으로 보아야 한다. 그렇다고 '복사'에 기록되지 않은 것이 모두 없었다고 생각할 수는 없다. 가장 알기 쉬운 예로, 청동을 뜻한 '금(金)'이라는 글자는 '복사'에서 아직 발견되지 않았다. 그럼에도 은나라의 청동기는 많이 출토되었다. 반대로 농경용의 '쟁기(犂)'는 아직 출토되지 않았으나 '복사'에는 이미 이 글자가 있었다. 은나라의 농민이 소에게 쟁기를 끌려 사용했음에 틀림없다. 소재가 부식되어 출토되지 않았을 것이다. 청동은 귀중품이어서 농기구에는 그다지 사용되지 않았던 것 같다. 지금까지 출토된 것은 청동 자귀(青銅鏟) 하나 뿐이라고 한다.

곽말약의 주장에 의하면 은나라는 안양(安陽)으로 천도하기까지 목축과 사냥을 주된 산업으로 하고 천도 후엔 농업이 주류를 이루었다. 사람의 노력을 필요로 하는 점에서 볼 때, 목축이나 사냥은 사람의 수고를 그다지 필요로 하지 않는다. 은나라가 본격적인 노예제 사회가 된 것은 천도 후였을 가능성이 짙다. 더욱 많은 노예를 얻을 수 있는 방법은 전쟁이었으므로 천도 후 무정 시기의 '복사'에는 전쟁에 대한 기술이 많은 것도 수긍이 간다.

은나라는 주왕(紂王) 때에 멸망하였다. 이 왕은 '복사'에서 '제신(帝辛)'이라는 인물이다. 사마천의 「사기」는 은나라의 왕통 계보가 '복사'의 그것과 거의 일치한다는 점에서 그 신빙성을 높여 준 사서(史書)였다. 왕의 계보뿐만 아니라 거기에 기술된 사실도 과연 정확하다고 할 수 있을까?

「사기」의 '은본기'에서는 주왕의 폭정을 집요하게 물고 늘어지고 있다. 술을 즐기고, 달기(妲己)라는 여인을 총애하고, 음란한 가요를 만들어 부르고, 세금을 무겁게 물리며, 왕실에는 금은 보화가 가득하고, 창고에는 곡식이 가득차고, 별궁에 뜰과 대를 넓혀 야수와 조류를 기르고, 귀신을 대수롭지 않게 여기며, 주지육림에 빠져 형벌을 가혹하게 하여 '포락지형(炮烙之刑)'과 같은 잔인한 형을 집행하고, 간언하는 자를 죽이거나 벌주며……등등 주왕의 폭정을 치밀하게 기록하고 있다.

'복사'는 주왕기 후반의 것은 잃어버렸다고 한다. 청동기의 명문으로 제일 나중의 것은 주왕 25년의 것이다. 동작빈(董作賓)의 '은력보'에 의하면 은나라의 멸망은 주왕 즉위 64년으로 되어 있다. '복사'에서 알 수 있는 것은 주왕이 2회에 걸쳐 동방에 친정(親征)한 사실이다. 첫번째는 즉위 10년 9월에서 이듬해 7월 말까지이고, 두번째는 20년 5월에서 22년 6월까지이다. 동작빈이 주장하듯이 64년간이나 왕위에 있었다면 그후에도 친정이 있었을지 모른다. 절제 없는 전쟁을 일삼는 것도 '학정'으로 치부될 수 있음에도 「사기」는 주왕의 친정에 대해서는 전혀 언급하지 않았다.

은나라는 서방의 주(周)나라 무왕(武王)에 의하여 멸망당한다. 주나라는 전에 은나라에 복종하고 있었으므로 이 무력 혁명에는 여러 가지 구실을 붙이지 않으면 안 된다. 그렇게 하려면 주왕을 악의 화신처럼 만들지 않으면 안 되었을 것이다. 그러므로 주나라 기록에 근거한 「사기」가 주왕을 폭군이 대명사처럼 기술한 것은 당연하다. 그러나 은허에서는 은나라 기록, '복사' 가 출토되었으므로 이를 조명해 보는 것이 공평한 방법일 것이다.

주나라로서는 오히려 과장되어야 할 주왕의 친정이 왜 「사기」에선 누락되어 있는가는 다음에 생각하기로 하고 「사기」와 '복사'의 상충 부분 몇 가지를 지적해 보기로 하자.

「사기」에서 주왕은 귀신을 업수이여겼다고 하고 있으나 '복사'에 의하면 그는 그때까지의 어느 왕보다도 열심히 제사를 지내고 있었다. 조상도 대가 멀어지면 소홀해져 생략하는 경우가 있기 마련이나 주왕은 빈틈없이 제사를 지냈다.

또 주왕은 잔인하여 사람을 잘 죽였다고 하고 있으나 '복사'에 의하면 그의 시대에 와서 제사에 생공양으로 죽음을 당하는 노예의 수가 눈에 띄게 줄어들었다. 혹은 노예의 수가 줄었거나, 일이 많아진 결과인지도 모르겠다. 그러나 '강'이나 '남' 사람이 살해당한 수가 줄었으므로 살육을 즐겼다고 하는 「사기」의 주왕상(紂王像)과는 아구가 맞지 않는다.

주왕의 일을 나쁘게 기술한 「사기」 '은본기'에서도

> 제주(帝紂), 자변첩질(資辨捷疾, 언변이 정연하고 행동이 민첩하다는 뜻)이며, 견문이 매우 넓고, 능력이 타인에 뛰어나며 맨손으로 맹수를 잡도다.

라고 그의 소질을 칭찬하며, 그렇기 때문에

> 지성(知性)은 간언을 막음에 족하고, 언사는 비리를 감싸는 데 족하며, 인신(人臣)에게 민망하게 대하며, 천하를 호령하는 소리로써……

라고 거만해졌다고 앞뒤를 맞추었다.

더구나 주왕 후반의 '복사'는 발견되지 않았으므로 즉위 전반기는 명군 (名君)이었으나, 후반기에는 폭군이 되었을 가능성도 있었다. '은력보'에서 말하듯이 그가 64년 동안 재위했다면 그 말년에는 '노망기'가 있었는지도 모르겠다. 더욱이 현재 출토되는 '복사'에는 달기에 해당하는 인명이 발견되지 않는다. 미녀 달기가 나타나 주왕이 그녀에게 푹 빠졌다면 그것은 그의 말년의 일이었을 것이다.

4

'복사'의 출토로 은나라의 사실은 다음의 주나라의 것보다 구체적으로 잘 알 수 있다. 그러나 주왕 후기의 '복사'가 나와 있지 않는 것은 아쉽기 그지없다. 다만 전기(前期)의 '복사'에서는 은나라가 쇠퇴해 가고 있다는 생각이 들지 않는다. 그리고 생공양을 위한 노예의 수는 줄어드는데 반해 제사의 빈도는 늘어나고 있다. 갑골의 문자만 하더라도 제3기와 같은 난잡함은 볼 수 없다. 난숙하고 한창 번영하는 시기에 은나라는 갑자기 멸망당한 것이라고 말할 수도 있다.

은허에서 출토된 1개의 두개골에 '인방백(人方伯)'이라는 세 글자가 새겨져 있었다. 방(方)이나 방방(邦方)이라는 것은 은나라의 지배가 미치지 못하였거나 또는 그다지 긴밀한 관계가 없었던 외국을 뜻한다. '복사'에는 강방(羌方), 귀방(鬼方), 호방(虎方)과 같은 표현이 있고 청동기의 명문에도 그것들이 보인다. 청동기는 전승 기념으로 만들어진 것 같다. 주왕이 친정한 것은 '인방(人方)'이라고 부르는 동방의 나라로 회하(淮河)에서부터 연해에 걸친 지방 세력이었다. 그 인방을 징벌하여 추장을 죽이고 목을 잘랐을 것이다. 경골(鯨骨)이나 조개 등이 은허에서 나오지만 이러한 것은 안양에는 없었다. 동방의 해안 지방과의 교역이나 혹은 전리품이라는 형태로 간직되었음에 틀림없다.

조개는 재보(財寶)였다. 그것이 생산되는 곳은 동방이었다. 인구도 동방이 많았으므로 노예를 얻기 위하여 동방 정벌을 생각하였을 것이다. 이와 같이 은나라는 주로 동방만을 의식하였기 때문에 서방에서 일어나고 있던 주나라의 힘을 뒤늦게 눈치채게 되었을 것이다. 청동기에서 주나라는 은나라에 미치지 못한다는 사실을 이미 언급하였다. 그때는 '비인간적인 작업'을 문제로 삼았지만 기질적인 차이도 있었다. 은나라는 호화 찬란함을 즐겼으나 주나라는 소박하였다. 농민적인 요소는 은나라보다 주나라 쪽이 훨씬 짙다. 은나라는 서방의 주나라를 촌놈으로 경시하였음이 분명하다. 그 때문에 서방에 대한 방비를 소홀히 하였을 것이다. 그러나 주나라는 농민적인 소박함과 용의주도함을 지니고 있었다. 은나라 토벌꾼을 한 차례 거두어 들인 다음, 두번째에 감행한다는 신중성이 있었다. 추리에 불과하나 은나라가 대군을 이끌고 동방 정벌을 하고 있는 틈을 노려 주나라가 서쪽에서 기습했을 가능성도 있다. 이미 노년기에 있던 주왕은 친정에 나서지 않고 수도에 있었을 것이다. 이 때 주나라의 내습을 알고 은나라는 70만 대군을 동원하여 '목야'에서 이를 받아치려 하였다. 「사기」에는 그렇게 쓰여 있지만 「제왕세기(帝王世紀)」에는 17만이라고 되어 있다. 대군이 정벌에 나섰다면 남아 있는 군대는 17만 정도라는 말이 맞을 것이다. 다만 이 경우 병력이 문제가 아니라 사기가 문제였을 것으로 생각된다.

청동기에 반영된 은나라의 왕이나 귀족의 생활은 지나치게 호사스러웠으나 노예의 생활은 사람의 생활이라 생각할 수 없을 정도로 처참하였다. 상류층에서 사치를 하면 할수록 하류층에선 빈궁이 점점 더 가중되었을 것이다.

은나라의 노예 제도에 대하여는 아직도 토론의 여지가 많을 것으로 생각된다. 자유민이 많았고, 노예는 제사용으로 살해당하는 소수뿐이었다는 설도 설득력이 없지 않다. 은나라의 묘지 제도를 연구했던 양석장(楊錫璋)의 의견도 그에 가깝게 이해된다. 그리고 노예가 아닌 일반 평민도 노예에 가까운 존재로 격하되었다는 사실도 고려된다. 상류층의 사치스러운 생활을 유지하기 위하여는 하류층의 전락은 피할 수 없는 것이었다. 양씨의 논문도 일반적인 마을 구성원의 노예화에 대해 언급하고 있다.

습격해 온 주나라 군사를 막아내기 위하여 은나라가 동원한 70만(또는 17만)의 군대도 노예군이었거나 아니면 노예적인 군대였을 것이다. 그러므로 그들에게 사기를 기대한다는 것은 무리였다. 그들이 무기를 거꾸로 들고 주나라 무왕의 군사에게 길을 열어 준 것은 사실이었을 것이다. 노예 혹은 노예적인 수준에 있던 사람들에게 사치스러운 군주보다는 검약하다는 평판이 있는 군주 쪽이 더 환영받았을 것이다. 주나라의 공식 기록을 근거로한 「사기」가 적어도 2회 이상에 걸친 주왕 친정의 사실을 언급하지 않은 것은 아무래도 이러한 연유에서였을 것이라고 추측할 수도 있을 것이다.

주나라가 은나라의 공백 상태를 노려서 천하를 취한 것이라면, 그 점을 숨기기 위해서라도 은나라가 가끔 동방 정벌에 나섰을 것이라는 사실을 밝히고 싶지 않았을 것이다. 원래대로 하면 비난의 표적이 될 수 있는 주왕의 '전쟁광'적인 사실을 일부러 빠뜨렸다면 이것은 필자의 과민 탓이었을까? 주나라는 그 점이 말살된 것으로 생각하였던 것 같지만 '복사'에는 그것이 생생하게 기록으로 남아 있었다.

은허 출토 문물 중에서 잊지 못할 것은 무촌 대묘에서 중국에서는 가장 오래된 악기인 석경(石磬, 경석으로 만든 옛날 악기)이 나온 사실이다. 표면에는 호랑이 무늬가 새겨져 있고 크기는 84×42센티미터로 측정되었다. 이것은 타악기였다. 대사공(大司空) 마을의 귀족 묘에서는 3점이 한 벌로 되어 있는 동요(銅鐃)가 출토되었다. 요령과 비슷하나 흔드는 방울이 없는 타악기로 크고 작은 순으로 줄지어 놓고 치는 것이다. 물론 이 악기들은 왕후 귀족의 전유물이었으므로 일반인들이 즐기는 악기는 도제(陶製)의 질나팔(壎)이라는 것이었다. 속이 비고 몇 개의 구멍이 뚫린 피리의 일종이었다.

제2차 세계대전 전에 은허 조사에 종사한 요원 중 대장인 양사영(梁思永), 하내(夏鼐), 윤달(尹達), 호후의(胡厚宜) 등은 대륙에 남고, 이제(李濟)는 대만으로 갔고, 미국에 초빙되었던 동작빈(董作賓)은 타계하였다. 윤달은 남경에서 「용산 문화와 앙소 문화의 분석」이라는 논문을 마무리짓고 말미에 "1937년 7월 7일 남경 계명사(鷄鳴寺) 부근에서 복사함" 이라고 썼다. 그런데 본인은 몰랐으나 이 날이 바로 중·일 전쟁이 발발한 날이었다. 은허 조사를 담당한 중앙연구소는 제2차 세계대전 중 곤명(昆明)으로 옮겼으나 윤달(尹達)은 연안(延安)으로 가서 1939년 그곳에서 대표작인 「중국 신석기 시대」를 완성하였다.

동작빈은 전쟁이 시작되었을 무렵 남경에서 「은허 문자」 갑편(甲編)의 개정판의 교정을 보고 있었다. 갑골편을 탁본하고 사진으로 제판하기 위하여 상해의 상무인서관(商務印書館)과의 계약이 이루어지고 있었다. 그러나 일본군의 상해 폭격으로 출판이 불가능하게 되고 귀중한 갑골편은 장사(長沙)에서 계림(桂林), 곤명으로 전전하였다. 이리하여 상해에서 출판할 수 없게 된 「은허 문자」 갑편은 또 다시 사진을 찍고 일본군의 힘이 미치지 못하는 홍콩에서 출판하게 되어 정가 120원(元)이라는 광고도 나왔었다. 항공 운임 300원이었으므로 저자인 동작빈조차 주문을 주저하고 있을 때, 일본군의 홍콩 공격이 있게 되어 또다시 환상의 책이 되고 말았다. 홍콩에서 몇 부나 팔렸는지 모른다. 이러한 우여곡절 끝에 「갑편」이 세상에 나온 것은 1948년의 일로 시카고대학에 객원 교수로 초빙되어 있던 동작빈은 그곳에서 서문을 다시 썼다. 그 서문 속에는 "10년이나 출판이 늦추어진 것은 누구의 책임이란 말인가?"라는 구절이 있다.

이 「갑편」의 4배나 되는 「을편」은 3권으로 분책하여 출판되었다. 전전하며 소개하는 동안 잘못된 갑골편을 아교로 붙이고 다시 잇기도 하였으나 개중에는 복원되지 못한 것도 있었다. 미리 탁본을 뜨고 사진을 찍어 두었던 갑편에 비하여 계통적으로도 정연하지 못하고 모양도 뒤지는 것은 불가피한 일이었을 것이다. 이 「을편」의 서문에서 동작빈은 "이 책이 국가가 다난한 때에 제작되었음을 이해하여 주시기 바란다"고 쓰고 있다.

제2차 세계대전 전에 일본에 망명한 곽말약은 고대 연구에 몰두하여 「갑골문자 연구(甲骨文字研究)」, 「은허 청동기 명문 연구(殷墟青銅器銘文研究)」, 「복사통찬(卜辭通纂)」 등의 저서가 있었다. 그러나 중·일 전쟁이 발발하자 그는 펜을 내던지고 귀국하였다.

제2차 세계대전 후에 은허 조사는 재개되었다지만 제2차 세계대전 전의 대장 양사영은 대륙에 있었고, 제2차 세계대전 전의 발굴 자료와 필기한 것은 대만에 보내졌으므로 엄격하게 조사를 재개한다는 것은 아주 어려운 일이었다. 양사영은 1954년 타계하였는데, 그는 병상에 있으면서도 사랑하는 제자 윤달의 논문을 읽었다고 한다. 동작빈은 1963년 대만에서 타계하였다. 또한 이제(李濟)는 제2차 세계대전 후, 주일 대표단의 일원으로서 주로 제2차 세계대전 중에 일본으로 가져간 중국의 고대 문물 '반환' 작업에 임하였고, 그 후 대만대학 교수, 중앙연구원 대리원장 등을 역임하다가 1979년 대북(臺北)에서 타계하였다. 그의 죽음을 애도하는 글이 북경에서 간행하는 「고고(考古)」에 게재된 것은 학계의 미담이라 아니할 수 없을 것이다. 집필자인 왕세민(王世民)은 이제(李濟)의 대표작인 「안양(安陽, 영문판, 1977년)」이 제2차 세계대전 후 재개된 발굴 조사의 성과를 포함할 수 없었던 사실이 유감스럽다고 피력하고 있다. 북경의 중국 과학원(현재의 사회 과학원) 고고연구소장은 1958년부터 윤달이 관장하였으나 병약해져서 1962년 하내(夏鼐)와 교체되었다. 하내 씨는 20년간 원장으로 근무하다가 1982년에 왕중수(王仲殊)에게 자리를 물려주고 1983년에 일본 NHK 초청으로 일본 각지에서 강연을 가졌던 것은 기억에 생생하다. 필자는 이때 하내의 목소리에 접하고 은허 조사 50년의 역사를 나름대로 곰곰이 생각할 기회를 가졌었다.

# 청동 시대(靑銅時代)

## 1

주나라가 그 전의 은나라보다 소박하고 검소한 정권이었다는 사실은 앞에서 언급했다. 곽말약이 지적한 바와 같이 은나라엔 목축과 사냥의 요소가 다분했으나 주나라엔 농업적인 요소가 짙었다. 고고학적으로 보아서도 갑골편의 출현, 은허의 발견과 같은 극적인 사실이 흔하지 않은 것으로 미루어 주나라의 시대는 매우 검소했을 거라는 생각이 든다.

은나라의 멸망이 과도한 사치와 음주에 있었다는 사실을 감안하여 주나라의 지도자는 그 전철을 밟지 않으려고 엄중하게 경계하였다. 원래가 착실하기도 했거니와 의식적으로 그 성격을 바꾸려 하지 않았다.

「사기」에 의하면, 주나라는 야만적인 융적(戎狄)의 공격을 피하여 각지를 전전하다 기산(岐山, 섬서성) 기슭에 정착했다. 그곳은 주원(周原)이라고 부르는 지역이었다. 후직(后稷, 이름으로 보아서 농업신을 연상시킴)의 자손이라고 칭하는 희성(姬姓)의 부족이 주원에 가까스로 안정된 정권을 이루고 땅 이름을 따서 '주(周)'라고 이름을 붙였다. 주나라 문왕(文王) 때에 이 기산 남쪽 기슭의 주원으로부터 풍(豊, 섬서성)이라는 곳으로 천도한다.

최근 주원 유적을 조사하고 있으나, 이 주원이 주나라의 수도였을 때는 시대적으로 아직 천하의 주인 행세를 은나라가 하고 있을 무렵이다. 강력한 은나라에 복종하지 않을 수 없었고 문왕도 은왕조로부터 '서백(西伯, 서방의 유력한 제후)'이라는 관작을 받고 있었다.

천도한 풍과 구별하여 주나라 사람들은 주원을 기주(岐周)라고 불렀다. 현재의 지명으로는 기산현(岐山縣)과 부풍현(扶風縣) 근처이며 그 안의 하가

(賀家), 동가(董家), 봉추(鳳雛), 예촌(禮村), 제가(齊家), 장백(庄白), 영당 (榮堂), 소진(召陣)과 같은 마을이 이른바 기주의 유적이다.

1977년 봉추에 있는 궁전 유적의 한 동굴에서 1만 7천여 편의 갑골이 출토 되었다. 중간 보고에 의하면, 그 중에서 글자가 확인된 것은 190여 편에 불과 하다고 한다. 그 내용을 보면 사냥과 정벌을 점치는 것이었으나 주목할 만한 것은 주나라 왕이 은왕조의 시조인 탕왕을 제사 지낸 사실이 포함된 점이 다. 주나라 왕이란 문왕을 말하는데, 그가 은나라의 탕왕을 제사 지냈던 것이 다. 그 '복사'에는 문무제을종(文武帝乙宗)이라는 글자를 읽을 수 있다. 제을 (帝乙)은 은나라 주왕(紂王)의 아버지를 말한다. 주나라 왕이 은나라 사람을 모신 것은 은나라에 종속되어 있었다는 사실을 분명히 나타내는 것이다. 또 어느 갑골에는 은나라 왕이 백(帛)이라는 땅에 사냥을 갔었다는 '복사' 도 있는데, 아마도 은나라에서 주나라의 복종과 충성도를 시찰하기 위하여 주원(周原) 부근에 갔던 것 같다.

강력한 권위를 가진 은나라에 복종하는 것이 주나라의 안전책이었을 것이 다. 주원에 정착할 때까지 그 부족은 융적의 공격을 받았다. 그러므로 주나라 는 나라의 안전을 지키기 위하여 은나라의 산하에 들어갔을지도 모른다. 이리하여 섬서성 관중(關中) 평야의 비옥한 땅에서 농업이 번창하고 주나라 는 점차 국력을 키워갔다. 언제부터 의식하기 시작하였는지는 몰라도 주나라 사람은 은나라에 충성을 맹세하면서도 은근히 독립, 나아가서는 은나라의 자리를 넘보게 되었을 것이다.

고고학적으로 주원 곧 기주는 사실 은왕조 말기의 지방 문화라고 해도 좋을 것이다. 주나라 문왕이 풍에 천도한 후, 기주의 땅은 그의 아들 단(旦) 이 계속 다스리게 되었다. 단은 은나라를 멸망시킨 주나라 무왕의 동생이 다. 단의 영지인 주원은 주나라 국호의 발상지인 까닭에 단은 주공(周公)이 라고 불리었다. 이 주공 단이야말로 공자(孔子)가 이상적인 성인으로 추앙하 고 만년에 꿈에 주공을 보지 못했다고 탄식할 정도로 훌륭한 인물이었다. 주나라는 천도하였다고는 하나 나라의 발상지인 주원은 가장 믿을 수 있는 왕족의 영지로서 준국도(俊國都)로 간주되었을 것으로 생각된다.

봉추에서 출토된 갑골편 중에 '복사'가 있기는 하나 겨우 1% 정도에 지나 지 않는 것은 아무래도 너무 적은 것 같다. '복사'의 글자는 아주 작아서 좁쌀만 하지만 매우 놀라울 정도로 정밀하여 그 안에 은허의 갑골편 '복사'에서 볼 수 없는 글자가 있고, 서주(西周)의 청동기 명문(銘文)과 흡사한 것이 있었다. 은왕조 말기의 기주 문화는 은나라의 종주권을 인정하면서도 자신들의 독립성을 잃지 않는 의연한 의도를 감추고 있었던 것 같다.

갑골편은 물론 점을 치기 위한 것이다. 그러나 그 기록에서 주나라 사람은 은나라 사람만큼 열성적이 아니었던 것 같다. 그러므로 주나라 사람은 은나라 사람에 비하여 한층 현실적이었을 것이다. 신성왕권(神聖王權) 국가가 된 은나라는 무슨 일이든지 신의 뜻을 물어야 했다. 그리고 빈틈없이 기록하였던 것이다. 사상이 현실적인 농민이 주류를 이룬 주나라 사람도 물론 고대인이었으므로 신의 뜻을 마음에 두고, 점을 치되 어쩌면 은나라 사람들을 모방하였을지 모르나 기록에서는 다소 소홀했던 것으로 생각된다.

주나라가 천하를 취한 다음 무왕은 얼마 안 가 죽고 동생인 주공 단이 어린 왕을 보필하였다. 그리하여 나라의 기초가 되는 모든 제도는 거의 주공이 만들었다고 전해진다. 공자가 주공을 흠모해 마지않았던 이유도 주공이 만든 제도가 훌륭하고 인간적이었기 때문이었다.

주원 지방은 옛날부터 청동기가 나오는 곳으로 알려져 있다. 2천년 전의 한대(漢代)로부터, 이곳에서 주나라의 청동기가 발견되었다고 전해진다. 한나라 때에도 주나라의 청동기는 천년이나 지난 옛것이었다. 고대의 동기(銅器)가 나오는 것은 상서로운 일이라고 생각했었다. 전설로는 하나라의 우왕(禹王)이 구목〔九牧, 고대 중국 구주(九州)의 장관 〕의 금(동)을 모아 구정(九鼎, 2개의 손잡이와 3개의 발이 달린 솥으로 하나라, 은나라, 주나라 3대에 걸쳐 활용)을 만들었다고 하며, 이것이 천자(天子)의 상징이기도 하였던 것이다. 근세에 와서도 주원 지구에서 주나라의 청동기는 자주 나왔으나 출토지점은 분명치 않았다. 미술품상에게 파는 장사이므로 은허의 갑골편과 같이 기업 비밀에 속하는 '산지'는 밝히지 않았던 것이다. 1933년에 부풍현 강가(康家)에서 나온 '함황부기(函皇父器)'라 불리는 일단의 동기와 1940년에 출토된 임가(任家)의 '양기제기(梁其諸器)'라 불리우는 것은 그 소성(素性)이 제법 견실하였으나 아쉽게도 모두 없어져 버리고 말았다. 제2차 세계대전 후의 출토는 국가적인 사업이었으므로 출토지점도 명확하고 보존도 잘 되어 있다. 최근의 출토상황과 문제점에 관해 다음에 언급하기로 하겠다.

2

천하를 장악한 주나라는 일족과 공신을 각지에 봉하여 영주로 삼았다. 군사(軍師)인 태공 망(太公望)이 제(齊)나라에 봉해져서 시조가 된 사실은 잘 알려져 있다. 멸망한 은나라 주왕의 형인 미자계(微子啓)도 송(宋)에 봉해 졌다. 이리하여 중국에서 '봉건제'가 시작되었다.

은나라의 멸망에 관하여는 여러 설이 있으나, 그 중에서 기원전 1028년의 설을 들어 보기로 하자. 이 해를 고비로 노예제 사회가 봉건제 사회로 갑자 기 변한 것은 물론 아니다. 곽말약은 노예제 사회는 그 후에도 계속되다가 춘추 시대(春秋時代)에서 전국 시대(戰國時代)에 걸쳐 겨우 봉건 사회가 되었 다고 주장한다. 그러나 대다수의 학자는 은·주의 교체기를 노예제에서 봉건 제의 이행기(移行期)였다고 해석하고 있다.

그러나 사실은 은나라 자체가 노예제 사회였는지 어떤 것이었는지에 대하 여는 아직도 문제가 많이 남아 있다. 주나라의 무왕이 은나라의 주왕으로부 터 서백이라는 칭호를 받은 것은 어쩌면 '봉건'의 유형이라 할 수 있을 것이 다. 은나라가 팽창하여 은 왕실만으로 다스려 나가기 힘들게 되었을 때 각지 의 실력자에게 권한 이양의 형식을 취하게 되었을 것이므로 은나라 시대에 도 이미 봉건제의 싹이 트고 있었을 것이다.

주원과 풍, 호(鎬), 이른바 주나라의 두 개 정치 중심지에서 제2차 세계대 전 후 수백의 서주묘(西周墓)가 발굴되었으나 아직 왕릉으로 확정할 수 있는 것은 없다. 은나라의 교훈에서 배운 주나라는 모든 것에 관하여 조심스럽고 소극적이었던 까닭에 묘지 제도도 커다란 규모의 것은 피했던 것 같다. 그리 하여 제사 때의 생공양시에도 사람을 죽이는 일은 없어지고 동물만을 사용 하게 되었다. 더구나 은나라의 제사에서는 소·양이 한번에 수백 필이나 도살 되었음이 '복사'에 나타나지만, 주나라의 제사에서는 많아야 4, 5 필에 지나지 않았다. 이와 같은 점이 공자가 좋아한 인간적인 면이었을 것이다.

그렇다고 해서 주나라에 이르러 노예가 완전히 없어졌다고는 생각할 수 없다. 앞에서 언급한 수백 기의 서주 묘 중에 9기의 묘에는 순장자가 있었 다. 그리고 순장자는 1명에서 4명이었다. 여부(輿夫, 하인)가 순장된 예도 있었다.

섬서성의 보계(寶鷄)시는 사천에 이르는 철도의 분기점인데, 그곳의 여가장(茹家庄)이라는 데에서 2기의 대묘가 발견되고 1976년에 보고서가 발표되었다. 부장된 청동기에 새겨진 바에 의하여 묻힌 사람은 각기 강백(疆伯)이라는 사람과 그의 아내 정희(井姬)라는 사실을 알게 되었다. 그리고 강백의 묘에는 2개의 관실이 있고 작은 쪽에 첩으로 보이는 순장자가 묻혀 있었다. 뿐만 아니라 두 묘에 각각 4명의 청장년 노예와 5명의 소년 노예가 살해되어 있었다. 그들은 문지기였든가 하인이었든가 혹은 호위병이나 잡역부였을 것이다. 인간적이라고 일컬어지던 주나라의 지방 권력자의 묘가 이런 모양이었다. 그리고 이 묘에서는 동기, 도기, 자기(瓷器), 옥기 등의 부장품이 1천 5백여 점 출토되었다. 이것은 섬서성에서 발견된 주나라 묘의 가장 큰 것으로 전해진다.

하남성의 예하(禮河) 동쪽에서 발굴된 주나라 묘에도 묻힌 자의 다리 사이에 2명이 순장되어 있었다. 이 묘에서 출토된 동기에 의하여 그는 지난날 목왕(穆王)으로부터 칭찬을 받았던 인물임을 알게 되었다. 목왕은 주나라 제5대 왕으로 기원전 10세기에 살았다. 이 묘에서는 3개가 한 벌로 된 편종(編鍾, 악기의 한 가지. 한 개가 한 음을 가진 세 개의 종)이 출토되었으며, 이것은 현재 연대가 판명된 것 중에서는 가장 오래된 것이다.

주나라에는 이와 같이 순장을 한 묘가 있기는 하나 은나라의 대묘에 비하면 순장자의 수는 매우 적다. 특히 주나라의 중기 이후의 묘에는 거의 없는 것 같다. 그러나 주나라 묘의 발굴은 아직 절대수가 부족하기 때문에 중기 이후, 순장이 없어졌다고 확언할 수는 없다. 중기 이전의 것도 순장자의 수가 적다고는 하나 발굴된 것은 귀족의 묘 정도이므로 일괄해서 감소되었다고는 말할 수 없다. 왕릉 급의 묘가 발견될 때까지 결론을 미루어 두어야 할 것이다.

은·주라고 하면 우리들은 바로 청동기를 연상하지만 신석기 시대 이래의 도기 제조도 계속되었고 각기의 특징을 지니고 있다. 주나라 때의 도기 편년은 중국 학자의 노력에 의하여 그 표준이 생긴 것 같다. 고고학적으로 이는 커다란 수확이라 하지 않을 수 없다.

주나라는 은나라에 비하여 문제가 될 수 없을 정도로 '복사'가 적다. 190여 편의 '복사' 출토에 관하여는 이미 언급하였으나 주원 출토품이라고 해도 은나라 말기의 것으로서 주나라의 '복사'는 거의 없다고 하여도 무방할 것이다. 이제부터 출토될 가능성도 있으나 주나라 사람들의 성격은 은나라 사람만큼 점술에 의존하지 않았기 때문에 출토된다고 하여도 많지는 않았을 것이다. 은나라 말기에는 정인(貞人)이 줄어들어서 은 왕 자신이 점을 치는 경우가 많아졌다. 은왕은 신권을 쥔 왕이었으나 주나라 왕은 인간 왕이었으므로 점술이 적었던 것은 당연한 일이었다.

문자로서 주나라 시대에서 중요한 것은 청동기의 명문이다. 신의 뜻을 묻는 것이 아니라 이미 일어났던 사상(事象)을 기록하고 기념해야 할 일이 많았던 것은 말할 나위가 없다. 은나라의 왕통 계보는 '복사'에 의하여 확인되었으나 주나라의 것은 금문(金文, 청동기에 새겨진 글)이 그 역할을 하고 있다.

건국 후 일찍 서거한 무왕의 뒤를 이어 아들 성왕(成王)이 주공의 보필을 받아 통치하고 성왕의 아들 강왕(康王)이 그 뒤를 이었다. 이리하여 '성강의 치(成康之治)'라고 하여 이 두 왕 시대가 주나라의 황금 시대였다고 전해진다. 금문에는 강왕의 이름이 전혀 나타나지 않는다. 그 대신 어느 왕에도 해당되지 않는 '휴왕(休王)'이라는 이름이 자주 나온다. 아마도 이것은 강왕을 이르는 것이며 후에 개명되었던 것이 아닌가 생각된다.

청동기의 명문이 주나라의 역사를 밝혀 주는 것이지만 무왕이 은나라를 멸망시키기까지 주나라에서는 청동기를 만들 만한 기술이 없었던 것 같다. 연도를 갖는 주나라의 청동기로서 가장 오래된 것은 성왕 때의 것이다. 은나라를 멸망시킨 후 주나라는 은나라 청동기 제조 기술자를 그대로 고용하여, 복종을 맹세한 각 지방 부족의 추장들을 위하여 복종의 증거와 기념을 겸하여 청동기를 만들게 하였던 것 같다.

문화의 수준에서 볼 때, 은나라와 주나라는 큰 차이가 있었다. 은나라 사람들은 서방을 미개한 촌 마을로 보고 안심하고 동방 원정만을 반복하고 있었다. 청동기 하나 만들 줄 모르는 부족이라고 경멸하였을 것이나 주나라는 그런 것을 은나라 사람에게 만들게 하면 된다고 생각했을 것이다. 문자에 있어서도 은나라에서 만든 것을 주나라에서 채택한 것이다. 문자를 순조롭게 채택할 수 있었으므로 은나라 사람과 주나라 사람은 적어도 같은 체계의 언어를 사용했음에 틀림없었을 것이다.

3

은나라를 멸망시킨 다음, 주나라는 근거지인 풍〔호경(鎬京)〕외에 동방 통치를 위하여 현재의 낙양(洛陽, 하남성) 근방이 되는 곳에 새로운 근거지를 만들었다. 신읍(新邑) 또는 성주(成周)라고 부르는 도성이었다.

현재의 낙양역 북방 약 200미터, 북쪽던 망산(邙山), 동쪽은 전하(瀍河)에 이르는 지점인 낙양 동북 교외의 북요촌(北窯村)의 서남쪽에서 주나라 때의 주동 공방(鑄銅工房)의 유적이 발견되었다. 1975년부터 발굴이 개시되어 1979년까지 2천 5백 평방미터에 걸친 유적을 발굴하였다. 출토 도기의 분기 (分期)나 지층 등에서 이곳이 주나라 초기의 유적임이 확인되었다. 유적의 가장 최근의 것은 중기의 목왕이나 혹은 목왕보다 약간 뒤의 왕조 때 것으로 보인다. 규모로 보아서 이것은 주나라 종실(宗室)이 주조 공방으로 생각된 다. 도기 제품의 주형 잔편에서 기형(器型)이 판명된 것은 4, 5백개 있었다고 한다. 무늬가 선명하게 보이는 것도 적지 않았다. 청동기에 새기는 글자는 나중에 새겨지는 경우는 드물고 처음부터 주형에 넣어서 새겨지는 것이다. 후세에 와서 명문이 있는 청동기가 명문이 없는 것보다 비싸게 팔리게 되자 후에 새겨 넣은 것이 나타나기도 했는데, 이것은 위조품이다. 그리하여 청동 기 자체는 진품인데 명문이 가짜인 경우도 더러 있다. 유적에서 출토된 주형 안에는 '우(于)', '궐(厥)', '신(臣)', '공(工)', '왕(王)', '이(彝)' 등 얼마 되지 않으나 판독할 수 있는 글자도 있었다.

용동노벽(溶銅爐壁)의 내화재의 용점(溶點)을 측정하니 거의 섭씨 1200 도에서 1250도였다고 보고되었다.

더구나 유적의 같은 지층에서 점을 쳤던 갑골(글자가 없는 것)도 발견되었 고 정상적으로 죽음을 당한 것으로 보이지 않는 것들이 매장갱과 동물갱에 있었다. 조사에 임했던 학자의 추측에 의하면, 그것은 노(爐)에 불을 지필 때마다 점을 치고 생공양물로 사람이나 동물을 죽였기 때문이 아닌가 생각 된다.

잘 주조될 수 있을지, 또는 위험은 없을 것인지 공방의 사람들은 신에게 빌었을 것이다. 그리고 이곳에서 작업을 하던 사람들은 아마도 주나라 사람 은 아니고 은나라의 노예 기술자였을 것으로 짐작된다. 그들은 은나라 의식대로 신의 뜻을 묻고 거기에 따르려 하였음에 틀림없다.

은나라에서는 신의 뜻을 바꿀 수는 없고 미리 그것을 감지하여 거역됨이 없도록 노력하여야 한다고 생각하였다.

이에 대하여 주나라에서는, 주로 주공이 가르쳤던 것 같으나 인간이 수양이나 노력에 의하여 어느 정도 신의 뜻을 바꿀 수 있는 것으로 생각하였다.

주나라의 이와 같은 인간주의적인 사고 방식이 후에 유학자(儒學者)들에게 찬미되고 주공은 성인이라고 추앙되었다. 무왕의 사후, 주공은 일단 왕위에 올랐다는 설이 있으나 그것은 유학자들이 이 성인을 '왕'으로 모시고 싶었던 데서 연유된 것이며 사실은 아닌 것 같다. 어린 성왕을 보필했다는 것이 더욱 성인답게 생각된다.

주나라의 주동 공방은 또 있었을 것이다. 처음에는 은나라 사람에 맡겼으나 점차 주나라 사람도 기술을 터득하였을 것이다. 이리하여 청동 시대가 꽃피게 되나 역시 청동은 주로 의식 용기, 제사 용기로 사용되었다.

복종을 맹세한 촌장에게 청동기를 줌으로써 그 분포도는 주나라의 세력을 나타내 보여 주는 것이었다. 많은 것이 아직 땅 속에 묻혀 있으므로 정확한 분포도를 만들 수는 없다. 가끔 의외의 지점에서 주나라의 청동기가 출토되고 있다. 1954년에 강소성 단도(丹徒)에서 '의후측궤(宜侯矢簋)'라 불리는 청동기가 발굴되었다. 그것은 호후측(虎侯矢)이라는 사람에게 '의후(宜侯)'가 되라고 명령하는 내용이었다. 단도라고 하면 지금은 강소성 진강(鎭江) 시에 포함되며 양자강 남쪽에 해당한다. 의(宜)라는 땅이 틀림없는 출토 지역이라면 주나라의 판도는 강남(江南)에까지 미쳤던 것이 된다. 아마도 측(矢)이라는 소촌장은 회강 근처에서 강남으로 봉작(封爵)되었을 것이다. 강왕 때, 주나라의 세력 확장에 따라 이와 같은 작위 임명이 간혹 있었던 것 같다. 의후측궤가 발굴되었을 때는 학계에서 많은 화제가 일어 '문제의 청동기'로 간주되었다. 그러나 주나라 청동기의 쌍벽은 아무래도 대우정(大盂鼎)과 모공정(毛公鼎)일 것이다.

4

대우정은 상해 박물관에 소장되었고, 모공정은 대만의 박물관에 소장되어 있다. 이제까지는 주나라라고 불러왔으나 유왕(幽王)이 견융(犬戎)에 의해 살해당하고 평왕(平王)이 동쪽 낙양으로 옮긴 때를 계기로 서주(西周), 동주(東周)로 부르는 것이 통례다. 그리고 동주는 주 왕실의 권위가 미치지 못하여 제후(諸侯)가 할거하고 급기야 춘추전국 시대가 된다. 서력 기원으로 말하면 유왕의 죽음은 기원전 771년이며 평왕의 낙양 천도는 그 다음해인 770년에 해당한다.

대우정은 청나라 도광(道光) 원년(1821년)에 섬서성의 매현(郿縣) 예촌에서 발견되었다고 한다. 기산의 남쪽 기슭, 부풍의 서남쪽이므로 역시 주원의 땅이다. 태평천국이나 신강(新疆)의 난을 평정한 좌종당(左宗棠, 1812년~1885년)이 이 솥을 찾았다고 한다. 높이가 무려 102.1센티미터, 너비 78.8센티미터, 무게 153.3킬로그램이라는 크기이며 솥 안에는 19행에 걸쳐 291자의 명문이 있다. 23년제의 연호가 있는 것으로 보아 강왕 23년 제작으로 생각된다. 기원전 거의 1천년이다.

이것은 우(盂)라는 공신에게 내린 기념 솥이다. 명문은 다음과 같이 시작한다.

이 9월, 왕은 종주(宗周)에 있으면서 우에게 명하도다. 왕이 분명히 이르노니, 우여! 더없이 영명하신 문왕, 하늘의 대명을 받들어 무왕이 문(문왕)의 뒤를 이어 나라를 이루었도다…….

제2단에는 이렇게 되어 있다.

짐이 듣기로 은의 명을 단축한 것은 이 은 변경의 후(侯), 전(田) 제후와 은의 정백벽(正百碧, 장관)이 술에 탐닉하여 군대를 상하게 하였음이니라.

은나라의 멸망이 과도한 음주에 있었다고 설파한 점은 「서경(西經)」의 '주고(酒誥)'와 부합한다. 제사 때 술을 음복하며 신인공음(神人共飮)에 의하여 신의 뜻에 접하려 하였던 것은 은나라의 방식이었다. 이에 대하여 주나라는 '천명(天命)' 사상을 창출하였다. 문왕과 무왕은 그 덕망으로 하늘이 가진 대명을 받았으며, 은나라는 술에 곤드레만드레 취함(泥醉)으로써 천명으로부터 버림을 받았다는 것이다. 책명(策命)의 내용은 천자를 보필하라는 것이며 그것은 행정 기술보다는 '덕(德)'에 중점이 두었다. 또한 특히 융(戎)을 감시하라고 기술된 것으로 보아 우가 다스리는 땅에는 융족이 많았던 모양이다.

은나라 때의 청동기에는 거의 명문이 없다. 단지 한두 자 정도의 서명이나 기호가 있을 뿐이다. 그것을 만든 내력을 명문에 새긴 것은 주나라의 관습이라 할 수 있을 것이다. 은나라 말기에도 몇 가지 예는 있었으나 오히려 예외라고 보아야 할 것이다. 왜냐하면 모두가 제기(祭器)였다고 할 경우 그 용법은 정해진 것이므로 일일이 명문을 새길 필요를 느끼지 않았을 것으로 생각한다.

제기란 제사에 의하여 신과 합일하려는 도구이므로 그 자체에 설명이 필요없는 '힘'이 스며 있어야 했기 때문이다. 은나라 청동기에는 그 힘이 느껴진다. 비록 비인간적인 제작 과정을 거치고 있을지는 몰라도 거기에 약동하는 그 무엇이 전해진다.

대우정은 서주 초기의 작품이지만 은나라 동기에 보이는 그 '이상한 힘'은 희미해지고 그 대신 명문이 많아졌다. 이제껏 설명만 늘어놓았는데 대우정은 도철(饕餮, 사람을 먹는다는 야수, 흉악한 사람)의 문양을 하고 있으나 약간 양식화된 느낌을 준다. 주나라가 이런 종류의 청동기에서 기대하는 것이 있었다면 저주의 힘이 아니라 마음 속에 새겨넣어 기리는 마음의 힘이었던 것이다.

대우정 출토의 상황은 분명하지 않으나 좌종당에서 주광성(周廣盛) 그리고 반조음(潘祖蔭, 1830년~1890년)의 손으로 옮겨졌다. 반조음은 좌종당을 조정에 추천한 인물로 "국가에 하루라도 호남(湖南)이 없을 수 없고, 호남에 하루라도 좌종당이 없으면 안 된다"고 극찬하였다. 관리에게 부정이 있을 때면 추상같이 다스렸지만 한편으로 금석학의 대가이기도 하였다.

중·일 전쟁이 일어나자 이 대우정은 땅 속에 깊이 묻혔다. 크고 무거워서 피난 때 반출하기가 불가능하였기 때문이었다. 그리하여 제2차 세계대전 종결 후 다시 발굴하여 상해 박물관에 소장하게 되었다.

 대만에 있는 모공정도 상해의 대우정과 같은 무렵에 청나라 도광년 때
(1821년~1850년)에 기산 기슭의 봉상(鳳翔, 현재의 보계현)에서 출토되었다고
전한다. 높이 53센티미터, 너비 48센티미터의 둥근 삼발솥으로 대우정보다
훨씬 작지만 32행 497자의 명문이 들어 있다. 현재까지 발견된 청동기 중에
서 가장 긴 문장이다. 함풍(咸豊) 2년(1852년) 섬서성의 상인 소억년(蘇億年)
이 북경으로 가지고 와서 산동성의 진개기(陳介祺)라는 사람에게 넘겼다.
이 사람도 금석학자였으며 오대징(吳大徵)도 모공정의 연구에 참여하였던
것이다. 갑골문이 발견자인 유철운(劉鐵雲)을 참모로 맞아들인 동하(東河)
총독이자 금석학의 대가였던 오대징 바로 그 사람이다. 그는 청·일 전쟁에서
는 패군지장이 되었다. 이 오대징은 모공정을 주나라 초기의 솥으로 여겼던
것 같으나, 일본에 망명하여 고대사를 연구하던 곽말약은 오히려 서주 후기
의 작품으로 보았다.
 청동기에서 가장 긴 명문의 내용을 보면 주나라 왕이 모공(毛公)이라는
사람에게 정치의 모든 것을 맡긴다는 것이다. 그 안엔,

  나라에 장차 위해로움이 닥치려 하도다.
  사방이 크게 혼란하여 진정되지 않는도다.

라고 한 위기감에 넘치는 구절이 있다. 기형(器型)으로 보아도 서주 후기에
속하는 것이므로 여왕(厲王)이 궁에서 달아나자 주나라가 혼란하여 대신들
의 공동 정치가 된 공화 체제 무렵(기원전 841년)이 아닌가 생각된다. 명문에
서 말하는 주나라의 왕이 누구이며, 모공이 무슨 직책이었는지는 분명치
않다. 서주 후기의 자료는 잃어버린 것이 많아서 비교 측정하기가 용이하지
않다. 섭정을 위촉받은 것으로 보아 모공은 주 왕실 일족의 장로격이었을
것이다.
 천명(天命)의 이상을 내세워 의기를 표방한 대우정과 주왕조의 위기를
호소하며 그 타개를 기원하는 모공정 두 개가 상해와 대만에 있으면서 각기
초국보적인 취급을 받은 것은 무엇인지 상징적인 느낌이 든다.
 그런데 이 2개의 국보에 대하여 혹 위조품은 아닐까 하는 대담한 의문을
제시한 사람이 있다. 미국학자 버나드이다. 그가 의문을 갖게 된 근거는,

164

글자의 배열이 너무나도 정연하기 때문이었다. 고대인은 좀더 대범하여서 간격을 잡는 방법이 그렇게까지 신경질적은 아니었을 거라는 이유에서이다. 주나라 때의 문자에 잘못이 있다는 것이 아니다. 다만 느낌으로 이상하다고 생각했던 것 같다.

갑골문자에는 금이 나 있기 때문에 글자의 배열이 정연하지 않을 수도 있다. 긴 명문은 주나라에서 비롯되었으며 이 두 솥의 것은 특히 길다. 책명(策命)이므로 원문은 비단이나 '간(簡)'에 쓰여진 다음 주형(鑄型)을 뜰 때에는 그것을 박아서 새긴다. 이때 글자의 수는 미리 알고 있었을 터이니 아무리 대범한 고대인이라도 긴 장문일 경우에는 허용된 간격과 글자 수를 고려하였을 것이다. 확실한 것은 다른 명문에 비하여 이상하리만큼 정연한 느낌이 든다.

다만 이 2개의 솥이 1백 수십년 전의 출토품이며 더구나 출토 상황이 명확하지 않다는 점이 의문을 갖기 쉬운 요인의 하나가 되었을 것이다. 특히 모공정의 경우, 일시적으로 소유하였던 진개기가 상당한 소문이 있는 인물이었기 때문에 위조품이라는 의심을 받았다고 한다. 그러나 모공정이 그에게서 처음 나온 것이 아니고 소억년(蘇億年)이라는 제법 이름있는 상인이 기산 출토품이라 하여 북경으로 내온 것이었다. 그리고 한때는 진개기와 오대징의 합작품이라는 설조차 있었다. 주나라 때의 글자를 정확하게 쓸 수 있는 사람은 오대징을 제외하고는 달리 없었기 때문이다. 오대징은 금석학의 대가였으나 전서(篆書)를 잘 써서 국경의 동주(銅柱)에 전서체 글자를 새기기도 하고 고위 관료로서 매우 바쁜 가운데 그림도 그리고 있었다. 모공정의 위조라는 말은 근거가 없음은 말할 나위도 없다. 더구나 청·일 전쟁 때 산해관(山海關)에서 패퇴하여 은거한 다음 그는 중풍을 앓았다.

5

모공정이 제작된 것은 여왕의 원정 활동 등으로 주나라가 혼란했던 때로 생각된다. 주나라가 쇠퇴하기에 이른 최대의 원인은 정벌 활동을 많이 벌였던 때문일 것이다. 그로 인하여 국민들에게 과중한 세금이 부과되어 국민의 불만을 낳았다. 여왕이 궁을 떠난 후, 공화[ 재상인 공백(共伯)에 의한 화

(和)의 섭정이라는 설이 유력) 시대를 거쳐 선왕(宣王)이 중흥의 주인공으로
서 어느 정도 성과를 거두었으나 그의 아들 유왕은 아둔한데다 포사(褒姒)
라는 궁녀에 빠져 정사를 그르친 것으로 전해진다. 이리하여 인심이 떠나
국정은 어지러워져 내란이 일어난데다가 견융족의 침공으로 유왕은 여산
(驪山) 근처에서 견융군에 의해 살해당하였다. 여기까지가 서주의 운명이
다. 이미 언급한 바와 같이 그의 아들 평왕은 동방의 낙양으로 몸을 피하여
동주가 시작된다.

　1960년 이래 주원 지방에서 제법 많은 청동기가 출토되었다. 1960년에
부풍현 제가촌의 동남쪽에 1개의 동기가 묻힌 구덩이(銅器窖藏)가 발굴되면
서 39점의 동기가 발견되었다. 모두가 서주 중기부터 후기의 것이다. 같은
해 부풍현 소진촌(召陣村)에서도 그런 구덩이가 발견되고 19점의 청동기가
출토되었다.

　1961년 봄에는 부풍현 제가촌의 동남쪽에서 1개의 구덩이가 발견되어
청동기 3점을 얻었다. 1962년 말에는 제가촌 동쪽의 낭떠러지 회토(灰土)에
서 6점의 동기가 출토되었다. 이것도 구덩이가 파괴된 상황에서 출토된 것으
로 생각된다.

　1974년 부풍현 강가촌(强家村) 서북쪽에서 발굴된 구덩이에는 7점의 청동
기가 있었고 그 중 1개의 삼발솥은 높이가 80센티미터나 되고 긴 명문도
있었다. 이것은 최근에 출토된 청동기 중에서 가장 큰 것이었다.

　1975년 기산현 동가촌의 서쪽에서 장방형의 구덩이가 발견되어 37점의
청동기가 출토되었다. 그리고 1976년 초에는 9점의 청동기가 담긴 구덩이가
부풍현 운당(雲塘)에서 발견되었다. 같은 해 겨울 부풍현 장백촌(庄白村)
남쪽에서 발견된 장방형의 구덩이에선 무려 103점의 청동기가 들어 있었
다.

　1978년 가을 기산현 봉추촌의 서쪽에서 발굴된 구덩이 안에서는 5점의
동기가 나오고 그것은 여왕 시대의 것으로 판명되었다.

　이러한 일련의 출토는 그 범위가 한정되어 있어서 아마도 서주 기읍(岐
邑)의 궁전이나 종묘가 분포된 곳으로 생각된다. 그리고 지층으로 보더라도
모두 서주 말기에 해당하는 곳이다. 장백촌의 구덩이 같은 것은 그것을 팔
때에 서주 말기의 회갱(灰坑)을 파괴하고 있다는 사실이 확인되었다.

166

같은 시기에 이와 같이 한정된 범위에 많은 동기를 분산시켜 묻은 것은 이상한 일이다. 이것들은 단순한 구덩이들로 묘제는 아니다. 그러므로 부장품으로 묻은 것이 아니었다.

황성장(黃盛璋) 씨는 여왕이 궁을 비운 후 국내가 혼란했을 때 사람들이 동기를 묻었을 것이라고 상상한다. 동기는 기념품이나 제사용의 그릇이므로 정중하게 실내에 장식해 두어야 하는 것임에도 구덩이에 넣었다는 것은 비상 사태가 발생하였기 때문이었다.

이에 대하여 곽말약은 여왕이 궁을 비운 혼란기가 아니라 유왕이 살해당하고 평왕이 낙양으로 천도할 때 묻었을 것이라고 말한다. 여왕이 궁을 비웠을 때 피난한 사람들이 있었다고 하여도 그들은 다시 돌아왔을 것이다. 그 이유는 12년간의 공화제가 있었고 선왕의 중흥기는 46년간이나 계속되었으며 그리고 유왕이 견융족에게 살해당한 것은 즉위 11년의 일이었으므로 여왕 때에 피난간 사람은 일찍이 돌아와서 동기를 실내에 장식하였을 것이기 때문이다.

오늘날에도 구덩이 속에 묻힌 그대로 발견된다는 것은 소유자가 다시 돌아오지 않았기 때문이다. 그렇다면 역시 평왕이 낙양으로 천도할 때의 소용돌이 속에서 "언젠가는 다시 돌아올 테니까……"라는 생각에서 왕족이나 귀족들이 묻었던 것임에 틀림없다.

더구나 청동기가 많이 출토된 기산현 봉추 마을, 부풍현 소진 마을에 걸쳐 서주기의 건축물 유적이 최근 발견되어 현재 조사중에 있다고 한다. 상세한 것은 보고서를 기다릴 수밖에 없으나 소진 마을에서의 가장 큰 규모의 건축물 유적은 280평방미터라는 사실을 알게 되었다.

1978년 5월 부풍현 법문 공사(法門公社)가 제가촌의 제방을 수리할 때, 1개의 회구덩이 속에서 매우 큰 동궤(銅簋)가 출토되었다. 거기에는 124자의 명문이 있고 여왕 자신이 제작시켰다는 사실이 기록되어 있었다. 이제까지 주왕대(周王代)의 그릇이라는 것이 몇 개 있었으나 모두 출토 상황이 분명하지 않았다. 그러므로 출토 지점이 명확한 주 왕대의 그릇으로는 이것이 처음이 되는 셈이다.

# 땅 속에서 진동(震動)하는 소리

## 1

강남에서 '의후측궤'가 출토됨으로써 서주(西周)의 세력권이 우리가 상상하던 이상으로 광대하였음을 알게 되었다.

1981년 4월에 영하(寧夏) 회족(回族) 자치구의 고원현(固原縣)에서 서주 묘가 발굴되었다. 사실은 영하에서 서주 묘가 발견된 것은 이것이 처음 있는 일이다.

2마리의 말이 끄는 마차, 이른바 '거마갱(車馬坑)'이 있는 중형(中型)의 묘지이다. 우측의 말뼈는 비교적 완벽하게 남아 있었다. 부장품으로 나온 도기는 다리가 굽은 솥(鬲, 력) 1점뿐이고 동기로는 손잡이가 두 개 달린 삼발솥(鼎, 정)과 제사 때 기장과 피를 담는 네모난 그릇(簋, 궤), 창(戈, 과), 갈라진 창(戟, 극), 차축(車軸)의 장식 등 마구(馬具)가 약간 있었고, 그 밖에 뼈로 만든 그릇과 옥그릇 및 패류(貝類) 등도 있었다고 한다. 부장품의 형태, 무늬, 지층 등으로 보아 서주 초기의 것임이 확인되었다. 서주 초기에 이 지방에는 융족(戎族)도 많아서 주·융 양족의 혼합 거주 지역으로 생각된다. 보고서에도 묻힌 자가 주나라 사람인지 융족인지를 밝히지 않았다. 여하튼 주나라가 은나라로부터 청동기 제작 기술을 터득하게 되자 융족도 바로 그것을 배웠던 것이다.

서북의 영하뿐만이 아니다. 동북의 요녕(遼寧)에서도 서주 시대의 묘지가 계속 발견되고 있다. 특히 건평현(建平縣)에서, 청동기의 유물이 수많이 출토되고 있다. 그러나 서주 양식의 청동기가 나오고 있다고 해서 그 지방이 서주에 의해 지배받고 있었다고 단정할 수는 없다. 문화의 흐름이 정치의 흐름을 앞지르는 경우가 간혹 있기 때문이다.

주나라가 동천(東遷, 주나라 평왕이 낙양으로 천도한 것을 말함) 후, 천자(天子)의 권위는 실추되었으나 기품만은 높았다. 여산(驪山)에서 주나라의 유왕(幽王, ?~기원전 771년)과 함께 살해당한 정(鄭)나라의 환공(桓公)은 나라를 동쪽으로 옮겨 그 아들 무공(武公)이 뒤를 이었다. 주나라가 동천한 후 주 왕실을 도운 것은 주로 정나라였다. 주나라 평왕(平王)의 손자인 환왕(桓王)은 즉위하자 정나라를 거북스럽게 생각하고 더 작은 나라의 괵(虢)을 중용하게 되었다. 힘이 약한 천자의 밸런스 게임이었다고 말할 수 있을 것이다. 이리하여 실력 이상으로 기용되었던 괵공가(虢公家)의 묘가 삼문협 상촌령(三門峽上村嶺, 하남성 협현)에서 발굴된 것은 모두 234기로 그 1기에서 "괵태자원도과(虢太子元徒戈)"라는 명문이 있는 동기가 발견되었고, 그 규모로 보아 괵국 태자의 묘가 틀림없다. 부장되어 있던 것은 7점의 동정(銅鼎), 각기 6점의 청동솥(銅鬲)과 궤(簋) 그리고 마차 10량과 말 20피였다. 어쩌면 솥의 수에 따라 묘의 격이 달랐던 것 같으며 7점이나 있던 곳은 태자의 묘뿐이고 나머지는 5점이 나온 곳이 2기, 3점이 나온 곳이 3기였다. 이것은 일반적인 공자(公子)나 대부(大父)의 묘인지도 모른다. 그리고 청동 삼발솥 1점과 얼마 간의 도기가 부장되어 있던 묘는 32기였다. 대부분의 묘는 예기(禮記)를 갖지 않은 점으로 보아 신분 제도가 엄격하였음을 엿볼 수 있다.

태자의 묘에서 단검 2자루가 출토되었다. 이것은 낙양 중주로(中州路)에서 출토된 상아 칼집의 단검과 함께 중국에서 가장 오래된 것이다. 또한 삼면 청동 거울(三面銅鏡)이 출토되었는데 이것도 중국에서 시대를 확정할 수 있는 가장 오래된 거울이다. 이 묘에서 동경이 출토됨으로써 중국의 동경 사용 연대는 200년 이상 소급되었다. 괵나라가 진(晋)나라에 멸망당한 사실은 「사기」의 '십이제후표(十二諸侯表)'에 의하면 기원전 655년의 일이므로 삼문협의 묘지는 그 이전의 것이었음이 분명하다.

춘추 제후(春秋諸侯)의 묘에서 발굴된 것은 안휘성(安徽省) 수현(壽縣) 성서문(城西門) 내의 채후(蔡侯)의 것이었으며 1955년 5월의 일이었다.

채나라는 괵나라에 비하면 대국으로 「사기」의 '십이제후표'에 들어 있다. (괵나라는 들어있지 않다). 그럼에도 이 채나라는 춘추 시대 열국 중에서는 약소국으로 원래는 하남의 상채(上蔡)에 있었으나 초(楚)나라의 핍박을 받고 기원전 493년에 주래[州來, 현재의 수현, 하채(下蔡)라고도 부름]에 천도하였던 것이다. 천도 후 46년—기원전 447년 초나라에 의해 멸망당하였다.

이 채후묘(蔡侯墓)의 동기 명문만으로는 묻힌 주인공을 알 수 없다. 주래에 천도하여 46년간에 채나라는 소후(昭侯), 성후(成侯), 성후(聲侯), 원후(元侯)로 주군이 바뀌었다. 이중 성후(聲侯)의 묘는 회남(淮南)시의 채가강(蔡家岡)에서 발견되었다. 아마도 수현(壽縣)의 채후묘는 소후(昭侯)의 것일게다.

소후는 초나라의 압박을 견디지 못하여 오(吳)나라에 가까운 주래에 천도하였으나 그래도 안심이 되지 않아 다음의 천도를 생각하였던 것 같다. 대부(大夫)들이 재천도를 막기 위하여 사람을 시켜 소후를 상해한 것이 기원전 491년의 일이었다. 묘 안에서는 '오왕광의 거울(吳王光之鑑)'이 나왔다. 오왕광이란 부차(夫差, 기원전 496년~473년 재위)의 아버지 합려(闔閭, 기원전 514년~496년 재위)를 말하며 역대 채후 중에 합려와 동시대에 재위하고 있던 사람은 소후뿐이다.

춘추 시대의 약소국이라고 하여도 이 채후 묘에는 굉장한 부장품이 들어 있었다. 동기 486점, 옥기 51점, 금식(金飾) 12점, 골기(骨器) 28점이며 명문이 있는 동기는 60여 점이었다. 그 안에는 약소국의 비애가 서려 있는 내용도 있다.

초왕을 받들고
(누님을) 오왕에게 보내며
천자를 보필하여……

즉 초강대국인 초나라를 섬기는 한편, 그 대립국인 오나라와 혼인 관계를 맺고 나아가 중원에서 유명무실해진 주나라의 천자에게까지 배려하고 있다. 시라카와시즈카(白川靜) 씨에 의하면, 솥의 명문에 있는 '천자'는 편종의 명문에 나와 있는 '초왕'일지도 모른다고 한다. 주나라의 천자 경왕(敬王)은 태자가 난을 일으켰기 때문에 진나라로 몸을 피하여 의지하고 있는 가련한 신세였다. 그런 천자를 염려할 필요는 없었을 것이기 때문이다.

이 채후 묘에서 주목할 점은 묘 속의 아래 동남편 구석에 순장자가 하나 있었다는 사실이다. 춘추 묘에서는, 말 등을 순장은 했지만 사람을 순장한

진공궤 뚜껑의 명문(銘文)

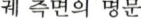

궤 측면의 명문

궤 몸체의 명문

경우는 채후 묘에서의 이 한 예뿐이다. 이미 공자가 예악(禮樂)의 가르침을 펴서 예에 관한 문헌이 수없이 나돌고 있는 시기였다. 그러므로 인간의 순장은 '비례(非禮)'라는 관념이 팽배하고 있었을 것으로 생각되는데 '인간 순장'은 이례적이 아닐 수 없다. 소후는 사람에게 살해되었으나 혹시 부(大夫)에게 고용되었던 청부 살인자를 반역자라는 이유로 다시 주살(誅殺)하여 묘 속에 팽개쳤던 것인지도 모른다.

이제까지는 묘 속에 예기(禮器)만이 부장되어 있었으나 채후 묘에는 여러 가지 일상용품이 들어 있었다. 전국시대 '호장(豪葬)'의 관례는 이 무렵에 시작되었던 것일까?

2

북경의 중국 역사 박물관에서 춘추 시대의 문물로 '진공궤(秦公簋)'의 촬영이 허용되었다. 그리고 박물관의 마욱(馬旭) 씨가 우리들을 위하여 손수 그 명문의 탁본을 떠 주었다. 춘추 시대의 진나라에는 병기 이외의 동기의 유품이 적기 때문에 이것은 중요한 것이라 하지 않을 수 없다.

우리가 사용하고 있는 '한자(漢字)'는 원래 진나라 시황제의 통일에 의하며 문자의 표준이 된 진전(秦篆)에서 비롯하였다. 그런 뜻에서도 이 3점은 귀중하다.

춘추 전국 시대에서는 제후 이외에도 유력자들이 동기를 만들었으나 진나라에서는 왕실 이외에서 만들어진 것이 거의 없다. 이 진공궤는 1923년에 출토되었다고 한다. 확실히 마욱 씨와 같은 명인이 뜬 탁본은 이제까지 본 사진판보다 훨씬 분명하였다.

명문의 개요를 보면 이렇다.

진나라 황제(皇帝)가 천명을 받아 우적(禹蹟, 중국)을 통치하고부터 12공(公)이 천제의 자리에 있었고, 엄격하게 천명을 받들어 그 진나라를 지키며 만하(蠻夏)를 다스리며, 명덕(明德)으로써 만민을 명령하여 윤사(胤土)를 기르고 복종하지 않는 나라(不廷)를 진압하였다. 짐(朕)은 제사를 경건하게 올리기 위하여 이 그릇을 만들어서 시조에게 드리는 바, 오랫동안 재위하여 드높고 큰 경사가 있는 가운데, 사방을 지탱할 수 있도록 하여 주시기를 바랍니다.

이 문장 속의 '진(秦)', 공(公)', '황조(皇祖), '부(不)', '짐(朕)', '천명(天命)', '엄(嚴)', '재(在)', '이(以)', '수(受)'의 12자는 각기 두번 사용되었으나 그것들은 한치의 착오도 없는 형체이다. 이 명문은 자모(字母)를 만들어 압날(押捺)하였다는 것이 나진옥의 주장이다. 또한 아직 종이가 없던 시대였으나 활자는 종이보다 적어도 600년 정도 빨리 만들어진 것이 된다.

명문은 "진공(秦公)이 이르기를"로 시작되고 있으며 아마도 진나라 애왕(哀王, 기원전 536년~501년) 때인 것으로 생각된다. 초나라를 도와 오나라를 쳐서 초나라의 수도를 회복했다는 사실이 "만하(蠻夏)를 다스리고"에 해당할 것이다.

북경의 역사 박물관 별실에서 나는 이 진공궤를 여러 각도에서 살펴보았다. 진이라는 나라는 이 청동기를 만들고 300년 정도 지나서 중국을 통일하였던 것이다. 더구나 진나라는 서주의 유왕(幽王)이 견융에게 살해당하고 주 왕실이 동천한 다음 비로소 제후(諸侯)가 되었다. 그것도 주나라가 방치했던 땅에 봉해졌던 것이다. 주나라를 동쪽으로 내몬 융족(戎族)의 세력이 막강한 지역이었던 것이다. 공자가 찬미했던 주나라의 예악—왕국유(王國維)로 하여금 중국 문화의 선조는 은나라가 아니라 주나라라고 말하게 하였던 그 주나라의 문화—를 전통으로 이어받은 나라는 진(秦)나라였던 것이다. 진나라는 한편으로 예악은 갖추지 않았으나 순박하고 솔직한 융족과 끊임없이 접촉하였다. 융족에 관한 사항은 상세하게 알 수 없으나 사냥과 유목으로 살았던 부족으로 생각된다. 사냥에서는 무엇보다도 협력을 필요로 하며, 유목도 계절과 초목이 있는 곳을 잘 아는 지도자에게 복종하지 않으면 안된다. 이와 같이 한 사람에 의하여 지도되는 체제가 바로 이웃에 있었다는 사실이 진나라를 독재적인 나라로 만든 하나의 원인이 아니었을까? 이 진공궤를 보고 있으려니 진 왕실 이외에 청동기를 만드는 자가 따로 없던 사회가 여러 모로 상상되었다.

춘추 시대에는 의전(儀戰)이 없었다고 흔히 말한다. 춘추 시대의 전쟁은 모두 이해가 엉켜 있어서 의로운 싸움이 없었다는 뜻이다. 그러나 지금 눈앞에 있는 그릇을 만들게 한 애왕은, 원군을 청하러 온 초나라의 대신 신포서(申包胥)가 7일 낮밤을 먹지 않고 읍소하자 그 충의에 감동되어 병사와 전차 500 승(乘, 1승은 100명)을 동원하여 오나라를 무찌르고 초나라를 구했던 것이다. 이리하여 초나라의 소왕은 일단 포기하였던 수도 영(郢, 호북성 강릉현)에 돌아갈 수가 있었다. 이것은 '의전'이 아니겠는가?

진나라는 상앙(商鞅, ?~기원전 338년), 장의(張儀, ?~기원전 310년), 이사(李斯, ?~기원전 210년), 여불위(呂不韋, ?~기원전 235년) 등 외국인을 등용하여 재상으로 삼았던 일이 적지 않았다. 유능한 인물을 지도자로 한 사실, 진공(秦公)이 단일 체제를 이룰 수 있게 된 사실, 이러한 것이 바로 융족의 영향이었는지도 모른다. 천하 통일이라는 어려운 대업을 이룰 수 있었던 진나라의 배경이 이 하나의 동기 속에 감추어져 있는 것처럼 느껴졌다. 진 황실 이외에는 동기를 만들 수 없다는 엄격한 독재 체제는 태평 시대 같으면 많은 알력을 일으켰겠지만 난세에는 위력을 발휘하였을 것이다.

동방 제후의 나라가 서로 문화적인 영향을 주고받고 있었는데 진나라만이 약간 배타적이었던 것 같다. 끊임없이 접촉하는 융족으로부터 그들의 기질이나 제도의 파급은 수용하였어도 문화적인 영향을 수용한 경우는 드물다. 그렇기 때문에 진나라의 문화는, 좋게 말하며 안정되어 있었고, 나쁘게 말하면 정체되어 있었다. 시라카와시즈카(白川靜) 씨는 이 동기의 명문 글자가 300년 후의 진량(秦量)의 필적과 닮았으며 시간적인 거리를 거의 느끼게 하지 않는다고 말한다.

하나의 동기(銅器) 속에서 역사의 위엄이라는 것을 느낄 수 있었던 것이다.


3


춘추 시대의 진(秦)나라는 오히려 조역이며 주역은 중원에서 패권을 잡은 진(晉)나라라 할 수 있을 것이다. 그리고 진(晉)나라에 대한 최강의 경쟁 상대는 초나라였다. 그러나 진(晉)나라나 초나라는 점차 힘을 길러 천하를 통일하려는 방향으로 나아가지 않았다. 비대해진 진(晉)나라는 분열되고 만다. 그리하여 진(晉)이라는 나라는 사라지고 조(趙), 위(魏), 한(韓) 3개국이 나타난다. 한편 초나라는 오나라라는 신흥 세력에 의해 수도까지 짓밟히는 수모를 겪는다. 그러한 오나라도 결국 월(越)이라는 신흥 세력 때문에 멸망하고 만다.

중원 사람에게는 오라는 나라가 갑자기 나타난 것으로 생각되었을 것이
다. 초나라와 패권을 다투고 있던 진(晉)나라가 초나라 후방에 하나의 세력
이 나타난 사실을 눈치채고 신공무신(申公巫臣)이라는 사신을 오나라에 파견
하였다. 기술면에서는 아직 후진국인 오나라에 군사 기술을 제공하기 위해서
였다.

기술이란 그 자체만으로 전달되지 않는다. 문화 체제 속의 하나인 것이므
로 문화 그 자체가 전파되지 않으며 안 된다. 오나라로서도 열심히 중원의
문화를 받아들였을 것이다. 이렇게 말하면 오나라에는 문화라는 것이 없었던
것 같이 들릴 수도 있겠으나 절대로 그렇지 않다. 강소성 회안 부근에 청련
강(靑蓮崗) 문화가 있었고 신석기 시대에 이미 농삿일이 행해졌던 사실이
알려지고 있다. 또 주나라 초엽에 어느 영주가 강남에 봉해졌던 증거라 생각
되는 '의후측궤'가 1945년에 단도현(丹徒縣)에서 출토되었다는 사실을 이미
언급한 바 있다. 이 '의후'가 춘추 시대 오나라의 선조 또는 오나라의 모체를
이룬 세력이 아니었을까 하고 추리하는 사람도 있다.

지역적으로 차도 있고 하여 강남의 문화는 중원의 그것과는 상이한 점도
있었을 것이다. 거기에 정치적인 목적을 갖고 중원 문화가 도입되었던 것이
다. 이질적인 문화의 접촉은 때로 강력한 힘을 낳는 경우도 있다. 초강대국인
초나라의 수도를 유린한 오나라의 힘이 단지 진(晉)나라에서 제공된 군사
기술에서 생겨났던 것은 아닐 것이다.

급기야 오나라와 대립하여, '오월(吳越)'이라고 하면 바로 경쟁 상대를
연상하게끔 된 월나라도 현재의 절강성(浙江省)을 근거지로 한 신석기 시대
양저(良渚) 문화의 후예가 아닌가 생각된다. 다만 월나라는 바다에 가까웠으
므로 오나라에 비하여 표해 부족(漂海部族)적인 면이 있었을 것이다.

「위지(魏志)」 '왜인전(倭人傳)'에 "그 이정(里程)을 재어 보니, 바로 회계
(會稽), 동야(東冶)의 동쪽에 있도다"라는 표현이 있다. 그 회계야말로 현재
의 절강성 소흥(紹興) 부근으로 월나라의 수도였다. 그리고 동야라는 곳은
「사기」 '동월열전(東越列傳)'에 한(漢)나라 초엽에 민월왕(閩越王) 무제(無
諸)가 수도로 하였던 땅으로 복건성 민후현(閩侯縣) 부근으로 되어 있다.
또 현재의 복주(福州)시는 야현(冶縣)으로 있었다. 이 지명의 내력은 '월왕
구천 야주(越王勾踐冶鑄)'에서 연유한다는 설이 있다. 북주시 구역의 바로

북쪽에 있는 산은 지금 병산(屛山)이라고 부른다. 병풍과 같이 성의 뒤에 솟아 있기 때문일 것이다. 「독사방여기요(讀史方輿紀要)」에 의하면 이 산은 또한 '야산(冶山)' 또는 '월왕산(越王山)'이라고 부르기도 했던 모양인데 거기에서 우리는 다음과 같은 문장을 볼 수 있다.

산의 남쪽에 구야지(區冶池)가 있으며 구야자(區冶子) 주검(鑄劍)의 곳으로 전해진다.

구야자라는 인물은 철검(鐵劍)을 만들었던 월나라의 이름 높은 장인(匠人)으로 「오월춘추(吳越春秋)」에 오나라의 간장(干將)과 막사(莫邪) 부부와 함께 기술되어 있다. 그때까지 철은 동에 비하여 '악금(惡金)'이라고 불리고 있었다. 그 악금을 연마하여 '양금(良金)'인 동이상으로 훌륭한 강철을 만드는 기술이 겨우 오·월에서 개발된 것 같다. 이것도 이질적인 문화의 접촉에 의한 좋은 충격의 결과인 것 같은 생각이 든다.

청동은 출토 상황으로 보아 중원에서 강남으로 전해진 것이 거의 확실하다. 그 청동 기술에 관해서도 오·월은 어느 면에서는 중원을 추월했다.

1973년 중·일 국교 정상화를 기념하여 토쿄와 교토(京都)에서 중국의 출토 문물전이 열렸었다. 이때에는 앞에서 언급한 채후 묘(蔡侯墓) 출토 문물과 문제의 오왕광(吳王光)의 동경(銅鏡)까지 전시되었다. 그러나 일반 참관자의 눈길을 끌었던 것은 월왕 구천(勾踐,?~기원전 465년)의 동검(銅劍)이었다. 이것이 전람회의 핵심이었다고 해도 좋았던 것 같이 기억된다. 와신상담(臥薪嘗膽) 등의 옛 이야기로 우리들에게 널리 알려진 인물의 소유물이었다는 점도 있었으나 그렇지 않았다고 하더라도 실로 훌륭한 예술품이었다. 칼의 몸통은 다이어몬드 무늬의 선으로 장식되었는데 2400여년이 지난 지금도 칼날은 극히 날카롭다고 설명되었다. 칼자루에는, "월왕 구천(越王鳩淺) 자작 용검(自作用劍)이라고 해서 곳곳에 새머리 모양이 붙어 있는 장식적인 글씨체였다. 더구나 채후 묘의 여러 동기의 명문(銘文)도 무전(繆篆)이라고 부르며 역시 장식성이 짙은 글씨체였다. 남방에서는 이와 같은 글씨체가 유행하였던 것 같다. 거의 때를 같이하는 진공궤(秦空簋)의 명문이 순박한데 비하여 남방의 사치성이나 무절제성이 느껴진다.

날 밑에 해당되는 부분 양면에는 남색 유리와 터키석이 상감(象嵌)되어 있고 정교하기 이를 데 없다. 현대의 공예가라도 칼날 부분에 어떤 방법으로 다이어몬드 무늬를 넣었는지 모르겠다고 말할 정도다.

이 검이 출토된 것이 호북성 강릉에 있는 망산(望山) 1호의 초묘(楚墓)였다는 것도 수수께끼인 것이다. 그러나 월나라는 마지막으로 초나라에 의해 멸망되었던 것이므로 월나라의 국보가 전리품으로 초나라에 가게 되었던 것이라고 한다면 이상할 것은 없다. 오히려 수수께끼라고 하면, 채후 묘에 있었던 오왕광의 거울 명문에서 차녀(次女)의 잉기(媵器, 시집갈 때의 혼수 용구)로 만들었다고 표시된 것이 설명이 되지 않는다. 그 묘에서 나온 동반(銅盤)에는 채후가 일족의 여인으로서, 오왕에게 시집 보내기 위한 잉기라는 사실이 표현되어 있다. 오나라에서 시집온 여인이 있었던 것인지 오나라로 시집을 간 것인지, 후자의 경우라면 시집을 가는 데 가져가야 할 잉기가 왜 친정집에 남겨져 채후의 묘에 수장되었는지 의문의 여지가 많으나 땅 속에서 나온 문물은 오직 입을 다물고 있을 뿐이다.

오·월 지방에는 앞서 나온 구야자(歐冶子) 이외에도 명검을 둘러싼 전설이 많이 남아 있다. 구천의 동검은 예리하다고는 해도 왕의 소지품이므로 실전 용은 아니었을 것이다. 오히려 권위의 상징으로 생각된다. 명검의 전설이 강철에 연관되어 있는 사실로 보아 무기의 소재가 동에서 철로 바뀌어 가고 있었을 것이다. 철기(鐵器)는 원가가 싸게 먹히는 데다 대량 생산이 가능하다. 춘추 시대 말기에 오·월이 갑자기 막강해졌던 것도 제철과 관계가 있었던 것인지도 모른다.

구천과 싸워 그 부상이 원인이 되어 죽은 오왕 합려(闔閭)는 채후묘 안에 잉기용 거울을 남긴 오왕광을 말한다. 그는 현재의 소주 교외 호구(虎丘, 강소성)에 해당하는 해용산(海湧山)에 묻혔다. 10만 명의 인부가 동원되어 3중으로 바깥을 쌓고 묘 안에는 수은(水銀)의 연못을 만들어 금, 은, 주옥으로 세공한 물새를 띄웠다고 전해진다. 그리고 3천 자루의 명검도 함께 묻었다는 것이다. 이 묘를 완성시킨 것은 아버지로부터 복수의 유언을 들은 부차였다. 부차(夫差)는 한번 구천(勾踐)을 이긴 바 있으나 와신상담한 구천에게 멸망하고 말았다.

270년 후 중국을 통일한 진(晉)나라 시황제는 3천 자루의 명검이 탐이

나서 오왕광의 묘를 파헤치려고 하였다. 그러나 파고 있을 때 맹호가 나타나
는 바람에 작업을 중단하였다는 것이다. 호구라는 지명이 이렇게 해서 생겼
다고 전해지고 있다. 오·월의 명검은 천하의 부를 누리던 진나라 시황제조차
군침을 흘릴 정도로 매력을 지니고 있었던 것이다. 그 점은 구천의 검을
보게 되면 이해할 수 있을 것이다.

4

펜의 흐름이라는 말이 있다.「사기」가 은나라 주왕(紂王)의 폭정을 서술한
가운데 "녹대(鹿臺)에 돈을 가득 채우다"라는 표현이 그 한 예인데 녹대라는
건물을 돈으로 가득 채웠다는 뜻이나, 은나라 말기에는 아직 돈 같은 것은
있지 않았다. 물품의 가치를 다루는 것은 자안패(子安貝)였다.

금속의 주조 화폐가 사용되기 시작한 것은 춘추 시대였다. 그것은 청동제
로 여러 가지 모양을 하고 있었다. 보통 '도포(刀布)'라고 하여 칼(刀)과 베
(布) 모양에 닮았다(고대 중국에서 포는 화폐를 뜻하기도 했다:역주). 물론 손으
로 쥘 수 있는 소형으로서 실제로 도움이 되는 상품을 본 땄던 것으로 생각
된다. 포라는 말에는 평평하다든가 포의 옛 글자인( 巾 )자와 닮았다든가
또는 널리 천하에 분포한다는 뜻이 있다는 이설도 있다. 칼은 금속 도구의
대표물로 지칭되었던 것이므로 춘추 시대의 청동 화폐는 칼 모양 뿐만 아니
라 스쿠프(삽) 형의 것도 적지 않았다.

후세에 와서 원형 방공(圓形方孔)의 동전이 사용되었을 때, 원은 하늘을
뜻하고 방형은 땅을 뜻하는 것이라고 일컬어졌는데 화폐는 요컨대 무엇인가
의 상징인 것이다. 그 자체의 실용성은 없다. 춘추 시대의 도전(刀錢)이 실제
로 칼로 쓰였던 경우는 없었을 것이며, 스쿠프도 그렇게 작은 것으로는 밭갈
이를 할 수 없었을 것이다. 여기서 유의하고 싶은 점은 춘추 시대의 도포
가, 그 무렵에 이미 금속제의 스쿠프가 농경에 이용되고 있었음을 방증한다
는 사실이다.

청동 주조는 비싸게 먹힘으로 주로 제기(祭器), 의기(儀器), 기념품 등으로
만들어졌다. 춘추 시대의 진나라에서는 동기가 많지 않았다는 사실을 앞에서
언급하였다. 그러나 진나라의 청동 병기—외창이나 세모창 같은 것이 적지

않게 나오고 있다. 아마도 진(秦)나라에서는 명예보다는 실리를 취하는 기풍이 있었던 것 같다. 여하튼 청동 시대의 청동은 권위와 역량의 상징이었다. 그렇게 큰 솥을 그렇게 훌륭하게 만들 수 있다는 경제력과 기술 수준의 과시였다. 혹 여차하면 그것으로 다량의 무기를 만들 수 있다는 일종의 공갈 효과를 더 노리고 있었을 것이다.

그러나 청동 시대인데도 청동제 농기구는 적다. 동제 스쿠프의 출토가 극히 적다는 사실은 이미 언급한 바 있다. 노예 시대는 은나라에서 끝났을지 모르나 봉건 시대에 이르러서도 농삿일을 한 것은 역시 신분이 낮은 사람들이었다. 그러므로 그들에게 비싼 동제 스쿠프의 사용은 허용되지 않았을 것이다. 단단한 목재를 가공하든가 돌을 연마하여 작대기에 붙들어 매어 사용하는 삽이나 괭이 그리고 스쿠프를 이용한 농경이 오랫동안 계속되었을 것이다.

제철(製鐵)은 아마도 중국의 동남쪽에서 일어났을 것이다. 철을 옛날에는 '철(銕)'이라고 썼다. '이(夷)'란 주로 동방 부족에게 붙여진 명칭이다. '악금'이었던 것이 동보다도 단단한 강철로 출현하고 거기에다 원가도 쌌던 것이다. 철의 양산이 가능해지고부터 비로소 농기구의 금속화가 이루어진 것으로 보인다. 춘추 시대의 동전에 스쿠푸형이 있는 것은 금속(철)의 스쿠프가 이미 포나 칼과 같이 일반화되어 있었기 때문일 것이다. 생산 도구뿐만 아니라 무기도 당연히 철제화되었음에 틀림없다. 철의 양산이 춘추 시대에서 전국 시대에 걸쳐 중국에 측정하기 어려운 힘을 갖게 하였을 것이다.

춘추 전국이라고 하면 겉잡을 수 없이 팽배하던 전란(戰亂)에 의한 사양과 쇠망이라는 이미지를 갖게 마련이다. 그러나 사실은 그와 반대로, 활기에 넘치고 인간의 지능이 활성화되었으며 생활권이 넓어진 시대라고 할 수 있다.

유가(儒家), 도가(道家), 묵가(墨家), 법가(法家), 명가(名家), 음양가(陰陽家) 등, 이른바 제자백가(諸子百家)는 춘추 전국 시대에 체계화되었던 것이다. 공자(孔子)를 비롯하여 노자(老子), 장자(莊子), 묵자(墨子), 순자(荀子) 등 중국을 대표하는 사상가가 줄을 이어 나타나서 중국 사상의 골격은 거의 이 시대에 이루어졌다고 할 수 있다.

춘추 제후(春秋諸侯)라든가 전국 칠웅(戰國七雄)이라고 하여 분열기로 생각되기 쉬우나 오히려 팽창기라고 말할 수 있는 것이다. 지난날 은나라가 지배하고 있던 지역은 춘추 전국 시대의 한 제후가 다스렸던 국토 정도였을 것으로 생각된다. 또한 주나라는 봉건제에 의하여 명목상으로는 천하의 주인이 되었으나 실제로 유효하게 통치한 것은 관중(關中, 섬서성)의 평원뿐이었을 것이다. 그리고 동천한 후에는 유명무실해져서 제후에도 미치지 못하게 되었던 것이다.

제후의 나라들이 다투어 살고 있었으므로 자연히 경쟁이 있기 마련이다. 멍청하게 있으면 흡수되고 말므로 끊임없이 노력을 하지 않으면 안 되었다. 그러한 노력이 시대를 진전시켰던 것이다. 중국의 주된 사상이 이 시기에 한자리에 모이게 된 것은 넋을 잃고 있을 수 없는 시대였기 때문이다. 제국을 돌아다니며 생활을 누릴 수 있었던 것도 수요(需要)가 있었기 때문이었고, 제국의 물자 교류에는 상인이 활동하고 있었다. 그 무렵 귀족과 하류층이 분명하게 구분되어 있었으나 점차 중류층이 늘어나게 되었다. 철의 시대에 의한 생산력의 증대가 큰 요인이었을 것이다. 각지에서 활약하고 있던 상인 중에는 왕후(王侯)에 비견될 수 있을 정도의 재산가도 있었을 것이다.

이렇게 되면, 지난날의 '권위'가 변질되고 권위의 상징도 붕괴되지 않을 수 없는 것이다. 청동기는 지난날 '사용되지 않던 것'이었다. 상징이나 기념물로서 경건하게 모셔지고 있었던 것이다. 거기에는 '다른 사람은 만들 수 없는'것이라는 우월감이 있었으나 시대의 진전에 따라 왕후가 아니더라도 예를 들면, 상인이라도 만들려고만 하면 만들 수 있게 되었던 것이다. 아무래도 은나라 이래 무게를 잡고 있던 청동기가 이제는 익살스런 존재가 된 것 같다. 철의 시대에 이르러서도 청동기는 계속 만들어졌으나 유복한 사람들의 사치스런 일상 용품이라는 성격이 강하게 부각되었다.

5

여기서 이야기를 구천(勾踐)의 검으로 돌려보자. 이 보물이 나온 곳은 호북성 강릉의 초나라 때의 묘에서였다.

초나라의 수도는 영(郢)이었다. 오늘날의 강릉 기남성(紀南城)에 해당하는 곳이다. 유적의 규모는 동서 4.5킬로미터, 남북 3.5킬로미터로 현재까지 5곳의 성문적(城門蹟)과 2곳의 수문적(水門蹟)이 발견되고 호성하(護城河)에 둘러싸였던 사실을 알게 되었다. 1975년에서 이듬해에 걸친 조사로 성내 동남쪽에 커다란 건조물 유적이 확인되었다. 기초는 동서 80미터, 남북 4.5미터이나 같은 장소에 전후 2번이나 궁전으로 추측되는 건물이 세워졌던 흔적이 있었다. 전기는 춘추 시대이고 후기는 전국 시대였을 것이다.

유적 내에서 400개 이상의 우물 흔적이 발견되었으며 그 대부분은 그릇이나 목재 또는 대나무로 둘러져 있고 너비는 대개 80센티미터 전후라고 보고되었다. 시민의 식수용 우물이 대부분이었으나 개중에는 도기 제작용 우물로 추측되는 것도 있었다고 한다. 유적에서 출토된 것은 춘추 말기부터 전국 시대에 걸친 도기 파편이나 기왓장 등이 가장 많았고 농기구나 도끼, 톱, 칼 등의 철제품도 적지 않았다. 그러나 동기의 수량은 별 것이 아니었다. 사치품에 속하는 동기는 더욱 소중하게 취급되었거나 부장품으로 사용되었기 때문에 유적에는 남아 있지 않았는지도 모른다. 그러나 이 초나라 도시에 유적으로 보아 춘추 말기에는 전국 시대에 걸쳐서는 이미 제철 시대에 접어들고 있었음을 알 수 있다.

이 기남성 서북쪽 7 킬로미터 지점의 망산(望山)에서 3기의 대형 묘가 발굴된 것은 1965년의 일로 월왕 구천의 명검은 그 1호 묘에서 나온 것이다. 구천 검 이외의 출토품으로 주목할 만한 것은 죽간(竹簡)의 잔결(殘缺)로 이것은 현재까지 중국에서 가장 오래된 것이다. 또한 망산 1호 묘와 같은 강릉의 천성관(天星觀) 1호 묘에서도 같은 시대의 죽간 잔결이 출토되어 모두 6,500자 정도의 '초나라 문자'가 지상으로 나오게 되었다. 같은 갑골 문자 계통이기는 하나 전국 시대의 각 나라는 각기의 문자를 갖고 있었다. 앞에서 언급한 바와 같이 시황제의 통일로 진전(秦篆)이 채택되어 이것이 '동문(同文, 글자를 똑같이 한다)'이라는 그의 공적의 하나로 치부되었던 것이다. 전국 칠웅 가운데 진나라 이외의 6개 국의 문자를 합쳐서 '육국 문자(六國文字)'로 부른다. 망산 1호 묘에서 출토된 죽간도 6국 문자의 하나인 초나라 문자로서 글자의 체계는 같은 갑골 문자의 흐름이며 거의 해독이 된 것 같다.

1973년 토쿄, 교토에서 개최된 전람회에서도 이 망산 1호 묘의 죽간 잔결이 전시되었다. 구천 검 때문에 빛을 보지 못하였으나 중국에서 가장 오래된 죽간으로 마음을 사로잡았던 문물이었다. 당시의 차례에는 그 내용에 제의 (祭儀)에 관한 것이 쓰여져 있는 것 같다고밖에 설명되어 있지 않았으나 해독 결과 이것은 점괘와 '도고(禱告)'의 기록인 '도사(禱辭)'로 판명되었던 것이다. 묻힌 사람의 이름도 알게 되었는데 아랫 글자는 '고(固)'이나 윗 글자는 '소(昭)'에 해당한다는 것이다. 이 사람은 병이 많아 여러 가지 치료를 받았는데, 어떤 요법이 좋은 지를 점치고 그에 대하여 말한 바(도고)를 기록한 것을 묘까지 가지고 간 것이었다. 그리하여 초나라의 신앙, 습관, 고대 의약 등의 연구에는 귀중한 자료가 된다는 것이다.

진(晉)나라의 분열(기원전 453년)을 춘추와 전국의 시대로 구분하는 것이 보통인 것 같다. 공자의 「춘추(春秋)」 마지막 해(기원전 481년)는 오나라의 멸망(기원전 473년)의 해로 보는 설도 있으나 망산 1호 묘는 전국 시대 초엽으로 추정된다. 초나라가 월나라를 멸망시킨 것은 기원전 334년 설과 306년 설이 있으나 어느 쪽이든 전국 시대 중기의 일이다. 만일 구천 검이 전리품이라고 한다면, 이 묘의 연대는 1백년 정도 더 내려와야 한다. 한편 전국 시대 초엽의 국제 정세는 미묘한 것이었다. 초나라 소왕(기원전 516년~기원전 489년 재위)의 왕비는 월왕구천의 딸이며 그녀가 낳은 아들이 초나라 혜왕 (기원전 489년~기원전 432년 재위)이므로 구천검은 월나라에서 초나라에 보낸 선물이었거나 혹은 소왕 왕비의 혼수품이었을 가능성도 있다. 만일 전리품이라면 이곳에 묻힌 사람은 우국 시인으로 후세에 큰 영향을 끼쳤던 굴원(屈原)과 같은 시대에 살았는지도 모른다.

1978년 5월에 발굴된 호북성 수현(隨縣)의 뇌돈(擂墩) 1호 묘는 출토품 중에 연대명(年代銘)이 있고 그것이 기원전 433년에 해당한다는 사실이 분명하게 새겨져 있다. 출토품은 무창(武昌)의 호북 박물관에 소장되었으며, 필자는 그 다음해인 1979년 3월에 가끔 무한(武漢)을 방문하여 참관할 수 있었다. 25현(絃)으로 생각되는 칠슬(漆瑟)과 같은 일품도 있었으나, 이 초나라 전국묘(戰國墓) 출토품의 백미는 뭐니 뭐니 해도 거대한 편종(編鍾)일 것이다. 동종을 대소의 순으로 늘어놓고 치는 편종은 출토되었을 때 그것을 이미 묶었던 끈이 삭아서 묘실 바닥에 뒹굴고 있었다. 새로이 형태를 복원하여 64개의 종을 정연하게 늘어놓은 모양은 실로 장관이었다. 제일 큰 종은 무게가 200 킬로그램이나 되고 가장 작은 종이 20 킬로그램이나 나갔다.

오늘날의 중국에서는 고대 음악의 복원이 한창이며 연구팀이 '초상(楚商)'
이라는 옛 곡을 고서(古書)에 의하여 복원한 다음 이 편종을 쳐 보았다는
것이다. 2500년이나 땅 속에 묻혀 있던 귀중하기 이를 데 없는 편종이므로
아무렇게나 몇 번씩 쳐볼 수는 없는 것이다. 그리하여 새로 만든 편종으로
연습에 연습을 거듭한 다음 이 편종으로 단 한번 연주하여 녹음하였던 것이
다. 필자는 박물관의 응접실에서 이것을 들어 보았다. 오! 뭐라고 말할 수
없는 장중한 곡조였다. 그렇다고 절대로 긴장이 풀린 것은 아니고 미묘한
완급한 음계의 조율에 숨을 죽이고 말았던 것이다.

2500년 만에 땅 속에서 되살아난 음악은 필자의 가슴에 은은하게 스며
들었다. 3국의 문인 왕찬(王粲, 177년~217년)의 '등루부(登樓賦)'에 초나라
음악가인 종의(鍾儀)가 진(晉)나라에 유폐당하고도 '초주(楚奏)'하였다는
사실을 읊고 있다. 종의는 춘추 때의 사람이나 진(晉)에 유폐 중 피리가 주어
져도 초나라의 곡조를 불기만 했던 것이다. 이제 필자는 그 '초주'를 들었던
것이다. 그것은 또한 굴원이 언제나 듣고 있던 곡조이기도 하였던 것이리
라.

편종은 그렇다고 초나라만의 악기는 아니다. 수현(壽縣)의 채후 묘에서도
출토되었다는 사실을 언급한 바 있다. 1972년 사천성 부능현(涪陵縣)의 파족
(巴族)의 묘에서도 14개가 한 벌로 되어 있는 편종이 출토되었다. 가장 무거
운 것이 3 킬로그램이므로 수현(隨縣)의 뇌돈묘의 것에 비하면 지극히 소형
이기는 하지만 같은 양식의 악기를 소수 민족 사람들도 즐기고 있었다는
사실을 알 수 있다. '남(南)'이라는 글자를 해설하면서 집안에 종을 매단 형태
라는 설도 있다는 사실을 언급하였다. 또 은나라가 사람에게 자주 잡혔던
'남'쪽의 사람이 남방으로 도망쳤기 때문에 방향을 나타내는 문자가 되었다
는 설도 언급하였다. 은나라의 지배하에서 남방으로 도망하려면 우선 정착하
게 되는 곳은 초나라이며 '남인'의 일부는 거기에서 파촉(巴蜀)으로 들어갔을
것으로 보는 설도 있다.

수현(隨縣)의 뇌돈묘에는 그 이외에도 흑칠(黑漆)의 십현금(十絃琴), 죽
적(竹笛), 생(笙), 목고(木鼓), 죽배숙(竹排蕭) 등의 악기가 출토됨으로써
중국 고대 음악사 연구에 큰 수확이 있었다고 한다. 악기 이외에 '수(殳)'
라는 신기한 도구도 출토되어 전시되었다. 어쩌면 대나무로 만든 것 같으며

긴 지팡이 같은 무기이다. 8각이 지고 둥근 데가 없어 전차 위에서 휘둘러 적이 접근할 수 없도록 하는 것이라는 설명이 붙어 있다. 그러나 청나라의 석학인 단옥재(段玉裁, 1735년~1815년)의 「설문해자주(說文解字註)」에 의하면 수(殳)'는 부채춤과 같은 가무 도구의 하나였다.

거문고와 비파 등의 악기는 옻칠이 되어 있었으나 옻의 기법은 은나라 때부터 전래되었다. 한(漢)나라에 와서는 큰 가구나 기와에도 옻칠을 하게 되었으나 전국시대까지의 칠기(漆器)는 모두 목제였으며 특히 초나라 묘에서 출토된 것은 종류도 많고 우수한 기법이었다. 망산 1호의 초나라 묘에서도 채칠이배(彩漆耳杯)가 있었으며 이는 한나라의 장사 마왕퇴(長沙馬王堆)의 화려한 칠기의 전주곡이라고도 할 수 있을 것이다.

# 중산국(中山國)

## 1

　꺼림칙한 다이내미즘—은나라의 청동기로부터 받은 인상을 표현한다면 필자에게는 이 말이 가장 적절한 것 같다. 공방(工房)에서의 비인간적인 작업과 왕릉과 종묘에서 살해당한 수많은 순장자(殉葬者)의 유해가 아무래도 은나라의 훌륭한 청동기에 어른거린다. 그러나 꺼림칙하다고 할지라도 그것은 박력에 넘쳐 있다.

　주나라는 은나라를 멸망시키기까지 청동기를 정상적으로 만들 수 있는 능력을 가지지 못하였다. 그러므로 은나라의 기술공을 그대로 활용하면서 그들로부터 우선 배우기 시작하였다. 모방은 진보를 낳지 않는 법이다. 돌이켜보면 은나라는 그 전성기에 멸망한 것이므로 가령 왕조가 계속되었다고 하더라도 역시 사양길을 맞았을 것이다. 은나라의 그릇이 갖는 이상스런 긴장감이 주나라의 그릇에서는 점차 사라져 갔다. 농경을 주로 하는 주나라의 문화는 은나라의 신령한 제국(帝國)의 엄격함을 견뎌낼 수 없었는지도 모른다.

　주나라 동기(銅器)에서 볼 수 있는 완만함은 자기 구제적인 것이라고 필자는 해석하고 싶다. 은나라의 신들은 앙갚음의 신이었으나, 주나라의 '천(天)'은 인간이 덕망에 의하며 은혜를 기대할 수 있는 온화한 대상이었다. 또 주나라에 와서 동기는 제기(祭器) 이외에 기념품적인 요소를 추구하게 되었다. 저주가 있는 신에게 경건하게 바치는 긴박감은 제작 과정에서 희박해지지 않을 수 없었다. 긴장보다는 장중함에 눈뜨게 되었던 것이다. 긴장은 내면적인 요소가 강하지만, 장중함은 어느 정도 외면적인 요소로 구성된다. 주나라의 기술공들은 잃었던 것을 장식으로 보완하려고 무의식 중에 생각하고 있었는지도 모른다.

왕족이나 공신(功臣)에 의한 봉건제로 주나라의 문화권은 넓어지고 이질적인 문화를 갖는 부족과의 접촉이 증대되었다. 여러 방면에서의 접촉이 있었으며 유왕(幽王)이 견융(犬戎)에게 살해된 것은 이른바 군사적인 접촉의 예에 속할 것이다. 문화의 접촉이나 교류가 있었다는 점도 두말할 나위가 없다.

북방의 초원 오르도스 지방에서 시베리아에 걸쳐 사냥과 유목 생활을 하던 부족은 평상시에 동물과 접촉함으로써 그것을 관찰할 기회가 많았음인지 동물을 모양으로 만드는 취미를 갖고 있었다. 그래서 이른바 애니몰 스타일(動物意匠)이라고 불리는 것이 생긴다.

신석기 시대부터 황하 유역의 사람들은 동물 의장을 사용하였다. 반파(半坡)의 사람들은 주로 물고기를 그렸으나 그 외에 사슴, 양, 멧돼지 등의 모습을 토기에 그렸다. 은나라의 청동기에는 도철(饕餮)이라는 괴수 모양으로 장식된 것이 많다는 사실은 잘 알려져 있다. 칼의 몸집에 말이나 양 또는 사슴의 머리를 장식하는 것도 은나라에서는 간혹 행해졌었다.

동물 의장이 북방의 수렵 유목 민족으로부터 전해졌다는 설은 의문의 여지가 없는 것이다. 인간의 본성에는 가까이 있는 동물에 흥미를 갖는 감정이 있어서 그것을 묘사하게 되는 것은 자연의 섭리일 것이다. 그리고 농민보다도 수렵 부족이나 유목 부족이 동물을 더 가까이 하고 있었다는 것은 사실이다. 주나라의 중기에서부터 춘추 전국 시대에 걸쳐 동물 의장이 디자인이 주류를 이루게 된 것은 역시 여러 부족 간의 접촉과 교류의 결과라고 할 수 있을 것이다.

전국 칠웅 중에서 가장 북쪽에 위치했던 연(燕)나라는 현재의 하북성 역현(易縣) 부근을 '하도(下都)'라고 불렀다. 연나라는 전국 말기에 형가(荊軻, ?~ 기원전 277년)라는 자객을 진(秦)나라에 보내 시황제 암살을 기도하였다. 형가는 친구들로부터 이수(易水)까지 배웅을 받고 이런 시를 읊었다.

> 바람은 쓸쓸히 불어 역수(易水)를 서늘하게 하고,
> 장사는 한번 떠난 후 다시 돌아오지 않도다.

이러한 역수의 정경은 「사기」의 '자객열전(刺客列傳)'의 하이라이트로 알려져 있다. 역현은 이 역수의 유역에 있다. 하도는 남쪽의 조(趙)나라와 제나라의 교통 요충지여서 국도(國都)로 이어진다고 간주되었던 곳이다. 이 역현의 발굴은 1958년과 1962년의 2회의 걸쳐 수행되었고 유적의 규모는 동서 8.3 킬로미터, 남북 4킬로미터로 보고되었다. 유적에서는 도관(陶管)으로 이어진 하수도가 출토되었으며, 그 배수구는 호랑이가 웅크리고 앉아서 크게 입을 벌려 울부짖고 있는 문양으로 되어 있다. 그리고 출토된 기왓장은 매미 모양, 마름모형의 창 같은 것이 그려져 있었다. 실은 이러한 매미 문양(蟬門)은 은나라의 동기에 많았으나 서주(西周) 중기 무렵부터는 사용하지 않았다. 청동기에서 사라진 선문(매미 문양)이 연나라 하도의 기왓장에 나타난 것도 흥미로운 일이다.

연나라는 소공(召公)이 봉해진 나라였는데, 소공은 주나라와 같은 성씨인 희(姬)씨였다. 그는 가장 먼 곳으로 나가게 되었으므로 혹시 경원당한 것이 아닌가 하는 생각도 들지만 소공은 주공(周公)과 함께 중앙에서 어린 성왕(成王)을 보필하였다. 그후 성왕이 성인이 된 다음에 주공은 곁을 떠났으나 소공은 성왕의 태자 보좌역으로 계속 수도에 머물렀다. 영지(領地)는 부여하였으나 영주는 부임하지 않았는데 연나라는 이렇게 시작되었다.

「사기」의 제후전인 '세가(世家)'에서 전국 칠웅으로 남았던 나라로서 기록이 가장 적은 것이 연나라이다. '십이 제후연표'에도 365년간의 사건에서 연나라에 대하여는 군주의 죽음과 즉위 이외에 겨우 5개 항밖에 기록되어 있지 않다. 사건이 없었던 것이 아니라 내용이 중앙에 전달되지 않아서 기록되지 않았을 것이라는 추측도 있을 수 있다. 「사기」의 '연소공세가(燕召公世家)' 말미에 사마천은 "연나라 북쪽의 만락(蠻貉)을 공격하다"라고 기술하고 있다. 만락이란 북방의 이민족—북적(北狄)을 이르는 말이다. 나라로서의 입지 조건이 나빴다는 것이다. 실제로 연나라는 북방뿐만 아니라 남방에도 적족(狄族)에게 둘러싸여 있었던 것 같다. 연나라의 정보가 중원에 전달되지 않았던 때문이었을 것이라고 생각하는 학자도 있다. 마치 방증이라도 하듯이 「사기」의 '조세가(趙世家)'에, "헌후(獻侯) 10년(기원전 414년), 중산무공(中山武公), 비로소 일어나 13년에 평읍(平邑)에 성을 이루다"라고 조·연 나라 사이에 독립 정권이 있었다는 사실을 전하고 있다. 그것은 중산국(中山國)

이라고 부르고 있었던 것이나 「사기」 '조세가'에 몇 번인가 나올 뿐이며 그 실태는 알려지지 않았다. 단지 백적(白狄)의 선우족(鮮虞族)이 현재의 하북성 보정(保正) 지방에 세웠던 정권일 것이라고 알려져 있었다. 중산국의 무공 (武公)이라는 인물도 갑자기 건국한 것은 아니고 오랫동안 그 주변에 뿌리를 내리고 있었던 것으로 생각된다.

그러나 이 중산국은 1974년부터 하북성 평산현(平山縣)에서 시작된 대규모 고고학 조사에서 전모가 거의 분명해졌다. 더구나 중산은 지명이므로 후에 역대 대황족 중에서 중산왕(中山王)이라는 이름으로 봉해진 사람이 있었다. 금루옥의(金縷玉衣)의 출토로 알게 된 만성한묘(滿城漢墓)의 주인공인 중산 왕 유승(劉勝, ?~기원전 113년)도 그 중의 한 사람이었다. 물론 백적이 세운 중산국과는 관계가 없다. 이것을 구별할 필요가 있을 때에는 이 백적의 나라 를 '전국(戰國)의 중산국'이라고 부르기로 하겠다.

2

하북성 평산현은 기복이 심한 구릉 지대이다. 옛날의 어법으로는 '중국 (中國)'은 한가운데의 나라가 아니라 나라의 가운데를 뜻하였다. 삼국 시대의 시에 '중전(中田)'이라고 부른 것은 산 속의 나라라는 뜻이었다.

태행산맥(太行山脈)의 동쪽 기슭에 해당되는 평산현에 서령산(西靈山)이라 고 부르는 산이 있다. 사실은 약간 떨어져 있는 동령산(東靈山)과 대치하고 있어서 그렇게 부르는 것이다. 산 중에는 절과 불탑, 석굴이 많아서 명승지로 알려져 있다. 이 서령산 동쪽 전방에 동서로 2개의 제법 높은 구릉이 있으며 이 지방 사람들은 두 곳 모두를 능대(陵臺)라 부르고 있었다고 한다. 「평산현 지(平山縣誌)」에는 능대의 유래를 다음과 같이 기술하고 있다.

지난날 당(唐)나라의 태자가 출가하여 영산(靈山)에서 고행하였다. 당나라 천자가 재상을 보내 태자의 행방을 수소문하였던 바 어렵게 이곳에서 찾을 수 있었다. 그러나 아무리 설득하여도 태자는 돌아가기를 마다하다가 끝내는 몸을 던져 죽었다. 이를 본 재상도 슬픔에 겨워 그 뒤를 이어 자살하였다. 사람 들이 가엾게 여겨 이들을 매장한 것이 바로 이 능대이다.

전설을 전설로 접어두고도 그 부근에서는 당대보다 천년 이상이나 오래된 전국 시대 유품이 나왔다. 이곳은 일찍부터 고고학자가 눈독을 들이고 있던 곳이었다. 마침 1973년 가을부터 삼급 인민 공사(三汲人民公社)가 능대 위에서 토목 공사를 착수하였으므로 고고학자 팀은 다른 일로 그 방면으로 나갔던 길에 공사장을 참관하였던 것이다. 1974년 3월의 일로서 공사는 제법 진척되어 능대 북반부의 중복 아랫 부분이 무너져 내리고 있었다. 그리고 지면에는 기와 파편과 기둥 초석이 노출되었다. 그런데 초석의 배열과 기와 파편의 쌓임새에 일정한 질서가 있고, 전문가의 안목에서 보니 기와 파편은 전국 시대의 것이어서 전국 시대의 건조물 유적임이 분명하였다.

은나라의 왕릉은 굉장하였으나 무덤, 이른바 봉분(封墳)이 되어 있지 않았다. 암장(暗葬)인 것이다. 매장을 숨겨야 하므로 사람의 눈에 띄는 표지조차 하지 않는 것이 원칙이었다. 주나라 때에 관하여 「예기(禮記)」를 믿는다면 천자도 대신들과 같은 묘지에 묻혀야 했을 것이다. 은나라의 왕릉이 발견된 터에 그보다 가까운 서주(西周)의 왕릉은 아직 발견되지 않은 것이다. 만일 공동 묘지에 특별한 시설도 없이 묻힌 것이라면 발굴되어도 왕릉이라는 것을 알 수 없을 것이다. 그러나 무덤이 만들어진 것은 주나라 때 무렵인 것으로 생각되었다. 「예기」에 무덤의 높이를 신분에 따라 규제한 기록이 있고, 묘소에 심은 나무도 천자는 소나무(松), 제후는 떡갈나무(栢), 대신은 난나무(欒), 사대부는 홰나무(槐), 서민은 버드나무(楊柳)였다는 해설이 있다. 그 무덤 위에 사당을 짓는 것은 약간 뒤진 전국 시대에서부터 시작되었던 것 같다. 「한서(漢書)」에 무덤 위에 사당을 짓는 것은 한나라에 와서부터라고 시사하는 문장이 있으나 발굴 조사에 의하여 전국 시대의 대형 묘에 이미 되었다는 사실이 판명되었다. 고고학 조사가 문헌의 오류나 미비점을 보완 정정하는 한 예라고 할 수 있을 것이다.

여하튼 전국 시대의 기와 파편이나 초석이 분구(墳丘)로 생각되는 대상지에서 발견된 것은 이곳이 전국 시대의 대묘라는 사실을 증명한다고 말할 수 있다. 중국의 고고학자는 하남성 휘현(輝縣)의 전국 시대 위나라의 대묘를 발굴 조사한 경험에서 그 점을 알고 있었다. 아마도 그것은 위나라의 왕릉일 것이나 묻힌 사람은 알 수가 없다. 거마갱(車馬坑)에는 19량의 차가 묻혀 있었고, 따로 발견된 '오왕부차(吳王夫差)의 검'도 이 묘에서 나온 것으로 상상되므로 제왕 급의 묘이어야 한다. 묘 안에 '묘지(墓誌)'를 묻은 것은 한나라에 와서부터이므로 그 이전의 묘에서 묻힌 사람을 확인한다는 것이 어렵다는 것은 당연한 일이다. 그리하여 부장품의 명문 등으로 추측하는 것이 고작이었다.

그런데 전국 묘로서 제왕 급의 묘라고 했을 때, 이 지역을 정치의 중심으로 삼았던 나라는 연나라도 아니고 조나라도 아닌, 「사기」에 기록 부분이 적은 수수께끼의 중산국이어야 하는 것이다. 더구나 그 주변에는 그것 이외에도 대형 묘 같은 것이 있고 소형 묘는 도처에 있었다. 이리하여 중산국 능묘 구역이 틀림없다는 확신을 얻은 고고학자들은 이 사실을 정부에 보고하였다. 그 결과 하북성 문물 관리처(文物管理處)가 정식으로 조사단을 파견하게 되었다. 1974년 초겨울부터 시작된 발굴 조사는 1978년 6월까지 사이에 전국 시대 성의 유적 1곳, 춘추 전국 시대 묘 30개, 무덤 위 건조물 유적 2곳, 거마갱 2곳, 잡순갱(雜殉坑) 2곳, 장선갱(葬船坑) 1곳을 발굴하였고 출토 문물은 1만 9천 9점에 이르렀다. 이 보고는 「문물(文物, 1979년)」에 실려 있으며 중산국 문물전이 1981년 일본의 토쿄, 고오베(神戶), 나고야(名古屋)에서 개최되어 많은 사람이 감상하였던 것이다.

보고서에 있는 출토 상황 등은 너무나 전문성이 짙으므로 여기서는 중산국과 출토 문물의 특징에 대하여 살펴보기로 하자.

3

사서에 가장 일찍이 중산이 등장하는 것은 「춘추좌씨전(春秋左氏傳)」일 것이다. 「춘추」는 공자가 편집하였다고 전하는 노(魯)나라의 편년사(編年史)이나 너무 간략한 까닭에 여러 사람의 주석이 붙어서 이것을 '전(傳)'이라고 한다. 그리고 좌씨(左丘明, 연대 불명)의 전이 가장 상세한 까닭에 흔히 많이 읽히고 있다. 그 「좌씨전」은 노나라의 정공(定公) 4년(기원전 506년) 무렵에 진(晋)나라 대신의 말이라 하여, "중산, 복종 않도다"라고 기술하고 있다. 중산이 인접하고 있는 초강대국인 진나라에 복종하지 않았다는 것이다.

중산국의 조상이 백적의 선우족이었다면, 같은 「춘추좌씨전」 소공(昭公)

12년(기원전 503년)의 항목에, "진(晉)나라, 순오(荀吳) 병을 이끌고 선우(鮮虞)를 치다"라고 나와 있는 것이 처음이라 할 수 있다. 아마도 중산국을 세운 백적 사람들은 서북쪽에서 유목하다가 점차 동쪽으로 옮겨 중원 문화권에 접촉하였을 것이다. 북쪽의 초강대국이었던 진(晉)에 복종하지 않던 콧대 높은 부족이었다는 사실을 「좌씨전」의 짧은 기록에서 추측할 수 있다.

「사기」의 '세가'에 중산은 없으나 앞에서 언급한 바와 같이 조나라 대목에서 가끔 중산이 등장하는 바 이를 종합하면 중산의 약사(略史)가 되는 것이다. 우선 기원전 414년에 해당하는 해에 중산의 무공(武公)이 기치를 들고 3년 후 평읍에 거점을 확보한 사실을 이미 언급하였다. 그 다음, '조세가(趙世家)'에서 중산에 대해 언급한 기록을 발췌해 보기로 한다.

열후(烈侯) 원년(기원전 408년)
위나라 문후(文侯), 중산을 쳐서 태자 격(擊)으로 하여금 이를 지키게 하다.
경후(敬侯) 10년(기원전 377년)
중산과 방자(房子), 하북성 고읍현(古邑縣)에서 싸우다.
경후 11년(기원전 376년)
중산을 치고 또 중인(中人) 하북성 당현(唐縣)에서 싸우다.
성후(成侯) 6년(기원전 369년)
중산, 장성(長城)을 쌓다.
무령왕(武靈王) 17년(기원전 309년)
왕, 구문(九門)을 나와 야대(野臺)를 만들고 다음, 제(齊)·중산의 경계를 살피다.
무령왕 20년(기원전 306년)
왕, 중산 땅을 공략하고 영하(寧霞, 중산국의 지명)에 이르다.
무령왕 21년(기원전 305년)
중산을 공략하다…… 중산 4개 읍(邑)을 바쳐 강화하려 하다.
왕, 이를 허락하고 군사를 물리다.
무령왕 23년(기원전 303년)

중산을 공략하다.
무령왕 26년(기원전 300년)
 다시 중산을 공략하다.
혜문왕(惠文王) 3년(기원전 296년)
 중산을 멸망시키고 그 왕을 부시(膚施, 섬서성 유덕현)에 좌천하다.

이상에 의하면 중산국은 무공이 자립했을 때부터 나라를 지탱한 것이 120년에 이른다. 이 기록은 조나라 쪽에서 기록한 것이므로 매 사건이 있을 때마다 조나라 왕명은 알고 있으나 상대인 중산국 왕은 누구인지 알 길이 없다. 다만 처음에는 무공이었는데 멸망할 때는 '그 왕'이라고 하였으므로 왕칭(王稱)을 하고 있었다는 사실은 알 수 있다. 전국 시대 말기에는 칠웅으로서, 진(秦), 초(楚), 제(齊), 한(韓), 위(魏), 조(趙), 연(燕)의 7개 국 군주만이 왕칭을 하고 있었던 것으로 생각되고 있으나 제8의 왕이 있었던 것이다. 그것이 '중산왕'이었다.

그리고 7개국은 국명이 외자였으나 중산만은 두 자였으므로 약간 이상한 느낌이 있다. 중원적인 사고 방식에 의하면 흉노(匈奴), 월지(月氏), 강거(剛居)와 같은 비중원 국가의 국명은 외자로 하지 않았는지도 모른다. 아마도 언어 구조의 차이 때문에 외자로 묶기가 어려웠던 모양이다. 그러나 중산국이라는 이름 그 자체가 백적(白狄)으로서의 민족적 자긍심을 잃지 않았던 사실을 말해 주는 것으로 생각된다.

이 중산국에 관한 기술이 가장 많은 것이 전한(前漢) 시대에 편찬된 「전국책(戰國策)」이다. 이것은 전국 시대 유세객(遊說客)의 책략 이야기로서 차라리 일화집이라고 하는 것이 알맞을 것이다. 그리고 중산국에 대한 기록이 많다고는 하나 체계가 서있는 것이 아니고 단편적이며, 유세객이나 재상, 총희들의 이름은 나와도 역시 국왕의 이름은 나와 있지 않다. 단지 중산왕이라든가, 중산군으로 부르고 있다. 「전국책」에 다음과 같은 이야기가 있다.

중산국의 재상 사마희(司馬熹)는 왕의 총애를 받고 있는 음희(陰姬)에게 미움을 받고 있었다. 유세객인 전간(田簡)이 그 사마희에게 한 책략을 가르쳐 주었다. 그것은 조나라의 사자가 왔을 때, 음희가 얼마나 미인인가를 입이

마르도록 칭찬하라는 방책이었다.

그러면 사신이 돌아간 다음 이 말을 전해들은 호색가인 조나라 왕은 반드시 음희를 탐내게 될 것이다. 중산왕이 조왕의 청을 받아들여 음희를 조왕에게 보내게 되면, 재상은 음희를 쫓아보내게 되므로 그녀의 고자질을 걱정하지 않아도 된다. 또 만일 중산왕이 음희를 놓아 주려 하지 않을 때는 재상으로서는 그녀를 왕비로 삼을 수밖에 없다고 진언하면 되는 것이다. 그렇게 되면 아무리 호색의 조왕이라도 왕비를 양보해 달라고는 할 수 없는 것이므로 조왕은 단념하고 말 것이다. 만일 음희가 재상 사마희의 덕택으로 왕비에 오르게 되면 그에게 은혜를 입게 되는 것이므로 고자질 같은 일을 하기보다는 재상 사마희를 은인으로 섬기게 될 것이다.

이 책략은 성공을 거두어 음희는 경쟁자이던 강희(康姬)를 제치고 왕비에 올랐다는 것이다.

전국 7웅 중에서 초나라만은 일찍부터 왕칭을 하였으나 나머지 6웅은 유명무실한 주나라 천자를 의식하여 공이나 후라고 작위를 일컬었다. 그러나 기원전 323년에는 모두 왕칭을 하고 말았다. 개중에는 제나라와 진(秦) 나라가 약간 빠른 폭이었고, 위나라, 한나라, 조나라, 연나라와 중산의 5개 국은 거의 같은 시기에 왕칭을 하게 되었다. 「전국책」에 의하면, 이때 제(齊) 왕은,

우리는 만승(萬乘)의 나라다. 천승(千乘)의 나라 중산이 감히 왕칭하는 것은 건방지다. 우리 연합하여 중산을 치지 않겠는가.

하고 조나라와 위나라에 제의하였다는 것이다. '승(乘)'이란 병마의 수사(數詞)로 4 두마가 끄는 전차에 장교가 3명 타고 보병 72명을 통솔하며 그 이외에 수송 기타 잡역병 25명이 따랐다. 그러므로 1승은 100명꼴이다. 백만 대군을 동원할 수 있는 것이 만승국이며 그 군주를 '일천만승(一天萬乘)의 군(君)'이라고 불렀다. 천승—10만 정도의 군사밖에 동원할 수 없는 중산국이 왕칭을 한다는 것은 돼먹지 않은 짓이라고 노했던 것이다. 중산국의 운명은 풍전등화격이었으나 여기서 다시 유세객이 활약한다. 그는 장등(張登)이라는 인물이었다. 장등은 제나라에 찾아가서 이렇게 설득했다.

조나라, 위나라가 연합하여 중산을 치는 것은 어리석은 짓이외다. 3개 국이 연합하게 되면 중산이 왕칭을 포기할 것은 당연하나 제나라가 주동국임을 알고 있으므로 중산은 가까이 있는 조나라, 위나라와 우호 관계를 맺게 될 것이오. 그러므로 그 방법은 중산을 오히려 양국과 결탁시키게 될 것이외다. 그보다는 바로 이때 중산의 군주를 초치하여 왕칭을 사용토록 허락해 주십시오. 그러면 중산은 감격하여 조·위와 단교하고 그들의 관계는 악화될 것이외다. 그렇게 되면 인접한 조·위 대국의 압력을 받게 되어 제왕께서 손을 쓰시지 않더라도 중산은 스스로 왕칭을 포기하게 될 것이외다.

제왕은 이 설득에 따랐다. 이제 장등(張登)은 다시 조나라와 위나라를 자기발로 찾아가서는 이렇게 열변을 토했다.

듣고 있으리라 믿소이다. 중산의 왕칭을 그다지도 못마땅해 하던 제나라가 중산의 군주를 초빙하여 왕칭을 허락하게 되었오이다. 그것은 하동(河東, 황하의 동쪽. 위나라 영지로 조나라와도 가깝다)을 탈취하기 위하여 군대를 일으키기 위한 것이외다. 조·위의 배후 세력인 중산과 결탁한다는 정석이온데 그렇게 되면 아니됩니다. 중산의 군주를 제나라에 가지 못하게 하기 위하여는 일단 왕칭을 허용하심이 옳소이다.

그 결과 조나라와 위나라는 중산과 우호 관계를 맺고 왕칭을 존속시키기로 하였던 것이다.

4

「전국책」의 이야기가 어디까지 사실(史實)인지는 모른다. 그러나 음회의 이야기나, 왕호(王號)을 둘러싼 문제의 해결책이나 이 모두가 대국 사이에 끼여 살아나가려는 소국의 노력이 반영되어 있다.

소국인데다 소수 민족인 백적의 나라이다. 적(狄)은 그 고대어로 보아 터키계일 것으로 전해진다. 그리고 적은 대별하여 적적(赤狄), 백적(白狄), 장적(長狄)의 세 부류가 있고 「춘추 좌씨전」 등에서는 10여 부족 정도의 이름을 거론하고 있다. 백적에는 선우(鮮虞), 비(肥), 고(鼓)의 세 부족이 있고, 중산국을 세운 것은 이 중 선우 부족으로 되어 있다. 섬서(陝西)와 산서(山西)의 주로 북부에 걸쳐 유목 생활을 해서 농경 생활을 하던 중원 사람들과는 생활이나 풍습, 언어가 달랐다.

춘추에서 전국 시대에 이르는 기간은 중원 제후의 팽창기로서 적의 부족 중 그 일부는 진(秦), 조, 연 등에 흡수되어 생활이나 언어까지도 중원화된 것으로 생각된다. 소수 민족으로서 독립 정권을 유지하기가 어려웠을 터인데 중산국은 잘 버티어냈다고 하겠다. 소국이었음에도 중산국은 중국사에서 중요하다. 중국은 중원 민족(中原民族)을 중심으로 하여 주변의 여러 민족을 병합한 복합 국가인 것이다. 호북(湖北)이나 호남(湖南)에 있던 초나라조차 도 공공연하게 "우리는 만이(蠻夷)로다"하고 시치미를 뗐다.

사서(史書)에 흔히 '제하(諸夏)'라는 표현이 나온다. 환상의 나라 하왕조의 후예, 이른바 중원 민족을 하(夏)라고 하나 그대도 많은 무리가 있어서 '여 럿'이라는 표현을 하지 않을 수 없었던 것이다. 초나라는 원래부터 제하에 속하지 않는다는 것을 스스로 인정했으나 청동기의 명문을 보아도 초나라의 언어는 중원계의 그것과 동일 계통이라고 하지 않을 수 없다. 처음부터 동일 계통이었는지 또는 동화되어 그렇게 되었는지는 아직 정확하게 증명되지 않은 것 같다. 다만 현재의 중국 서남부의 소수 민족의 언어에서 유추할 때 초나라 말이 중원 언어와 다르기는 하여도 역시 단음절(單音節)임을 볼 때 중원의 문자를 채택했거나 응용하기 쉬웠을 것으로 여겨진다.

남방에 비하여 북방의 비제하(非諸夏) 민족은 터키계이건 몽고계이건 또는 퉁구스계이건 간에 중원어(한어)와는 그 어족(語族)이 다르다. 이미 언급하 였지만 국명이나 부족명에 2자가 많은 것도 이해가 간다.

진(秦)나라의 시황제가 중국을 통일할 전야라고도 할 수 있는 전국 시대 말엽에 중원 제국에 어렵게 버티면서도 군주로서 왕호였던 백적의 중산국은 중국사를 해명하는 데에 하나의 열쇠를 쥐고 있는 것 같다. 그런 만큼 그 유적의 발굴과 조사는 크게 기대되었고 그 결과는 절대로 기대에 어긋나지 않았던 것이다.

최초로 발견된 제1호 묘는, 그 평면이 약 90미터로 사방이 방형이며 흙으 로 굳힌 봉분(封墳)은 3단으로 되어 있었다. 대형 묘는 6기였으며 제일 동쪽 으로부터 서쪽으로 일련 번호가 붙여졌다. 봉토한 흙이 제일 적어서 발굴하 기 쉬운 것이 제6호 묘였기 때문에 우선 그곳을 발굴하였던 것이다.

제6호 묘의 봉토는 직경 91미터로서 발굴하였을 때, 조사 대원들은 내부가 이미 어지럽혀져 있는 데에 실망하였다. 조나라가 중산국을 멸망시켰을 때, 왕릉에 묻혀 있던 보물을 그대로 두었을 까닭이 없을 것이다. 이 묘실은 사방이 27.5미터로 그 밑을 파자, 남북 13.3미터, 동서 12.9미터, 깊이 4.85미터의 곽실(槨室, 관을 담는 궤 자리)이 발견되었다. 곽실은 원래 하광석(河光石)을 쌓아올렸던 것이나 그것이 난잡스럽게 묘실을 가로막고 있었다. 자연적으로 무너진 것이 아니고 조나라 군사들의 행패였을 것이다. 하광석은 1개가 약 반 톤 이상이나 되어 조사대는 상당히 고생을 하며 파냈다. 겨우 밑까지 파내려가서 속을 들여다 보니 침목 위에 깔린 널빤지밖에 없고 관이나 부장품 같은 것은 없었다. 이곳에 난입했던 조나라 군사는 마치 굶주린 이리떼처럼 부장되었던 재보(財寶)를 탈취하고 나서는 영혼의 복수가 두려운 나머지 되돌아갈 때, 쌓인 돌을 무너뜨린 것이다. 이곳에 2300년 후에 들어간 조사대는 냉정한 학구파들이었으므로 실망하면서도 정성껏 조사하게 되었다. 그리고 그들은 곽실의 동서쪽 벽에 약간 움푹하고 흙의 빛깔이 다른 곳과 좀 다른 부분이 있는 점을 발견하였다.

물론 곽실에도 부장품이 있었을 것이나 묘의 설계자는 치밀하게도 그 양측 벽에 보고(寶庫)를 만들고 부장할 재물을 소장한 다음 흙으로 바른 것으로 생각되었다. 조사대는 드디어 그것을 발견한 것이다.

이 보고에는 부장품이 가득 차 있었기 때문에, 보고서에도 일동은 어린애들같이 기뻐 날뛰었다고 기술되어 있다.

제6호 묘 발굴 후, 규모가 가장 큰 제1호 묘가 발굴되었다. 이곳도 역시 도굴되었고 게다가 불태워진 흔적도 있었다. 그러나 6호 묘의 곽실에는 아무 것도 남아 있지 않았으나 1호 묘의 곽실에는 약간 남아 있는 것이 있었다. 아마도 도굴자는 몹시 서두른 모양이었다. 또한 보고는 3개 있었으며 그 중 동북쪽의 2개는 비어 있었으나 동서쪽의 보고에는 눈부신 부장품이 가득히 쌓여 있었다.

제1호 묘에는 1곽실 1관의 배장묘(陪葬墓)가 6기 있었는데 거의가 도굴당했다. 2개의 거마갱은 길이가 30 미터가 넘고 한 곳은 도굴당하여 12마리의 말뼈가 남아 있을 뿐이었다. 그리고 또 한 곳에는 역시 12마리의 말뼈 이외에 4량의 전차와 무기류 등이 남아 있었다. 무기 이외에도 천막 조립 부분도 출토되었다. 잡순갱(雜殉坑)에는 10마리의 양과 6마리의 말뼈 이외에 금은으로 된 목걸이를 한 2마리의 개뼈가 발견되었다. 이 갱에는 천막의 중심 지주의 두부 금구(頭部金具)와 마차의 잔해가 있었다.

장선갱(葬船坑)에는 3척의 큰 배와 2척의 작은 배의 잔해 이외에 유종(紐鍾)과 석경(石磬, 중국 고대 아악기의 한 가지. 돌로 만든 경쇠) 조각이 출토되었다.

5

제1호 묘의 흐트러진 곽실에서 깜짝 놀랄 물건이 발견되었다. '조역도(兆域圖)'라고 부르는 것이다. 두께 1센티미터 정도의 청동판으로 크기는 94×48센티미터였다.

조역도란 왕릉의 설계도를 말한다. 문자와 도선(圖線)이 금과 은으로 상감(象嵌)된 아주 훌륭한 것이었다. 궁전의 명칭과 그 규모, 위치 등의 설명이 있는 것으로 우리들은 이 평면 복사도에 의하여 거의 완벽한 건조물 군을 복원하게 될 것이다. 현재 이것은 중국에서 가장 오래된 건축 설계도이다. 일본에서의 전람회에는 출품되지 않았으나 실로 귀중한 자료라 하지 않을 수 없다. 도굴꾼이 이 얇은 동판은 가져가지 않았던 것을 매우 고맙게 생각하고 싶다. 국왕의 조서(詔書)도 여기에 기술되어 금은으로 상감되어 있으며 그 개요는 다음과 같다.

중산왕은 상방(相邦, 재상) 주(賙)에게 명한다. 능묘를 건조할 때에 규정된 규격에 따르지 않았던 자는, 법에 의하여 처벌하라. 법규를 위반한 자는 사형에 처하라. 왕명을 따르지 않는 자는 그 죄가 자손에게까지 미치게 하라. 도판(圖板)의 한 장은 부장하고 또 한 장은 왕궁에 보존하라.

이와 똑같은 것들이 아마도 조나라 군사에게 약탈되어 방화당한 중산국 도시의 영수성(靈壽城) 궁전에 소장되어 있었을 것이다.

조역도가 묘 속에서 출토된 것은 이제까지 한번도 없었다. 또한 다른 여러 왕릉에게 한 점도 출토되지 않았던 것으로 '삼봉극형기(三鋒戟形器)'라고 명명된 것이 있다. 뫼 산(山) 자로 되어 있어서 '산자형기(山字形器)'라고 부르는 사람도 있다. 그러나 하부 중앙에 원형의 공(銎, 몸통에 꽂는 구멍)이 있고 그 안에 나무재가 남아 있었다. 이것은 제1호 묘에서 5점 출토되었다. 가장 무거운 것은 56.6킬로그램, 가벼운 것은 52.4킬로그램으로서 그 차이는 미세한 것이었다. 그러나 형태는 모두 같아서 높이 1.19미터, 너비 74센티미터, 두께 1.2센티미터로 앞에 말한 원형의 꽂는 구멍의 직경은 13.5센티미터이다. 출토되었을 때, 도대체 이것이 무엇에 쓰는 것인지를 몰라 '산자형기'라고 불렀던 것이다.

몸통이 붙어 있는 것은 알 수 있으나 사람의 무게만한 것을 전쟁터에서 휘두른다는 것을 상상할 수도 없었다. 이리하여 여러 가지로 연구한 결과 이것은 양지창(戟, 양 날을 세운 검을 긴 자루에 단 창같은 무기의 종류)일 것이라고 하였다. 「설문(說文)」에는 극이란 가지가 있는 무기라고 해설하고 있다. 주봉(主鋒, 중심부의 창끝) 이외에 분지(分枝)가 있는 것으로 당나라 제도에 의하면 문 앞에 진열하는 일종의 의기(儀器) 같았다. 당나라 문헌에는, "대체로 극은 사당, 절, 궁전의 문에 20 유(有) 4(四)"라고 있다〔「신당서(新唐書)」'백관지(百官志)'〕. 신분에 따라 그 수가 정해져 있어서 이 양지창을 가질 수 있는 사람은 3 품관(三品官) 이상의 고관 집이나 주(州) 이상의 관공서였던 것 같다. 크게 참고가 되었던 것은 1971년에 발굴되었던 당나라 '의덕태자(懿德太子)' 이중윤(二重潤, 680년~701년) 묘의 벽화였다. 이에 따라 양지창의 진열 방법을 알게 되었다. 나무 틀 사이에 세워서 진열해 두는 것으로 사람이 가지고 있었던 것은 아니었다. 12개씩 문 양쪽에 세워져 모두 24개였으므로 태자는 천자의 예우로써 묻혔다는 사실을 알 수 있다. 단지 이 벽화의 양지창은 주봉에서 가지가 1개 밖에 나와 있지 않았으나 2개 나온 것도 있다는 사실은 「삼례도(三禮圖)」에 있는 그림이 ( 🌵 )으로 되어 있는 점에서도 알 수 있다. 당나라 때 벽화의 사실적인 그림이나 문헌을 참고함으로써 이것은 삼봉극(三鋒戟)이라 부르는 것이라는 결론을 얻었다.

이제까지 제1호 묘라고 애교 없는 호칭을 하였으나 앞에서 언급한 조역도와 큰 솥(大鼎)에 새겨져 있는 글을 보고 묻힌 사람을 알게 되었다. 그 사람은 중산왕으로 ( 嚳 )이라는 이름의 인물이었다. 이 묘에서는 9개의 삼발솥이 출토되었다. 「주례(周禮)」에 의하면, 천자는 9정(九鼎), 대신은 7정, 대부는 5정, 사부는 3정이나 1정(鼎)으로 되어 있다. 전국 시대의 제후는 모두

의덕태자묘(懿德太子墓) 제1천정 동쪽 벽화(列戟圖)

천자를 따라 9정을 갖추었으며 중산 왕도 그들과 함께 그렇게 하였던 것이다.

9정(九鼎)이라고 하여도 1정만 크고 나머지는 중형과 소형으로 되어 있다. 대정은 높이 51센티미터, 구경 42센티미터, 최대 너비 65.8센티미터, 무게 60킬로그램이다. 그 다음에는 29킬로그램이므로 겨우 절반 정도의 무게이다. 아홉번째의 것은 3.8킬로그램에 불과하다. 그리고 제일 큰 솥만은 몸통이 동이었고 솥발 부분만이 철로 되어 있었으며 실제로 불을 지핀 흔적이 인정되었다.

묘내의 여러 가지 문물은 부장품으로 만들어진 것이 아니고 왕이 생전에 이용하였던 것을 수장했던 것으로 생각된다. 이 철족 대동정(鐵足大銅鼎) 속에는 고기를 삶았던 것이 결정상으로 남아 있었다. 솥의 복판은 약간 두툼하였으나, 잘 다듬어져 안정감이 있으므로 전국 시대의 명물이라고 할 수 있을 것이다. 출토될 당시 뚜껑과 언저리 사이에 6장의 삼베가 있었으며 삼베에 덮인 부분은 신품과 같이 번쩍이고 있었다고 한다. 뚜껑의 고리부터 솥발 사이에서 77행 469자의 명문이 확인되었다. 전국 시대 동기의 명문으로 발견된 것 중에서는 가장 많은 것이다. 그리고 동기의 명문은 대개 처음부터 주조되는 것이나 이 대정의 명문은 새겨져 있었는데 그 개요는 다음과 같다.

여기 94년에, 중산왕(▇)은 솥을 만들고 글을 새겨 이르도다……. 지난날 연나라 군주의 아들 회(噲)는 자지(子之, 연나라 재상)에게 현혹되어 왕위를 선양하였기 때문에 나라를 망치고 스스로 죽게 되었도다. 선고 성왕(先考成王)은 일찍이 군신을 버렸고(돌아가셨다는), 과인은 나이 어려(幼童) 사리를 분간치 못하였으나 하늘은 다행히 우리 나라에 충신 주(賙)를 주시어 인경(仁敬), 천덕(天德)을 좇아 과인을 보필하였노라. 과인 장년에 이르렀으나 아직 덕이 모자라노니 주(賙)의 보필을 바라도다. 그 옛날 선조이신 환왕(桓王), 조고성왕(昭考成王)께서는 몸으로써 사직을 돌보시며 사방에 행차하여 여러 제후를 위로하셨으나 지금은 우리의 주(賙)가 3군의 무리를 이끌고 불의한 부족을 정벌하여 기세를 올리며 창을 휘둘러 변방 수백리와, 성 수십을 열고 들어가서 적의 대군을 무찔렀도다. 과인은 그 덕을 칭송하며 그 힘을 기뻐하노라. 이에 그 공을 높이 사서 3대에 걸쳐 사형의 죄가 있더라도 이를 용서키로 하는도다……. 옛날 오나라가 월나라를 병합하였으나 월나라는 노력하여 급기야는 오나라를 전복시켰느니……. 인방은 화목하기 어렵고, 원수는 가까이에 있도다. 부디 자자손손 오래도록 이 나라를 안전하게 보존하도록 하여라.

연나라 왕 쾌(噲)가 선양(禪讓)함으로써 성왕이 되려 하여 재상인 자지(子之)에게 나라를 물렸기 때문에 쾌의 태자 평(平, 후의 조왕)과 자지의 내전이 일어나 죽은 자가 수만에 이르렀다는 사실은 「사기」의 '연소공세가(燕召公世家)'에 나온다. 맹자는 이때, 제왕(齊王)에게 연나라에 출병할 것을 권하면서 이는 주나라의 문왕이나 무왕이 은나라를 정벌하여 민중을 안정시킨 일과 같은 것이라고 주장하였다고 한다. 이 대목에 대하여 「사기」에는 그렇게 나오나 「맹자(孟子)」의 '공손축편(公孫丑篇)'에는 제나라 대신인 심동(沈同)이 "연나라를 치오리까?" 라고 물은 데 대하여 "가하다"라고만 대답하였노라고 나와 있다. 나중에 사람들이 "제 나라에 연나라 정벌을 권하였는가?" 라고 묻자, 맹자는 "'가하다' 고만 대답했을 뿐이고 만일 '누가 칠 것인가'라고 묻게 되면 '천명을 믿는 자라면' 이라고 대답할 참이었다"고 말하고 있다.

중산 왕묘의 대정명(大鼎銘)에 의하여 연나라에 내분이 있었던 사실 이외에 이때 중산국도 제나라와 함께 출병하였다는 사실을 알게 되었다. 「사기」에는 중산국이 출병한 사실을 언급하지 않았다. 여하튼 제1호 묘의 주인공인 중산왕 響 은 연나라에 내전이 있었던 기원전 314년에는 왕위에 있었고 연나라에 대한 원정군을 지휘한 사람이 주(賙)라는 인물이었음이 판명되었다. 주(賙)라고 하면 조역도에도 이름이 나와 있는 재상이며 대정명에서는 이 인물을 칭송하는 글로 가득하다. 발굴 당시, 이 큰 솥은 중산왕의 재상 주에게 하사한 것이어서 묻힌 주인공이 주(賙)가 아닐까 하는 의견도 있었다.

## 6

재상 주(賙)가 주인공이라는 설은 같은 묘에서 출토된 청동방호(青銅方壺)와 청동원호(青銅圓壺)의 명문에 의하여 부정되었다고 할 수 있다.

방호(方壺)의 명문은 사면에 새겨지고 450자에 이른다. 그 내용은 "여기 14년, 중산왕 響 은 재상 주에게 명하여 연나라의 좋은 금만을 골라 이호(彝壺)를 주조케 하다"로 시작하여 상제(上帝)를 공양하고 조상을 제사하기 위한 것이라고 적고, "짐의 선조 문(文), 무(武), 환조(桓祖), 성고(成考)"라고 나열하고 있어서 중산국의 왕통이 분명해졌다. 주(周)나라의 왕통처럼 자립한 무공(武公)의 앞에 그 아버지를 문(文)으로 내세우고 무공 다음에는 환공과 성공이라고 적고 있다. '고(考)'란 '망부(亡夫)'의 뜻이므로 響 은 성공의 아들임이 분명하다. 무공의 자립(기원전 414년)에서 연나라의 내란(기원전 314년)까지 정확히 100년이 지났다. 그러므로 주인공인 響 은 무공의 증손자에 해당된다. 연나라를 정벌하고 제법 전리품을 얻은 것 같으며 그 안에서 좋은 금(동)을 골라 녹여서 이 방호를 주조한 것이다. 명문은 그에 이어 또다시 재상 사무주(司馬賙)의 인덕과 공적을 칭송하고 또한 연나라에서 교훈을 얻도록 태자를 깨우치고 있다. 그리하여 현신을 얻어 백성들을 복종시킬 것을 설득하며, "아들의 아들, 손자의 손자까지 영구히 보존하여 무강(無疆)하도록" 하며 끝맺었다.

문자는 중원 북방계이다. 역문에서 '사(四)'로 한 것은 원문에 '≡'로 되어 있다. 대정명의 '유동(幼童)'으로 번역된 원문은 '유동(學 壥)'이며 '미(迷)는 '䊷', '구'는 '匶'라는 사전에도 없는 글자체가 사용되었다. 그렇더라도 분명히 중원어로 읽을 수밖에 없는 문장이며, 백적(白狄)의 말이 우랄 알타이어족의 그것이었다면 중산국은 그 언어를 중원어로 바꾸었다고 하지 않을 수 없다.

에도(江戶) 시대의 일본인이 '야마토고도바(山和語 = 山和魚葉)'를 사용하면서도 지식인은 보통 한문을 훌륭하게 썼던 예도 있다. 중산국에서도 백적어(白狄語)와 중원문(中原文)을 구별하여 썼을 것이다. 그러나 출토 문물 전체의 품격이나 분위기로 보아 중산국은 이미 중원 제후국과 거의 틀리지 않을 만큼 중원에 동화되어 있던 것처럼 생각된다.

원호(圓壺) 쪽어 명문은 182자로 그 내용은 윤사(胤嗣, 왕위 계승자)인 鈝鵉 라는 자가 선왕인 𤕭㤄(慈愛)를 찬양하고 나아가 재상 사마주의 공적을 칭송한 것이다.

명문이 있는 데라면 반드시라고 할 수 있을 정도로 재상 사마주의 공적이 언급되었다. 명문을 해독한 중국의 연구자들은, 이 인물은 어지간히도 특별 취급되고 있었고 그 이면에는 강한 경계심을 갖고 있었던 느낌도 든다고 말한다. 같은 시기에 연나라에서는 재상에게 나라를 빼앗기고 제나라와 중산국이 그 내전에 개입함으로써 태자가 다시 국권을 회복하게 되는 사건이 있었기 때문에 국내의 실력자에게 경계심을 가졌던 것은 당연하였을 것이다. 명문이 들어 있는 것에 청동 도끼(靑銅鉞)가 있다. 길이 29.6센티미터, 너비 25.5센티미터, 무게 2.4킬로미터로 목제틀은 이미 없어졌고 틀의 상단을 씌운 동모(銅帽)와 하단에 끼우는 끝을 쇠붙이로 씌운 창 고달(鐏)이 남아 있었다. 동존(銅鐏)은 은유리 상감이며 점선으로 새긴 훌륭한 것이다. 월(鉞)은 '큰 도끼'로 제후가 천자로부터 하사받아 그것으로 무도한 자를 정벌

할 권한을 부여받는 징표로 삼았던 것이다. 이를 하사받음으로써 비로소 '건방(建邦)' 제후의 나라를 세울 수가 있었던 것이다. 그 도끼에는 "천자, 나라를 세워, 중산후이(中山侯憙)가 여기에 군(軍)   鈝   (鉞)으로써 비로소 궐(厥)의 백성을 승복시키다"라는 글이 들어 있다. 이(憙)라는 것은 무공(武公)이나 문공(文公)에 해당될 것이다. 진정으로 중산의 군주가 낙양에 있는 상징적 존재에 지나지 않는 주나라 천자에게 건방(建邦)을 청원하여 승인을 받았는지의 여부는 알 수 없다. 그러나 이 명문에 들어 있는 월(鉞)이 출토된 것은 중산국이 스스로를 중원 제후로 자인하고 적어도 「주례(周禮)」의 제도에 따르는 형식을 취했던 사실을 알 수 있다.

중산국은 역시 중원 천하의 일원이며 천자로부터 월(鉞)을 하사받았기 때문에 연나라의 재상이 나라를 탈취하였을 때 제나라와 더불어 출병할 수 있는 근거가 있는 것으로 생각하였다.

백적 출신이었기 때문에 더욱 중원 사람처럼 되려고 하였는지도 모른다. 동기 이외에 옥기, 마노(瑪瑙)의 목걸이, 석제의 육박기반(六博棋盤)이 출토되었으나 특히 돋보이는 것은 흑도(黑陶)이다. 동기와 달라서 모든 흑도는 부장품으로서 만들어진 명기(明器)로 생각된다. 다시 사람의 눈에 띌 염려가 없었을 것임에도 한 치의 빈틈도 보이지 않는 것이었다.

중산 왕묘에서 출토된 흑도는 마치 용산 문화의 친손자라고 할 수 있는 느낌이 들었다. 높이 41.4센티미터, 최대 너비 38.5센티미터의 흑도정(黑陶鼎)은 사람의 마음을 가라앉힐 정도로 안정된 구조이며 그 표면에 그려진 문양은 여러 가지 무늬—새털구름무늬, 물결무늬, 톱니무늬, 시위(弦)무늬, 동물무늬, 변형된 호랑이무늬 등의 종합이다. 그러나 절대로 번잡스러운 느낌이 들지 않는다. 연마된 흑도 속에 잠겨 있는 것처럼 보이면서도 이상하리만큼 약동감이 있는 것이다. 그것은 뚜껑에 달려 있는 약간 긴 손잡이, 쇠뿔을 닮은 2개의 아치형 귀, 혹은 네 발로 딛고 서 있는 것 같은 3개의 수제형(獸蹄形)의 다리 때문만은 아니다. 오리 모양을 한 흑도존(黑陶尊)이나 중앙에 새가 기둥이 되어 있는 흑도반(黑陶盤)은 모양이나 문양이 일품이었다.

제1호 묘에서는 14점이 한 벌로 된 편종도 출토되었다. 가장 무거운 것이 3.6킬로그램, 가장 가벼운 것이 0.5킬로그램이었다. 과연 중산국의 궁전에서 연주되었던 음악은 어떤 것이었을까? 주나라에서는 예악을 중시하고 공자도 예악을 인간 경영의 최상의 것으로 설교하였다. 그러므로 중산국은 중원의 그와 같은 전통에 적극적으로 따랐을 것으로 생각된다.

그렇게 되면 전적으로 독자성이 없었던 것이 아닌가 하고 반문하게 될 것이다. 그러나 우리는 출토 문물에서 중산국 특유의 냄새를 맡을 수도 있다. 일본의 고오베(神戶)에서 전람회가 개최되었을 때, "한 점을 꼽는다면……" 하고 물어왔을 때에 필자는 금은 상감이 된 용봉형 방안(龍鳳形方案)을 골랐다. 방형의 동궤(銅机)로 47.5×47센티미터이므로 그다지 큰 것은 아니었다. 높이는 36.2센티미터로 그 높이를 지탱하는 다리 부분은 더할 수 없이 정교한 것이었다. 대상(臺上)의 네 구석에는 각기 사슴이 앉아 있다. 대상을 지탱하며 반쯤은 대상을 의지하고 있는 것 같은 느낌이 들었다. 둥근 대상에는 용 네 마리가 고개를 쳐들고 그 사이에 봉 4마리가 고개를 내밀어 마치 하늘로 날아오르려는 모습이다. 용의 꼬리는 힘차게 선회하고 봉의 벼슬은 중앙에 우뚝 솟아 복잡한 모양으로 이 방안(方案)을 지탱한 형태로 되어 있다. 모든 부분은 따로따로 주조하여 큰 못이나 용접으로 잇고 납형법(蠟型法), 주계법(鑄繼法) 등 여러 가지 기법을 구사하였다.

금은상감 용봉형(龍鳳形) 방안(方案)

소형이라고 할 수는 있는데 우리가 생각하는 책상으로서는 작다고 하지 않을 수 없다. 작은 것을 온갖 방법을 동원하여 정교하게 만든다는 것은, 실은 유목민의 특성이라고 할 수 있다. 이동이 많은 생활에서는 구태여 무거운 물건이 필요치 않다. 즉각 손쉽게 운반할 수 있도록 간소화시킬 것을 생각하는 것이다. 이 동방안(銅方案) 속에 백적 부족의 유목에 대한 기억이 스며 있는 것인지도 모른다.

용, 봉, 사슴이라고 하면 이것은 애니멀 스타일로서 초원의 유목민이 특기로 하는 것이다. 그런 뜻으로는 '사슴을 먹는 호랑이'가 어느 면에서는 중산국 문화의 정화라고 할 수 있을지 모른다. 유목민 스키타이족 등은 '동물투쟁도'가 대표적인 모양으로 되어 있다. 사슴을 물고 있는 호랑이도 동물투쟁도의 일종인 것이다. 금은 상감의 동제품이나 원래는 병풍용으로 사용되었던 것이다. 호랑이 목 부분과 꼬리에 가까운 부분 2개 소에 공(銎)이 있고 출토되었을 때에는 아직도 나무틀이 남아 있었다. 그것은 코뿔소와 소의 형태를 한 병풍용과 한 벌로 출토되었으나 호랑이는 각별히 훌륭하였다. 약한 사슴과 그것을 잡아먹는 강한 호랑이와의 대조가 강렬하지만 앞에서 언급한 동방안 아래의 사슴도 힘에 관한 리듬의 한 표현인지 모른다. 호랑이의 앞 발은 사슴을 움켜 쥐고 공중에 떠있으나 사슴의 다리로 교묘하게 균형을 취하고 있다. 이 동기의 디자인을 했던 인물은 발군의 예술가였다고 할 수 있을 것이다.

중산 왕릉에서 출토된 문물의 특징 중의 하나는 천막의 부품이 많다는 사실이다. 천막의 지주(支柱)에도 여러 가지 양식이 있다. 그리하여 천막의 지주 부분과 묘소 내의 목편 등으로 고고학자는 여러 가지 복원을 시도하였다. 인자형(人字形) 천막은 정면의 넓이가 3칸이나 되는 큰 천막이며, 원형 천막을 복원하였던 바 현재 몽고의 파오(包)와 똑 같은 것이 되었다는 것이다. 접는 천막도 있었으며 그것은 위가 평평한 간이 천막이 되었다. 전체적으로 금속 부품이 적고 신축성과 회전성이 있는 것을 사용하여 이동이나 조립의 편의를 도모하였다.

이 천막 부품이 편종과 천자의 월(鉞)이 출토된 묘에서 적지 않게 나왔다는 것은 건방(建邦) 100년으로 충분히 중원화되었다고 생각되었던 嚳의 시대에조차 유목의 잔재가 남아 있었다는 사실을 이야기해 주는 것이

다. 혹은 그것들은 민족 고유의 것으로서 의식적으로 보존되었던 것인지도
모른다.

   핵이 되는 중원 문화에 여러 가지 요소가 추가되어 그 정체를 막고 활성을
보존하였던 것이 중국의 문화라고 생각한다. 그러므로 백적의 중산 같은
나라는 중국 문화에서 귀중한 수혈(輸血)이었을 것이다. 새로운 피가 주입됨
으로써 오래된 피도 순화되어 왕성하게 맥박치게 되었던 것이다. 그리하여
지난날 초나라 그리고 오나라가 또 월나라가 연출하였던 역할을 중산국의
문화가 수행하였음에 틀림없다.

# 여러 가지 무덤

## 1

중산국을 멸망시키고 왕릉을 어지럽혔던 조나라도 그로부터 91년 후엔 진(秦)나라 시황제에 의해 멸망되었다. 조나라의 국도(國都)는 하북성 한단 (邯鄲)으로서 현재의 한단시 구역의 대성(大城)이라고 부르는 지역으로 궁전 은 그 대성의 서남쪽에 있었다. 제2차 세계대전 중인 1940년에 일본의 동아 고고학회(東亞考古學會)가 궁전의 유적을 조사하여 토단(土壇)을 발굴한 일이 있다. 능의 구역은 한단시 서북의 구릉 지대에 있는 5개의 토단이 그것 이었다. 한단시와 북으로 인접하는 영년현(永年縣)에 걸쳐 있는 남쪽의 3개 가 한단시에 속하며 3릉(三陵)이라고 부른다.

조나라 왕릉의 특징은 산봉우리에 만들어졌다는 사실이다. 평지에 봉토한 것이 아니고 자연산 위에 다시 봉토하였다. 그러므로 산이 묘의 기초가 되어 서 그 규모는 굉장히 크다. 산정(山頂)을 평평하게 깎은 다음 묘를 만드는 형식이었으므로 재료 등의 운반이 매우 어려웠을 것이다. 한단 쪽에 3기가 있었으므로 3릉이라고 부르고 그 주변의 6개 마을은 진삼릉촌(陳三陵村) 또는 장삼릉촌(張三陵村)이라고 부르고 있다.

고고학자들이 제1호 묘라고 부르고 있는 것은 진삼릉촌 동북 구릉 위에 있고 그곳은 보통 '대릉대(大陵臺)'라고 부르며 288미터, 동서 194미터의 규모 이다. 조나라 왕릉의 능대는 모두 남북으로 길다란 장방형을 이루고 있다. 능대의 중앙에서 약간 남쪽으로 길다란 장방형을 이루고 있다. 능대의 중앙 에서 약간 남쪽으로 쏠려 있고 저변에 약 57×47미터의 봉토가 있으며 그 높이는 15미터이다. 지난날엔 산 위에 의연하게 하늘로 치솟은 사당이 서 있었다.

1978년에 주요촌(周窯村) 동쪽에서 주요 1호묘(周窯 一號墓)의 발굴이 행해졌다. 제3호 능의 능대는 181×85미터이며, 이 능대 아래 서남쪽과 서북쪽에 대묘 하나씩이 있어서 능대 위쪽의 것과 함께 '품(品)'자 형을 이루고 있다. 그 중 능대 아래쪽의 1기가 전답 개간 사업으로 파괴당할 위험에 놓이게 되어 발굴하였던 것이다. 능대 주변에는 중·소형의 묘가 있어서 배총(陪塚)이 아닌가도 생각되었다. 이 대묘 발굴에 즈음하여 소형 묘 2개를 발굴하였던 바 모두 도굴당하고 아무 것도 없었다. 소형묘가 이 지경이니 대묘가 무사할 까닭이 있겠는가? 과연 도굴 구멍이 3곳이나 있었다.

중산국의 왕릉에는 숨겨진 창고가 있었으나 조나라의 왕릉에는 그런 것도 없이 거의 텅텅 비어 있었다. 중산국의 것은 전쟁이 있은 다음 조나라 군사들이 서둘러 저지른 노릇이었으나 조나라 것의 경우는 전문 도굴꾼들이 철저하게 도굴해 간 것 같아서 고고학자의 발굴도 그다지 수확이 없었다. 조나라 왕릉이라는 것이 널리 알려져 있었음인지 명대(明代)의 시인 백남금(白南金)의 시에도 이런 구절이 있다.

오랜 세월 바람은 남아 있는 흙더미를 갈라 무너뜨리고(歲久風殘土漸崩)
소나 양은 오히려 조 왕릉 위에서 노니는도다(牛羊猶上趙王陵).

누구나 그것이 조왕의 능이라는 것을 알고 있었다. 당나라 태자나 재상의 묘라는 전설이 있었던 중산 왕릉과는 달랐다. 그러므로 도굴꾼이 수시로 들락거렸을 것은 당연하다 할 것이다.

이 주요(周窯) 1호 묘의 묘실은 저변이 12.6×9.2미터, 곽실은 5.4×4.3미터로 돌이 쌓여 있었다. 관이나 인골도 없고 칠피(漆皮)가 남아 있는 것이 확인되었을 뿐이었다. 그리고 서쪽 묘도(墓道)의 순장갱과 동쪽 묘도의 거마갱이 있었다. 순장갱은 남북에 관이 2개 있었고, 남쪽 것은 앙신장(仰身葬)이었고 북쪽 것은 부신장(俯身葬)이었다. 치아가 상하지 않은 것으로 보아 순장자는 어린이로 추정된다. 동물의 순장은 있어도 사람의 순장은 거의 없던 시대였으나 아직도 가끔 있었다. 춘추 시대 말기의 채후묘(蔡候墓)의 인간 순장은 예외라 할 수 있으나 전국 시대 조나라 왕릉의 인간 순장도 예외일 수 있을까? 1957년과 1959년에 이 주변의 대소형의 전국묘(戰國墓) 80여 기를 발굴하였으며 그 중 대형 묘 2곳에서 인간의 순장이 있었다고 보고되어 있다. 또 한 가지 부부 합장의 예가 있었다. 어쩌면 이 예외도 순사였는지 모른다. 주요 1호 묘의 순장갱에서 남쪽 순장자의 머리맡에는 동경(銅鏡)이 놓여 있었다. 북쪽의 관에서는 동인(銅印) 청하 족자(銅簇), 동혁대 장식 등이 발견되었다. 어떠한 부장품이 놓여져 있더라도 무참한 감정을 떨쳐버릴 수 없다.

거마갱 쪽은 말뼈가 형편없이 흩어져 있는 점으로 보아 도굴꾼들의 횡포가 극심하였음을 상상할 수 있다. 기대한 만큼의 부장품이나 나오지 않았으므로 화풀이라도 했던 모양이다. 그러나 이곳에는 동령(銅鈴) 등의 잔편이 약간 남아 있었다. 조나라는 경후(敬侯) 시대에 한단으로 천도한 후 8대가 계속되고 있었다. 그러나 5개 능의 대묘에 묻힌 주인공은 단지 추측할 수밖에는 없었다.

조나라는 진(晉)나라가 3분된 나라들 중의 한 나라이며 가장 북쪽에 위치하고 있었다. 그러므로 북방 유목민과의 접촉이 많았던 것은 당연한 일이었다. 그리고 그 영토 안에 유목계의 부족을 포용하고 있었을 것이다. 전국 시대 제후 중에서 조나라가 제일 먼저 '호복기사(胡服騎射)'를 채택한 사실은 「사기」 '조세가'에 상술되어 있다.

전국 시대 말기에는 전쟁의 양상이 바뀌었다. 그때까지는 4, 5 마리의 말이 끄는 병거(兵車)로 싸웠으나 병사가 바로 말을 타고 활을 쏘는 전법으로 바뀌었다. 그러한 전법이 기동력이 있어서 적을 압도할 수 있었던 것이다. 원래 이 전법은 북방 유목 부족의 방법이었으므로 그 전법을 채택하기 위하여는 그들의 복장(胡服)도 동시에 채택하지 않으면 안 되었다. 중원의 복장은 소매가 긴 관의(寬衣)를 띠로 매는 것이었다. 그런 옷으로는 말을 타기도 어렵고 활을 쏠 수도 없었다. 그러므로 북방 민족과 같이 통소매에다 바지를 입어야만 가능했던 것이다. 조나라의 무령왕(武靈王)은 보수적인 귀족들을 끈질기게 설득하여 겨우 그 채택에 성공하였던 것이다. 「사기」 '조세가'에 의하면 이 일은 무령왕 19년(기원전 307년)에 있었던 것으로 되어 있다.

제후국 중에서 조나라가 가장 북방 민족의 생활 풍습 혹은 전법에 익숙해 있었으므로 그것을 채택할 수 있었을 것이다. 이러한 사실도 중원 문화에 새로운 피를 주입시킨 한 예라고 할 수 있다.

2

조나라가 '호복기사'를 채택한 것은 서쪽의 진(秦)나라로부터의 압력에 대비한 것이었다. 진나라는 점차로 국력이 신장되고 있었다. 전국 칠웅 중에서도 진나라는 독특한 제도를 갖고 있었다는 사실은 이미 언급한 바 있다. 청동 예기(靑銅禮器)의 출토가 매우 적고 거의 진 왕실 관계에 한정되어 있었다는 사실(事實)은 서주(西周)의 옛터를 영토로 하고 있으면서도 주(周)나라의 예악(禮樂)을 그다지 중시하지 않았던 체질이었음을 말해 주는 것이다.

만이(蠻夷)라고 자칭하였던 초나라조차 「주례(周禮)」를 따랐다. 진나라에 쫓겨서 천도한 다음의 초나라 유왕(기원전 237년~228년 재위)의 능에서는 구정(九鼎)이 나왔고 묘로 생각되는 곳에서는 7정(鼎)이 나왔다.

초나라의 국도인 영(郢)이 점령당한 것은 기원전 278년의 일이었다. 그리하여 초왕은 동북쪽으로 피하고 지난날의 초나라 중심부는 진(秦)나라의 지배하에 들어갔다. 그러므로 그 이후 강한(江漢, 양자강과 한수가 맞닿은 지역)에 있는 옛 묘는 초나라 묘가 아니고 진나라 묘가 된다. 1971년 이후 호북서 의창(宜昌), 강릉(江陵), 운몽(雲夢) 등의 지방에서 40여 기의 진나라 묘가 발견되었으나, 같은 지방에서 그 이전의 초나라 묘와 비교하면 현저한 차이가 인정된다. 진나라 묘의 부장품은 일상의 생활 용기―가마(釜), 바리(盂, 우), 시루(甑, 증), 독(瓮, 옹), 물동이(罐, 관) 같은 도기(陶器)가 주였고, 초나라 묘에서 볼 수 있는 청동의 예기나 악기 등은 거의 없다.

진나라가 천하 통일에 성공하였던 이유는 아무래도 이 묘지 제도에 암시되고 있는 것 같다. 동기(銅器)를 가질 수 있었던 것은 왕뿐이었던 것 같으므로 그 독재권은 매우 강력하였을 것이다.

유능하든가 혹은 얄궂은 왕이 나타나면 생각하기 어려운 대사업을 이룰 수도 있는 것이다. 진(秦)나라는 소박하기보다는 실질적이었다. 그리하여 주나라의 예법에 구애되지 않았다. 묘 속에 동기를 묻기보다는 무기를 만드는 데에 보태야 한다고 생각하였을 것이다.

그 거대한 편종이 출토된 수현(隨縣)의 묘는 초 왕실의 것이 아니라 증후(曾侯)의 것이다. 전국 칠웅을 1류라 한다면 그는 2류 급의 귀족에 불과했다. 최대 200킬로그램이나 되는 64벌의 동제 편종으로 얼마나 많은 창이나 검을 만들 수 있을까—진이라는 나라는 아무래도 그러한 생각을 하는 체질을 갖고 있었던 것 같다.

귀족인 사대부는 왕과 함께 도망하였을 것이지만 일반 백성은 그곳에 남아 있었다. 초나라에서는 일반인도 호장(好葬)하는 습관이 있었으나 진(秦)나라에서는 자신들의 제도를 백성들에게 강요하였음이 틀림없을 것 같다. 도기 수점으로 소박하게 장사지낸 사람들의 아버지나 할아버지는 동으로 된 예기(禮器), 악기(樂器) 혹은 진묘수(鎭墓獸) 등이 부장된 묘지에 잠들고 있었던 것이다.

나라에서 쫓겨난 초 왕실은 하남성의 진성(陳城)과 안휘성 부양현(阜陽縣)의 거양(鋸陽)을 거쳐 수춘(壽春)까지 천도하면서 망명 중에 있는 몸인데도 호장을 계속하였다. 수춘은 안휘성 수현(壽縣)에 있다. 망명 중이던 초 왕실의 묘소는 주가집(朱家集)에 있으며 지난날에는 수현이었으나 현재는 장풍현(長豊縣)에 속한다.

주가집에는 동서 25미터, 남북 21미터, 깊이 10여 미터의 연못이 있는데 그곳이 바로 초 왕릉을 도굴한 흔적이다. 춘추 시대에 오왕 합려(闔閭)의 묘를 진나라 시황제가 파헤친 곳이 검지(劍池)라고 지금은 연못이 되어 있다. 깊이 파고 나서 그대로 두면 연못이 되고 마는 것이다. 주가집의 연못은 이른바 초 왕릉의 묘갱이었던 것이다. 연못 남쪽에는 아직도 봉토가 3 미터 정도의 두께로 남아 있다고 한다. 이 도굴은 1933년과 1939년 2회에 걸쳐 있었다. 도굴이라는 말이 어색할 정도로 당당하게 이루어졌다. 첫번째는 그곳의 호족인 주씨(朱氏)가 하였고, 두번째는 광서 군벌이 군대를 동원하여 하였던 것으로 이때에는 공병대(工兵隊)가 동원되어 민간인의 접근을 금지시켰으며 도굴의 '성과'는 일체 알려지지 않았다. 도굴이었으므로 물론 학술 보고서도 나와 있지 않다. 추정하는 바에 의하면 동기와 도기류를 포함하여 4,000점은 넘었을 것이라고 한다. 그리고 1933년의 도굴품은 해외로 반출된 것이 많았다고 한다. 일본과의 전쟁이 시작되었을 무렵, 나머지 700여 점 (주로 동기)을 12개의 상자에 담아 사천(四川)에 소개하고 있던 고궁(古宮)

박물원에 맡겼다. 그곳에서 다시 27개의 상자로 포장되어 중경(重慶)에서 낙산현(樂山縣)으로 옮겨졌다. 제2차 세계대전 후, 이 '초나라의 동기류'는 남경 조천궁(南京朝天宮)의 고궁 박물원 남경 지원으로 옮기도록 되었다. 그렇게 결정된 것은 1948년의 일로서 이때는 내전이 격렬한 때였다. 1949년 1월에 안휘성 무호(蕪湖)까지 수송되었으나 그 이상의 수송은 속행할 수 있는 형편이 못되었다. 내전의 불이 꺼지고 1953년에 이 문물은 안휘성의 성도인 합비(合肥)시로 운반되어 현재는 합비시에 있는 안휘성 박물관의 중요한 소장품이 되었다. 다른 이야기지만, 소개지인 사천에서 남경 조천궁까지 운반되었던 수많은 고궁 문물의 상당수가 대만으로 반출된 사실은 널리 알려져 있다. 현재 합비시(合肥市)에 있는 초나라 동기 가운데 명문(銘文)이 있는 것은 30여 점이라고 한다.

3

이 몇 년 사이에 진(秦)나라 이전의 묘상 건축(墓上建築) 문제에 대하여 중국 학계에서 상당히 많은 논쟁이 일었다. 양홍훈(楊鴻勳)과 양관(楊寬) 씨가 「고고(考古)」에서 1982년부터 그 다음 해에 걸쳐 각자의 견해를 주장하였다. 거기에는 중산 왕릉의 예의 '조역도'도 한몫 하고 있다.

후한(後漢)의 대학자 채옹(菜邕, 133년~192년)이 「독단(獨斷)」이라는 그의 책에서 "옛날에는 묘제(墓祭)를 하지 않고, 시황제의 침릉을 찾음에 이르러 이를 묘로 보기에 이르고 한나라는 이를 개정하지 않았다"는 기록이 있는데, 이것은 진나라 이전에는 묘를 쓰지 않았다는 것인데, 이 말을 사실이라고 받아들인다면 무덤 위의 건조물은 왜 세워졌는가에 대한 의문이 제기된다.

무덤 위의 건물은 전국 시대 이전의 춘추 시대에도 있었다는 사실이 인정되고 있다. 이 건물은 '침릉'이지 제사를 행하는 곳이 아니라는 설과, 그곳에는 제사를 모셨다는 설이 대립되고 있다. '침(寢)'에 대하여는 이미 언급한 바와 같이 영혼이 생활하는 곳으로서 의관이나 그 이외의 생활용품이 놓이게 된다. 그리고 제사를 모시는 곳은 '종묘'인 것이다. '침릉'은 조정의 내궁(內宮)에 해당되고 '종묘'는 외궁(外宮)에 해당된다.

종묘 안에서는 위패가 안치되며 영혼으로 본다면 그곳에서 공양을 받게 되므로 '사당(祠堂)'이라고도 부른다. 그리고 종묘에서 제를 올리는 일은 가족 중의 연장자뿐이라고 되어 있다. 중산 왕릉의 '조역도'에는 5개의 방형 건조물이 있는데, 중앙이 '왕당(王黨)', 좌우에 '왕후당(王后堂)'과 '애후당(哀后堂)', 양 끝에 '□(해독 불능의 글자)당'(□堂)과 '부인당(婦人堂)'으로 되어 있다. 왕당과 좌우 2당은 사방의 너비 200척, 양 끝에 2당은 150 척으로 지정되어 있다. '애후'란 중산왕의 망처(亡妻)이고 왕후는 아직 건재하였던 모양이다. 왕후당에는 "장례는 애후를 따라"라고 하여 미래의 장례를 미리 정하는 형식으로 되어 있다. 양관 씨에 의하면, 가족 중의 연장자만이 행하는 제사의 건조물에 이와 같은 배치는 있을 수 없다는 것이다. 왕과 2명의 왕후 또는 총애하던 궁녀가 사후에 그곳에서 생활하는 '능침'이어야 하는 것이다.

고고학자의 중산 왕릉 복원 계획에서는 이것을 사당(종묘)으로 상정하고 있는데 대하여 양관 씨는 이의를 제기하였다. 이에 대하여 양홍훈 씨는 중산 왕릉뿐만 아니라 전국 시대 대묘 위의 건물은 제사도 모셨다고 하여 여러 가지 근거를 제시하고 있다. 옛날에는 묘지가 없었지만 채옹은 어떤 때에는 그렇게 들었다고 하여 '문(聞)'자를 쓰고 있다. 그렇게 들었다고 할 뿐 단정은 하고 있지 않다. 은나라의 '복사(卜辭)'에도 묘제(墓祭)에 관한 사실이 나와 있다. 너무 전문적인 사항이므로 상세한 것은 생략하겠으나 양홍훈 씨는 지난날에도 '당(堂)'이라 하여 제사를 올리는 장소가 있었으나 진(秦)나라에 와서는 '침'을 첨가하였던 것이라고 주장하였다. 그리고 고대의 '침'을 해석한 문헌은 모두 한나라 이후라는 것도 하나의 근거가 되었다.

무덤 위의 건조물이 죽은 자의 주거용일 뿐인 '침릉'이었는지 그렇지 않으면 제사도 올렸는지에 대하여 필자로서는 어느쪽 편을 들 자격이 없다. 다만 '침릉'이 진나라 시황제에 이르러 대규모로 건축되었다는 사실만은 틀림없는 것이다. 그때까지 '침릉'은 없었던 것이라고 단언할 수는 없으나 진나라 시황제가 생각하였던 것 같은 '침릉'은 시황제로부터 비롯되었다고 해도 무방할 것이리라.

진(秦)나라 시황제는 서복(徐福)에게 불로장생의 영약을 구해 오도록 하였다. 그리하여 서복은 많은 동남 동녀(童男童女)를 거느리고 해동(海東)의 나라로 건너갔다고 전해진다. 「사기」의 '진시황본기(秦始皇本紀)'에도 "시황은 죽음이라는 말을 증오하였다"고 한다. 인간은 누구나 죽기 싫어한다. 진나라의 시황제는 특히 죽음이 싫었던 모양이다. 누군가가 운석(隕石)에 "시황은 죽어서 땅에 묻히리라"고 새겼다는 말을 듣고 몹시 노하여 샅샅이 추궁하였으나 범인을 찾지 못하자 운석 주변에 사는 사람들을 주살하고 그 운석을 녹여 없앴다는 이야기가 역시 「사기」에 소개되었다.

죽기는 싫은데 죽지 않으면 안 된다고 하자, 살아 있는 현세의 부귀영화나마 사후에도 그대로 누리고 싶다고 생각하였던 것이다. 시황제는 왕위에 오르자, 즉각 여산〔驪山, 섬서성 임동현 (臨童縣)〕에 자신의 묘를 가꾸기 시작하였다고 한다. 아버지인 장양왕(莊襄王)이 죽고 정(政, 시황제)이 왕위에 오른 것은 13세였다. 겨우 13세의 소년으로서 자기의 묘를 걱정했다는 사실이 이상하기는 하나 이것은 시황제의 집념이라기보다는 당시의 풍습이었을 것이다. 생전에 가꾸어 둔 묘는 수릉(壽陵)이라고 하여 징조가 좋다고 전해졌던 것이다. 13세의 왕에게는 여불위(呂不韋) 같은 후견인이 있었기 때문에 대체로 그 의견에 따랐을 것으로 생각된다. 그의 즉위 9년에 시황제는 자기 생모의 애인인 노애(嫪毐)를 죽이고 다음해에는 여불위를 해임하여 그가 독재자로서의 실권을 휘두르기 시작한 것은 그 무렵이었을 것이다.

4

시황제라고 하면, 천하 통일 이외에 바로 연상되는 것이 '만리장성(萬里長城)'과 '분서갱유(焚書坑儒)'이다. 분서라고 해도 죽간이나 목간의 시대였으므로 「논어(論語)」 책 한 권만 해도 우마차에 산더미처럼 쌓여야 했다. 아마도 요란하게 타들어 갔을 것이다. 천하의 모든 책을 불태웠으나 의약과 복서(卜筮) 그리고 종수(種樹)에 관한 책은 예외로 취급하였다. "법령을 배우고 싶은 자는 관리를 스승으로 삼을지어다"라고 한 것으로 보아 법령집까지 불태운 것 같다. 이 때 진나라 이외의 나라 책도 불살라 버렸던 것이다. 사마천은 「사기」를 저술할 때, 수많은 사료를 참고하였을 것이니 시황제의 분서 사건이 있은 다음이었으므로 각국의 사료를 망라할 수는 없었을 것이다. 그러한 뜻에서도 진나라 이전 역사는 고고학 조사에 의존해야 하는 부분이 많을 것이다.

진나라가 마지막 남은 전국 시대 제후인 제(齊) 왕을 사로잡고 제나라를 멸망시킴으로써 천하를 하나로 묶은 것은 시황제 26년(기원전 221년)의 일이다. 땅 속의 묘장제로 보면 그 내용이 가장 빈약한 진나라였지만 땅 위에서는 최강의 나라가 되었던 것이다. 묘장제가 가장 빈약하다는 것은 보편적인 상황을 말한 것이며 왕실의 경우는 매우 훌륭하였다. 그러므로 왕실만이 훌륭하였다는 사실이 되는 것이다. 아마도 그것은 법률로써 정해졌던 일이었을 것이다. 천하를 병탄하였으므로 진나라의 경제력은 막강하였을 것이고 화려한 부장을 할 수 있는 실력자도 적지 않았을 것이다. 그럼에도 불구하고 소박한 생활용품밖에 부장되어 있지 않았던 것이다. 진나라가 상앙(商鞅)의 개혁 이래 법률 지상주의 국가였음은 특기해야 할 것이다.

1977년 이래 섬서성 봉상(鳳翔)의 옹성(雍城) 부근에서 진 왕실과 관계되는 것으로 보이는 대형 묘군이 발견되고 있다. 묘의 형태는 '중(中)', '갑(甲)', '목(目)'자 형의 유형이며 그 중 '중'자 형이 제일 많았다는 것이다. 그 중에는 길이가 300미터 이상이나 되는 것도 있고, 금, 동, 철, 옥, 석기 등 1천여 점이 출토되고 있다. 진나라의 땅 속 묘가 말하고 있는 것은 진나라의 집권적 권력이 막강하였다는 사실이다. 진나라의 중앙집권적인 독재는 시황제가 확립하였던 것이 아니다. 그가 즉위하기 100년 전에 상앙과 같은 법가(法家)가 재상이 되어 그와 같은 체계를 갖추었던 것이다. 전국 칠웅 중에서도 진(秦)나라는 후진국이었다. 그러나 쫓고 뛰어넘기 위하여 무던히 노력하고 있었다. 상앙이나 장의 및 이사 등 유능했던 재상들은 외국인이었으며 각기 한(韓)·위·초나라 출신이었다. 왕실을 감싸는 귀족층의 힘이 강하면 이러한 외국 국적의 유능한 인물이 등용될 수 없는 것이다. 상앙을 등용하기 이전부터 왕의 역량이 귀족들에 비하여 각별히 강력하였던 것이다.

그러므로 갑자기 독재자가 나타난 것은 아니었다. 독재 체제 내에서 시황제라는 한결 개성이 강한 격렬한 인물이 나타났던 것이다. 분서 등이 그의 격렬한 성격을 반영한 것이라 할 수 있다. 그런 와중에서도 공자가 태어난 산동성 곡부(曲埠)의 유가(儒家)에서는 유서(儒書)의 간(簡)을 벽 속에 감추고 발라버렸다. 시황제의 서슬이 시퍼런 권세로서도 인간의 사상을 압살할 수는 없었던 것이다.

분서는 시황제 34년의 일이었으나 그보다 4년 전의 연대가 확실한 진(秦)

나라 묘가 1975년 운몽현 수호지(睡虎地)라는 곳에서 발굴되었다. 수호지
11호 묘라고 부르는 이 묘의 부장품 중에서 1천 5백여 권의 '진간(秦簡)'이
출토되었다. 글자 수로는 4만자 가까이 되는 것이다. 원고 용지는 100매 분이
므로 해설문이 따른다면 그 배가 훨씬 넘는 것이다. 이것은 중국에서 처음으
로 출토된 '진간'으로서「편년기(編年記)」,「어서(語書)」,「진율십팔종(秦律十
八種)」,「효율(效律)」,「진율잡초(秦律雜抄)」,「법률답문(法律答問)」,「봉진식
(封診式)」,「위리지도(爲吏之道)」,「일서(日書)」, 갑종(甲種) 및 을종(乙種)
이라고 표제가 된 10종의 서적이었다. 그 내용은 진나라의 통일 전쟁 경과,
중앙 집권 제도, 군제(軍制), 법제(法制), 농공 상업의 관리, 도량형(度量衡)
과 화폐의 통일, 의학, 법가(法家), 오행설(五行說), 역법(曆法) 등으로 연구자
에게는 귀중한 자료라 하지 않을 수 없다. 운몽(雲夢)은 원래 초나라 영지였
으므로 이 무덤의 주인공은 아마도 진나라 조정에서 임명되어 부임하였던
관리였을 것이다.

　시황제의 강력한 명령은 이제 막 통일된 전국에 철저하게 집행되었던
것 같다. 그렇기 때문에 진나라 수도인 함양(咸陽)에서 멀리 떨어져 있는
곡부(曲阜)에서도 유가의 책들을 벽을 뚫고 감추었을 것이다. 만일 명령이
미치지 않았다면 어떠한 지령에도 마이동풍격으로 까딱하지 않았을 것이기
때문이다. 진나라의 전통인 엄벌주의에 의하여 시황제의 의사는 전국에 전파
되었던 것이다. 여산에 능을 만들 때, 천하에서 70만 명의 도부(徒夫)를 모았
다고「사기」에는 기록되어 있다. 도(徒)란, 수형자(受刑者)를 말하는 것이므
로 아무래도 죄인이 너무 많았던 것 같은 생각이 든다. 사소한 잘못이라도
저지르면 처벌을 받게 되었던 것 같다.

5

　「사기」'진시황 본기'에는 70만 명이 동원된 시황제의 묘를 다음과 같이
묘사하고 있다.

　　삼천(三泉)을 착굴하여 동(銅)을 아래에 박았다. 궁관백관(宮觀百官), 기기
　　(奇器), 진괴(珍怪)의 창고를 옮기고 가득 채웠다. 기술공으로 하여금 가게

장치를 만들어 접근하는 자가 있으면 돌연히 이를 쏘게 하였다. 수은으로써 백천(白川), 강하(江河), 대해(大海)를 만들어 기계로써 서로 운항토록 하였다. 위에는 천문을 갖추고 아래에는 지리를 갖추었다. 인어의 기름으로 촛불을 피웠다. 꺼지지 않는다는 것을 오랫동안 시험하고 나서의 일이었다.

삼천을 판다는 것은 세번씩이나 지하수 층에 이를 수 있도록 그렇게 깊은 곳에 동판을 깔고 관를 놓는다는 것이다. 그리고 묘소 안에 궁전과 누각(樓閣)을 만든다. '백관(百官)'이란, 이제까지의 주석으로는 백관의 자리를 설치한다고 보는 것이 옳은 것 같았으나, 병마용갱(兵馬俑坑)이 발견된 지금으로서는 정말로 등신대의 백관상을 만들었다는 설이 훨씬 유력하다. 묘 밖의 병마는 도용이지만 묘 내에서 황제 측근으로 일하는 백관은 돌로 만들어졌거나 또는 동으로 주조되었을 가능성도 있을 것이다.

부장(府藏, 궁전의 창고)으로부터 여러 가지 보물을 묘내로 옮기고 기계 장치가 된 노시(弩矢)를 만들었다. 이것은 보물을 훔치기 위하여 묘를 파고 침입하는 자가 있으면, 가까이 다가왔을 때 발사하게 되는 장치이다. 수은(銀)으로 만든 백천(百川), 강하(江河), 대해(大海)도 기계 장치로 끊임 없이 물이 주입되도록 하였다. 묘실 위에는 일월성신의 천문이 있고, 아래에는 산하(山河)의 지리가 있으며, 인어(人魚)의 기름으로 불을 밝혔다는 것이다. 그에 앞서 실험을 거쳐 그것이 오랫동안 꺼지지 않는다는 사실을 확인하기도 하였다. 그토록 장수하기를 원하였건만 시황제도 겨우 50세로 죽었다. 시황제 37년의 일이었다. 즉위 이듬해부터 원년으로 셈하는 것이 중국의 풍습이므로 재위 38년에 이르렀던 것이다. 즉위하자마자 묘의 조성을 시작하였다고 하므로 38년간이나 묘실을 만들었던 셈이다. 「사기」에 의하면, 70만 명을 동원한 것은 천하를 병탄한 다음의 일이라고 한다. 27년에 제나라를 멸망시키고 그때까지 왕으로 부르다 스스로 황제라는 칭호를 사용하기 시작하였다. 묘소 만들기까지 인해 전술로 시작하였지만 10여년이 걸렸다. 그러므로 시황제가 죽었을 때까지 묘는 아직 완성되지 못하였다는 말이 된다.

이 시대의 사람들이 얼마나 묘를 중요시하였던가 상상하기에 남음이 있다. 그것은 사람이 사후에도 묘를 주거지로 하여 영혼은 계속 살아간다고 믿었기 때문이다. 나라로서는 제정일치보다는 제사가 정치에 우선하고 있었다. 나라에는 종묘와 조정이 없어서는 안 되지만, 은나라, 주나라 때에는 조정보다는 종묘가 더 중시되었던 것이다. 중요한 결정이나 혹은 출정과 개선(凱旋) 등이 모두 종묘에서 이루어지고 있었다. 그러한 때, 조상의 혼령은 그 주거지인 '침릉'으로부터 공양을 받게 될 종묘로 경건하게 영접되는 것이다. 그러므로 '침릉'은 가급적 묘에 가까운 쪽이 편리하지만 종묘는 반드시 그렇지 않아도 되었다.

'침릉'이나 종묘가 있어도 사후 생활의 거점은 역시 유해가 있는 묘소인 것이다. 그러므로 고대인이 묘소 조성에 광분하였던 것도 당연한 일이었을 것이다.

「서경잡기(西京雜記)」라는 책이 있다. 전한(前漢) 말엽에 유흠(劉歆, ?~기원전 32년)의 저술이라고도 하고, 진(晉)나라의 갈홍(葛洪)의 저술이라고도 하나 이것은 전한의 숨겨진 이야기들을 편집한 것이다. 그 안에 광천왕(廣川王)의 묘 파는 이야기가 소개되고 있다. 광천왕 유거(劉去)는 전한(前漢) 경제(景帝)의 형이 된다. 그런데 광천왕 유거는 옛 묘의 도굴이라는 기묘한 취미를 갖고 있었다. 황족인 왕이 하는 짓이므로 숨어서 하는 것이 아니었다. 초나라의 묘를 파헤친 20세기의 군벌과 같이 광천왕도 무뢰한들을 이끌고 당당하게 묘를 파헤쳤다. 광천은 하북에 있었으나 묘 파헤치기를 위해서라면 영지 밖에까지도 원정하였다고 한다. 손꼽을 수 없을 만큼 많은 묘를 파헤치고 그 안에서도 이질적인 예를 1백 수십 가지 이야기한 것이 전해져서 「서경잡기」는 그 중 10가지 정도를 수록하고 있다.

위나라의 양왕(養王)은 기원전 319년에 죽었다. 도굴자인 광천왕 유거는 한나라 무제 정화(征和) 2년(기원전 91년)에 즉위하였으므로 묘가 만들어진 지 200여년 만에 파헤쳐진 것이다. 위나라 양왕의 묘는 무늬가 있는 돌로 높이 8척(한나라의 1척은 약 22.5센티미터이므로 약 1.8미터)이며 너비는 40명이 들어갈 수 있을 정도였다고 한다. 손으로 만져 보면 매끈매끈하여 새로운 맛이 나기도 하였다. 석상(石狀)이나 돌병풍은 정연하게 있었으나 관이나 부장품도 없었고 평상 위에는 옥으로 만든 타호(唾壺) 1개, 동검 2자루와 금옥으로 된 잡구만이 있었다. 광천왕은 이것을 가져갔으며 그 모든 것이 신품과 같았다고 적혀 있다. 이 광천왕보다 앞서 누군가가 또 도굴했던 것 같다.

218

위나라 양왕의 아들 애왕(哀王)은 기원전 296년에 죽었다. 애왕의 묘는
광천왕이 3일이나 걸려 철을 녹여 겨우 열기는 하였으나 안개와 같은 노란
기체가 일어나 사람들의 눈과 코를 자극하여 들어갈 수가 없었는지라 7일간
이나 병사들로 하여금 지키게 한 다음 그것이 멈추어진 다음에 들어갔다고
한다. 자물쇠가 없는 문으로 들어가니 4척 사방의 평상에는 돌책상이 있고
좌우에는 무장대검한 3개의 석상이 각각 서 있었다. 다음 문으로 들어가니
돌로 된 문에 자물쇠가 걸려 있었으므로 그것을 부수고 들어가자 검붉게
빛나는 관이 마치 사람을 비출 만큼 매끄러워서 칼 같은 것으로는 당치도
않았다. 그리하여 톱을 달구어 썰어보니 옻칠을 한 시각(兕角, 외뿔소의 뿔)
으로 관을 만들었으며 수촌(數村)이나 되는 두꺼운 것이 10여 장이나 겹쳐
있었다. 아무리 기를 써도 열 수가 없어서 다음 문으로 들어가 돌문을 열자
사방 7척의 석상, 돌병풍, 동으로 된 휘장이 평상과 땅 위에 있었는데 아마도
휘장은 삭아서 땅에 떨어진 것 같다. 평상 위에는 돌베개가 하나 있었고,
먼지가 쌓여 있는 것은 의복이었는지도 모른다. 평상의 좌우에는 석상으로
된 부인상이 20개씩 서서 여러 가지 도구나 접시를 받치고 있는 것도 있었
다. 이곳에는 동경(銅鏡)이 수백 점이나 있었다는 것이다.

위나라 왕자 차거 (且渠)의 묘는 매우 얕아서 관도 없었다. 다만 석상과
돌병풍이 있었고 그 아래는 모두 돌비늘(雲母)이 깔려 있었다. 평상에는
두 남녀가 실오라기 하나 걸치지 않은 채 누워 있었다. 모두 20세 전후로
마치 살아 있는 것처럼 보였다. 내노라 하던 광천왕도 접근하지 못하고 묘를
나와서는 원래 대로 해 두었다는 것이다.

춘추 시대 진(晋)나라 영공(靈公)은 기원전 607년에 조천(趙穿)에게 살해
당한 인물이다. 광천왕은 이 묘도 파헤쳤는 바, 네 구석에 돌로 된 원숭이와
개가 촛대를 받쳐들고 석상으로 된 남녀 40구가 시립하고 있었다. 그리고
관은 삭아서 형태도 없었으나 유체는 아직 썩지 않았던 것이다. 자세히 살펴
보니 인체의 모든 구멍을 금빛 구슬로 막고 있었다. 다른 기물은 모두 썩어
버렸으나 옥으로 만든 두꺼비는 새 것처럼 남아 있었던 것이다. 주먹 크기만
한 것으로 배가 하늘을 보고 있었다. 광천왕은 이것을 가지고 나와 연적(硯
滴)으로 사용하였다고 한다.

광천왕은 오래된 묘뿐만 아니라 묻힌 지 50년도 되지 않는 원앙(袁盎,?

~기원전 148년)의 묘까지 파헤쳤다. 원앙은 전한 시대의 문제(文帝)와 경제 (景帝) 시대의 중신으로 의협심이 강하며, 비정한 정치를 감행했던 대신 조착(鼂錯, ?~기원전 154년)과 대립하여 오초 7국의 난 때에는 조착을 참해야 된다고 진언하였던 강직한 인사였다. 후인 양왕(梁王)에게 잘못보여 기원전 148년에 암살되었다. 이 원앙의 묘는 기왓장으로 관곽을 만들었고, 부장품으로는 오직 동경 1점만이 있었다는 것이다.

이 「서경잡기」가 얼마나 신빙성이 있는 것인지는 모른다. 광천왕 유거는 잔인한 사나이여서 조신(昭信)이라는 여인을 총애한 나머지 그녀의 경쟁자를 하나하나 참살하였을 뿐만 아니라 간언하는 자까지도 모두 살해하였던 것이다. 그것도 삶아 죽이든가, 태워 죽이든가 또는 칼로 눈알을 빼 죽이지 않으면 산 채로 가랭이를 찢어 죽이는 등 잔혹하기 이를 데 없었다. 전한 (前漢)은 그렇지 않아도 각지에 책봉한 왕들의 힘을 약화시키려 하던 참이어서 이러한 무도하기 짝이 없는 꼴을 그대로 보아 넘길 까닭이 없었다. 선제 (宣帝) 시대에 사법관은 광천왕의 주살을 청하여 결국은 왕을 폐하고 호북성 상용(上庸) 땅에 유배를 보냈다. 폐왕 유거는 유배지로 가는 도중에 자살하였고, 조신은 참하여 거리에 버렸다.

광천왕이나 20세기의 광서 군벌은 예외이나 대대의 도굴꾼은 숨어서 활동하기 마련이다. 묘, 특히 능묘의 도굴은 극형에 처하는 죄가 되므로 정말로 목숨을 걸고 하는 일이다. 황제는 즉위하면서 시황제와 같이 묘를 조성하기 시작하지만, 전문 도굴자의 일도 거의 동시에 시작된다. 대부분은 익숙해진 곳에 집을 짓고 농삿일을 하는 것처럼 보이면서 집안으로부터 남몰래 땅굴을 파들어 가는 것이다. 왕릉이 완성되고 매장이 끝나면 거의 도굴자의 갱도도 거기에 닿게 된다. 개중에는 부자 2대에 걸쳐 장구한 기간에 도굴하는 경우도 있다는 것이다.

목숨을 걸고 그러한 고생을 해가며 도굴을 하는 이유는, 황제들은 자기들의 일생 동안 모은 재물을 거의 묘 속으로 가져가기 때문이다. 최고 권력자가 모을 수 있는 데까지 모은 재물이 그곳에 있는 것이다. 그것을 몽땅 차지하게 되면 어김없이 천하의 큰 부자가 될 수 있기 때문이었다.

묘를 만드는 쪽에서도 도굴에 대비하였을 것은 두말할 나위도 없다. 시황제의 묘에는 사람이 접근하면 화살이 발사되는 장치가 되어 있다는 사실은 이미 언급한 바 있다. 위나라 애왕의 검붉게 빛나는 관은 광천왕이 아무리 연구해도 열 수가 없었다. 이와 같이 단단하게 봉한 것은 물론 도굴을 예상한 방비책이었던 것이다.

「사기」는 시황제 능에 관하여 보다 비참한 이야기를 전하고 있다. 시황제를 매장한 것은 아둔한 2세 황제인 호해(胡亥, 기원전 229년~207년)였다. 그는 시황제의 후궁으로 아이를 낳지 못한 궁녀들을 몽땅 순장시켰던 것이다. 또한 측근 중의 한 사람이, "기술공들은 여러 가지 기계 장치를 만들었으므로 상세한 내용을 알고 있을 뿐 아니라 또 재물이 묻혀 있는 곳도 알고 있나이다. 만일 그러한 것들이 밖에 알려지게 되면 만사는 끝장이옵니다"라고 진언한 까닭에 기술공들이 내부의 연문(羡門, 연(羡)은 묘도)을 나온 다음 그것을 닫음과 동시에 밖의 선문을 내려서 안에다 가두어 버렸다고 한다. 그리하여 그들은 캄캄한 선도(羡道)에서 굶어죽을 수밖에 없게 되었다는 것이다. 3년 후, 반란군이 각지에서 일어나 2세 황제는 부하에게 쫓겨 자살을 강요당하고 서민으로서 의춘원(宜春苑)에 묻혔다.

# 여산릉(驪山陵) 병마용(兵馬俑)의 노래

## 1

필자는 벌써 서안시(西安市)를 네번째 방문했다. 그때마다 서안——지난 날 장안(長安)의 상징이라고도 할 수 있는——대안탑(大雁塔)을 찾아갔었다. 그러나 시황제의 여산릉까지 간 것은 네번째인 1984년이 처음이었다. 여산에서 시황제의 능을 바라본 일은 있었다. 그러나 가까이 가서 내 발로 능까지 올라간 것은 네번째 방문했을 때였고 그 동안 가지 못했던 것은 단체 여행 때문이기도 하였지만 시간과 일정 관계도 있었다. 굳이 가보려고 하였다면 가지 못할 까닭도 없었을 것으로 생각된다.

무엇인지 알 수 없는 것이 발을 묶고 그곳에 가는 것을 단념하게 하였던 것은 아닐까? 뒤돌아보면 그런 생각도 드는 것이다. 그곳이 마역(魔域)이라는 선입감이 내 마음 속에 있었던 것이다. 그곳에 살고 있는 친구 집에서 술을 마시다가 갑자기 이만하면 여산릉에 갈 수도 있을 것 같다는 생각을 하였던 기억이 난다. 그럼에도 불구하고 가보지 않았던 것이다. 학우인 모리 고오이치(森浩一)의 「진의 시황릉 견학기(始皇陵見學記)」에는 이런 글이 기록되어 있다.

소화 52년(1978) 6월 14일, 나는 기대하던 진나라 시황릉을 방문하여 분구 (墳丘)를 뛰어올라 그 정상에 설 수가 있었다. 일본의 고분에 관심을 갖기 시작하면서 급기야 그것이 연구 대상이라는 엄연한 사실을 알고부터 벌써 30년 가까이 되었으나, 진나라 시황릉을 방문한다는 것은 일본의 고분을 연구 하는 자에게는 어느 면에서는 가장 동경해 오던 일이 아닐 수 없다.

이 글을 읽었을 때 분구를 뛰어 오르던 그의 숨소리가 내 가슴에 와닿는 느낌이 들었다. 시간을 의식하면서 겨우 염원을 이룬 기분을 알 수 있다. 그런데 나는 시황제의 '사적(事蹟)'에 구애되어 순순히 그곳에 갈 기분이 우러나지 않아 고의적으로 기회를 놓친 기분이 든다.

70만 명의 죄수들을 동원한 일을 비롯하여 「사기」에서 볼 수 있는 시황제에 엉킨 음산한 이야기들이 아무래도 내 마음을 억누르고 있었던 것 같다. 능의 분구를 앞에 두고 고고학자인 모리(森) 씨와 같이 약동하는 기분이 되지 못한 것을 나는 잘 알 수 있다. 내가 시황릉의 근처까지 간 것은 '병마용갱(兵馬俑坑)'을 견학하고 이미 커다란 충격을 받았던 터라 그 파장으로 이어지는 감정 때문에 마음의 동요는 의외로 진정되어 있었던 것이다.

이 시황릉은 여러 번 조사되었다. 측정에 따라 서로 다른 수가 나왔으나 분구의 밑바닥은 485×515미터이고 높이는 76미터라는 보고가 최근에 나왔다. 방형 분구이며 그 정상에 올라가면 4개의 능선(稜線)을 지금도 확인할 수 있다. 「수경주(水經注)」 등에는 분구의 높이가 50장(진나라의 1장은 2.25미터)이라고 하였으므로 112미터 정도였던 것이다.

시황릉은 여산 북쪽 약 1킬로미터 지점에 있고, 위수(渭水)에서 보면 남쪽에 있으며 분구는 이중으로 둘러싸여 있다. 안 담장은 정방형에 가까운 578×685미터라는 숫자가 나와 있다. 바깥 담장은 남북으로 긴 장방형으로 974×2,173미터이다. 안쪽 담장에는 동, 서, 북쪽에 문이 있으나 바깥 담장은 동쪽에만 문이 있다. 이제까지는 여산을 뒤로 하고 북쪽을 향하고 있다는 설이 있었으나, 바깥 담장엔 동쪽 문밖에 없으므로 동쪽을 향하고 있는 것으로 보아야 할 것이다.

남북으로 긴 장방형의 넓은 바깥쪽 담장 안에서 분구는 남쪽으로 치우쳐 있다. 북쪽에선 여러 가지 건조물의 유적이 발견되는데, 아마도 이것은 '침릉'에 해당하는 건물이었을 것으로 추정한다. 분구의 정상은 25×40미터 정도의 평탄한 땅을 이루고 있으며, 건조물의 흔적은 아직 발견되지 않았다. 시황제의 계획은 저변의 방형인 분구를 인공적으로 구축하여, 그것을 안 담장으로 감싸 능 전체의 남반 부분으로 하고, 사후의 생활 터전인 '침릉'을 북반 부분에 세우고자 하였던 모양이다.

장소는 시황제가 선정하였을 것으로 여겨진다. 전국 칠웅의 한낱 제후의 시절이었고 더구나 아직 13세의 나이였으므로 묘지의 선정에서만은 여러 사람의 의견을 들은 다음 마지막에 가서 스스로 결정을 내렸을 것이다. 주변의 한쪽은 지금은 보리밭으로 보리 이삭이 한없이 펼쳐져 있다. 관중 평야(關中平野)에서 이러한 경관은 아주 흔한 모양일 것이다. 다만 시황제가 자신의 영원한 무덤으로 선정하였다는 사실을 생각하니 이 땅에 무엇인가 감돌고 있을 것이라는 느낌이 들었다. 왕기(王氣)나 영기(靈氣)라기보다는 사령(死靈)이라는 표현이 적당할 것 같았다.

묘가 동쪽을 향하고 있는 것은 진나라의 풍습이었는지 그렇지 않으면 시황제의 각별한 의사에 따랐던 것인지는 지금 알 길이 없다. 진나라 시황제는 동방의 여러 나라를 평정하여 천하를 통일했다. 진나라의 남쪽에 해당하는 초나라의 강한(江漢) 지방은 진나라 장수 백기(白起)에 의하여 시황제 즉위 이전에 이미 진나라 영지가 되어 있었다. 초나라 또한 시황제에게는 동방 적국의 하나였다. 동방의 6개 국을 멸망시켰으나 그 잔당이 언제 또다시 준동할지 모르는 실정이었다. 실제로 천하 평정 3년 후(기원전 218년) 시황제는 박랑사(博浪沙, 하남성)에서 철추(鐵椎)의 습격을 받았는데, 그때 다행히 수행 차만 부서지고 겨우 암살을 모면하였다. 천하 평정의 5년 전에도 연나라의 태자 단(丹)이 형가(荊軻)라는 자객을 보냈는데 그때에도 시황제는 가까스로 목숨을 부지하였다. 그러므로 아직도 동방에 대하여 경계심을 풀 수가 없었던 것이다.

분구의 동과 서에 등산로 같은 것이 있으나 언제부터 생긴 것인지 또는 처음부터 있었던 것인지는 알 수가 없다. 다만 능 전체의 설계가 처음부터 동쪽을 향하고 있었을 것이라는 사실은 바깥 담장에 동문(東門) 이외 다른 문이 없는 것으로 보아 분명한 것이다. 서쪽은 진(秦)나라의 발상지이며, 그곳에는 적이 없었던 것이다.

2

능원(陵園)의 안팎 담장은 2200년의 세월 동안에 붕괴되어 그 기초만이 겨우 남아 있으므로 주의하지 않으면 그 선을 더듬을 수가 없다. 바깥 담장의 동문에 해당하는 곳으로부터 동쪽으로 1.5킬로미터 정도 되는 지점에 유명한 '병마용갱(兵馬俑坑)'이 있다. 분구의 기슭에서 거의 2킬로미터 정도 된다고 한다.

바깥 담장과 이 병마용갱 사이에 순장 묘가 남북으로 일렬로 줄지어 있다. 순장에 관한 사실은 「사기」에서 2세 황제인 호해의 행적에서 그 존재를 예상할 수 있었다. 아이를 낳지 못한 후궁들이 모두 강제적으로 순사당했던 것이다. 그러나 이 땅굴에 대해서만은 어떤 문헌에도 나와 있지 않다. 그처럼 대규모의 공사와 제작이었으므로 누군가에 의하여 기록이 남아 있어야 함에도 불구하고 현존하는 사료(史料)에는 이에 대하여 단 한 줄의 문장도 남겨 놓지 않은 것이다.

그 발견은 우연한 사실에서 비롯되었다. 안채(晏寨) 인민공사 서양촌(西楊寸)의 농민이 우물을 파고 있을 때, 4미터 정도의 깊이에서 몇 개의 도기 파편이 나왔다. 흔히 피난 때 금은을 항아리에 넣어 땅에 묻어 두고 가는 일이 있는데, 당 나라의 안록산(安祿山, ?~757년)의 난 때에 그와 같이 묻힌 것으로 생각되는 용기가 발견된 실례도 있었다. 섬서성 박물관에 소장되어 있는 진귀한 은(殷)의 '화동개보(和銅開寶)'가 바로 그 용기에 들어 있었다. 그러한 전례가 있었으므로 동료 농민들은 "금은 보화가 들어 있는 항아리일지 모르니 조심해서 파라"며 농담을 하였다는 것이다.

그리하여 그 농민은 아주 조심스럽게 파들어 갔는데, 농담이 아니었던 것이다. 무장한 도제(陶製)의 무인상(武人像)이 있었고 더구나 그 발 밑에는 벽돌이 깔려 있었다. 이리하여 농민들은 지체없이 당국에 보고하였다.

은허(殷墟)의 발굴은 갑골문(甲骨文)의 산지로서 겨냥이 되어 있었으나, 반파(半坡) 유적은 발전소의 건설 공사 중에 우연히 발견한 것이다. 제2차 세계대전 후의 중요한 발굴은 '우연'이 단서가 된 예가 적잖다. 중산 왕릉의 경우에는 학자들이 무엇인가 있을 것 같다고 생각하고 토목 공사에 편승하여 조사한 것이 시초였으나 다음의 만성 한묘(滿城漢墓)는 훈련 중이던 병사가 발견한 것이었다.

당나라 고종(高宗)과 측천무후(則天武后)의 합장묘인 건릉(乾陵)은 전혀 도굴당하지 않았다는 사실을 알고 있음에도 발굴을 서두르지 않았다. 그것은 발굴하게 될 때에 출토품을 수장할 거대한 박물관이 필요하기 때문이다. 곽말약(郭沫若)은 생전에 건릉을 발굴하고 싶어하였다. 그래서 "건릉이 도망

가지는 않을 터이니 너무 서둘지 말게나"하고 달래자, "건릉은 도망가지 않겠지만 바로 내가 세상에서 도망치게 될 걸세"하고 농담으로 받아넘겼다는 일화가 있다. 문화재의 발굴과 보존은 당대에 한하는 작업이 아니다. 국가의 경제력과도 관계가 있는 것이다. 그리고 스탭들이 충실한가 하는 것도 중요하다. '병마용갱'의 발굴에서도 발굴하였던 일부를 다시 묻어 두고 그것을 다음 세대의 작업으로 남겨 두었다.

여하튼 농민들의 보고에 의하여 발굴 조사를 시작하였는데, 상상을 '초월하는 것'이 땅 속에 있다는 것을 알게 되었다. 최초로 판 것이기 때문에 이것을 1호 갱이라고 명명하였다. 1976년에 1호 갱의 북쪽에서 2호 갱과 3호 갱을 검출하였다. 사실은 2호 갱과 3호 갱 사이에서 또 하나의 갱을 발견하였으나 속이 비어 있었기 때문에 명명하지 않았다. 그 굴은 정연하게 파져 있었으나 '용(俑)'이 들어 있지 않았던 것이다. 시황제가 나이 50에 죽은 것이 예상보다 일렀던 탓일까. 그가 죽을 때까지도 묘가 완성되지 않았다는 사실이 이와 같은 외갱(外坑)의 존재를 증명하는 것인지도 모른다.

시황제는 평소에 궁전에서 사용하던 것을 몽땅 여산 기슭으로 옮기려 하고 있었다. 사후에도 생시와 같은 생활을 영위하기 위해서였다. 완벽주의자였던 탓일까, 위에는 천문(天文), 아래는 지리(地理)까지 갖추고 있었음이 「사기」에 기술되어 있다. 생시와 같은 생활이라고 할 때, 그는 언제나 3군에 호위되고 있었던 것이다. 그러므로 호위 군사가 없다면 생시와 같다고 볼 수 없을 것이다. 궁전 내의 시위군(侍衛軍)과 궁문 밖의 둔위군(屯衛軍) 그리고 경사(京師) 둔위군 등이 있었던 것이다.

경사(수도인 함양성) 방위군은 전국의 군현(郡縣)에서 무용(武勇)이 뛰어난 자들을 뽑아 올렸다고 전해진다. 시황릉의 조사에서 앞으로도 새로운 발견을 하게 될 것이지만 현재 발견한 3개의 '병마용갱'은 아마도 경사 둔위군일 가능성이 짙다. 왜냐하면 갱은 능의 바깥 담장 밖에 있으므로 함양성 외곽에 주둔하였던 군대를 상징하는 것으로 보인다.

1호 갱은 동서 239미터, 남북 62미터, 깊이 4～5미터에서 6～5미터의 규모이다. 주위에는 회랑이 있고, 동서에 9줄기의 웅덩이가 파여 있다. 그리고 이 안에 도병(陶兵)과 도마(陶馬)가 6천 구 가량이 매장되어 있었다. 파손된 용을 충실히 수리 복원하여 9년 동안에 약 1천 구의 무사와 30여 두의 말

226

그리고 8량의 전차가 땅 속에서 살아 나왔다. 그리하여 정리가 끝났지만 정리된 면적은 전체 면적의 7분의 1에 지나지 않는다. 그러므로 1호 갱은 아직도 그 전모를 드러내지 않고 있는 것이다. 그러나 7분의 1이라고는 하지만 이것은 실로 압권이라는 말 이외에 달리 표현할 길이 없다고 한다.

그리고 병마용갱도 또한 동편을 향해 구축되어 있다. 동랑(東廊), 이른바 맨 앞 열의 무사는 3렬 횡대로 정렬하여 정면을 응시하고 있다. 1렬은 68구로 모두 204구이다. 9줄기의 웅덩이에는 4렬 종대로 병사들이 정렬하고 남북 양랑(兩廊)에도 1렬씩 정렬하고 있으므로 동랑의 선봉대에 이은 군단은 38렬의 종대로 정돈되어 있다. 그리고 대열 사이에 4두마가 끄는 전차가 배치되어 있었다. 이곳에서 출토된 목제 전차는 삭아서 문드러졌거나 불타 있었기 때문에, 지금 도병과 도마 사이에 놓여 있는 전차만은 잔류품을 토대로 하여 정성들여 복제한 것이다.

이 1호 갱 위에 동서 270미터, 남북 70미터, 높이 23미터의 반구형의 회관이 세워진 것은 중화 인민 공화국 건국 30주년을 기념한 1979년의 일이며 10월 1일에 개막되었다. 실은 나는 그 수일 전까지 서안에 있었다. 개막 직전엔 일반인들의 참관이 허용되지 않아 나는 뒷 머리를 꺼들리는 기분으로 서안을 떠났던 기억이 난다.

3

1호 갱은 진(秦)나라의 3군——좌, 우, 중군 중에서 보병을 주력으로 하는 우군일 것으로 추정하고 있다. 좌군은 보병(步兵)과 기병(騎兵) 혼성 병단을 익군(翼軍)으로 하는 전차 부대로 그 기동력에 의하여 전투시에는 맨 앞에서 돌진하는 정예 부대이다. 2호 갱은 시굴되지 않았을 때, 1호 갱의 좌측에 있었고 1,036평방미터의 범위를 시굴한 결과 '병마용' 1,441구와 전차 89량이 매장되어 있는 것을 확인하였다. 전차의 비율이 많은 것으로 보아 이것을 좌군으로 추정하였다. 더구나 제2호 갱은 장군용(將軍俑), 말 고삐를 잡고 있는 기병용, 무릎쏘아 자세를 하고 있는 궁병용(弓兵俑) 등 몇 개의 용을 발굴한 다음, 시굴 사진을 찍고 도면을 뜨고 나서 모두 제자리에 그대로 묻어 버렸다. 보존 방법 등을 생각하고 역시 이것은 다음 세대의 작업으로 남겨 두는 것이 좋으리라고 판단하였던 것이다.

2호 갱에 이어 1개월 후에 발견한 3호 갱은 '◀' 자 형의 작은 갱으로 면적은 520 평방미터에 불과하다. '◀' 자 형의 세로 부분은 동쪽을 향하고 있는 중실(中室)로서 상하가 남북의 별채로 된 형태였다. 중실(中室)에 4마리 말이 끄는 전차가 놓여 있었다. 장막이 쳐져 있었고 채색도 되어 있었으므로 지휘 전차——'융거(戎車)'라고 불린 것임에 틀림없다. 거기에는 4개의 도용(陶俑)이 타고 있었다. 전차는 보통 3인승이다. 중앙에 마부, 좌측에는 장군이 타고 우측에는 거우(車右)라고 하는 무사가 타고 있었다. 4명이 타게 되면 자유롭게 무기를 휘두르며 싸울 수가 없다. 그러므로 이 전차는 전투용이 아니고 명령 같은 것을 내리는 지휘 병거로 추정하였다. 그리고 4구 중에 1구는 병사가 아니라 문관이다. 창이나 활과 같은 공격용 무기가 아니고 의장용의 날 없는 창을 쥐고 있었다. 그들은 의장(儀仗)과 호위를 겸했던 병사였을 것이다. 목제의 문미(門楣)에 동으로 된 바퀴가 여덟 개 있었는데, 이것은 진영(帷幕)을 둘러싸기 위한 것일 게다. 물론 장막은 삭아서 형체를 알 수 없다. 그 장막 안에는 총사령관이 있었을 것이다. 그러나 지금 그 모습을 찾을 수 없다. 지휘차는 총사령관의 명령을 언제 어느 때나 전군에 전할 수 있도록 대기하고 있다. 그런데 진나라에서 그 당시 주수(主帥)라고 불리던 총사령관이 여기엔 없었다. 시황제는 모든 것을 용의주도하게 준비하였을 터인데 도대체 어떻게 된 것이란 말인가.

시황제가 가장 신임하던 장군은 몽념(蒙恬, ?~기원전 210년)이었다. 그는 장성선(長城線)에 출동하여 흉노(匈奴)에 대비하는 군을 지휘하고 있었다. 부재중이었기 때문에 그 모습이 기록되지 않았던 것일까? 독재자가 가장 신뢰하는 장군이 누구인가를 아직은 다른 사람에게 알리고 싶지 않았던 것인지도 모른다. 의중의 인물에 관한 용(俑)을 만들지 않은 채 시황제가 죽은 것으로도 생각할 수 있다.

2호 갱과 3호 갱 사이에 비어 있는 갱이 있었다는 사실을 앞에서 언급하였다. 사실은 그 갱이 발견되었을 때, "이크! 주수용(主帥俑)이!" 하며 관계자는 가슴이 부풀었다는 것이다. 그러나 결국 주수용은 고사하고 그 갱에는 아무 것도 없었다.

그 후 3호 갱 서쪽 약 150미터 정도 지점에서 하나의 대형 고분을 발견하

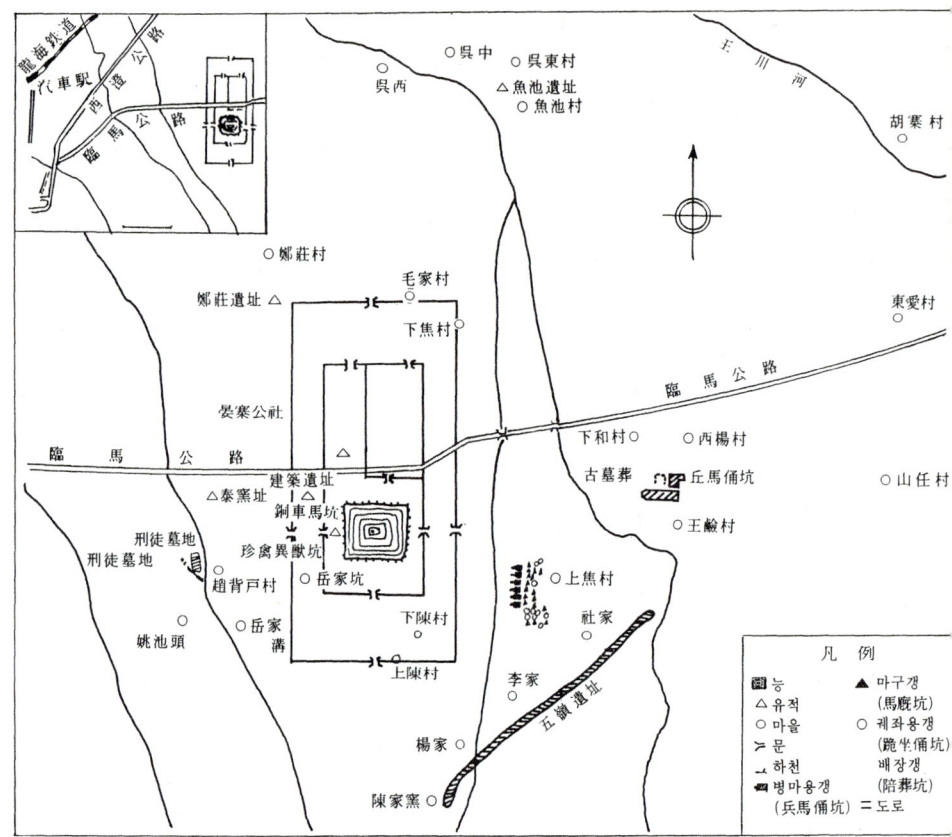

진시황릉과 진용갱(秦俑坑) 위치도

였다. 진나라 시대 것으로 묘실은 300평방미터였다. 이 진나라 묘에 관한 상세한 보고에 접하지는 않았으나 혹시 거기에 묻힌 주인공이 3호 갱에 없었던 '주사'인지도 모른다. 시황제는 사후에 이미 죽은 사람들이 사는 세계에 가게 된다. 그러므로 자기를 지키는 3군의 총사령관은 굳이 몽념이 아니더라도, 그보다 먼저 죽은 인물이면 된다는 이론이 나오게 된다. 시황제가 군사(軍師)로 추앙하던 왕전(王翦)이었는지도 모른다. 「사기」에는 시황제가 죽었을 때, 왕전이나 그 아들 왕분(王賁)도 이미 타계했었다고 기술되어 있다. 진나라의 천하 통일에 가장 공로가 컸던 장군은 왕전 부자와 몽념이었다.

다음은 필자가 한번 상상해 본 것이다.

시황제는 30년 이상이나 자기의 묘를 만들었으므로 당연히 그것을 만들면서
설계도를 조정했을 것이다. 도제용(陶製俑)의 대군단을 지하에 묻을 것도 일찍
부터 생각하였고 그것이 실행되었을 것이다. 7천여의 병마용은 그렇게 단기간
에 제작될 수 없는 것이다. 지하 군단의 주수(主帥)에 대하여도 '이 사람이면'
하고 생각하고 있었음에 틀림없다. 가령 그 사람이 군사 왕전이었다고 해두
자. 왕전이 죽었을 때, 시황제는 지하에서 자기를 지킬 군단의 주둔지를 이미
정해 놓고 있었을 것이다. 그 군단을 지휘할 수 있는 지점에 왕전을 장사지내
도록 명령하였던 것은 아닐까?──3호 갱의 휘장막(帷幕, 유막)에 주수용은
없었다. 주사는 가까운 묘소에 잠들고 있으므로 새삼스럽게 용을 만들 필요는
없었을 것이다.…

4

땅 속에서 살아나온 군단의 나팔 소리가 울려 퍼지는 것 같은 기분이 난
다. 이미 흙먼지를 일으키며 행진 중이라고 느끼는 사람도 있을 것이다. 그러
한 사람의 귀에는 차바퀴 소리, 군마의 울음소리도 들리고 있는 것은 아닐
지. 혹은 적의 침입을 한 칼로 베어 버리려고 조용히 대기하고 있는 군단으
로 보는 사람도 있을 것이다. 그러한 사람은 폭풍 전야의 정적을 눈앞의
군단에서 느낄 것이다. 이 병마용(兵馬俑) 군상은 보는 사람으로 하여금 그러
한 상상을 하도록 분위기를 자아내고 있는 것이다.

그것은 실로 가공할 만한 모습이었다. 군상은 천편일률인 것이 보통이나
병마용은 그 하나하나가 특징을 지니고 있다. 침착한 표정에 투지를 삭이고
있는 표정, 미소를 머금은 얼굴, 불안을 떨치고 있는 눈썹 등 형용할 수 없이
많은 인물들이 거기에 있다. 경사(京師) 둔위병이라면 전국의 군·현에서
선발된 용감한 병사들이었을 것이다. 동쪽의 얼굴도 있으며 서쪽의 모습도
있다. 초나라의 얼굴, 오나라의 모습, 그리고 월나라의 얼굴도 있었을 것이
다.

이러한 병마용은 역사가와 무기, 복장, 군제, 병법 등의 연구가에게 실로
더할 수 없는 보고라고 할 수 있다. 필자는 이러한 분야의 전문가로서가

아니라 역사에 관심을 갖는 한 사람으로서 병마용 박물관에 들어가 거기에서 역사 흐름의 진한 냄새를 맡았던 것이다.

물론 여러 가지 의문이 따른다. 도제용(陶制俑)이므로 가마(窯)에서 구워냈을 터인데 근처에서는 아직 가마가 발견되지 않는 것 같다. 얼마나 큰 가마였을까? 머리, 동체, 다리 등을 부분적으로 만들었을 것인데 어떻게 이었단 말인가? 1천도 이상의 고온에서 단순하게 구워냈을 것이므로 필자는 그 불꽃이 마음에 걸리는 것이다. 병사용(兵師俑)은 평균 1.8미터인데 그것은 과연 등신대였을까? 용사들은 키가 큰 사나이들만 뽑혔던 것일까? 혹은 위용을 갖추기 위하여 등신대보다 약간 크게 만들었을까? 병사용들이 갖고 있는 무기는 만든 것이 아니라 청동제의 실물이었다. 병사용들 발 밑에는 동을 입힌 화살이 많이 널려 있었다고 한다. 그렇다면 그 많은 무기를 땅속에 묻어도 진나라의 군비에 불안은 없었던 것일까?

병마용은 푸른색을 띤 도제였으며 이것은 만들 때 모두 채색되어 있었다. 안료(顔料)는 모두 광물성이라고 알고 있다. 갱내에 들여놓았을 때는 더 짙은 색을 하고 있었을 것이다. 위대한 예술이라고 느껴지는 한편 시황제로서는 이것이 너무 큰 낭비였을 것이라는 생각도 든다.

1980년 12월, 시황릉 분구의 바로 서쪽에서 4두마의 동(銅) 마차 2량이 출토되었다. 병마용은 거의 등신대였으나 그것은 정확히 2분의 1로 축소되어 있었다. 복원된 동마차는 더할 수 없이 훌륭한 것이어서 중국이 최근에 얻은 것 중에서 대단한 보배라 할 수 있을 것이다. 병마용 박물관 바로 옆에 이 1점만을 건물 중앙에 모셔 놓은 동마차 박물관이 생겼다. 나는 문물국(文物局)의 특별 배려에 의해 유리창을 통해서 촬영한다는 조건으로 사진을 찍을 수가 있었다. 동마차의 훌륭함은 말로써 표현하기가 어색할 지경이다.

시황제의 영혼이 묘 안에서 나와 순회할 때에 사용하기 위한 마차였을까? 혹은 수행 마차라는 설도 있는 것 같다.

마부는 친근한 표정을 짓고 있으나 유리 안에 들어 있어서 어떻게 할 것인가 망서리고 있는 것 같다. 이 동마차는 6.8×2미터이며, 높이 2미터의 나무 상자에 들어 있었으나 출토되었을 때 나무 상자는 형체만을 볼 수 있었을 뿐이었다고 한다.

이렇게까지 하면서 시황제는 도대체 무엇을 지키려고 하였단 말인가?

대진제국(大秦帝國)은 그의 사후 불과 3년 만에 멸망하고 말았다. 진승(陳勝)과 오광(吳廣)이 들고 일어난 반기 아래 사람들은 삽시간에 운집하였던 것이다. 법률지상, 엄벌주의의 진나라 통치하에서 비 때문에 동원 기일에 시간을 맞추지 못한 진승과 오광은 "참살당하기보다는 차라리" 하고 반기를 들었다. 전체주의 통제하에서 국민들은 행복하지 못했다. 시황제의 끊임없는 대역사(大役事)와 전쟁에 국민들은 지쳐 허덕이고 있었다. 그러므로 반기만 휘날리면 누구라도 그것에 따르려고 하였던 것이다.

우리들의 눈을 휘둥그렇게 만드는 병마용의 제작 작업도 시황제의 대역사 중에서는 극히 작은 부분에 지나지 않았으리라. 그러므로 문헌에조차 기록되지 않았던 것이다. 아마도 전국의 도공이 이곳에 총집결하였을 것임에 틀림없다. 동마차를 만든 제철공도 마찬가지였으리라. 명장(名匠)들이 모여들고 기술 교류를 이루어 그것이 중국 문화에 보탬이 되었을런지 모른다. 그러나 그들을 징용당해 빼앗긴 가족들의 슬픔은 그러한 이유만으로 메워질 수는 없었을 것이다. 그들은 속으로 진나라의 지배를 증오하였던 것이다. 진승이나 오광이 나타나지 않았어도 누군가가 반기를 들었을 것이다.

유방(劉邦, 기원전 247/256년~195년)은 관중(關中)에 들어가자, "파산지양(法三章)!"이라고 선언함으로써 국민으로부터 큰 갈채를 받았다. 진나라의 법률은 천 장, 만 장으로 국민들을 들볶고 있었다. "사람을 죽인 자는 사형! 이하 3조뿐"이라는 유방의 선언은 가뭄에 단비라고 할 수 있었다.

항우(項羽, 기원전 232년~202년)와 유방의 군대 앞에 정예를 자랑하던 진나라 군사는 어떻게 되었던가? 그들은 무력으로 막아낼 수는 있었을지 몰라도 눈사태처럼 무너져 내리는 인간의 마음은 막아낼 수 없었던 것이다. 정예부대를 이루는 한 사람, 한 사람의 군인은 우리가 병마용에서 볼 수 있듯이 보통의 사람이었다. 그들의 마음은 어떠하였을까? 그들은 그 형해(形骸)를 갱 속에 내팽개친 채 마음은 반란군에 가담하였음에 틀림없다. 그렇지 않다면 6개 국을 평정하였던 그 강대한 진나라가 눈깜짝할 사이에 멸망할 까닭이 없다.

「사기」 중에 「항우본기(項羽本紀)」에는 다음과 같이 담담하게 진나라의 멸망에 대해 기록하고 있다.

항우, 군사를 이끌고 서쪽으로 달려 함양을 쳐부수고 투항한 진나라의 왕자 영(嬰)을 죽이고, 진나라의 궁실을 태웠다. 불은 3개월 간 꺼지지 않았으며 그후 보화와 부녀자를 거두어 동쪽으로 갔다.

그러면 여산릉은 어떻게 되었던 것일까? 「수경주」에 다음과 같은 기록이 있다.

항우, 관(關)에 들어가 이를 제치고 30만으로 30일 동안 물건을 날랐으나 다하지 못하였다. 관동(關東)의 도적떼, 곽실(槨室)을 녹여 동을 훔쳤다. 목동 이 양을 찾아 이를 굽고 삶았다. 불은 90일 간을 꺼질 줄 모르더라.

여산릉의 재물은 30만 명이 30일에 걸쳐 약탈 반출하였으나 다하지 못하였 다. 비단 항우의 군대만이 아니라 유목민들이나 도둑떼까지도 합세한 꼴이었 으나 나중에는 불태워 버렸다. 병마용갱 위에 보이지 않던 건축물이 있었는 지는 모르나 모두 타 버렸다. 그 이전에 능원 북쪽에 나란히 세워져 있던 '침릉'의 누각이 약탈당한 후 방화된 것은 말할 나위도 없다. 병마용갱의 부속 건물은 불타고 땅 속의 도용은 그 일부가 불길을 맞았던 흔적은 있었으 나 오늘날까지 건재하여 그 웅장한 모습을 보여 주고 있는 것이다.

항우의 군대나 거기에 부화뇌동하였던 난폭자들도 그 엄청난 인형이나 말 따위에는 관심이 없었다. 몇 개의 병사용에서 필자는 비웃음을 짓고 있는 것을 본 것 같은 느낌이 든다. 그는 도공을 위하여 모델이 되었을 때, "흥, 땅 속에 묻힌 다음에도 황제 따위를 지킬 줄 아느냐?"라고 뇌까렸을 것이 분명했다. 그도 빈한한 가정에 태어나서 병사가 되었던 것이다.

동마차가 만일 그들에게 발견되었더라면 약탈당했을 것이나 다행히 묘 안이나 '침릉'의 물건이 너무 많아서 눈에 닿지 않았던 것이다. 그리고 보니 마부도 고개를 약간 흔들고 있는 것처럼 보였다.

놀라지 않을 수 없는 '물건'을 소장하고 있는 박물관을 나와서 필자는 시황 릉으로 향했다. 능의 도처에 석류(石榴)나무가 서있고 보리밭 저 멀리 온화 하게 핀 복숭아꽃이 분홍빛을 띠고 들여다보고 있었다.

## 여산릉 병마용의 노래

여산릉 곳곳에 석류도 많고(驪陵點點石榴多)
눈 아래 관중의 보리는 파도를 이루네(滿眼關中麥穗波)
천하의 육웅을 누가 멸망시켰는고(千下六雄雖覆滅)
진흙 속의 장졸들은 형가에 대비하며(泥中萬卒備荊軻)
시황 호언하여 무궁토록 전하려 해도(始皇傲語傳無極)
그 이세 우둔하여 무기를 잊고 있었도다(二世驕痴忘枕戈)
기이할 것도 없으니 진승 오광 반기를 들었네(莫怪陳吳纇叛幟)
군사는 지상에 없으니 진나라는 어이 할거나(無兵地上奈秦何)

# 화번(畫幡)과 백화(帛畫)

## 1

대영 박물관(大英博物館)을 방문하였을 때, 마침 중국 상아(象牙) 공예품의 특별 전시를 하고 있었다. 1984년 6월 13일의 일이었다.

필자가 로데릭 위트필드 박사에게 안내된 곳은 그 특별 전시장의 막다른 길목의 건너편 오른쪽 방이었다. 그러한 곳에 방이 있으리라고는 어느 누구도 생각할 수 없는 곳이었다. 바로 오렐 슈타인 수집품실이었다. 돈황(敦煌), 니야, 단단 위리크 등에서 오렐 슈타인(1862년~1943년)이 수집한 회화(繪畫) 관련 품목들을 소장하고 있었다. 고문서는 도서관에 소장되고 있다. 물론 평소에는 공개되지 않았다. 그래서 각 방의 문이 잠겨 있었다. 필드 박사는 열쇠 꾸러미를 손에 잔뜩 쥐고 안내해 주었다.

많은 것을 보여 주었으나 방에 들어서면서 박사가 먼저 벽에 걸어 보인 것은 돈황의 '화번(畫幡)'이었다. 번(幡)이란 늘어뜨려진 막과 같은 것으로 족자(簇子) 형태인데, 거기에 그림이 그려져 있었다. 「당시선(唐詩選)」에도 작품이 수편 수록되어 있는 저광희(儲光羲)는 당에 머물던 아베노나가마로 (阿倍仲麻呂, 700년~770년)에게 시를 기증한 일도 있는 8세기 중엽의 시인이었는데, 그의 '소성관시(昭聖觀詩)'라는 시에 "보염(步欄, 회랑)에 화번 많나니" 하는 구절이 있다. 화번이 많이 걸린 소성관은 도교(道敎)의 사원이지만, 그 이외에도 불교 사원이나 궁전 혹은 행렬이나 의식을 거행할 때에도 화번(畫幡)으로 장식하였던 것 같다.

슈타인의 수집품에는 돈황의 화번이 대부분이며 긴 것은 8미터를 넘는 것도 있다. 필자가 처음 본 것은 2미터 정도의 것이었으며 돈황의 화번 중에서는 일품으로 꼽히는 슈타인 화번(Stein Painting) No. 121이었다. 윗부분은 보살상이고, 그 오른쪽에 '일요 보살(日曜菩薩)'이라는 글귀를 읽을 수 있었으며, 아랫 부분은 마름모 꽃판 틀에 두 마리의 오리가 마주보고 있는 모형이 간격을 두고 끼워져 있었다.

일본의 「겐지모노가다리(源氏物語)」의 영역자였던 아서 웰리(1889년~1966년)는 유명한 돈황 학자이기도 하였다. 그는 이 화번을 고증하고, 일요 보살은 일광 보살(日光菩薩)을 말하며 오리의 모형은 일본의 쇼오쇼인(正倉院)의 비단 무늬 그림판의 것과 같다고 지적하였다. 이것에는 연대가 없다. 짙은 감색 비단에 주로 흰색 화구로 선을 그려서 채색하였다. 평화롭고 섬세한 선의 묘사와 거기에서 풍기는 풍부한 분위기에서 현종 시대(玄宗期, 712년~756년) 전후의 것으로 추정할 수 있을 것이다. 그렇다면 8세기에 만들어지고 저광희가 읊었던 소성관의 화번과 거의 같은 시기가 된다. 돈황 화번에서 연대가 있는 것은 5대(10세기)의 것이며 9세기로 추정되는 것도 약간 있는 것 같다.

슈타인 수집관에 들어가서 필자가 처음으로 본 것은 오랫동안 현존하는 화번 중에서 가장 오래된 것으로 알려져 있던 것이었다. 이렇게 과거형으로 표현한 까닭은 그 일요 보살 화번보다 1천년이나 더 오래된 것이 마왕퇴(馬王堆)에서 발견되었기 때문이다.

말이 나온 김에 슈타인이 돈황에서 고문서나 불화(佛畫)류를 입수하게 된 경위를 간단히 적어 두기로 한다.

인구 1만여 명의 돈황현(敦煌縣)의 동남쪽 약 20킬로미터 지점에 명사산(鳴沙山)이라는 산이 있고 그 산 중턱에 4세기 중반부터 거의 1천년에 걸쳐 파인 석굴이 있었다. 현재 남아 있는 것은 492개이다. 휘황찬란한 벽화로 장식되어 있어 사람들은 천불동(千佛洞)이라고 부르고 있다. 오늘날에는 '돈황 막고굴(敦煌莫高窟)'이라는 이름으로 세상에 알려져 있으나 19세기 말까지도 감숙성(甘肅省)의 변경으로, 돌보는 사람도 거의 없이 황폐한 상태에 있었다. 단지 석굴 안은 여름에는 시원하고 겨울에는 바람을 막을 수 있었기 때문에 그곳에서 살아가는 사람들이 있었던 것이다. 현재 제16호 동굴로 지정된 당나라 말기의 석굴에 왕원록(王圓籙)이라는 자칭 도사(道士)가 살고 있었다. 이 왕 도사가 동굴 안에 자그마한 밀실이 있는 것을 발견한 것이다. 그것이 지금 제17호 동굴로 지정된 것으로, 불전(佛典)을 주로 한 고문서와 불화가 천장까지 쌓여 있었으므로 '장경동(藏經洞)'이라고 부른다.

발견 경위에 대하여는 왕 도사 자신이 횡설수설하고 있기 때문에 자세히는 알 수 없다. 어느 날 갑자기 벽이 무너져 내리고 그 속에 고문서류가 가득 찬 작은 굴이 또 하나 있었다는 것이다. 또는 벽에 나 있는 금이 자연스럽지 않았기 때문에 파헤집어 보니 안쪽으로 별실이 있었다고 했다.

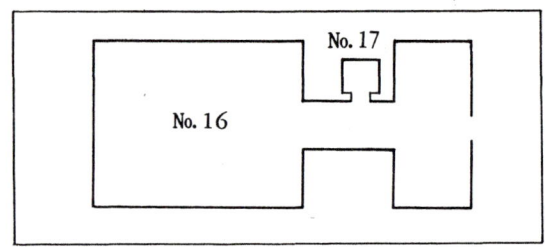

왜 밀폐되어 있었는지에 관하여 아무런 기록이 없으므로 추측에 맡길 수밖에 없다. 다만 고문서 중에서 연대가 있는 것은 모두 10세기 이전이므로 벽 속에 밀폐된 시대는 대략 짐작할 수가 있었다. 11세기의 초기(1036년) 티베트계의 당항족(黨項族)——그 정권은 서하(西夏)라고 불린다——이 돈황을 점령하였다. 이 서하 침공에 대비하여 불경이나 불화를 서둘러 이 작은 곳에 감추고 벽을 발라 버렸다는 설이 유력하다. 그러나 발린 벽에 그려진 그림은 서하 시대의 것으로 추정되므로 이슬람교국의 카라한 왕조가 카쉬카르에서 동진하여 호탄을 함락시키고 불교 사원을 파괴한 1054년 무렵에 그에 대비하여 서하가 불교 경전류를 작은 밀실에 숨겼다는 설도 있다.

이곳이 발견되었을 때 동굴 속은 매우 난잡하였다고 한다. 상당히 서두르고 있었던 모양이다. 너무나 혼잡하여 불전 이외에 사본이나 쓰다가 버린 것까지 있어서, 쓰고 남긴 불전이나 쓰다 남은 종이 같은 것을 버리는 '종이 쓰레기 장소'라는 설까지 있으나, 만일 종이를 버리는 곳이라면 굳이 벽을 바르고 벽화를 그려서 위장할 필요는 없었을 것이다.

이와 같이 여러 가지 설이 많으나 여하튼 건조한 지대에 900년이 넘도록 밀폐되어 결과적으로는 양호한 상태로 보존되었던 것이다. 그 중에는 제목만 남아 있고 본문은 없어진 것도 있었다. 10세기 초엽의 「진부음(秦婦吟)」은 위장(韋莊, 836년?~910년)의 저작으로 장안(長安)의 패망을 읊어서 일세를 풍미하였던 장편 서사시인데, 어느 때엔가 원문은 없어지고 여러 곳에 인용된 단편밖에 전해지지 않았다. 그러한 것이 이 동굴에서 그 사본이 8종이나 나왔다. 경탄할 만한 일이라 아니할 수 없다.

왕 도사가 발견한 것은 겨우 1900년의 일인 것 같으며 이 해는 의화단 사건(義和團事件)으로 8개국 연합군이 북경을 점령하고 광서제(光緒帝, 1871년~1908년)와 서태후(西太后, 1835년~1908년)는 서안(西安)에 파천하고 있었다.

왕 도사는 즉시 당국에 보고하였으나 당국에서는 그에 대한 적절한 조치가 없었다. 왕 도사에게 보관하라고만 했을 뿐 보조금 같은 것도 없었다. 더구나 왕 도사는 글도 제대로 모르는 위인이었다. 그는 자기가 사는 석굴 앞에 나무를 심어 방풍림 지대를 만들려고 하였으나 그러한 자금도 없었다. 그 무렵 1907년에 슈타인이 왔을 때, 왕 도사는 마제은(瑪蹄銀) 4매에 1만 점도 더 되는 고문서와 불화를 팔아넘겼던 것이다. 그리고 다음해에는 프랑스의 펠리오(1878년~1945년)가 와서 5천여 점을 입수하게 되었다.

왕 도사는 처음에 팔지 않겠다고 버텼으나 슈타인은 그가 삼장 법사(三藏法師) 신도라는 정보를 얻고서 자기도 삼장법사 추종자라며 설득하였던 것이다. 이것은 반드시 그를 이용하기 위한 책략이었다고만 볼 수는 없다. 슈타인은 1천년 훨씬 전에 쓰여진 삼장법사 현장(玄奬)의 「대당서역기(大唐西域記)」를 더듬어 실크로드를 탐험하고 있었던 것이다. 현장(600년~664년)의 기록은 실제로 너무나 정확하여 슈타인은 그의 저서에서 "이 당승(唐僧)은 나의 수호신"이라고 말했다.

슈타인은 헝가리 출신의 유태인으로서 돈황에 가기 수년 전에 영국의 국적을 얻었다. 그러므로 실크로드에서 얻은 문물이 대영 제국의 박물관에 소장된 것은 당연하였을 것이다. 그러한 공적으로 슈타인은 영국으로부터 '경'의 칭호를 받았다.

글을 몰랐던 탓으로 왕 도사는 책에 대한 외경심이 깊었던 것 같다. 혹은 당국에서 보관이 위촉된 것은 고문서뿐이므로 그림에 대하여는 임의로 처분하여도 무방할 것으로 해석하였던 것인지도 모른다. 그리하여 슈타인에게 그림은 계속 권유하면서도 고문서만은 될 수 있는 대로 남겨 두려고 노력하였던 것 같다.

잘 보존되어 있는 이 화번을 보았을 때 슈타인은 경악해 마지않았을 것이다. 그러나 그것을 표정에 나타내면 왕 도사가 값을 터무니없이 부를 것 같아 애써 이를 억제하였던 것이리라.

슈타인 수집관에서 짙은 감색 비단 화번을 보면서 필자는 왕 도사와 슈타인의 허허실실하였던 거래 광경을 연상할 수가 있었다.

당나라 시대의 화번 같은 것은 그때까지 한 점도 남아 있지 않을 것으로 생각되었던 것이다. '바깥 세상'은 그 후, 1천 수백년 사이에 몇 번이나 전란 속을 헤매지 않으면 안 되었다. 그러므로 화번 같은 것이 남았을 까닭이 없다. 동란을 묘사한 「진부음」조차도 아마 수만 부는 필사(筆寫)되었을 터인데도 불구하고 바깥 세상에서는 온전한 것이 한 점도 남아 있지 않았다.

돈황 막고굴 제17호 동굴은 문물 보존의 캡슐 역할을 수행하였던 것이다. 어떤 동기에서였건 간에 벽을 바르고 밀폐시켰다는 것은 문물을 남기려는 의욕이 있었기 때문이다. 그러한 작업을 한 사람들의 기대에 어긋나지 않게 장경동(藏經洞)은 900년이라는 세월 동안, '바깥 세상'으로부터 격리되고 전쟁의 와중이나 천재지변으로부터 문물을 지켜 주었다.

대영 박물관의 이 화번이, 중국에서 가장 오래된 것으로 있었던 기간이라야 겨우 70년 정도에 지나지 않았다. 1972년 호남성(湖南省) 장사(長沙)의 마왕퇴(馬王堆) 한(漢)나라 묘가 발굴되었을 때 길이 2.05미터, 너비 47.7센티미터의 화번이 출토되었다. 비단에 훌륭한 그림이 그려져 있었다. 마왕퇴의 주인은 초대 대후(軑侯) 부인인 것은 확정적인 사실이므로 8세기부터 계산하면 900년 이상도 더 앞서게 되는 것이다. 이리하여 중국에서 가장 오래된 화번은 하루아침에 900년에서 1천년까지 소급되었다. 어느 것도 '바깥 세상'의 것이 아니었다. 당나라의 화번은 명사산의 막고굴에 밀폐되었던 것이며, 한나라의 화번은 장사의 고분 속에 역시 밀폐되어 있었던 것이다.

2

마왕퇴는 장사시(長沙市)의 동쪽 교외에 있다. 퇴(堆)란 총(塚)과 같은

뜻이므로 이곳이 마왕의 능묘라는 전설이 있었다. 이 마왕(馬王)이란 당나라
가 멸망한 뒤에 각지에 나타난 군소 정권의 하나인 초나라의 '마은'(馬殷,
852년~930년)을 지칭한다. 언제부터인가 사람들은 그곳을 10세기의 고분이라
고 생각하게 되었고 그렇게 전파됨으로써 그러한 지명이 생겼던 것이다.

그것은 분명히 고분이 틀림없었으나 사람들이 생각했던 것보다 훨씬 오래
된 1천 백년도 더 된 기원전 2세기의 고분이었다. 그리고 아무리 고분이라고
하여도 묘갱(墓坑)을 찾아낼 수 없으면 발굴할 수 없는 것이다.

마왕퇴의 묘갱이 발견된 것은 1971년 말이며, 본격적인 발굴이 호남성
박물관 팀에 의하여 시작된 것은 이듬해인 1972년 1월이 되어서였다.

이 마왕퇴는 동서로 이어지는 2개의 분구를 총칭한 것이다. 쌍자총(雙子
塚), 이른바 더블유 마운드로서 고분이라는 사실은 처음부터 알고 있었다.
지명의 유래는 앞에서 언급한 바와 같이 5대 10국(五代十國) 시대에, 지방
정권 왕의 이름이었으나 그것은 어디까지나 전설에 근거한 것이었다. 그러나
중국에 관한 것이므로 지지(地誌)나 기타 문헌적인 기록에서 이는 단순한
구비 전설(口碑傳說)과는 다르다.

송나라 초엽인 태평 흥국(太平興國) 4년(979년)에 편찬된 「태평환우기(太
平寰宇記)」에는 전한(前漢) 시대의 장사왕 유발(劉發)이 정희(程姬)와 당희
(唐姬)를 묻은 묘로서 '쌍녀묘(雙女墓)'로 부른다고 되어 있다. 앞에서 언급한
마은(馬殷)은 930년에 죽고 그 정권(초나라)이 남당(南唐)에 흡수되어 멸망한
것은 951년의 일이었다. 「태평환우기」가 쓰여진 것은 그 후 수십년 후의
일이었다. 아무려면 겨우 그 사이에 만들어진 묘를 1천년 이상이나 앞선
고분과 헷갈릴 까닭이 없다.

장사왕(長沙王) 유발은 경제(景帝, 기원전 189년~기원전 144년. 고조 유방의
손자)의 아들이므로 무제(武帝, 기원전 159년~기원전 87년)와는 형제간이 된
다. 경제에게는 14명의 왕자가 있었고, 그 중의 유철(劉徹)이 뒤를 이어 황제
에 오르고 나머지 13명도 각각 왕위에 올랐다. 1968년에 발견된 만성 한묘
(滿城漢墓)의 주인공인 중산왕 유승(劉勝, ?~기원전 23년)도 14형제 중의
한 사람이었다.

왕은 '제후왕(諸侯王)'이라 부르고 한나라 초기의 한때를 제외하고는 유씨
(劉氏), 이른바 황족만을 봉하기로 되어 있었다. 이 황제를 제외하고 그 아래

240

에 20개의 작위가 있었는데, 그 제일위가 '철후(徹侯)'였고, 다음이 '관내후(關內侯)'였다. '철(徹)'이란 황실과 통한다는 뜻으로 황실의 친척으로 취급한 영주였다. 무제 유철의 즉위 후 철(徹)자를 피하여 같은 뜻의 '통(通)' 또는 '열(列)'로 바꾸었다.그러므로 이제부터는 무제 이전도 '열후(列侯)'로 부르기로 하겠다. 그 다음의 '관내후'는 열후와 같은 영지를 부여받게 되나 자신은 관내(수도권내)에 살면서 영지의 통치에는 관계하지 않는다. 영지에서 연공(年貢)을 수입으로 챙길 뿐이었다.

유발은 황제(경제)의 아들이었으므로 당연히 제후왕이 되었으나 그의 어머니인 당희가 비천한 출신이었고 황제의 총애를 받지 못하였기 때문에 가장 조건이 좋지 못한 장사(長沙)의 왕으로 봉해졌다. 당희는 원래 정희(程姬)의 시녀로 당아(唐兒)라고 불리던 소녀였다. 그 무렵 정희는 경제의 총애가 두려워 3명의 왕자를 낳았다. 어느 날 밤 경제가 정희를 애무하려고 불렀으나 마침 정희가 생리 중이었는지라 시녀인 당아를 성장시켜 침전에 들여 보냈다. 경제는 만취되어 있었기 때문에 정희라고만 생각하고 당아와 하룻밤을 보냈는데 임신이 되고 말았다. 경제는 훗날 그런 사실을 알게 되었으며 당아가 낳은 아들을 발(發)이라고 이름지었다. '발각(發覺)'이라는 말이 있듯이 발은 각과 같은 뜻이기도 하다.

장사왕이 된 유발에게 당아──즉 당희는 생모였으나 원래가 정희의 대역이었다. 알기 쉽게 말하면 정희가 주역이고 당희는 조역이었던 것이다. 장사왕 유발은 이 관계를 중시하여 생모인 당희뿐만 아니라 정희도 똑같이 공경하여 이 두 왕비를 같은 곳에 묻었다는 것이다.

이상과 같은 내용이 '쌍녀묘'에 얽힌 전설이지만 곰곰이 생각해 보면 이것도 좀 이상하게 생각된다. 왜냐하면 정희는 유발의 생모인 당희에겐 은인이 될지는 몰라도 그녀 자신에게는 노왕(魯王) 유여(劉餘), 강도왕(江都王) 유비(劉非), 교서왕(膠西王), 유단(劉端)이라는 3명의 제후왕인 친아들들이 있었는데 정희가 장사에 묻혔다는 것이 어쩐지 자연스럽지 못하다. 청나라 때 개정된 「장사현지(長沙縣志)」나 「호남통지(湖南通志)」에는 장사왕 유발과 그의 생모 당희의 묘라고 되어 있다. 그렇다면 이치에 맞는 것 같지만, 유발의 부인(왕비)은 어디 묻혔는가 하는 의문이 생긴다. 「통지(通志)」에 장사성 동문 밖이라고 한 기록은 맞는 것 같으나 묘의 높이 13장(丈)이라고 한 것은 마왕퇴와 상당한 차이가 있다. 한나라 때 장(丈)의 계산법으로도 이것은 30미터가 되어야 하나 마왕퇴 1호 묘의 높이는 16미터에 불과하다.

중국과학원 고고연구소(中國科學院考古研究所)는 이 마왕퇴의 두 분구의 봉토와 기타를 조사하여 한묘(漢墓)라고 단정하였다. 그것이 1952년의 일로서 10세기 마은(馬殷)의 묘라는 전설은 부정되었다. 그리고 1956년에는 호남성의 문물 보호 단위로 지정되었다. 그러므로 처음부터 한묘라고 알고 있었던 것으로, 1971년에 우연하게 발견된 것은 아니다. 이것도 우연히 묘갱(墓坑)에 부딪쳤던 것이다. 그것은 병원 신축 공사의 일환으로 굴착 공사를 하고 있을 때 동쪽 묘에 닿았다는 것이 맞는 얘기다. 공구(工具)가 묘갱에 부딪쳤을 대 갑자기 가스가 분출되었다. 청백색의 가스가 분출되는 묘갱을 '화동자(火洞子)'라고 한다.

묘갱에 가스가 가득차 있으므로 조금이라도 구멍이 나면 강력하게 분출되기 마련이었다. 완벽하게 밀폐되어 있었으므로 그러한 현상이 일어나는 것이다. 바꾸어 말하면 화동자는 밀폐되어 있어서 내부의 보존 상태가 양호하다는 증명이 되는 것이다. 공기의 반 정도의 무게인 가스이므로 조금이라도 틈이 생기면 바로 새어나가기 마련이다. 완전 밀폐된 묘실 내는 일정한 온도와 습도가 유지되었을 것이다.

가스가 찬 것은 매장할 때였을 것이다. 시체는 관 안에 밀폐되고 무게가 있으므로 묘실 내로 나오는 일은 없다. 아마도 매장할 때 여러 가지 음식물을 차려 놓았던 것이 썩어서 가스가 생긴 것으로 생각된다.

전한 시대 말에 왕망(王莽, 기원전 45년~기원후 23년)이 실권을 잡고 급기야는 한나라를 멸망시키고 스스로 '신(新)'이라는 왕조를 세운 사실은 알려진 바와 같다. 왕망은 승승장구 출세가도를 달렸지만 그러나 그 권세는 애제(哀帝, 기원전 7년~기원후 1년 재위) 재위 중에서부터 쇠퇴하기 시작했다. 성제(成帝, 기원전 52년~기원전 7년)는 후손이 없었기 때문에 계모의 동생인 정도왕(正陶王) 유강(劉強)의 아들인 유흔(劉欣)을 양자로 삼아 그가 애제가 되었던 것이다. 애제는 호모 섹스를 즐겨 동현(董賢)이라는 미소년을 측근에 두고 있었고, 애제의 생모인 정씨(丁氏)와 조모인 부씨(傅氏)도 건재하였기 때문에 내노라는 왕망도 당분간은 잠잠하지 않을 수 없었다. 그러나 애제가 죽자 다시 왕망이 권세를 잡았던 것이다.

애제의 생모인 정씨는 건평(建平) 2년(기원전 5년)에 사망하였다. 애제는 제태후(帝太后)로 봉하고 정중하게 위릉(渭陵, 섬서성 함양현)에 매장하였던 것이다. 정씨는 애제의 생모였으나 애제가 후손이 없는 성제의 뒤를 이었으므로, 애제에게는 성제의 왕후였던 조씨(趙氏)가 황태후였고 실제로 그렇게 되어 있었다. 그러나 애제는 「춘추(春秋)」 '공양전(公羊傳)'에 "어머니는 아들로써 공경된다"라고 한 점을 근거로 생모를 제태후로 추대하기로 하였던 것이며 능도 황태후에 준하여 조성하였던 것이다.

애제가 죽은 다음에 다시 권세를 잡은 왕망은 보복하기 위하여 정씨의 무덤을 파내어 개장하기로 하였다. 능의 높이도 황제와 같고, 천자에게만 허용되는 가래나무(梓)관을 사용하였으며 황태후의 옥새를 가진 채 매장되어 있다는 것은 주제넘은 일이라는 것이 그 이유였다. 그러나 정씨의 묘소를 파고 묘문을 열었을 때 4, 5장(丈)의 불길이 솟아올라 인부들이 물을 끼얹었다고 되어 있다. 그러나 「한서(漢書)」의 기록이나 「논형(論衡)」에는 그 불 때문에 인부 수백명이 타죽었다고 되어 있다. 실제로 왕망은 애제의 조모인 부태후(傅太后)의 묘도 개장할 것을 명령하였으며 「한서」에는 그 공사에서 붕괴 사고가 일어나 수백명이 압사당하였다고 나와 있다. 아마도 「논형」의 기록은 압사(壓死)를 소사(燒死)라 하고, 부태후를 제태후라고 혼돈한 것 같다.

왕망이 정씨의 묘를 개장토록 명령을 내린 것은 원시(元始) 5년(기원전 5년)의 일이었다. 정씨는 기원전 5년에 사망하였으므로 매장된 지 10년도 채 안 되었음에도 그 묘는 훌륭한 '화동자'가 되어 있었다는 사실이 입증된 것이다.

마왕퇴 동쪽 묘에서는 이미 가스가 분출되었다. 밀폐되어 보존 상태가 좋은 묘이기는 하나 구멍이 났으므로 이제 될 수 있는 대로 빨리 발굴하지 않을 수 없었다. 1972년 1월 16일부터 발굴이 시작되어 그 해 4월 28일에 완료되었다. 연 인원 3천 9백 명이 동원되어 6천 입방미터 이상의 흙을 파올렸던 것이다. 이 발굴은 호남성 박물관이 주체였으나 과학원 고고연구소와 문물사업 관리국에서도 전문가를 파견하였다. 또한 관이나 곽실을 들어올리는 데에는 군대의 기술(記述) 작업병 부대와 대규모 건축 공사 및 육군 공사(公司)는 물론 성(省)의 임업 자동차 수송대 등에서 협조하였다. 그리고 병원과 학교에서도 여러 가지로 협력하였다.

이와 같이 대규모 발굴 작업에는 앞으로도 여러 방면의 협조가 필요하게
될 것이다.

3

이 묘는 정식으로 '마왕퇴 1호 한묘(馬王堆一號漢墓)'라고 명명되었다. 그
안에서는 놀랄 정도로 많은 문물이 출토되었으나 그 중에서도 으뜸으로
꼽을 수 있는 것은 뭐니뭐니 해도 비단천에 그려져 있는 그림(繪畫)이었다.
이것은 백화(帛花)라고 부르는 것으로 관(棺) 위에 덮여 있었으나 단순한
관의 덮개 역할을 했던 것은 물론 아니다. 길이 205센티미터, 너비 47.7센티
미터로 위쪽 좌우에는 같은 크기의 비단을 반을 끊어서 꿰맸다. 위 단에는
대나무를 말아서 꿰매고 비단술이 달려 있었다. 어쨌든 이 '백화'는 어딘가에
매달았던 것으로 그것은 '화번'의 일종으로 보아도 좋을 것이다.

백화 이외에 마왕퇴 1호 한묘에서 충격적이었던 것은 '살아있는 것 같은
부인의 시체'였으나 이것까지 출토품에 포함시킨다는 것은 죽은 사람에 대한
예의가 아닐 것 같다. 시체는 50세 전후의 부인이었으며 여기에 관하여는
그 매장법, 곽실, 관 등의 상세한 사항을 다음에 기술하기로 하고 여기서는
우선 중국에서 가장 오래된 것으로 알려졌던 대영 제국 박물관 돈황 화번과
같은 종류이며 1천년 정도 더 오래된 백화에 관하여 살피기로 한다.

아직 정식 보고가 있기 전에 뉴스로 알려진 때부터 이 백화에 관하여 여러
가지 설이 많았다. 필자도 추리 소설을 쓰는 탓에 인정을 받았던 것인지
백화에 대한 추론을 의뢰받은 바 있었다. 이제 와서 생각하면 그 당시 너무
동떨어지게 썼으므로 그 일부가 정정되어야 할 처지에 있다. 최초의 뉴스에
서는 매달도록 되어 있는 모양에 대하여는 전하지 않았기 때문에 필자는
순전히 관 덮개로 생각했었다. 그리하여 조정에서 보내진 '수의(襚衣, 壽衣)
를 가지고 관을 덮은 것이라고 해석하였다. 'T자형 채색 백화(T字型 彩色 帛
花)'라고 부르듯이 형체로 본다면 펼쳐진 옷과 닮았다.

지금으로서는 묻힌 사람이 초대 대후(軑侯) 이창(利倉)의 부인으로 확정지
어도 무방할 것이다. 대후는 열후(列侯)의 하나로 7백 호(戶)에 봉해져 있었

다. 같은 열후라도 조참(曹參, ?~기원전 190년)의 1만 6백 호가 가장 컸었다. 제일 규모가 적은 것은 500호 짜리도 있었으므로 대후는 열후보다 작은 것으로 보아야 할 것이다.

고조 유방(劉邦, 기원전 256년~기원전 195년)은 137명의 공신을 후(侯)에 봉하였고 2대째의 혜제(惠帝, 기원전 210년~기원전 188년)에서 여후(呂后), 경제(景帝)에 이르기까지 다시 90여 명의 열후가 탄생하였다.「사기」에 의하면 장사(長沙)의 재상인 이창이 대후에 봉해진 것은 혜제 2년(기원전 193년) 4월 경자(庚子)일로 되어 있다. 장사왕은 당시 유일하게 유(劉)씨 성을 갖지 않은 제후왕이었다. 건국 초기에는 한신(韓信, ?~기원전 196년)을 제(齊)왕이나 초(楚)왕으로 봉하기도 하고 경포(黥布)를 회남(淮南)왕, 노관(盧綰, 기원전 247년~?)을 연왕(燕王, ?~기원전 202년)으로 봉하기도 하였으나 그들은 차례로 숙청되고 장사왕인 오예(吳芮?~기원전 202년)만이 남게 되었다.

왜 장사왕 오예와 그 자손만이 약 반 세기 동안이나 유일하게 성이 다른 왕으로서 남을 수 있었는지 여러 가지 이유를 생각하게 한다. 유일하다고는 하였으나 변경에는 남월(南越), 민월(閩越), 서구(西甌), 낙라(駱裸)같이 동남의 나라들에서 왕으로 칭하는 사람들이 표면상으로는 한나라에 복종하고 있었다. 그러나 이 나라들은 한나라에서 봉한 것이 아니고 토호(土豪)의 왕이었다. 그리고 한나라로서도 이들을 회유할 필요가 있었다. 아마도 오예는 이러한 '만족(蠻族)' 토호 중에서 한나라와 가장 친근한 관계를 맺고 있었을 것이다. 오예가 왕으로 봉해진 것은 백월(百越, 많은 남방 부족들)을 이끌고 천하 평정에 공적이 있었기 때문이라고 전한다.

「사기」열전에는 열후에 지나지 않았던 조참(曹參)이나 장량(張良, ?~기원전 189년. 1만호 봉), 소하(蕭何, ?~기원전 193년. 8천호 봉), 주발(周勃, ?~기원전 169년. 8천 1백호 봉), 진평(陳平, ?~기원전 178년. 5천호 봉), 번쾌(樊噲, 5천호 봉) 등에 관하여는 기록하고 있으나 열후보다 윗줄에 속하는 제후왕 오예에 대하여는 기록되어 있지 않다. 다만 '항우본기(項羽本紀)'에서

파군(鄱君) 오예는 백월을 이끌고 제후를 도왔고 또 자진하여 관중(關中)으로 들어오다. 까닭에 예(芮)를 세워 형산왕(衡山王)으로 삼았다. 주(邾, 호북성)에 도읍을 정했다.

라고 기록되어 있다. 항우가 진(秦)나라를 멸망시킨 다음, 공이 있는 자들을 왕으로 봉하였을 때 파현(鄱縣)의 현령이었던 오예가 형산왕으로 봉해졌던 것이다. 유방이 한나라 왕으로 봉해진 것도 이 무렵이었으므로 왕위에서 오예는 유방과 동기생이었던 셈이다.

'고조본기(高祖本紀)'에는, 항우가 망한 다음, "형산왕 오예를 옮겨 장사왕으로 삼고 임상(臨湘, 호남성)에 도읍을 두게 하였다"라고 나와 있다. 유방이 황제를 칭한 해는 기원전 202년의 일이었다. 한편 「한서(漢書)」에는 간단하게 "강호(江湖) 사이에서 매우 민심을 얻다"라고 되어 있다. 의협심이 강하고 장강(長江)이나 파양호(鄱陽湖, 강서성) 부근에서 평판이 좋았던 호족이었을 것이다. 경포(黥布)가 여산릉의 공사장에서 도망하여 장강으로 왔을 때, 오예는 그 딸을 경포의 아내를 삼았다. 오예는 장사왕이 된 지 1년 만에 사망하고 그의 아들 신(臣)이 뒤를 이었다. 회남왕(淮南王)이 된 경포가 한나라를 배신하였을 때 그를 주살한 장사왕은 2대째의 오신(吳臣)이었다.

「사기」에는 백월(百越)이라고 되어 있으나 「한서」에는 "월인(越人)을 이끌고 거병하여 제후에 호응하다"라고 되어 있으므로 오예는 월, 곧 남방 부족들을 장악하고 있었던 것 같다. 유방이 남양(南陽)을 공략하였을 때 아무래도 병력이 부족하였던 탓인지 오예의 부장(部將)인 매현(梅鋗)의 지원을 받았다. 그러한 사유로 유방도 오예를 특별히 우대하였던 것 같다. "고조, 그(오예)를 현신이라 하며 조서(詔書)를 내려 '장사왕은 충신이로다. 이 사실을 영으로 정하라'"고 한 「한서」의 이 문장을 등전[鄧展, 3세기 초기의 사람, 「한서」의 주기(註記)를 저술함]은, 유방이 유씨(劉氏) 이외에는 왕으로 봉하지 않는다는 원칙을 세웠으나 장사왕만은 예외로 한다는 사실을 문서로 분명히 해두라는 것이라고 해석했다.

오예는 처음 파양호 부근에 있다가 후에 장사로 옮겼으나 두 곳 모두 남방과의 교통 요충지였다. 아마도 남방의 산물들은 오예 파가 수확하고 남방에 대한 물자의 공급도 그들이 관장했던 것 같다. 그러므로 한나라에게 장사왕은 남방의 잡다한 부족들을 억제해 주던 세력이었던 것 같다. 만일 장사왕이 등을 돌리게 되면 한나라로서는 남방을 온통 적으로 삼지 않을 수 없었던 것이다. 그리하여 타성(他姓)의 사람을 왕으로 봉한 것은 그와 같은 고등 정책에서 연유된 것이었으리라.

이 오씨(吳氏)의 장사국(長沙國)은 5대 손인 오차(吳差)가 자손을 보지 못함으로써 그의 사망(기원전 157년)과 함께 나라가 없어졌다. 그리하여 2년 후에 경제의 아들 유발이 장사왕으로 봉해졌다. 그러므로 한나라의 장사는 오씨의 나라 다음에 유씨의 나라가 되었던 것이다. 유발을 초대로 하는 유씨의 장사국은 왕망에 의하여 한나라가 멸망당할 때까지 160여년 간이나 계속되었다.

유발은 이미 언급한 바와 같이 경제가 취중에 상대를 잘못 택하여 잉태한 아들로서 가장 조건이 나쁜 지역의 왕으로 봉해졌으며 그곳이 장사국(長沙國)이었다. 장사왕 유발이 어느 때 상경하여 경제를 배알하였을 때, 경제가 춤을 추게 하였는데, 이때 그는 소매를 잡아당기듯하며 손을 약간 들었으므로 그 서투른 꼴을 보고 좌중의 사람들이 실소하였다고 한다. 나중에 경제가 어찌 그렇게 춤을 추는가 하고 물으니 유발은 "신의 나라는 작고 땅이 비좁아 돌 수가 없나이다"라고 답변하여 그 후 무릉(武陵), 영릉(零陵), 계양(桂陽)의 3개 군을 추가로 봉하게 되었다는 일화가 전해지기도 하다.

여담이지만, 왕망이 한나라를 멸망시킨 후 천하가 난세에 허덕이다가 결국 한 왕실의 피를 이은 유수(劉秀, 기원전 5년~기원후 57년. 후한의 광무제)가 한 왕조를 다시 일으킨다. 이 유수는 장사왕 유발의 가계에서 나온 인물이다.

진나라 시황제는 절대 독재 체제로 천하에 군림하여 전 국토를 36개 군으로 나누고 군(郡) 아래 몇 개의 현(縣)을 두었고 그 장관은 모두 중앙 정부에서 임명했다. 오예는 파현의 현령(縣令, 장관)이었다. 이것이 군현제(郡縣制)였으나 시황제가 죽은 다음 진나라는 덧없이 붕괴하였기 때문에 한나라에 와서 그 제도의 결함을 검토하였다. 천하의 각 지방 장관들이 순수 관리들이어서 토지에 대한 애착심이 희박하였기 때문에 붕괴된 것으로 판단하였다. 군현의 책임자는 임명제로서 세습되지 않았으므로 그곳을 사수할 마음이 우러나지 않았을 것이리라.

이러한 반성에서 한나라는 군국제(郡國制)를 채택하였다. 황족의 나라를 각지에 세워 그것을 방패막이로 하였다. 그리고 그 나라의 왕은 황실과 깊은 유대 관계를 맺고 있어 세습에 의하여 자손에게 나라를 물려 줄 수 있게 하였다. 그리하여 진나라 말기와 같은 혼란이 일어나더라도 제후왕이 일치

단결하여 싸워 줄 것을 기대하였다.

전국은 군현으로 되어 있었으나 곳곳에 '나라'가 박혀 있었다. 제후왕의 나라는 한 군 또는 수 개 군에 이르고 열후의 나라는 대부분 현에 해당되었다. 국내에 있던 크고 작은 모든 나라는 각기 독립하여 자신들이 책임자를 임명하였다. 그리하여 중앙 정부에도 재상이 있었으나 제후왕이 열후의 나라에도 '상(相)'이 있었다.

700호의 영지라 불리던 대(軑)는 강하군(江夏郡)에 속하는 14개 현의 하나였다. 대의 소재지에 대하여는 여러 설이 있으나 한나라 강하군의 중심부는 현재의 호북성 운수(溳水)를 잇는 안륙시(安陸市) 근방이었다고 한다. 어찌되었건 현재의 장사시로부터 상당히 떨어져 있는 곳이다.

초대 대후인 이창(利倉)은 장사왕의 '상(相)'이었다. 장사왕 오예의 아들 오신의 시대였다. 2대째의 장사왕 오신은 혜제 원년(기원전 194년)에 죽고 그 아들 오회(吳回)가 3대째의 장사왕이 되었다. 같은 해 오신의 또 다른 아들 오천(吳淺)이 편후(便侯)에 봉해졌다. 오회의 동생이었다. 봉(封)은 2천 호이므로 제법 큰 영주라고 해야 할 것이다. 그 다음해(기원전 193년) 장사의 상이었던 공적을 감안하여 이창은 700호의 대후에 봉해졌다.

이와 같은 인적 사항만이 「사기」와 「한서」에 기록되어 있을 뿐, 그 경위에 대하여는 알 수가 없다. 고조가 서거하고 혜제와 여후의 시대에 이르자 제후왕의 힘이 막강해지는 것을 경계하게 되었던 것도 당연하였을 것이다. 유능한 참모는 떼어놓는 것이 상책이었다.그리하여 이창은 한낱 부하에서 한나라의 한 성주로 영전하게 되었다. 아마도 장사왕 오회의 동생인 오천도 유능한 인물이었던 모양이다. 그리하여 장사왕은 자기를 보좌하는 인물을 잃었던 것인지도 모른다.

그런데 장사를 멀리하고 대(軑)로 갔을 이창 부부의 묘가 뜻밖에도 장사에서 발견된 것이다. 문제 2년(기원전 178년)에 열후 가운데 중앙 정부의 관직을 맡고 있는 자를 제외하고는 모두 그 영지로 부임하라는 칙서가 내려졌다. 그러나 이창 부부의 경우로 보아 영지에 가지 않았던 열후가 많았던 것을 알 수 있다. 이창은 그러한 칙서가 내리기 전에 죽었으므로 아마도 대후가 되어서도 살고 있던 장사에 눌러 있었던 모양이다. 단지 상이라는 직함만 내놓았는지도 모른다. 혹은 열후에 오르면서 장사의 상을 겸임하였을 가능성도 있다. 앞에 언급한 칙서로 보아서도 중앙 정부의 요직에 있던 열후가 적지 않았다는 사실을 짐작할 수 있다.

700호의 열후로서는 묘가 너무 훌륭하다는 의문은 있으나 봉(封)의 많고 적음이 반드시 부(富)의 척도가 될 수는 없었을 것이다.

4

이 묘는 수혈식(竪穴式) 목곽묘(木槨墓)이다. 수혈이라고는 해도 곧바로 파내려간 것은 아니고, 조사 결과 8.8미터 정도 높이의 지상 위에 다시 흙을 16미터 높이로 쌓아올린 것이 확인되었다. 그러므로 이 수혈묘는 땅을 파지 않은 것이다. 판축(版築)이라고 하여 흙에 물을 섞어 가면서 이긴 이른바 원시적인 콘크리트 공법으로써 땅 위에 2배 정도의 높이로 쌓아올려서 굳힌 다음 그 위에서 파내린 것이다. 약간 번잡스러운 방법이기는 하나 그렇게 하게 되면 튼튼한 묘갱이 될 수 있을 것이다. 또한 당시로서는 권력만 있다면 인력은 얼마든지 동원할 수 있었다. 그리고 묻힐 자의 신분에 따라 묘지 제도가 규정되어 있었으므로 미리 규정된 높이로 만들어 둘 수도 있었을 것으로 생각할 수 있다.

묘의 구조나 보존 상태가 양호하였던 이유에 대하여는 다음에 언급하기로 하고 부장품 중의 백미인 백화(帛畵)에 관하여 살피기로 하겠다. 필자는 이것이 수의일지도 모른다는 주장을 아직도 포기하지 않는다. 죽은 사람에게 보내는 의복을 반드시 시체에만 입혔던 것이 아니었을 것이다. 황실에서 하사했을 경우에는 황송하여 그 물건을 묘실 어느 곳엔가 잘 모셔 두었으리라는 점도 상상해 볼 수가 있다. 보내는 쪽에서도 죽은 사람에게 입힌다는 점을 의식하지 않고 다만 의복의 형태를 하고 있기만 하면 된다고 생각하였을지도 모른다. T자형으로 되어 있는 것은 아무래도 옷의 모양만 낸 것 같은 느낌이다.

위쪽에 대나무를 넣어 꿰매고 비단줄이 달려 있으므로 이것은 매달렸던 것이라는 데 의문의 여지가 없을 것이다.

이 마왕퇴 1호 한묘에는 부장품의 명세가 죽간(竹簡)에 기록되어 있으므로 하나하나 조회하면서 확인할 수 있다. 이 T자형 백화는 죽간 제244호의 "비의일(非衣一) 장장이척(長丈二尺)"에 해당되는 것이다. 한나라의 1장 2척은 282센티미터인데 백화는 205센티미터밖에 안 된다. 그러나 비단줄을 비롯하여 여러 가지 장식과 아래쪽의 리본까지 포함하면 285센티미터가 된다고 하므로 규격은 거의 들어맞는 셈이다.

그러면 비의(非衣)란 무엇일까? '비(非)'라는 글자는, 날개(羽)를 좌우로 펼친 모양이다. 그리고 거부의 뜻을 파생시켜 '아니다'가 되지만 원래는 마치 나는 모양이다. 사자의 영혼이 이것을 입고 승천하는 의복으로 생각된다. 육체에 입히는 것이 아니고 영혼에 입히는 것이다. 관 안에 넣지 않고 관 밖에 두고 있는 것도 이렇게 설명하면 납득이 간다.

이 '비의'를 '복례(復禮)'에 사용한 것이 아닐까 하는 설도 있다. 사람이 죽으면 유족들이 지붕 위에 올라가서 큰소리로 "오오! 아무개여, 돌아오시라" 하고 의복을 흔들며 외치던 풍습이 있었다. 「예기」에 나와 있으므로 주나라 때부터 있었던 '초혼지례(招魂之禮)'였던 것 같다. 이것은 「묵자」의 '비유(非儒)'편에,

그 부모가 돌아가시면 시신을 누이고 염(납관)하지 않는다. 지붕에 올라가 우물을 내려다보며 쥐구멍까지 척기(滌器, 씻는 그릇)를 찾으며 그 사람을 부른다. 그러므로 생존한 경우라면 공우(贛愚)가 심하며, 사망하였음을 알고도 이를 구한다면 위선함이 크다.

라고 기록되어 있는 것으로 보아 그 당시 비난받았던 행사였다. 부모가 사망하면 그 영혼을 구하여 유족들이 찾아 헤매게 되지만, 부모가 돌아가시지 않았다고 생각하는 것은 바보스러운 일이며, 돌아가신 것을 알고 있으면서도 그런 짓을 하는 것은 위선이라는 것이다. 더구나 「예기」에는 지붕에 올라가 초혼한다고밖에 나와 있지 않다. 그러나 유자(儒者)가 주재한 장례식에서의 '복례'가 일부는 지나치게 과장되어 집안 구석구석을 찾는 일도 있었던 모양이다. 이때 혼을 부르기 위하여 흔들었던 의복이었다고 하기에는 무리가 따르는 것 같다. 만일 초혼하기 위한 것이라면 죽은 사람이 평소에 입고 있던 옷이 더 효험이 있을 것으로도 생각할 수 있으며, 문제의 백화는 다음에 설명하겠으나 그 바탕에 사후의 세계까지 묘사하고 있었다. 그러므로 그 사람이 이미 죽었다는 사실을 인정한 것이라면 죽은 사람을 살려내려는

250

의식에는 사용될 수 없었을 것이다.

마왕퇴의 백화는 장례식 때에 세웠던 화번이며 그것은 의복을 본딴 것으로 보는 것이 온당할 것 같다. 그것이 순수한 장식품이었는지 또는 어떤 뜻을 지닌 것이었는지는 모른다. 공자가 사망하였을 때, 제자인 공서적(公西赤)이 그러한 것을 만들었다고 「예기」에 있으나 그것이 구체적으로 어떤 것이었는지에 대하여는 기록되어 있지 않다.

관 위에 옷감을 놓았던 예는 다른 곳에서도 있었다. 감숙성 무위현(武威縣) 마저자(磨咀子)의 전한 말기의 고분에서 수매의 명정(銘旌)이 출토되었는데 그 길이는 약 2미터, 너비는 약 40센티미터로 관 위에 덮여 있는 상황도 마왕퇴의 백화와 흡사하였다. 그 명정은 명주와 삼베로서 마왕퇴의 백화와 다른 점은 글자가 많이 쓰여져 있었다는 사실이다. 그 중의 2장은 윗부분 양쪽에 해와 달이 그려져 있으며, 모두 죽은 사람의 주소와 이름이 먹글씨로 쓰여 있었다. 저 세상에 가서도 그 사람의 신분을 알 수 있게 하려는 것이었으리라. 예를 들면, 마저자 제23호 묘의 것에는 윗부분 좌우에 원이 그려져 있고 왼쪽 원에는 새, 오른쪽 원에는 용이 들어 있고 그 아래에 두 줄로 다음과 같은 글자가 쓰여 있다.

　　평릉경사리장(平陵敬事里張)
　　백승지구과소무곡(伯升之柩過所毋哭)

이것은 "평릉현 경사리에 사는 장백승(張伯升)의 관이다. 지나갈 때에 곡을 해서는 안 된다"는 뜻이다. 이 명정의 윗부분에는 나뭇가지로 굴대를 만들었는데 마왕퇴의 백화와 같이 매달았던 것이 틀림없다.

저승에 가는 신분 증명이었을 뿐 아니라 장례 행렬 때 관 앞에 게양되어 통과하는 지역의 사람들에게도 죽은 사람의 신분을 알렸던 것이리라. 그리고 매장될 때 그 명정은 관 위에 놓여졌다. 묘 안에 돌이나 동으로 된 묘지(墓誌)를 놓게 된 것은 한참 뒤의 일이지만, 그 이전에 관을 덮었던 명정이 이른바 묘지명(墓誌銘)이었다.

더욱이 '구(柩, 널)'는 '관(棺)'을 뜻하는 같은 말이지만 한나라 때에는 죽은 사람의 이름을 표시한 것 곧 명정을 구(柩)라고 하였다는 것이다. 이 명정이 장례 행렬 앞에 세워졌던 것은 근대에 이르기까지 계속되었던 관습이다. 당나라 말기의 두목(杜牧, 803년~852년)의 시에, "분서(粉書), 덧없이 바꾼 구명정(舊銘旌)"이라는 구절이 나온다. 이것은 지주(池州)의 목사 이사군(李使君)을 애도한 시로서 사후에 처주(處州) 태수로 승진된 사령장이 도착되어 옛 명정을 새 명정으로 바꾸었다는 뜻이다. 이로 미루어 보아 당나라의 명정에는 관직도 썼다는 사실을 알 수 있다. 분서라는 것은 흰 글자를 뜻하므로 명정의 명주는 흰 바탕이 아니었다는 것을 알 수 있다. 명정은 설사 높은 직함이 쓰여 있기는 하였으되 당사자는 이미 죽었기 때문에 '덧없음'이라고 형용되었다. 그리고 이 명정은 '표시'하는 것을 뜻하는 것이므로 문자로만 되었던 것은 아니었다. 죽은 사람의 신분과 상황을 그림으로 나타내는 것도 훌륭한 표시이며 묘지명(墓誌銘)이 되었던 것이다.

5

장사 마왕퇴 제1호 묘에서 출토된 백화에서 양 소매가 펼쳐진 부분은 천상의 나라——신선의 나라로 추측된다. 그리고 중앙의 제일 위에 있는 '인신사미(人身蛇尾)'는 아마도 하늘 나라에서 가장 높은 신인 것 같다.

꽃무늬 이엉이 있는 아래쪽부터 지상의 세계라고 생각할 수 있다. 아래에 기묘한 사람의 얼굴을 새가 날고 있으며 그 아래에 여주인공이 지팡이를 짚고 3명의 시녀를 거느리고 있다. 그리고 그 앞에서는 2명의 사나이가 무릎을 꿇고 무엇인가를 내밀고 있다.

나이로 보아 사나이의 여주인인데, 이 묘에 묻힌 대후 부인을 나타내는 것이 틀림없을 것 같다. 발견 당시 이 지팡이를 짚고 있는 여성은 서왕모(西王母)가 아닐까 하는 설도 있었다. 그러나 천상과 지상의 구별이 있으므로 아랫 부분에 천상의 신인 서왕모가 있다는 것은 부자연스럽다.

앞에서 언급한 바와 같이 천상의 세계가 묘사되어 있으므로 이것은 '복례'에 사용되었다고 하는 것은 모순된다고 하지 않을 수 없다. 무릎을 꿇고 있는 두 사나이는 여주인에게 음식을 권하고 있다는 설과 저승에서 마중나온 사자(使者)라는 설도 있다.

꽃무늬 이엉 위에는 한 쌍의 봉황이 마주보고 앉아 있다. 꽃무늬 이엉

장사 마왕퇴 제1호 한묘에서 출토된 백화 (帛畵 : 비단에 그린 그림)

아래에는 동물인지 새인지 모를 괴물이 날개를 펴고 매달린 모양을 하고
있다. 꽃무늬 이엉 위의 봉황은 말할 것도 없이 길조를 나타내는 새로서
여주인의 덕망을 칭송하며 천당으로 인도할 준비를 하고 있는 것처럼 보인

다. 그 바로 아래의 괴물은 볼 때마다 불길함을 느낀다. 여주인에게 찾아온 죽음을 상징하는 것인지도 모른다. 천당에서는 인신사미(人身蛇尾)의 신이 군림하고 있었으나 이 괴물은 지상을 지배하는 자인 것 같은 위치를 하고 있다.

여주인은 덕망을 지닌 채 죽은 모습이 있는데 그것은 그녀가 지상에 사는 사람으로서 이 괴물의 지배하에 있었다는 것을 암시하는 것인지도 모른다. 괴물은 박쥐같이도 보인다. 박쥐(蝙蝠, 편복)가 중국에서는 '편복(偏福, 진정한 행복)과 비슷한 발음이어서 오히려 유래가 맞는 것이다. 또한 이 괴물을 바람의 신인 '비렴(飛廉)'으로 보는 설도 있다. 비렴이라는 이름은 굴원(屈原)의 「이소(離騷)」에 나오나 「회남자(淮南子)」에는 '비렴(蜚廉)'으로 되어 있으며 앞에서 언급한 바와 같이 비(非)나 비(蜚)는 모두 날개를 펴고 난다는 뜻이다. 「회남자」의 주석에 비렴(蜚廉)이라는 동물은 털이 길고 날개가 있다고 하였는데 이 백화의 괴물을 자세히 보면 틀림없이 날개가 있고 긴 털 같은 것이 묘사되어 있다. 사람이 승천할 때에 나타나는 신수(神獸)이므로 반드시 불길하다고만 할 수 없을 것이다.

여주인들을 태우고 있는 판 아래에 약간 기울어진 받침대가 있다. 이렇게 기울어져 있는 것은 언덕을 나타내는 것 같다. 저승이기는 하지만 이 부근은 천당에 가까워서 천당에 이르는 고갯길로 의식되었던 것인지도 모른다. 그리고 그 아래에 벽이 있다. 칼날형의 구슬이나, 구슬은 신성시되었으므로 천당에 이르는 길목의 중앙에 놓였을 것이다. 저승의 2마리 용은 이 벽의 구멍을 통하여 교호하고 있다. 기울어진 받침대에는 한 쌍의 붉은 표범이 발을 대고 있다. 오른쪽의 표범은 두 발을 모두 걸치고 있으나 왼쪽의 표범은 받침대가 기운 탓으로 한 발만 걸치고 있다. 이 얼마나 정확한 좌우대칭인가?

벽의 구멍에서는 리본이 좌우로 갈라져 있고 리본 위에는 한 쌍의 인수조신(人首鳥身)인 오리 같은 것이 앉아 있다. 중국의 연구가 가운데는 이것을 수명을 맡은 신인 구망(句芒)이라고 추정하는 학자도 있다. 그리고 좌우로 갈라진 리본 밑에 지붕형의 옥기(玉器)인 반달옥(璜)이 매달려 있다. 그 아래의 널판에는 솥과 항아리가 놓여 있고 3명씩 마주앉아 있으며 거기에는 음식 같은 것이 놓여져 있어 연회를 베푸는 것처럼 보인다. 혹은 음식 준비를 하는 것인지도 모른다. 마주앉은 6명 이외에 왼쪽에 또 한 사람이 있으나 먹고 있는 것 같지는 않다. 아마도 여주인의 승천 송별회가 준비 중인 모양이다.

연회 또는 그 준비를 하고 있는 판을 벌거벗은 장사가 양팔로 받치고 있다. 이 장사는 발 아래 괴어(怪魚)를 밟고 있으며 두 마리의 괴어 꼬리에는 영양(羚羊)과 같은 뿔을 가진 괴수(怪獸)가 마치 춤을 추는 듯이 그려져 있다. 더욱이 교룡(交龍, 오른쪽은 청룡, 왼쪽은 적룡) 꼬리에 검은 리본을 단 한 마리의 뱀이 감겨 있고 장사는 그 뱀을 걸터앉은 형체가 되어 있다. 용 꼬리의 바깥에는 좌우에 검은 리본을 단 거북이가 있고 그 등에는 수리부엉이가 타고 있다.

장사가 받치고 있는 판은 대지이고 판 아래는 지하인지도 모른다. 지하, 곧 바닷속이나 물 속에는 물고기가 있으며 지상과의 경계에서 살고 있는 거북이가 있다는 사실이 이 주제를 낳게 한 것으로 상상할 수 있다.

교룡 전체의 윤곽은 가느다란 항아리 상을 이루고 있다. 그리고 꽃무늬 이엉은 항아리의 뚜껑에 해당된다. 방호(方壺)나 봉래(蓬萊)는 동해에 떠있는 선도(仙島)이고 항아리 형의 주제는 그 점을 의식한 것인지도 모른다.

다음은 천상 세계를 살펴보기로 하자. 꽃무늬 이엉 위쪽에 하늘 문이 있고 두 사나이가 마주앉아 있다. 긴 관 같은 것을 쓰고 두 손은 소매 속으로 잡고 있다. 하늘문의 문지기일까? 천상에서도 수문장은 신분이 낮을 터인데도 의관을 정제한 것으로 보아 아무래도 그런 것 같지는 않고, 생명이나 늙고 젊음을 다스리는 신일 것이라는 설도 있다. 하늘문의 좌우 기둥에는 각기 붉은 표범이 오르고 있다. 「초사(楚辭)」의 '초혼(招魂)' 편에 사자의 영혼에게 하계로 다시 되돌아가도록 권장하며, 하늘문에는 호랑이나 표범이 있어서 물려 죽는다는 것을 경고하는 전설이 있는 사실과 합치한다.

장사(長沙)는 초나라의 땅이므로 「초사」는 이 그림을 해석하는 데 도움이 될 수 있을 것이다. 「초사」가 백화와 지연(地緣)이 있는 것이라면 신화 전설을 많이 수록한 「회남자」는 시연(時緣)이 있다고 할 수 있다. 「회남자」의 저자인 유안(劉安)은 대후 부인과 거의 동시대의 사람이었다.

다시 본론으로 돌아가서, 천상에도 쌍룡이 있으나 여기서는 교룡(交龍)이 아니다. 교룡의 디자인은 천자의 기치에도 사용되었으나 거기에는 수신(水神)인 용이 교호하고 있어 풍요한 생산을 기원하였던 것이다. 그러나 천상은 원래가 풍요롭고 부족함이 없으므로 교룡의 주술(呪術) 같은 것은 필요없다고 생각하였던 것일까?

하늘문의 두 사람 머리 위에 악기인 방울이 있고 좌우에서 괴수를 탄 괴수가 끈으로 그것을 당기고 있다. 말인지 사슴인지 알 수 없으나 흰 바탕에 검은 얼룩이 있고 거기에 타고 있는 것도 역시 동물 모습이며 몸통은 아무래도 긴 털에 싸여 있는 것 같다. 그러므로 이것은 승천할 때 바람과 같이 나타나는 예의 비렴(蜚廉)이 아닐까 하는 설도 있다.

고분이나 벽화 등에도 같은 주제의 괴신(怪神)이 있고 곰의 가죽을 뒤집어쓴 주술사 방상씨(方相氏)와 비교하는 주장도 있는 모양이다. 방상씨는 괴두(魁頭)라고도 하며, 곰의 가죽을 뒤집어쓰고 황금의 네 눈을 갖고 악귀를 쫓는다고 「주례」에 쓰여 있으나 천상에는 악귀 같은 것은 없는 것이 아닐까? 방울을 당기고 있으므로 음악의 신으로 보는 경향도 있다. 방울 위의 바리때에는 곡물이라도 있는지 좌우에서 기러기 같은 새가 그것을 쪼아먹고 있는 것 같다.

천상의 쌍룡 중 왼쪽 용의 날개에는 여성의 모습이 묘사되어 있고 그녀의 손은 바로 초승달에 닿고 있다. 초승달에는 두꺼비가 있고 그 위에는 토끼의 모습도 보인다. 그리고 이 토끼는 이제 백화의 왼쪽 맨 위가 된다.

이것은 너무나 유명한 신화이어서 그것을 표현한 것이리라. 그 여성은 항아(嫦娥)일 것이다. 그녀는 예(羿)라는 신의 아내였다. 예는 죄를 지어 지상으로 쫓겨났으나 서왕모의 약을 마시면 다시 승천할 수 있게 되어 있었다. 여러 가지 전설이 있었는데 항아가 서왕모의 약을 훔쳤다고도 하고 또는 얻었다고도 전한다. 여하튼 한 알을 먹으면 영생을 얻고, 두 알을 먹으면 천상으로 복귀할 수 있는데 서왕모에게는 두 알밖에 없었으므로 항아는 남편인 예에게 주지 않고 자기가 두 알을 다 먹었다는 것이다. 그리하여 승천은 할 수 있었으나 그 벌로 달 속에 갇혀 두꺼비 모습으로 변했다고 한다. 항아가 승천할 때 용을 탔다고 하므로 이 그림은 그 이야기와 딱들어맞는다고 할 수 있다.

오른쪽의 용은 몇 겹으로 구부러진 나뭇가지와 비슷한 것에 몸을 휘감고 있다. 초승달에 해당되는 곳은 태양이며 그 안에 까마귀가 있는 것도 중국의 전설과 같다. 「춘추원명포(春秋元命苞)」 등엔 "태양 속에 세 발을 가진 까마귀가 있다"고 쓰여 있으나 이 백화의 태양 속 까마귀는 두 발이다. 세 발 까마귀의 전설이 아직 없었던가 또는 이 지방까지 전해지지 않았던 시대인지도 모른다. 용이 휘감고 있는 것은 부상(扶桑, 해가 돋는 동쪽 바다에 있다고 함)일 것이다. 그 주변에 빨간 원형이 8개 있다. 「산해경(山海經)」에, 부상 아랫 가지에 9개의 태양이 있고 윗 가지에 하나의 태양이 있어 빛난다고 표현되어 있다. 백화에는 분명히 위쪽에 까마귀가 있는 큰 태양이 있으나 아래쪽에는 빨갛고 작은 원이 8개밖에 없어 하나가 부족하다.

10개의 태양은 교대로 올라간다고 전해진다. 갑, 을, 병, 정의 10간(干)은 각기 다른 태양이라는 것이다. 10진법을 설명하는 전설로 생각된다. 어느 날 10개의 태양이 한꺼번에 떠올랐기 때문에 세상이 불바다처럼 이글거려 사람들은 큰 고통을 받게 되었다. 그리하여 활의 명수인 예(羿)가 9개의 태양을 쏘아 떨어뜨려 겨우 사람들의 고통을 덜어 주었다는 것이다. 그러나 10개의 태양의 어머니인 '희화(羲和)'는 아홉 아들을 잃게 되어 예를 매우 증오하였다. 앞에서 항아의 남편인 예가 죄를 얻고 지상으로 쫓겨났다고 하였는데 그 죄란 9개의 태양을 쏘아 떨어뜨렸기 때문이다.

이 백화에 태양으로 보이는 것이 9개밖에 없으나 혹시 용의 앞발 부분 같은 곳에 작은 태양이 하나 정도 숨어 있다고 해도 어색하지 않을 공간이 충분하므로 생략한 것인지 모른다. 실제로 용의 꼬리 부분의 작은 원은 반쯤 가려져 있다.

해와 달의 전설은 쉽게 이해될 수 있으나 중앙 상단의 천상의 주재자 같이 보이는 인신사미의 인물에 관하여 여러 가지 이론이 있다. 인신사미신(人身蛇尾神)으론, 유명한 교룡상(蛟龍狀)의 복희(伏羲)나 여왜(女媧) 이외에 촉룡(燭龍) 같은 여러 신이 있다. 뱀에 대한 신앙은 인간 생활에 없어서는 안될 물과 관련된 중요한 것이다. 그러므로 그것을 최고신으로 보는 것도 어색하진 않을 것이다.

이 최고신의 오른쪽에 3마리, 왼쪽에 2마리, 학 모양의 새가 모두 하늘을 쳐다보며 울고 있는 모습이 묘사되어 있다. 무엇인가를 하늘에 호소하고 있는 것 같은 느낌이다. 혹시 대후 부인이라는 훌륭한 여성이 곧 천상에 도착하게 된다고 최고신에게 알리는 것인지도 모른다.

이상으로 일단 백화를 모두 살펴본 셈이다. 이 백화를 보고 느낀 것은 그 안에 유교색이 희박하다는 점이다. 굳이 말하면 하늘 문에 마주앉아 의관을 정제하고 읍하는 자세로 있는 두 사나이는 어쩌면 지붕 위에 올라가 '복례'를 치르는 장면을 묘사한 것일지도 모르겠는데, 이것을 유교적인 예법으로 볼 수는 있다. 그러나 그러한 예법으로 이 세상에 다시 살아 돌아올 사람은 없다. 그러나 한편으로 사람이 죽으면 이런 예를 해야 한다는 극히 유교의 형식주의적인 발상이 엿보이는 것이기도 하다. 죽은 사람을 미련없이 보낸다는 것이 인정상 도저히 견디기 어려운 것이므로 어떻게 해서든지 되돌려 보자는 하나의 모양을 만들었던 것이다.

그러나 역시 이 두 사람은 복례를 치르고 있는 것은 아닐 것이다. 복례라고 해서 반드시 유교에 한정되는 것은 아니다. 「초사」 등의 '초혼'에서도 유교색은 그다지 농후하지 않다.

중국이 유교 체제에 이르게 된 것은 한나라 무제 이후의 일이었으며 그때까지는 오히려 노자와 장자의 사상이 강했다. 유교를 국교(國敎)로 하려던 젊은 날의 무제(武帝)도 노·장자를 신봉하던 두태후(竇太后, ?~기원전 135년)가 생존했을 때는 어떻게 해 볼 수가 없었던 것이다. 그 만큼 노장의 사상은 뿌리 깊은 것이었다. 노·장, 특히 장자는 그 분방한 상상력이 사상의 근간을 이루고 있다.

이 백화를 보아도 신화, 전설, 여러 신과 이매망량(魑魅魍魎, 온갖 도깨비)이 넘쳐흘러 환상의 만다라(曼陀羅)가 묘사되어 있는 것을 이해할 수 있을 것이다.

유교는 공자의 생각인, "말하되 조작지 않는다"를 모든 것에 적용시킨다. 사실을 사실대로 말하고 멋대로 만들어 내지 못하게 한다. 그렇게 되면 상상력이 위축될 게 당연하다. "괴(怪), 역(力), 난(亂), 신(神)을 말하지 않는다"는 말이 「논어」 '술이(述而)'에 있다. 눈에 보이지 않는 이러한 것을 공자가 반드시 부정하지는 않지만 보이지 않는 것은 말하지 않는다는 것이 원칙이었다. 제자들로부터 사후에 관하여 질문을 받았을 때, 지금 살아 있는 이 세상에서조차 아직 모르는 일이 많은데 죽은 다음의 일 같은 것을 생각할 틈이 없다고 대답했다.

대후 부인의 시대는 무제의 유교 체제보다 반 세기 가량 앞선다. 그러므로 상상력이 제약을 받지 않았던 마지막 시기라 해도 무방할 것이다.

이야기는 그렇지만, 오늘날의 중국에서 무엇보다도 가장 필요한 것은, 상상력의 비약일 것으로 필자는 생각한다. 오늘날 중국에는 지난날 있었던 것들이 많이 없어졌다.

마왕퇴 한묘(漢墓)가 발굴되었다는 뉴스가 전파된 1972년에 필자는 신문사의 의뢰에 따라 그 감상을 다음과 같이 적었다. 그것은 아직도 변하지 않았다.

중국 사람들은 상상력을 잃은 적이 없었으나 유교 체제의 강화로 적어도 그것을 표면에 나타낼 수 없게 되었다. 그늘진 곳으로 숨어 버린 상상력이 찌들어 들고 쇠퇴한 것은 어쩔 수 없었던 일이다.

그 회복의 필요성이 절실히 요구되고 있을 때, 상상력을 제약받지 않던 마지막 시기의 대단한 작품이 발견되었다. 무엇인지 상징적인 느낌이 든다.

자신의 잃었던 부분을 발굴해 내는 일이 새로운 비약을 위한 준비 행위인 것이다. 자기의 무게도 모르고 어디로 날아가려고 하는가?

장사 고분(마왕퇴 1호 한묘)의 발견은 학술적인 주제보다는 중국인에게 자신의 무게를 알려 주었다는 점에서 실로 획기적인 일이었다고 생각한다.

# 살아 있는 것처럼

## 1

마왕퇴 1호 한묘(漢墓)는, 그 원형 봉토는 밑부분이 약 40미터, 높이 약 16미터, 무덤 위는 평탄하고, 너비는 약 30미터라는 외관을 갖추고 있었다. 묘갱의 저변은 봉토 윗부분에서 20미터의 깊이에 이른다. 그리고 묘갱의 상변은 봉토 아래 약 4미터에서 시작된다. 그러므로 묘갱의 깊이는 약 16미터가 된다. 지상의 봉토 높이와 지하의 묘갱 깊이가 우연일지는 몰라도 같았다.

묘갱의 상변부터 4단의 층으로 되어 있고 아래로 갈수록 좁아진다. 상변은 19.5×17.9미터이나 제일 아래는 7.6×6.7미터에 불과하다. 묘도는 저변부터 3.5미터 높이에서 30도 경사로 지상까지 이어지고 그 너비는 약 2미터에서 시작되어 점차 넓어지다가 지상에 이르는 곳에서는 5.4미터로 되어 있었다고 한다.

묘갱 아래에는 곽실과 관이 남북을 향해 안치되어 있었으며 1곽실 4관식의 것이었다. 시신은 가장 작은 내관에 들어 있었고 그것을 차례대로 큰 관에 수장하고 있었다. 4개의 관 높이는 내관이 63센티미터, 다음이 89센티미터, 114센티미터로 커졌다. 너비도 69센티미터부터 150센티미터로 커졌다. 다만 길이만은 내관이 202센티미터에서 외관이 295센티미터로 크기의 차이가 적었다.

곽실은 관(棺)을 수용하는 것으로 관과 곽을 구별하기 어렵고 마왕퇴의 경우에도 발견 당시의 발표를 조사 후 정정했다.

고문헌(「莊子」, 「荀子」 등)에는 천자의 관곽은 7중(2곽 5관), 제후는 5중

(1곽 4관), 대부는 3중(1곽 2관), 사부는 2중(1곽 1관)이었다고 나와 있다. 1호 묘의 주인공은 열후의 부인이었으므로 제후의 예에 따라 묻혔던 것이다.

발굴 당시의 순서에 따라 설명하기로 하겠다. 그렇게 되면 보존 상태가 매우 양호하였던 이유를 알게 될 것이다. 관과 부장품을 넣는 목곽은 그 주위에 목탄(木炭)이 쌓여 있었고 40센티미터에서 50센티미터의 층을 이루고 있었다. 목탄의 총 중량은 5톤이나 되었다고 한다. 그리고 그 바깥 쪽에 다시 백고니(白膏泥, 백색 점토질의 흙)를 채우고 있었다. 그 두께는 1미터에서 1.3미터나 되고 밑에서부터 3.8미터의 높이까지 빈틈없이 굳히고 있었다. 또한 목곽 밑에는 3개의 점(墊, 침목)이 놓여 있었다. 관을 보호하는 목곽이 이와 같이 목탄과 백고니의 두꺼운 층으로 보호되고 있었던 것이다.

또한 목곽은 밑부분이 2중으로 되어 있고 아래 부분은 두꺼운 판자 3장, 윗부분은 5장으로 되어 있었다. 곽의 안에는 관을 수용할 곽실과 부장품을 소장할 4개의 상자로 되어 있다. 물론 격벽판(隔壁板)이 있고 관실 위에는 3장, 옆 상자에는 1장의 정판(頂板)이 끼어 있었다.

나아가 곽 전체의 뚜껑도 밑부분과 같이 이중으로 되어 있다. 뚜껑 아래는 4장, 뚜껑 위는 5장의 두꺼운 판자로 되어 있고, 그 위에는 26장의 대나무로 만든 돗자리가 덮혀 있었다.

밖에서부터 벗겨 가는 것이므로 외관을 제1관으로 하고 내관을 제4관이라 부르기로 하겠다. 4개의 관이 모두 붉게 옻칠이 되어 있으나 바깥쪽은 각기 달랐다. 제1관의 외부는 검은 기름 옻칠이 되어 있을 뿐 아무 것도 그려져 있지 않았다. 그러나 제2관과 제3관은 각별히 훌륭했다. 제2관은 검은 옻칠이고 제3관은 붉은 옻칠이 바탕을 이루고 있으며 여러 가지 모양이 생생하고도 세밀하게 그려져 있다. 밑부분에는 모양이 없으나 뚜껑과 4곳의 옆 부분의 널빤지는 5개이고 제2관에는 어느 곳이나 같은 주제의 모양이 그려져 있다. 이에 반하여 제3관은 5개의 널빤지가 모두 다른 모양으로 되어 있다. 예를 들면, 뚜껑에는 쌍용쌍호(雙龍雙虎)의 투쟁도이고, 머리 쪽의 널빤지는 삼각형의 선산(仙山)이 중앙에 솟아 있고 좌우에서 사슴이 뛰어오르는 모습이 그려져 있다.

제4관, 이른바 시체를 넣는 내관은 검은 옻칠을 하였고 관의 두 곳에 비단

띠를 두르고 그 위에 비단을 깔았으며 다시 그 위에 예의 백화가 덮여 있었던 것이다. 제3관을 열었던 조사원이 먼저 넋을 잃었던 것은 그 백화 때문이었음은 말할 나위도 없다.

내관의 뚜껑을 여니 수의에 감긴 시신이 나왔다. 그러나 관내에는 무색 투명한 액체가 관을 반쯤 채우고 있었고, 시신은 그 안에 있었는데 공기를 쏘였기 때문에 투명 액체는 얼마 후에 적황색으로 변색되었다고 한다.

시신의 제일 위에는 홍견면포(紅絹綿袍), 그 아래에는 황사면포(黃紗綿袍)가 덮여 있었다. 그것을 걷어내자 9개의 띠로 굳게 묶인 물체가 나왔던 것이다. 시신은 그 안에 있었으며 그녀는 무려 20겹의 수의로 감싸여 있었다. 시신이 입고 있던 속옷은 신기수라기면(信期繡羅綺綿)이라고 하는 도포였다. 고문헌에 죽은 사람의 옷은 왼섶(左衽), 산 사람은 오른 섶이라고 하였으나 이 시신은 산 사람과 같은 오른쪽 섶이었다고 한다.

옷을 벗기자 시체는 완전한 상태로 남아 있어서 피부는 아직도 광택과 탄력이 있었던 것이다. 이것은 TV에서도 방영되었지만 그녀의 팔을 손가락으로 누르고 떼자 움푹해졌던 곳이 다시 원상태로 돌아갔던 것이다.

입 안에는 아무 것도 없었다. 중국에서는 고대에서 현대에 이르기까지 '반함(飯含)'을 실행한다. 반함이란 죽은 사람의 입 안에 쌀이나 작은 자개 또는 매미 모양의 구슬을 넣어 주는 것을 말한다. 쌀은 생명을 지탱하는 양식이고 자개는 생식의 상징이며, 매미는 껍질을 벗고 사는 것이므로 소생의 상징으로 삼았을 것이다. 그런데 왜 대후 부인의 입에는 아무 것도 없었는지 지금으로서는 알 길이 없다. 장사(長沙)라는 지방에 그런 풍습이 없었든지 혹은 그녀의 집안이나 계층에서는 그런 것을 하지 않는 관습이 있었는지도 모른다.

시신이 해부되었다. 2천년 이전의 인체를 해부한다는 것은 고금을 통해 한 번도 없었던 일일 것이다. 미이라화된 시신은 해부 대상이 될 수 없는 것이다. 그러나 이것은 미이라가 아니다. 대후 부인이 언제 죽었는지 정확한 연대는 알 수 없으나 그녀의 남편인 대후 이창은 기원전 186년에 죽고 그의 아들 희(豨)가 가계를 이었다는 사실이 기록으로 남아 있다. 후에 발굴된 2호 묘의 주인공은 묘에서 출토된 인장 등으로 이창임이 확인되었다. 그러므로 쌍자총의 하나인 1호 묘는 그의 부인임이 확실하고 조사 결과 1호 묘의 봉토가 2호 묘를 잘라낸 부분이 있었으므로 2호 묘가 먼저 만들어졌다는 사실을 알 수 있었다. 남편인 이창이 먼저 죽고 그 몇년 후엔가 미망인도 죽었던 것이다. 어찌되었건 2천년 전에 죽은 인체에는 변함이 없었다.

신장 154센티미터, 몸무게 34.3킬로그램이었다. 몸무게는 죽은 다음에 많이 줄었을 것이리라. 백화에 그려진 여주인공은 턱 부분에 살이 쪄 있는 것으로 보였다. 살아 있었을 때에는 아마도 70킬로그램은 되었을 것이다. 나이는 50세 전후로 추정되고 피하 지방이 두꺼운 것으로 미루어 비만형이었을 가능성이 있다. 머리 숱은 많지 않았으나 흰머리는 없었고 가발을 쓰고 있었다. 위벽은 얇아져 있었으며 참외씨가 137개 검출되었다. 먹고 난 다음 2, 3시간 후에 죽은 것 같다.

외상은 없었고 사인은 정확히 알 수 없으나 해부 의학진의 소견으로는 관상동맥성 심장장해(冠狀動脈性心臟章害)가 직접적인 사망 원인이었을 것으로 추정하였다. 대후 부인은 다발성 담석증으로 왼쪽 폐에 결핵을 앓았던 흔적이 있고, 기생충도 있었으며, 탈장이었고, 오른팔과 오른쪽 요골(橈骨), 엉덩이뼈 아래에 골절 후의 변형된 결합 상태가 보였다고 한다.

담낭은 선천적으로 기형이며 전신에 동맥 경화가 있었다. 또한 아이를 낳았던 일이 있었고 이는 16개뿐이며 치관(齒冠)은 상당히 마모되어 있었다는 것이다. 지문도 명확하게 확인되는 등 죽은 지 얼마 되지 않은 인체 같았다는 것이다.

신이(辛夷), 모향(茅香), 화숙(花叔), 간강(干姜), 고량강(高良姜) 등의 한방 약재가 검출되었으며 이것들은 류마티스에 특효약이라고 한다. 질병이 많았던 그녀는 류마티스 때문에도 고통을 받았다는 사실을 알 수 있었다.

2

4중으로 옻칠이 된 관 그리고 곽 밖의 목탄과 백고니 등으로 대후 부인의 시신은 거의 완벽에 가까운 상태라고 해도 좋을 정도로 보존되었던 것이다. 관 속에 넣었던 방부제인 진사(辰砂)가 액화하여 시체의 보존에 도움이 되었다는 설도 있다.

2호 묘가 발굴된 것은 1973년 말부터 다음해 초에 걸쳐서 있었던 일이었다. 2호 묘 발굴 과정에서 1호 묘 바로 남쪽에 또 하나 제3의 묘가 있다는 사실이 판명되었다. 이것이 3호 묘이며 그 묘도가 1호 묘의 묘갱 때문에 파괴되어 있었으므로 3호 묘도 1호 묘보다 먼저 만들어졌다는 사실을 알 수 있었다.

같은 수혈식이기는 하나 2호 묘는 묘갱이 상당히 얕았다. 그 때문이었는지 이미 도굴당한 상태였다. 그것도 여러 차례에 걸친 도굴 흔적이 있었다. 내부는 흐트러져 있었고 시체도 없었으나 부장품은 약간 남아 있었다. 재목을 심으로 하여 새끼줄을 감아 그 위에 진흙을 발라 만든 우상이 묘도의 동서에서 마주 보고 있었다. 높이는 118센티미터와 105센티미터로 사슴의 뿔을 머리에 꽂고 무릎을 꿇은 모습이었다. 도굴범은 이런 것에는 관심이 없었던 것 같다.

도굴범의 눈에 띄지 않았던 것인지 아니면 반출할 수가 없었던 때문이었는지 칠기(漆器) 200점 정도 이외에 약간의 동기와 도기 기타 물건이 남아 있었다. 그 중에서 가장 귀중한 것은 3개의 인장일 것이다. '이창(利蒼)'이라는 두 글자가 새겨진 옥도장, 그리고 손잡이가 붙어 있는 '대후지인(軑侯之印)'과 '장사승상(長沙丞相)'이라는 두 개의 구리로 된 도장이다.

이 3개의 인장으로 묻힌 사람이 최종적으로 확정되었다고 할 수 있다. 이창(利倉)이라고 「사기」 '혜경간후자년표(惠景間侯者年表)'에 쓰여져 있으나 사실은 이창(利蒼)이었다는 사실도 알게 되었다. 「한서」 '고혜고후효문공신표(高惠高后孝文功臣表)'에는 여주창(藜朱倉)이라고 있다. 창(倉) 위의 초두(艸)를 주(朱)라고 잘못 알았던 것일까. 당시의 인수(印綬)는 신분 증명이기도 하였다. 그리고 이창(利蒼)은 대후에 봉해졌으나 여기서 보니 장사상(長沙相)의 인수를 반납하지 않았다. 묘에까지 가지고 갔던 것으로 보아 열후가 된 다음에도 장사의 상을 계속 겸직하고 있었던 것으로 생각된다. 그 일족의 묘도 대(軑)가 아니라 장사에 만들어졌던 이유도 이제 납득할 수 있으리라고 본다.

3호 묘를 발견할 수 없었던 것은 그 봉토의 북쪽 반 정도가 1호 묘의 분구 아래에 묻혀 버렸고 남쪽의 반은 평탄하게 되어 있었기 때문이었다. 그러나 3호 묘는 도굴당하지 않아서 묘내의 상태는 양호하였다. 목탄층과 백고니 층으로 채워져 있었던 것은 1호 및 2호 묘와 같았으나 1곽 3관의 내관 시체

264

는 이미 부패하여 뼈가 앙상해 있었다. 그 뼈로 추정하여 묻힌 자는 30대의 남성으로 추정되었다는 것이다.

관 하나의 차이가 이토록 큰 것일까? 만일 관 하나를 더 썼다면 대후 부인과 같이 '살아 있는 것처럼' 그 시체도 보존되었을지는 알 수 없다. 여러 가지 요소가 양자 사이의 차이를 갖게 하였던 것으로 생각된다. 목재의 질, 옻의 질, 관곽의 제조 기술 등 자그마한 잘못이 커다란 간극을 낳게 하였는지도 모른다. 관곽에는 일체 못을 쓰지 않았다. 판을 이을 때는 요철(凹凸)이나 칼자국 또는 틀과 틀의 구멍으로 끼워 넣어졌다.

옻칠을 할 때에도 끼워 넣는 곳에 틈이 생겼다면 습기는 언제나 침입했을 것이다. 꽉 끼워졌더라도 재질이 좋지 않으면 시간이 지나는 동안에 휘는 곳이 생겨 작은 틈이 생길 염려도 있는 것이다.

1호 묘는 깊게 파였기 때문에 외부로부터의 더위나 추위의 영향을 받지 않고 습기도 차지 않았으며 또한 지하수의 영향도 받지 않았기 때문에 보존이 잘되었다고 평가된다. 그러나 관곽의 재질이나 그 제작 기술도 우수하였을 것이다. 3호 묘의 주인공은 초대 대후 부부 사이의 아들로 2대 대후인 희(豨)의 동생이었다. 대후 부인은 남편과 아들을 먼저 장사지내게 되어 측근자의 장례를 두 번이나 경험하였던 것이다. 그러므로 장례 용구 제작 기술도 그만큼 향상되었을지 모른다.

3호 묘에서는 백화가 4장 나왔다. 그 중의 한 장은 1호 묘의 것과 거의 같은 주제였다. 단지 1호 묘의 백화에서는 여주인이 외출을 하고 있었으나 여기서는 남자 주인이 외출하는 그림으로 되어 있다. 그리고 역시 내관 위에 덮여 있었다. 이러한 사실도 묻힌 사람이 대후 부인의 아들이었다는 추측의 근거가 되고 있다.

마치 살아 있는 것 같은 시체가 묘 속에서 발견된 이야기는 중국 문헌에 상당히 많이 기록되어 있으며 광천왕 유거의 묘 파기 취미에서 그 일례를 소개한 바가 있다.

1세기 초엽에 적미(赤眉)가 장안에 쳐들어 왔을 때, 전한의 모든 황제의 능을 파헤쳤는데 옥의(玉衣) 안에 들어 있던 시체는 모두 살아 있는 것 같았다는 이야기를 「후한서(後漢書)」는 전하고 있다. 생각해 보면, 여후나 문제 또는 경제 등 전한 초기의 능들은 적미의 난이 일어났을 때에 묘소를 만든지 200년도 채 안 되었다. 위나라와 진(晉)나라의 남북조 무렵에는 재정난 해결책의 일환으로 묘를 간단없이 파헤쳤으며 심지어 발구중랑장(發丘中郎將)이라는 발굴 전문 관직도 있었다.

위나라 황초(黃初) 말년(225년 무렵) 오나라 사람이 장사왕 오예의 능을 파헤친 사실이 「삼국지(三國志)」의 주석에 소개되고 있다. 대후 이창이 장사의 상이었고 장사의 초대왕이 오예였음은 앞에서 언급한 바와 같다. 이창이 열후가 된 것은 장사왕으로 2대째인 오신(吳信)의 시대였으므로 아마도 그는 초대 오예(吳芮)을 위해 봉직했을 것이다. 마왕퇴에도 인연이 있어서 이때까지 몇 번이나 이름이 나온 오예의 묘도 지금부터 일천칠백 수십년 전에 파헤쳐진 사실이 있었다. 오예가 죽은 것은 기원전 202년이므로 묘가 조성된 지 420여년 만에 파헤쳐진 것이다.

대후는 열후이지만 오예는 제후왕이므로 묘의 규모는 마왕퇴보다도 훨씬 컸을 것이다. 오예의 묘는 그 목곽이 매우 양호하게 보존되어 있었으므로 삼국 시대의 사람들은 그것을 손견(孫堅, 182년~252년)의 묘(廟)를 만드는 데 이용하였다고 전해진다. 손견은 「삼국지」에서 활약하는 손책(孫策, 175년~200년), 손권(孫權) 형제의 아버지이다. 후일 손권이 오나라의 대제(大帝)라고 자칭한 것은 너무나 유명한 사실이다.

「삼국지」의 주석에 의하면, 발굴에 입회하였던 사람이 진(晉)나라 세상이 되어(진나라가 오나라를 명망시킨 것은 280년) 수춘(壽春)이라는 곳에서 남만교위(南蠻校尉) 오망(吳網)이라는 사람을 만나고 놀랐다는 것이다. 오예의 묘를 파헤쳤을 때에 오예는 살아 있는 사람 같아서 그 인상이 강렬하였기 때문에 그 사람은 50년 후까지도 기억하고 있었다. 그 오예는 지금 눈 앞에 있는 오망과 꼭 닮았던 것이다. 그리하여 그는 오망에게 "자네는 한나라 때의 장사왕 오예를 쏙 빼 닮았네. 자네의 키가 약간 작기는 하지만……" 이라고 말하자, 이번에는 오망이 놀라고 말았다는 것이다. 실은 오망이라는 사나이 는 오예의 16대 손이었던 것이다. 그는 상대에게 어떻게 오예를 알고 있는가 를 묻고 그 자초지종을 알게 되었다고 적혀 있다.

오예의 5대 손인 오저(吳著)에게 자손이 없었기 대문에 나라를 잇지 못하 였다고 나와 있으므로 오망은 아마도 방계 자손이었을 것이다.

3

「사기」에 의하면, 4대 대후인 질(秩, 「한서」에는 扶)은 동해태수(東海太守)가 되었을 때 마음대로 군사를 움직였기 때문에 무제 원봉(元封) 원년(기원전 110년)에 나라를 잃게 되었다고 나와 있다. 「한서」에는 7대의 경릉(竟陵) 때에 천자의 칙사로 집안을 다시 일으켰다는 기록이 있으며 이는 선제(宣帝)의 원강(元康) 4년(기원전 62년)의 일이라고 한다.

이창에 관하여는 전기가 없으므로 그 출신은 알 수 없다. 처음부터 오예의 부하로서 장로격인 승상을 맡고 있었든지 혹은 한 왕실로부터 감시인격으로 장사에 보내졌든지 두 가지 중의 하나였을 것이다.

제후왕의 역량이 강해짐으로써 중앙으로부터 상(相)을 파견하게 된 것은 경제의 중원(中元) 5년(기원전 145년)의 일이었다. 이창은 기원전 186년에 죽었으므로 감시인격으로 파견되기 전에 장사의 상이 되었다. 그러나 장사왕이 타성(他姓)의 왕이었음을 고려할 때 이 나라에 대해서만은 일찍부터 중앙의 입김이 작용했을 가능성이 있었다.

마왕퇴가 세계적인 화제가 되었을 때 불과 700호의 열후 묘로서는 너무 호화로운 것이 아닌가 하는 의견도 있었다. 그리하여 2호 묘의 발굴로 주인공이 확정되기 전까지는 대후 부인이 아니라 장사왕의 왕비 정도가 아닐까 하는 설도 있었다.

1호 묘의 부장품으로는 분명히 굉장한 것들이 갖추어져 있었다. 칠기나 직물 등은 아주 다양하고 질적으로도 우수한 것뿐이었다. 그리고 부장품의 목록이 수록된 죽간도 묘 안에 있었다는 사실을 이미 언급하였다. 그러나 글자가 쓰여 있기는 하나 부장품명과 수량을 대조할 수 있었을 뿐, 묻힌 사람이 누구인지를 나타내는 것이 없었다. 죽간은 312장으로 글자는 모두 2천 63자였다. 부장품은 죽사(竹笥, 대나무로 만든 고리짝) 48개 속에 들어 있는 것이 많았고 그것을 새끼줄로 묶은 매듭에 봉니갑(封泥匣, 판의 중앙을 우묵하게 파서 진흙으로 봉하는 것)이 있었다. 진흙이 굳기 전에 봉인하여 말린 것으로 그 안의 20개에서는 '대후 가승(軑侯家丞)'이라는 4자를 판독할 수 있었다. 이리하여 겨우 묻힌 사람을 추정할 수 있는 매우 중요한 글자가 나타났던 것이다.

  대후는 「사기」나 「한서」에도 분명히 나와 있는 열후였다. 봉작(封爵)이
700호라는 것도 알게 되었다. 작은 영주이기는 하나 소규모 정부 같은 형태
를 갖추고 있었고 열후의 장관이 가승(家丞)이었다. 일본식으로 말하면 한
가문의 일을 맡아 하는 장로격인 것이다. 대후가에 장례가 있게 되면 그
일을 통괄하는 인물이 가승이었을 것이므로 그의 봉인이 되어 있다는 것은
당연한 일일 것이다.

  그러나 봉니(封泥)는 편지 같은 것에 하였던 것이었으므로 받는 쪽에 남게
된다는 생각도 할 수 있는 것이다. 만일 그렇게 생각하면 대후가 보낸 것이
므로, 묻힌 사람은 대후가의 사람이 아니게 된다. 그러나 2호 묘의 발굴로
1호 묘의 주인이 대후 부인으로 표명되었다고 해도 좋을 것이다. 결국 2호
묘가 발굴되기까지 의문을 떨칠 수 없었던 것은 700호의 작은 영주의 부인
묘로서는 너무나 훌륭하였기 때문이었다. 필자는 대후 부인의 친정이 장사왕
가의 출신일지도 모른다는 생각을 갖고 있다. 공주나 옹주가 영주나 재상에
게 시집가는 것은 하나도 이상스러울 것이 없기 때문이다. 또 나중에 사망한
때문이기도 하겠으나 아내의 묘갱이 남편보다 깊게 파져 있는 것은 어쩌면
아내가 왕가 출신이었기 때문인지도 모른다. 깊이뿐만 아니라 봉토의 밑넓이
는 아내 쪽은 약 40미터인데 비하여 남편 쪽은 31.5미터밖에 안 되었다.

  2호 묘는 도굴당했기 때문에 부장품은 비교할 수 없으나 모든 것이 완벽하
였던 1호 묘에는 금속 제품이 매우 작은 화장품 통에 들어 있던 구리 거울과
대나무 못에 걸려 있던 빈약한 백철 요령(錫鈴)이었던 데 비하여 2호 묘는
도굴당하였음에도 동정(銅鼎)과 동치(銅卮, 청동 술잔) 이외에 앞에서 거론한
동인장 2개가 있었다. 1호 묘의 주인공 이름으로 추측되는 3자(字)의 도장이
있었으나 진흙이나 납성분이 있었던 것으로 출토되었을 때는 수축되어 있어
겨우 '첩신(妾辛)'의 2자가 판독되고 마지막 1자는 판독할 수 없었다. 같은
화장품 통에 있었던 족집게(鑷)와 손 칼은 뿔로 만들어져 있었다.

  죽은 사람이 저승에서 쓸 금화나 동전은 실물이 아니고 진흙으로 만들어
구운 이른바 니전(泥錢)이었으며 그 수는 굉장한 것이었다. 그 모조 동전은
영칭(郢稱)과 반량전(半兩錢)의 두 종류였다. 영칭은 전국 시대 진(秦) 나라
가 처음으로 만든 동화이다. 반량이라고 하였으므로 무게는 12냥쭝 정도였으
나 한나라 시대에는 소형화되어 여후(呂后) 시절에는 실물이 8냥쭝, 문제

(文帝) 때에는 4낭쭝이 반량전으로 주조되었다. 실물은 다른 고분에서 출토되었으므로 니전의 크기와 비교할 수 있었다. 1호 묘의 반량전의 거의가 문제 때의 4낭쭝의 것이며 여후 시기의 8낭쭝의 것도 있었다. 4낭쭝의 반량전이 제조된 것은 문제 5년(기원전 175년)이므로 1호 묘는 그 이후에 만들어졌다는 사실을 확정할 수 있다. 무제(武帝)가 원수(元狩) 4년(기원전 119년)에 5낭쭝을 만들어 반량전을 폐지하였으므로 5낭쭝이 하나도 없는 1호 묘의 하한은 스스로 정해진다. 더구나 기원전 186년에 죽은 이창의 아내로서 50세 전후로 보기 때문에 무제의 시대까지 소급될 수는 없다.

## 4

주목하고 싶은 것은 3호 묘이다. 살아 있는 것 같은 시체라는 사실에서 1호 묘의 발견이 너무나 충격적이었기 때문에 그 응달에 가려 돋보이지는 못했으나 도굴당하지도 않았으며 내용적으로도 1호 묘에 뒤지지 않는다.

백화도 4장이나 있었다. 내관의 뚜껑을 덮은 백화에 관하여는 앞에서 언급한 바와 같이 1호 묘의 주제와 같으며 여주인이 남성으로 바뀌어 있을 뿐이다. 이에 따라 1호 묘 백화의 중앙에 있는 인물은 묻힌 사람이라는 것이 확인되고 서왕모 설은 부정되었다. 2장의 백화는 관곽실의 동서벽에 걸리고 마차, 배, 가옥 등이 묘사되어 있는 바 이는 왕후의 생활을 묘사하였을 것이다. 나머지 1장은 옻상자에 들어 있었고 합기도(合氣道)를 하는 사람의 여러 가지 동작이 그려져 있다. 3호 묘의 주인공은 생전에 합기도를 했는지도 모른다.

백서(帛書)도 나왔다. 명주에 쓰여진 문서로 그 내용은 「주역(周易)」, 「노자」, 「전국책」 등 12종 10만 자 이상이나 된다고 한다. 그 이외에 지도, 시가지도, 군의 주둔 지도, 도인도(道引圖) 등도 명주 바탕에 묘사되어 있다. 또한 죽간과 목간도 나왔으며 유책(遺策, 부장품 목록) 외에 의학서도 포함되어 있어서 중요한 자료라 하지 않을 수 없다.

목간에는 연대 표기가 된 것이 있는데 이것을 이 묘를 조성하였던 해로 보아도 좋을 것 같다.

　　12월 2일 을사삭무진(乙巳朔戊辰)

12년 2월로 을사의 날이 초하루로 되어 있는 것으로 보아 문제(文帝)의

12년으로서 기원전 168년에 해당된다.

합기도나 의서(醫書)에 관심을 가졌던 주인공은 30세의 젊은 나이로 타계한 것 같다. 슬(瑟, 중국 고대 현악기의 한 가지), 우(芋, 피리의 한 가지), 소(簫) 같은 악기와 함께 활, 큰 활, 화살통, 칼, 외창, 세모창 등의 무기도 부장되어 있었는데 그는 문무를 겸비한 호걸이었던 모양이다. 매장 지점이나 부장품의 내용으로 보아 3호 묘는 1호와 2호 묘의 주인인 대후 부부의 아들로 보아도 좋을 것이다. 그리고 가계를 이어 2대 대후가 된 희는 기원전 165년에 죽었으므로 3년 전에 죽은 3호 묘의 주인공은 그의 동생이었을 것으로 추측된다.

1호 묘의 묘갱이 3호 묘의 묘도 앞부분을 자르고 있는 것으로 보아 3호 묘가 먼저 만들어졌다는 사실을 알 수 있다. 그리고 대후 부인의 추정 연령과 부장품 특히 4전의 니전의 모양으로 보아 두 묘는 아마도 불과 수년의 간격을 두고 조성되었을 것 같다.

대후 부인은 남편 이창과 사별한 후 20여년을 미망인으로서 살며 아이들을 길렀을 것이다. 그녀가 사망한 때의 대후는 3대인 팽조(彭祖, 기원전 164년~141년)의 시대였을 수도 있다. 여성으로서 대후가의 실권을 장악하고 모든 것을 주재하였으리라는 점도 고려된다. 그녀는 한 왕조를 실질적으로 지배하던 여후(呂后)와 같은 시대의 여성이었던 것이다. 그녀의 묘가 매우 정중하고 또 깊게 묻혔던 것은 왕가 출신이었다기보다는 실권자였기 때문이었을 수도 있다.

그러나 '겨우 700호의 소영주……'라는 의문은 아직도 남게 될 것이다. 그 당시 부호의 척도를 재는 말에 '소봉가(素封家)'라는 표현이 있었고 지금도 사용되고 있다. 소(素)란 백(白)이라는 뜻으로 '무(無)'를 말한다. 소박(素朴)하다는 표현 등에서도 그 당위성을 찾을 수 있을 것이다. 이른바 소봉가라는 뜻은 조정으로부터 봉작을 받지 않음에도 실제 풍족함은 봉후(封侯)와 비견되는 사람을 일컫는 말이다. 그러면 어느 정도를 소봉가라고 하였는가 하면 연수 20만 전(錢)이상이었던 것 같다. 영지에서 세금을 받아들이는 것이 아니라 사업이나 금리로 벌어들이는 경제적인 실력자를 말하는 것이다.

영지의 빈부는 지역 차이가 있었을 것이나 당시 한 집에서 평균 200전의 연공이 들어왔다고 전해진다. 연수 200만 전이라고 하면 1천 호를 거느린 열후의 수입이다. 그러므로 700호의 대후는 민간의 소봉가에도 미치지 못하는 형편이다. 혹시 조정에서 봉작된 영지로부터의 연공 이외에 대후가는 별도의 수입원이 있었는지도 모른다. 아무리 그렇더라도 마왕퇴의 묘는 풍족함의 극치를 이루는 것 같다. 속되게 표현하면 신분에 걸맞지 않는 느낌이 든다.

12년 전의 한 수필집에서 필자가 '수의'에 구애되었던 것도 그런 느낌이 들었기 때문이었다. 수의는 '사자에게 보내는 의복'이다. 이것은 일종의 부의(賻儀)인 것이다. 산 사람에게 보내는 것이 '기증'이고 죽은 사람에게 보내는 것이 '부의'이며 이른바 향전(香典)이라고 생각하면 된다.

한나라 시대에는 관혼상제가 사치의 극에 달했던 시대였다. 당시 활약하였던 임협(任俠) 일당은 장례의 일을 돌보아 주고 이름을 떨쳤던 예도 있었다. 그리하여 이를 간소화시키기 위하여 박장령(薄葬令)까지 내렸던 사실도 있었다. 문제는 자신의 능(霸陵)을 만들 때 금, 은, 동, 석(錫)의 부장을 금하고 질그릇을 그 대용으로 쓰게 하였다고 전해진다. 1호 묘에서 금속 제품의 부장품이 적었던 사실에 관하여 문제의 박장령과 관계가 있는 것으로 추측하는 설도 있는 것 같다. 그러나 박장령이 지켜진 시기는 매우 짧은 기간에 불과하였고 경제 때에 이르러서는 이미 옛날로 되돌아가고 있었던 것으로 상상된다.

여후 시기인 2호 묘는 도굴로 인하여 그 전모를 알 수는 없으나 1호 묘와 2호 묘는 박장(薄葬) 풍조가 고조되던 문제 때에 만들어진 것이다. 그럼에도 놀랄 만큼 풍족한 상태였던 것이다. 혹은 박장은 금속 제품에 한정되는 것이고 그 밖의 예를 들면, 칠기 같은 것은 그 대용으로 마음껏 썼던 것인지도 모른다.

한마디의 명령으로 좌우될 만큼 시대의 풍조는 그렇게 뿌리가 얕은 것이 아니다. 향전의 예도 극히 성대하였던 것이다. 「한서」에는 회남 왕의 재상이었던 주건(朱建)의 어머니가 사망하였을 때 벽양후(辟陽侯)가 '백금(百金)'의 세(襚)를 보냈다는 사실이 적혀 있다. 세는 앞에서 언급한 바와 같이 죽은 사람의 의류이나 백금은 백만 전을 말하는 것이다. 연수 20만 전이면 소봉가로 불렸으므로 이 향전은 소봉가의 5년분의 수입에 해당한다. 같은 「한서」

에는 원섭(原涉)의 아버지가 남양 태수(南陽太守) 현직에 있으면서 사망하였을 때, 향전이 1천만 전 이상이나 부조되었기 때문에 그것으로 "산업을 정했다"고 나와 있다. 천만 전이므로 주건의 어머니 때의 10배이다. 그러나 전자의 경우는 벽양후 한 사람의 액수이므로 총액은 더 많았을 것이다. 당시의 금리는 연 2할이었다고 전해진다. 원섭이 아버지의 사망으로 받은 향전은 한 해에 200만 전의 이자를 불리는 액수였다. 매년 소봉가 10명분의 수입을 얻을 수 있는 것이다.

웬만한 신분의 사람이 죽으면 막대한 향전(부조금)이 들락거렸던 것이다. 그것을 모두 장례나 묘를 조성하는 데 썼던 것은 아닌 것 같다. 원섭과 같이 "산업을 정했다"(자본금으로써 운영했다는 뜻이리라)는 기록도 있다.

혼수감을 시집가기 전에 사람들에게 공개하는 풍습이 있는 것처럼 부장품도 조달하고 나서 매장하기 전에 역시 한 번 공개하였는지도 모른다. 막대한 향전을 받으면서 부장품이 빈약하다면 손가락질을 받을 염려도 있었다. 그러므로 당사자의 의사 여하에 불구하고 장의나 묘의 조성은 자연히 그 규모가 커지기 마련이었다. 향전을 거절한 사실이 전대 미문의 미담처럼 사서에 특기되어 있다.

관료는 봉급은 적었어도 가정에 불행이 있으면 향전이라는 형식으로 한꺼번에 일시금이 들어오게 되어 있었다. 그리고 본인이 사망하였을 때에는 일반인뿐만 아니라 조정으로부터도 향전이 하사되어 유가족의 생계가 보장되는 제도적인 장치가 되어 있었다. 조정에서 내리는 향전을 '법부(法賻)'라고 불렀다.

법부는 금전뿐만 아니라 관재(棺材), 장구(裝具), 포견(布絹) 등도 포함되어 있었다. 궁정에는 동원(東園)이라는 부서가 소부시(少府寺)에 속해 있었으며 그곳에서는 능묘 조성을 위한 장구류의 제조 업무를 관장하고 있었다. "동원의 비기 전백(秘器錢帛)을 내린다"라는 기록이 사서의 요인 사망 구절에 자주 나오고 있다. 「후한서」에는 특히 이와 같은 기록이 많으며 「양통열전(梁統列傳)」의 '양상전(梁商傳)'에서 예를 들면 "하사하노니 동원 주수(朱壽)의 그릇, 은루(銀鏤), 황장(黃腸), 옥갑(玉匣), 가구류 28종, 돈 200만, 베 3천필"이라고 되어 있다. 황제뿐만 아니라, 황후도 따로 향전을 보냈다. 또 「양진열전(楊震列傳)」의 '양사전(楊賜傳)'에는, "동원의 자기(梓器), 수의를 내리다. 돈을 하사하는 것 300만, 베 500필"이라는 기록이 있다. 수의는 사자의 의복으로 이것도 궁정의 동원에서 만들었다. 광물성의 화구를 사용한 세밀한 화법과 복잡한 주제로 보아, 예의 백화가 장안의 동원서 완성되어 대후가에 하사되었던 것이 아닐까 하고 필자는 상상해 보았다. 화번처럼 매달았던 것이나 그 T형은 의복을 암시하는 것 같으며 수의의 일종일 가능성도 있다.

장사(長沙)의 상(相)이라고 하면 한 왕실의 배신(陪臣, 제후의 근시)인데 왕실의 배신을 겸한 채 열후에 봉한 것은 대후를 직속으로 함으로써 타성(他姓)의 나라인 장사를 감시할 목적이 있었던 것 같다. 700호라고는 해도 열후는 최고의 작위인 것이다. 그러므로 열후의 죽음에는 장안의 궁정에서도 법부를 보내지 않으면 안 되는 것이다. 부장품 중의 어느 것이 법부인지 지금으로서는 알 수 없으나 필자는 그 훌륭한 환상의 만다라라고 할 수 있는 백화가 아니었을까 하고 생각한다.

# 또 하나의 「손자(孫子)」

## 1

산동성 임기현(臨沂縣)의 금작산(金雀山)과 은작산(銀雀山)은 한나라 때의
오래된 묘들이 많은 곳이다. 전국 시대 이곳은 제나라의 땅이었다. 임기라는
지명은 기하(沂河)에 이른다는 뜻으로 '기(沂)'자는 지명일 때에는 긔 또는
기로 읽고 낭떠러지나 가장자리를 뜻할 때에는 근으로 읽는다. 기하는 산동
성의 추현(鄒縣)이 수원(水源)이며 공자의 고향인 곡부(曲阜)를 거쳐 사수
(泗水)에 합류된다.「논어」'선진(先進)'에, 어느 날 공자가 제자들에게 포부
를 물었을 때, 모두 나름대로 훌륭한 말들을 하였으나 유독 공서화(公西華)
만이, "모춘(暮春)에 봄옷을 입고 관자(冠者) 5, 6명, 동자 6, 7명을 데리고
기(沂)에 목욕하고 무우(舞雩, 기우제 무대)에서 바람을 즐기고 시를 읊으며
돌아가고 싶다"라고 말하자 공자가 "나도 대찬성일세" 하며 감탄하였다는
일화가 소개되어 있다.

만춘(晚春)이 되면 봄나들이를 갖추고 젊은이 5, 6명, 소년 6, 7명을 데리고
기하에서 목욕하고 비를 비는 정자에서 쉬며 시라도 읊다가 돌아오고 싶다
는 뜻이다. 만춘이라고는 해도 목욕하기는 아직 이를 것이므로 '욕(浴)'은
연(沿)의 잘못으로 "기하를 따라(沿)"라고 해석해야 한다는 설도 있다. 목욕
이라도 하고 싶을 정도로 깨끗한 강이었던 것 같다. 임기산은 산동 반도의
끝부분에 위치하고 있으며, 현재의 행정 구역은 강소성에서 가깝다. 전한
시대에는 동해군(東海郡)에 속하는 38개 현 중의 하나였으나, 후한 시대에는
낭사군(朗邪郡)에 들어갔었다. 낭사는 때로 나라로 승격되어 황족이 봉해졌
던 곳이다.

전한 시대 초기에 고조 유방은 진(秦)나라의 멸망을 교훈삼아 각지에 큰 나라를 세워 황실의 방패막이로 하려고 하였다. 그리하여 장남인 유비(劉 肥)를 제나라 왕으로 봉하였다. 유비는 장남이기는 하였으나 여후(呂后, ? ~기원전 180년)의 소생이 아니었기 때문에 서자가 되고 고조 사망 후에는 그의 이복 동생인 유영(劉盈, 혜제)이 황위에 올랐다. 혜제는 온순하기는 하였으나 우유부단하여 실권은 생모인 여후가 쥐고 있었다. 여후는 무서운 여성으로서 방해가 되는 인물은 가차없이 죽이고 말았다. 고조는 한신(韓 信)이나 경포(黥布) 같은 공신을 차례로 숙청하였는데 이것도 여후의 조종 때문이었던 것 같다.

혜제의 즉위 2년에 제왕 유비는 장안에 상경하여 황제를 알현하였다. 그전 에 유비와 혜제는 형제로서 '너나' 없이 자랐던 것이다. 그러한 사이였으므로 유비는 지난날의 습관이 몸에 배어 갑자기 신하의 예를 취하지 못하고 불경 스럽게 생각되는 언동을 하였다. 그러나 혜제는 온순한 인물이었으므로 형의 불경을 문제삼지 않았으나 뒤에 있던 여후가 막무가내였다. 제왕 유비를 불경죄로 다스려 주살하라고 대노하였던 것이다.

이 말을 전해 들은 유비는 파랗게 질려서 측근들과 협의하였다. 측근에 한 지혜로운 자가 있어 "노원(魯元) 공주(여후의 외동딸)의 화장대 값으로 성양군(城陽郡)을 진상하는 것이 어떠하올지요?"라고 조언하여 그대로 하자 여후의 마음이 풀어졌다는 것이다. 그러는 사이 여후는 언니의 아들인 여대 (呂臺)를 왕으로 봉하기 위하여 제나라에서 제남군(濟南郡)을 거두어 들이고 나아가 낭사군도 빼앗고 말았다. 임기현이 속하는 동해군은 성양군과 낭사군 의 바로 근처에서 겨우 제나라에 남게 되었다.

여씨 가문의 횡포도 여후가 건재하였을 때뿐이었다. 그녀의 일족은 그녀 한 사람에게만 의지하고 있었고 달리 실력자는 없었던 것이다. 여후가 기원 전 180년에 죽자 제나라는 때를 기다렸다는 듯이 여씨 타도의 기치를 들었 다. 이미 유비(劉肥)의 아들 유양(劉襄)의 시대로 접어들었으나 골수에 사무 친 원한은 잊을 수가 없었던 것이다.

그러나 제나라의 상(장사의 상, 대후에 해당하는 직책)인 소평(召平)은 장안 에서 감시인 격으로 파견되어 있었으므로 당연히 여씨의 입김에 쏘여 있었 다. 그리하여 소평은 자기의 권한으로 군사를 동원하여 궁전을 포위하고 제왕을 연금하고 말았다.이때 제왕의 측근이었던 위발(魏勃)이라는 인물이 궁전 경비를 돕겠다는 명목으로 군사를 이끌고 왔다. 원병이 달려 왔으므로 소평은 기뻐하였으나 위발은 그 군사로 소평의 집을 포위해 버렸다. 그러자 소평은 절망하여 자살하고 제나라는 거국일치하여 반여(反呂) 쿠데타를 일으켰다. 장안에서도 여후의 죽음을 기다리던 유방의 은혜를 입은 요인들이 거병하여 여씨 일가를 남김없이 죽였다.이리하여 한나라는 다시 유씨에게로 되돌아왔다.

이상과 같은 경위를 이야기하는 까닭은 임기의 한묘(漢墓)에 묻힌 사람이 살았던 시대의 배경을 독자가 이해하기 바라는 마음에서이다.

제 왕실은 무제 원광(元光) 4년(기원전 131년)에 6대 유차창(劉次昌)에 이르러 그가 죽은 다음 단절되었다. 그러나 그 방계인 성양 왕실 초대는 유비의 아들 유장(劉章)과 치천(菑川) 왕실(초대는 유비의 아들 유장)은 전한이 왕망(王莽)에게 멸망당할 때까지 계속되었다.

임기현 금작산의 9호 묘에서는 길이 200센티미터, 너비 40센티미터의 백화가 출토되어 마왕토의 1호 및 3호에 이어지는 고화번으로서 주목을 받았다. 이것도 역시 천상, 지상, 지하를 묘사한 것이다.

처음 발견한 것이라면 큰 화제가 되었을 것이나 백화는 이미 5장이나 나와 있었다. 발굴은 1972년에 있었으므로 마왕퇴의 바로 뒤를 이었던 것이며 한묘(漢墓)의 연대도 마왕퇴보다 약간 뒤진 것으로 추측된다. 백화가 두번 구워진 것 같은 감이 있었던 데 비해 은작산의 1호 묘에서 출토된 죽간은 큰 파문을 일으켰다. 신문의 제호에는 "손자(孫子)는 두 사람이었다"든가, "또 한 사람의 손자"라는 표현이 사용되어 중국 고전에 관심을 갖고 있는 사람들을 흥분시켰다.

은작산의 1호 묘와 2호 묘는 부부일 것이라고 추측되었다. 부장품에 5냥쭝의 동전이 없었으므로 묘의 하한은 무제의 원수 5년(기원전 118년)으로 보아도 좋을 것이다. 그러나 2호 묘에서 「원광원년역보(元光元年曆譜)」32매가 출토되었다. 이것은 기원전 134년에 해당하는 것이다. 마왕퇴 3호 묘의 목간에도 연대가 있는 것이 있었고 그것이 사망 또는 묘의 조성 연대를 나타낸 것이라고 보고 있다. 그렇다면 임기현 은작산 2호 묘는 무제(武帝)의 원광 원년이므로 그녀 남편의 사망 연대도 그 전후로 그다지 현격한 차이는 없을 것이다.

원광 원년 역보로 태초력(太初曆) 이전에 전욱력(顓頊曆)이 사용되었다는 사실이 실물로서 증명된 것이다. 이에 따라 마왕퇴 3호 묘의 목간에 단지 "12년 2월 을사삭무진……"이라고 표기되어 있었던 것은 다름아닌 문제(文帝) 12년이라는 사실이 증명되었다. 왜냐하면 전욱력으로 볼 때 문제 12년 2월의 초하루는 어김없이 을사(乙巳)에 해당되기 때문이다. 출토품은 때때로 이와 같이 상호 증명해 주는 경우가 있다.

2

은작산 1호 묘에서는 죽간이 4,924매나 출토되었다. 간의 길이는 27.2센티미터, 너비는 0.5에서 0.9센티미터까지 있었다. 더구나 두께는 1밀리미터에서 2밀리미터였다. 죽간이나 목간은 끈으로 매게 되어 있으므로 한자의 '책(冊)'이라는 글자는 그 상태를 나타낸 것이다. 그러나 이 1호 묘의 죽간을 철한 끈은 삭아 있었고, 5천 매에 가까운 죽간은 흐트러진 상태로 발견되었다.

조사 대원과 연구원들이 공동으로 정리하게 되었는데 죽간의 대부분은 이른바 '병서(兵書)'들임이 확인되었다.

그 내용은 「손자 병법(孫子兵法)」, 「손빈 병법(孫臏兵法)」, 「육도(六韜)」, 「위료자(尉繚子)」이며, 병서 이외에 「관자(管子)」, 「안자(晏子)」, 「묵자(墨子)」 등의 고서본이 있었다. 그 이외에 「상구경(相狗經)」(개의 관상을 보는 참고서)과 음양 역서(陰陽易書), 풍각재이 잡점(風角災異雜占) 중에서 남아 있는 부분도 있었다. 그러나 유교 관계 서적이 하나도 없었던 것은 주목할 만한 사실이라 할 수 있다.

1호 묘나 2호 묘 모두 관 속의 뼈는 풍화 작용으로 2, 3편 정도 남아 있어서 나이나 성별도 모른다는 것이다. 다만 수많은 병서 죽간이 나온 1호 묘는 그 주인공이 남성이고 역서(曆書) 죽간만 나온 2호 묘를 여성의 것으로 추측하였다. 연중 행사나 농업, 잠업 등을 주관한 것은 여성이었으므로 가정 부인에게 달력이 중요하였을 것은 당연하다.

그리고 중국학 관계자들을 흥분시켰던 것은 「손자 병법」과 「손빈 병법」이 출토된 사실이었다. 손자가 두 사람 있었다는 등 신문의 제목이 흥분하여 떠들어 댔기 때문에 새로운 손자가 나타난 것으로 잘못 생각한 사람도 있었을 것이다.

손자가 두 사람 있었다는 것은 처음부터 알고 있는 사실로「사기」에도 기록되어 있다.「손자」, '오기열전 제5(吳起列傳 第五)'엔 이렇게 기록되어 있다.

> 손자 무(武)는 제나라 사람으로 병법을 오나라 왕 합려(闔廬)에게 보였다. 합려가 말하기를 "자(子)의 13편을 짐은 모두 읽었도다. 그것으로 약간 연병 (練兵)을 시켜 보일 수 있겠는가?" 이에 대답하였다. "좋소이다"하고.

오왕 합려는 손자 무의 병법 13편을 읽었으나 그것을 실제로 실연해 주지 않겠는가 하고 요청했던 것이다. 여기서 '자(子)'라는 말은 영어의 미스터에 해당하는 일반적인 경칭이다. 그러므로 이 인물의 본명은 손무(孫武)이다.

약간 훈련을 시켜본다는 표현에서도 알 수 있듯이 오왕 합려는 반농담조로 말한 것이다. 그리고 그 훈련에 여성을 쓰라고 명령하였다. 180명의 궁녀가 동원되고 손무는 이들을 2개 부대로 나누어 왕이 총애하는 궁녀 2명을 각기 그 대장에 임명하였다. 손무는 북소리와 호령을 다섯번 설명하고 훈련에 들어갔다. 그러나 아무리 북을 치고 호령을 질러도 여인들은 낄낄거리며 웃고 있을 뿐이었다. 손무는 "호령이 분명하지 못한 것은 장수의 잘못이 분명하나 그에 따르지 않는 것은 대장의 죄이다"라고 말하고 오왕이 총애하는 궁녀인 두 대장을 참하고 다음 서열의 사람을 대장으로 임명하였다. 아연 실색하고 긴장한 여인들은 그 후 손무의 호령에 일사불란하게 움직였다.

그리하여 오왕 합려는 그를 장군으로 삼아 서쪽의 초나라를 치고 북쪽의 제나라와 진(晉)나라를 위협하여 제후국 간에 명성을 떨쳤다. 이에 대하여 "손자는 선천적으로 능력이 있도다"라고「사기」는 이를 인정하였다. 이어 "손무는 이미 죽었다. 그 후, 백여 세에 이르러 손빈이 나타났다. 빈은 아 (阿)와 견(鄄, 모두 산동성) 부근에 살았다. 빈은 또한 손무 후세의 자손이 다"라고 기록하였다. 손무의 1백년 후에 그 자손에 해당하는 손빈이라는 인물이 나타났다고 분명히하였다. 손빈의 업적은 그의 선조인 손무보다도 극적이라고 할 수 있을 것이다.

그에게는 함께 병법을 공부한 방연(龐涓)이라는 경쟁자가 있었다. 방연은 자신의 재능이 손빈에 미치지 못함을 알고 상대방을 없애 버리려고 하였던 것이다. 위나라에서 녹을 먹고 있던 방연은 감언이설로 손빈을 초빙하고 책략으로 죄를 씌워 두 다리를 절단하여 앉은뱅이를 만들어 버렸다. 그리하여 이제는 두번 다시 세상에 나가 활동할 수 없으리라고 안심하고 있었다. 그러나 손빈은 제나라 사신이 왔을 때 그가 돌아가는 틈을 이용하여 도망쳤다. 제나라의 사신은 손빈을 만나 보고 그의 재능에 반해 버렸던 것이다.

이리하여 손빈의 복수는 시작된다. 제나라에 몸을 담은 손빈은 제나라를 위하여 위나라 공략 작전을 지휘하였다. 위나라에 진군한 제나라 군사에게 손빈은 10만 개의 아궁이를 만들게 하고 다음날에는 5만 개, 또 다음날에는 3만 개로 줄였다. 당시의 병법으로는 아궁이에서 오르는 연기를 보고 적의 병력수를 추정하였으므로 손빈은 위계책을 썼던 것이다. 위나라 장군 방연은 이것을 보고 제나라 군사의 과반수가 도망간 것으로 판단하고 추격전을 벌였다. 상대방이 싸울 의지가 없는 것으로 보고 방연은 보병을 대기시켜 놓고 경기병을 이끌고 2일 간의 행정을 하루에 달렸던 것이다.

손빈은 이미 그것을 계산하여 위나라 군사가 저녁 무렵에 마릉(馬陵, 하북성)에 도착할 것으로 예측하고 큰 나뭇가지를 베어 거기에다 "방연, 이 나무 아래에 죽다"라고 써 두었다. 과연 해가 지고 방연은 좁은 마릉에 이르렀다. 그는 흰 나뭇가지에 무엇인지 써 있는 것 같아 불을 비추어 그것을 막 읽었는데 제나라 군사의 화살이 집중되어 위나라 군사는 큰 혼란에 빠지게 되었다. 방연은 거기에서 자결하게 되나 마지막에 이르러, "기어이 수자(豎子)로 하여금 이름을 떨치게 하는가!"라고 외쳤다. 수자란 '어린놈' '저놈' 따위로 남을 천대하여 부르는 말이므로 '네 놈 같은 코흘리개에게 공을 세우게 하다니' 하고 입술을 깨물며 손빈을 원망하였던 것인데, 이 말은 경쟁자에게 패했을 때에 내뱉는 말로서 후세 사람에게도 사용되었던 것이다. 이 싸움에서 위나라의 태자 신(申)이 제나라의 포로가 되었다.

이 마릉의 싸움은 기원전 341년의 일이었다. 그리고 5년 후에는 맹자가 위나라에 갔다. 위나라는 혜왕(惠王)의 시대로 수도 근방의 이름을 따서 양(梁)이라고 불렀다. 「맹자」의 '양혜왕(梁惠王)' 편은 맹자와 위나라 혜왕과의 일문 일답을 기록한 것이다.

"선생은 천리길을 멀다 하지 않으시고 오셨는데, 우리 나라에 어떤 이익을 주시렵니까?" 하고 혜왕이 물었다. 위나라는 제나라에 패하고 진(秦)나라로 부터 공격을 받고 있어서 존망의 기로에 놓여 있었던 것이다. 그러나 맹자는 왕에게 "왕이시여, 왜 이득을 취할 말씀만 하십니까? 오직 인의(仁義)가 있을 뿐입니다"라는 유명한 대답을 하였던 것이다. 부국강병책보다는 인의 이상(理想)을 추구하는 것이 중요하다고 설득하였던 것이다.

이야기는 다시 되돌아가지만,「사기」는 마릉에서의 제나라의 승리를 기록 하고 나서 "손빈은 이로써 이름을 천하에 떨치고 세상에 그 병법을 전하였 다"고 남기고 있다. 손무에 대하여는 분명히 병법 13편이라고 하였고, 오왕 합려가 이미 그것을 읽었다고 되어 있다. 그리고 손빈에 대하여는 그의 병법 이 세상에 전해졌다고 기록되어 있으므로 병법서(兵法書)인「손자」는 둘이 있었다는 것이 된다.

정사(正史)에 '예문지(藝文志)'를 설정하고 그 시대에 있었던 여러 저작물 을 열거한 것은「한서」때부터 시작되었다. 그「한서」의 '예문지' 안에

오손자병법(吳孫子兵法) 82편 도면 9권
제손자병법(齊孫子兵法) 89편 도면 4권

이라고 기록되어 있다. 손자는 두 사람 있었고, 손무도 손빈도 모두 병법서를 남기고 있는 것이다. '빈(臏)'이란 글자는 발 끊을 빈 또는 종지뼈 빈으로 발을 잘렸다는 뜻이므로 아마도 별명이었을 것이다. 그러나 실존하였던 인물 인 것이다.

그러나 병법서인「손자」는 한 종류밖에 전해지지 않는다. 그리고 그것은 손무의 것이다 그런데 1972년의 임기현 은작산 1호 묘의 발굴에서 손무의 병법서와 함께 손빈의 것도 발견되었다. 그러므로 뉴스의 제목도 정확히 "또 하나의「손자」 발견되다"라고 했어야 하지 않았을까?

3

「한서」'예문지'에서는 두 사람의 손자가 몸담았던 나라를 중심으로 오나 라의 손자와 제나라의 손자로 구분하고 있다. 1백여년의 차이가 있고 시대도 다르므로 전자를 '춘추의 손자', 후자를 '전국의 손자'라고 불러도 좋을 것 같다.

「한서」가 완성된 것은 후한의 건초(建初) 8년(83년) 무렵이라고 되어 있다. 1세기 무렵에는 2개의 「손자」가 있었던 것이다. 그 후 제사(諸史)―「후한서」, 「삼국지」, 남북조의 각사(各史)―는 예문지에 해당되는 편이 없다. 남북의 분열을 통일한 수(隋)나라를 기록한 「수서(隋書)」에 이르러 겨우 '경적지(經籍志)'라는 제목으로 재등장한다. 거기에는 병서로서의 손자가 몇 개인지 표에 나와 있으나 그것은 오무장 손무선(吳武將孫武選)으로 되어 있든지 「손무병경(孫武兵經)」이라는 제목으로 되어 있든지 또는 단지 「손자병법(孫子兵法)」으로 돼 있거나 위 무제〔魏武帝, 조조(曹操)〕선집으로 나와 있기도 했다. 조조가 주석을 달은 「손자」는 현존하나 그것도 손무의 병법서이다. 손빈의 「손자」는 아무래도 이 무렵에 없어진 것 같다.

「수서」는 당나라 정관(貞觀) 10년(636년)에 제기(帝紀)와 열전(列傳)이 저작되고 현경(縣慶) 원년(656년)에 '경적지' 등의 십지 30권(十志 三十卷)이 추가되었다. '경적지' 같은 데에는 그 당시에 있었던 주요 저작물의 목록이 모두 수록되었을 것이다. 당연히 「한서」의 '예문지'도 참고하였을 것이므로 손빈의 저서가 있었다면 반드시 「수서」 '경적지'에 기재되었을 것이다. 단지 제목만 수록하는 것이므로 자칫하면 이미 없어진 책도 목록에 포함되는 경우도 있을 수가 있다. 그러나 반대로 현존하는 책의 제목이 누락되는 일은 없었을 것이다. 1세기에 있었던 손빈의 「손자」가 7세기에는 없어졌으나 있었던 것은 사실이다. 그 이후 「손자」라고 하면 손무의 병서로 한정되고 말았던 것이다.

도서가 없어지는 경우는 주로 전란으로 인한 경우가 많았다. 「수서」 '경적지'의 서문에 의하면 특별히 대규모적인 전란이 없어도 자주 잃어버렸다고 되어 있다. 아직 인쇄 기술이 없었던 시대였으므로 도서는 필사(筆寫)에 의하여 전해졌다. 종이가 발견된 것은 여러 가지 설이 있으나 서기 100년 전후일 것이므로 전한 시대에는 죽간이나 목간 또는 백서(帛書)였을 터이니 필사는 쉬운 일이 아니었다. "성제(成帝, 기원전 33년∼7년 재위)에 이르러 비장(祕藏)의 서가 없어지는 일이 많아 알자(謁者) 진농(陳農)으로 하여금 이를 천하에 구하게 하였다고 한다. 보통 시대에도 책을 잃어버리기 쉬웠기 때문에 망실된 도서를 천하에 구하게 하였던 일이 성제의 하나의 공적으로 인정되는 것이다. 그러나 이때 수집된 3만 3천 90권의 도서가 전한 말 왕망의 난이 있을 때 불타고 말았다. 후한 시대에 와서 다시 세상에 도서를 수집하니, "사방의 홍생거유(鴻生鉅儒, 서생과 학자)들이 질(帙, 책을 담는 틀)을 메고 멀리에서 오는 자들은 헤일 수도 없었다고 하는 상황으로 미루어보아 거의 원상 회복이 된 것 같다. 「한서」 '예문지'는 이렇게 하여 편찬되었던 것이다. 왕망(王莽)의 난을 거쳤어도 그 시점에서 두 개의 「손자」는 건재하였던 것이다.

다음의 큰 난은 삼국지의 막을 올린 동탁(董卓, ?~192년)의 난이었다. 동탁은 낙양(洛陽)을 불태우고 헌제(獻帝, 180년~234년)를 앞세워 장안(長安)으로 천도를 강행하였다. 궁정의 도서관—후한 시대는 동관(東觀) 및 인수각(仁壽閣)—에 소장된 것은 명주에 쓰인 것이 많았을 것이다. 천도할 때 군인들은 그것으로 천막을 만들었다고 한다. 그럼에도 장안에 70여 차량의 도서가 도착하였다. 그러나 동탁이 죽고 나자 장안에서도 장수들끼리 세력 다툼이 일어나 전쟁의 불꽃은 땅을 휩쓸어 버렸던 것이다.

조씨(曹氏)의 위나라가 다시 남아 있던 것을 모아 중외(中外)의 삼각(三閣)에 소장시켰다고 하나 손빈의 「손자」가 없어진 것은 이 무렵이 아닌가 생각된다.

위나라의 조조(曹操, 155년~220년)는 「삼국지」에서 때때로 악한으로 묘사되고 있으나, 3국의 영웅 중에서는 가장 문재(文才)가 뛰어났던 인물이다. 그는 손무의 「손자」를 주석하였다. 13편〔시계(始計), '작전(作戰)', '모공(謀攻)', '군형(軍形)', '병세(兵勢)', '허실(虛實)', '군쟁(軍爭)', '구변(九變)', '행군(行軍)', '지형(地形)', '구지(九地)', '화공(火攻)', '용간(用間)'〕을 3권에 집대성한 것으로 이것이 현존하는 「손자(孫子)」인 것이다.

적을 알고 나를 알면 백번 싸워도 위험이 따르지 않으며, 적을 모르고 나를 알면 한 번 이기고 한 번 지고, 적도 모르고 나도 모르면 싸울 때마다 위험하다.

'모공편'

백번 싸워 백번 이기는 것은 최선의 길이 아니다. 싸우지 않고 상대방을 굴복시키는 것이 최선의 길이다.

'모공편'

빠르기는 바람과 같고, 조용하기는 숲과 같으며, 쳐들어갈 때는 불과 같이

282

하고, 움직이지 않는 것은 산과 같이 하라.

'군쟁편'

처음에는 처녀와 같이 하고 나중에는 토끼와 같이 날쌔게 하라.

'구지편'

주군(主君)은 노여움으로 장수를 흥분시키지 말 것이며, 장수는 화를 내며 싸움에 임하지 말라.

'화공편'

이상에서 말한 병법의 명언은 모두 이「손자」에 기록되어 있으며 이 손자는 오늘날에도 많이 읽히고 있다.

「한서」'예문지'에는 "오나라의 손자병법 82편 도면 9권"이라고 있으나 편수가 맞지 않다. 혹시 편의상 분류를 더욱 세분하였는지 모른다.「사기」에는 합려의 말이라 하여 "자(子)의 13편…"이라고 하였다.

의고파(擬古派) 학자들은 조조가「사기」에 13편이라고 한 것에다 맞추어 이 책을 표절하여 자신이 주석한 것이라고 주장하였다. 또 중국의 학자들 중에는 손빈의 본명은 무(武)이고, 오나라의 손무는 나중에 만들어 낸 가공 인물이라고 해석하는 사람도 있었다.

현존하는「손자」가 하나라는 점에서 원래 손자는 한 사람이라는 설과「손자」라는 병법서는 모두 없어지고 조조가 위작한 것이 지금 전해지는 것이라는 설까지 있었다. 또는 오나라 손자의 저서에 제나라 손자가 보완하였다는 설과 두 저서를 합하여 하나로 만들었다는 설도 있었다. 당나라 말기의 시인 두목(杜牧) 같은 사람은 손무의 병서는 원래 수만 단어로 되어 있던 것을 조조가 간추려서 간략하게 만들었다고 말했다.

그러나「손자」를 싸고 돌던 여러 가지 의문은 은작산 한(漢) 묘의 발굴로 글자 그대로 말끔히 풀린 것이다. 그곳에 부장된 죽간에는 오나라의「손자」와 제나라의「손자」두 가지가 있었다. 후자는 말할 것도 없이 없어졌던 손빈의 저작인 것이다.

그리하여 조조는 표절자라는 오명을 씻을 수 있게 되었다. 기원전 2세기의 한묘에서 출토된 오나라의「손자」는 분명히 현재 전해지는 13편과 같은 것이었다. 두 손자 모두 저작물이 있었고, 그것이 세상에 적용되었다고 한 사마천(기원전 145년~86년)의 기록에 잘못은 없었다. 사마천의「사기」'은본기'의 계보는 은허가 발굴되기 전까지는 대개의 학자들이 가공적인 전승 (傳承)으로 생각하고 있었다. 그것이 갑골편의 출토로 모두 사실로 증명되었던 것이다. 이번의 은작산 한묘의 발굴로 인하여 「사기」의 신빙성은 더욱 짙어졌다고 하지 않을 수 없다.

4

은작산 1호 묘에서 출토된 한 쌍의 칠이배(漆耳杯)의 바닥에 '사마(司馬)'라는 두 글자가 새겨져 있고 2호 묘의 도기에서 '소씨십두(召氏十斗)'라는 명문(銘文)이 판독되었다. 이에 따라 남편은 사마(司馬), 아내는 소(召)라는 성씨가 아니었을까 하는 설이 유력하다.

사마라고 하면 사마천(司馬遷)을 연상하게 되고, 소라고 하면 여후 정권 때 감시인 격으로 제나라에 파견되었던 재상 소평(召平)이 연상된다. 그러나 그 연관성을 조금이라도 증명할 수 있는 것이 없다. 사마(司馬) 같은 경우는 성씨 이외에 관직명이 있다. 한나라에서는 국방 장관에 해당하는 태위(太尉)를 대사마(大司馬)라고 불렀던 때도 있었는데, 그것은 무제 원수 4년(기원전 119년) 이후의 일이었다. 1곽 1관의 묘를 대사마의 것으로 보기에는 너무 빈약하다. 대(大)자가 붙지 않는 사마는 「한서」 '백관공경표(百官公卿表)'에서는 궁문 수위인 위위(衛尉)의 속관이라고 나와 있는 것이다. 이 직책은 하급 공무원이기는 하나 중앙 관서의 공무원이므로 임기 부근에 묻혔을 가능성은 있으나 역시 성씨로 보는 것이 좋을 것 같다. 중국의 학자도 고급 공무원으로 국장을 치르는 경우라면 몰라도 일반적으로 장례는 사적인 행사이므로 공용품을 부장하는 경우는 없을 것이므로 사마는 관직이 아니고 성씨일 것이라는 쪽으로 기울고 있다.

1호 묘에 부장되었던 죽간은 거의가 병서이므로 주인공이 무인이었을 가능성이 짙다. 그러나 만일 무인이었다면 무기류가 부장되어 있을 법한데 칼 한 자루도 없다. 그러나 같은 무인이라도 야전 근무를 한 사람이 아니고 참모 분야에 근무하였던 사람이므로 칼이 없었는지도 모른다. 더구나 매장하는 쪽은 유족이므로 무기에 관하여 어떤 언짢은 추억이라도 있어서 부장하지 않았을 가능성도 있다. 시대 배경으로 보아 대 흉노 작전, 남방의 민월

(閩越)에 대한 출병도 있어서 주인공은 종군(從軍)의 경험이 있던 사람이었을 수도 있다.

은작산의 수확은 무엇보다도 1천 7백년간이나 잃어 버렸던 손빈의 「손자」가 출토된 사실이다. 이 사실로 인하여 「손자」에 한정되지 않고 전대의 여러 저서가 후세에 저작된 것이라는 회의파의 주장이 흔들리게 되었다.

2천년 이상이라는 세월이 지나 죽간은 많이 상했으므로 취급에 많은 주의를 필요로 했다. 관계자는 죽간을 하나하나 시험관 안에 밀봉한 다음 보존 방법을 토의하면서 연구하였다. 손빈의 「손자」는 잔편(殘片)도 많으나 그 일부가 해독되어 이미 발표되었다. 그 안에서 내 마음 속에 남아 있는 것은 다음과 같은 말이다.

상불유일(賞不逾日), 벌불환면(罰不還面).

이것은 용병(用兵)을 할 때 상벌을 신속히 하라는 뜻이다. 공적이 있었는데도 그것을 다음날에 가서 시상해서는 안 된다는 것이다. 상을 받게 된 사람은 자기의 공적이 하루를 고려한 끝에 겨우 인정된 것인가 하고 실망할지도 모르는 것이다.

벌을 주는 것도 같은 이치로 안면을 살피지 말고 면전에서 즉각 실시하라는 뜻이리라. 상벌은 그 파급 효과를 생각해야 한다는 것은 두말할 나위가 없다. 이 말은 장수의 마음 상태를 말한 것이며 같은 편에 다음과 같은 구절이 있다. 점선으로 나타낸 곳은 판독 불가능한 부분이다.

…적자(赤字), 애지약교동(愛之若狡童), 경지약엄사(敬之若嚴師), 용지약토개(用之若土芥), 장군(將軍)…

지(之)는 부하 장병을 이른다. "장병을…하는 일…와 같이 하라"는 형식의 문장이 반복되고 있다. 처음 몇 자는 판독할 수 없으나 적자(赤字)라는 글이 있으므로 "장병을 양성하기를 내 자식같이 하라"고 추리해도 무방할 것이다. 혹은 '양(養)'이 아니고 '자(慈)'일지도 모른다. 장병을 사랑하기를 내 자식같이 하라고 해도 뜻은 같은 것이다.

교동(狡童)이란「시경(詩經)」의 용법으로는 "용모는 수려하나 성실하지 않은 소년"이라는 뜻이다. 성실하지 못한 미소년을 사랑한다는 것은 괴로운 일이다. 이것은 동성애에 관한 일 같으며 불성실함을 알고 있으면서도 사랑하지 않고는 못 배기는 것을 뜻한다. 동성애는 좀더 헌신적인 사랑이 필요한 것이다. 부하를 사랑하는 데에는 헌신적이어야 한다고 설파하고 있다.

다음에는 장병을 존경하기를 엄격한 스승을 존경하듯이 하라는 것이다. 당시의 사제 관계는 매우 엄격하였다. 엄격한 스승을 존경하듯이 부하에 대하여도 경의를 잃어서는 안 된다는 교훈일 것이리라.

그 다음에는 무서운 사실이 적혀 있다. 용병할 때는 초개와 같이 쓰라는 것이다. 부하를 사랑하고 존경하여 마음을 사로잡아야 하지만 전쟁터에서 용병할 때에는 초개를 다루듯 아까워하지 말고 쓰라는 것이다. 흙이나 지푸라기 같은 것에 대하여 사람은 누구나 한 방울의 눈물도 흘리지 않는다. 그 이치와 같이 장수는 눈썹 하나 까딱하지 않고 부하를 사지로 몰아넣어야 한다는 것이다.

전쟁은 원래 잔인한 것이며 그 전쟁을 지휘하는 장군은 잔인한 전쟁에서 이겨내지 않으면 안 되는 것이다. 인정이 많은 장군이 되어 부하를 양육하고, 사랑하며, 존경하는 것도 결국은 전쟁터에서 장병을 버리기 위한 것이다. 마지막으로 장군 다음에 어떤 문장이 이어지는지 모른다. 따라서 장군은 어려운 직분이라고 결론을 내리고 있었을지도 모른다.

이렇게 무서운 말을 세상에 퍼지지 않게 하기 위하여 하늘은 손빈의「손자」를 은작산에 오래도록 밀폐시켜 두었던 것인지도 모른다.

이 묘의 규모로 보아 주인공은 장군으로는 생각되지 않는다. 중견급이나 하급 장교 정도로 생각된다. 어쩌면 초개와 같이 버려질 사람이었는지도 모른다. 수 편의 뼈밖에 남아 있지 않았으므로 물론 사인도 불명이다. 또는 흉노와의 싸움에서 전사한 장수인지도 모른다. 비통에 잠긴 유족이 전쟁을 저주하고 그 때문에 고인이 애용하던 무기마저 부장하지 않았던 것이 아닐까? 부장되었던 손빈의 작품「손자」의 잔간(殘簡) 해설을 읽으면서 나는 차츰 그런 묘한 기분이 들었다.

# 옥의(玉衣)의 사람들

## 1

중국 사람들은 유독 옥(玉)을 좋아한다. 옥은 견고하면서도 윤택이 나고 따스한 감이 있기 때문이리라. 천자의 말을 옥음(玉音)이라 하고, 천자의 인장을 옥새(玉璽)라고 표현한다. 옥은 고귀함의 상징일 뿐 아니라 영적인 힘을 갖는 것이라고 생각하였다. 예를 들면 인간이 신과 교통할 때 옥은 그 중개자 역할을 수행하는 것이라고 믿었다. 반함(飯含)에 대해 앞에서 언급한 바 있지만 그들은 죽은 사람의 입에 흔히 구슬을 물렸다. 이것은 사자가 고귀하다는 사실을 나타내고 옥의 영적인 힘으로 신과 좋은 관계가 이루어지기를 기대했기 때문이다. 또 구슬을 물리면 그 시체는 부패하지 않는다고도 생각하였다. 이와 같이 입에 물기만 하여도 부패하지 않는다고 할진대 옥으로 만든 의복에 감싸이게 되면 사자는 언제까지나 원래의 모습을 보전할 수 있다는 신앙이 싹트게 되는 것은 당연한 일이다.

「여씨춘추(呂氏春秋)」는 전국 시대 말기의 저서인데, 그 안에, 집이 넉넉하면 할수록 후장(厚葬)이 된다는 사실을 나타내는 말로서 "함주린시(含珠鱗施)"라는 4글자가 있다. 이것은 사자의 입에 주옥을 물리고 그 몸에 물고기 비늘과 같이 옥을 베푸는 것을 말한다. 아마도 시신 위에 옥을 늘어놓았던 모양이다. 재산의 정도에 따라 몇 개 올려 놓는 경우부터 잔뜩 늘어놓는 경우까지 있어서 "비늘처럼 베푼다"라는 것은 최고의 방법이었던 것으로 생각한다. 전국 시대 무렵까지는 구슬 조각을 늘어놓았으나 한나라 이후에는 구슬 조각을 금속 줄에 꿰어 옥의를 만들어 시신을 감싸게 하였던 것 같다. '옥의(玉衣)'라는 말이 나오는 것은 한나라 이후의 문헌이다. 전진(前秦)의

「열자(列子)」에 주나라 목왕(穆王) 때에 서방정토(西方淨土)의 사람이 왔기 때문에 중천에 누대를 짓고, 매일 옥의를 바치고 옥식(玉食)을 올렸다는 기록이 있으나, 이것은 신화일 뿐 실제로 옥식이 있을 수 없듯이 옥의가 있을 수도 없었다.

「한서」'곽광전(霍光傳)'에, 그가 죽었을 때 조정에서 받은 하사품을 다음과 같이 열거하고 있다.

> 하사하노니 금전(金錢), 증서(繒絮, 비단 포목), 수피(繡被, 수를 놓은 잠옷), 백령(百領), 의복(衣服), 50협(篋, 상자), 벽(璧)과 주기(珠璣, 둥근 구슬과 사각형 구슬), 옥의(玉衣), 자궁(梓宮, 가래나무로 만든 관), 편방(便房), 황장제주(黃腸題湊) 각 1구(具), 종목외장곽(樅木外藏槨) 15구(具), 동원온명(東園溫明)으로 하고 모두 승여(乘輿, 천자의 거동) 제도와 같다.

이 속의 옥의는 문헌상에 아마 실물 옥의로서는 처음 나온 것이리라. 「한서」의 주석을 작성한 당나라의 안사고(顔師古, 584년~648년)는 옥의에 대하여 「한의주(漢儀注)」를 인용하여 다음과 같이 기록하고 있다.

> 구슬을 가지고 저고리를 만들고 갑옷처럼 이것을 잇되 황금실로 한다. 허리에서 아래는 구슬로 갑옷 미늘을 만들며 길이는 1척, 너비는 2촌 반의 갑옷으로 아래는 발까지 이르며 역시 황금실로 잇는다.

옥의 출토는 제2차 세계대전 이후의 일이었다. 한나라 시대의 옥의는 위나라 문제 황초(黃初) 3년(222년)에 폐지되었다고 전해진다. 「삼국지」'위서(魏書)'에 문제가 수릉(壽陵, 살아 있을 때 만드는 묘)을 만들 때, "반함은 주옥으로 하지 말라. 주유옥갑(珠襦玉匣)을 베풀지 말라. 이는 어리석은 풍습이니라"라고 말한 사실이 기록되어 있으며 이제까지 출토된 10벌의 옥의도 모두 한나라 시대의 것이다. 위·진(晉) 시대 이후에는 이미 옥의가 사용되지 않았다고 보아도 무방할 것이다.

옥의는 위 아래가 따로 되어 있으며, 위를 '유(襦)'라고 하고, 아래를 '합'[(柙), 갑(匣) 또는 갑(甲)]이라고 한 것 같다. 「한서」'동현전(董賢傳)'에 그가 죽었을 때 주유와 옥합을 하사하였다고 나와 있다. 또 「속한서(續漢書)」

의 '예의지(禮儀志)'에서는, 황제는 금루옥합(金縷玉柙)이고, 제후와 시봉 열후, 귀인, 공주는 은루(銀縷), 그 이하는 동루(銅縷)였다고 설명하고 있다.

시봉 열후(始封列侯)란 초대 열후를 말한다. 예를 들면 마왕퇴 2호 묘의 이창(利蒼)의 경우가 그것이다. 그러나 초대 대후인 이창은 옥의로 장례되지 않았다. 다음에 이야기할 중산왕 유승(劉勝, ?~기원전 113년)은 제후왕이었으나 은루가 아니고 금루의 옥의였다. 「속한서」에 의하면, 이 경우는 황제와 동격이다. 시대에 따라 달랐던 것인지 혹은 지방에 따라 다른 것이었는지 아니면 「속한서」의 기록이 잘못된 것인지 알 수는 없다. 그러나 이것도 앞으로 출토의 사례가 많아지면 해결될 수 있는 문제일 것이다.

「한서」 '곽광전'에 있었던 편방(偏旁)이란 휴게실 정도의 뜻으로 묘실의 옆 방이다. 그러한 재료도 하사되었던 것이다. 황장제주(黃腸題湊)에 대하여는 나중에 언급하겠으며 종목 외장곽(樅木外藏槨) 15구란 부장품을 넣는 곽(槨)이며, 동원 온명(東園溫明)은 궁정의 장구공방(葬具工房)인 동원에서 만든 경합(鏡盒)을 뜻한다. 칠화(漆畵)로 통(桶) 형상이며 거울을 그 안에 걸어서 시신 위에 놓았다.

## 2

북경 교외에 대보대(大葆臺)라는 곳이 있다. 교외라고는 해도 도심에서 자동차로 1시간 정도밖에 걸리지 않는 곳이다. 1974년 6월초 북경시의 건축 관련 부처가 그 근처에서 지질 조사를 하고 있을 때 땅 속에 많은 목재와 백고니, 목탄 등이 있는 것을 확인하였다. 문물관리처의 조사에 의하여 한나라 시대의 대형 목곽묘(木槨墓)라는 결론을 내리고 같은 해 8월부터 발굴이 시작되었다. 반파(半坡) 유적이나 병마용갱(兵馬俑坑)과 같이 돔(dome)을 설치하여 박물관화하는 경우를 중국에서는 흔히 볼 수 있다. 대보대도 도심에서 가까운 탓도 있고 해서 1979년 11월부터 '대보대 서한묘 박물관(大葆臺西漢墓博物館)의 건설이 시작되어 지금은 이미 공개되고 있다.

이 묘는 마왕퇴보다 대형이나 애석하게도 도굴당하였다. 처음에 발견된 묘 서쪽에 또 하나의 대묘 1기가 있었으며 부부의 묘로 추정되었다. 2호 묘는 도굴당한데다 방화까지 되어 있어서 1호 묘보다 거친 상태였다.

그러나 도굴당하기는 하였어도 큰 묘인 까닭에 모두 4백여 점의 문물이
남아 있었다. 그 안에는 '어(漁)'자가 찍힌 철도끼와 '초중격오자운(樵中格吳
子運)'으로 판독되는 칠탑(漆榻, 긴의자)에 '황웅위신(黃熊桅神)이라고 붉은
글씨로 쓰여진 것 등 몇 가지의 문자가 있었으나 주인공이 누군지를 알 수
있는 자료는 없었다. 다만 전한 시대 이 지방에서 이만한 규모의 묘를 만들
수 있었던 것은 제후왕 급 이외에는 없었을 것이라는 사실을 추정할 수 있
다.

북경을 연경(燕京)이라고도 하듯이 이 부근은 춘추전국 시대 연(燕)나라의
땅이었다. 한나라가 되어서도 황족이 연왕으로 봉해져서 번병(蕃屛, 방패막
이)이 되기를 기대하였던 것이다.

한나라에 이르러 초대 연왕으로 봉해진 황족은 고조(高祖) 유방(劉邦)의
아들 유건(劉建)이었다. 사실은 그 이전에 타성인 노관(盧綰)이 연왕으로
있었으나 그는 모략이 두려워 흉노로 도망하였기 때문에 고조 12년(기원전
195년)에 유건이 연왕이 되었고 그는 재위 15년에 사망하였다. 후손이 있었으
나 여후(呂后)가 자객을 보내 죽여 버렸다. 그리하여 후계자가 없어 연왕조
는 단절되었다.

유방의 자식이라고는 해도 여후(呂后, ?~기원전 180년)가 낳은 것은 혜제
(惠帝) 유영(劉盈, 기원전 210년~기원전 88년)과 노원 공주(魯元公主)뿐이었
다. 유건의 생모 이름은 전하지 않으며 사서에는 단지 제희(諸姬)로 나와
있다.

유방의 재종 형제에 유택(劉澤)이라는 인물이 있었다. 영릉후(營陵侯)에
봉해져 원래 열후에 불과하였으나 여후의 말년에 낭사왕(琅邪王)에 봉해졌
다. 그는 여후의 여동생인 여수(呂須)의 딸을 아내로 맞이하여 여후의 배려
로 제후왕에 승격하였다. 비록 여씨 일가를 아내로 두었다고는 하나 유택은
한나라 황족의 일원이었다. 그리하여 여후가 죽자 제나라의 제휴하여 여씨
타도에 앞장섰던 것이다.

유택은 황족 가운데 가장 높은 장로격으로, 황제될 인물을 지명하였다.
당시 고조 유방의 아들로 생존한 사람은 박희(薄姬)가 난 대왕(代王) 유항
(劉恒, 기원전 202년~기원전 157년)과 회남왕 유장(劉長) 두 사람뿐이었다.
그 이외에 유방의 황장손인 제나라 왕 유양(劉襄, ?~기원전 179년 유비의 아

들)도 있었다. 이 3명의 후보자 중에서 대왕 유항(文帝)을 선정한 사람이 유택이었다. 유택 자신은 유방의 재종 형제에 지나지 않았다. 따라서 황위 계승 서열에서 멀리 떨어져 있었으므로 황제를 지명하기에는 적당하였을 것이다.

문제(文帝)는 즉위하자마자 자기를 지명해 준 은혜에 보답하기 위하여 유택을 낭사왕(琅邪王)에서 연왕으로 옮겼다. 낭사군은 원래 제(齊)나라의 영지였던 것을 여후가 빼앗아 버렸던 것이다. 황위를 다투던 조카에게 반환하여 다스리게 하려고 하였던 것 같다.

유택은 연왕(燕王)으로서 재위 2년 만에 사망하였다. 그의 아들 유가(劉嘉)가 2대 연왕이 되어 26년간 재위하고 그가 사망한 다음 아들 유정국(劉定國)이 왕위에 올랐다. 유정국은 재위 24년 만에 '금수와 같은 행위'가 있었으므로 자살이 명령되고 나라는 단절되었다. 무제의 원삭(元朔) 2년(기원전 127년)의 일이었다. 금수 같은 행위란 아버지의 소실에게 아이를 낳게 하고, 동생의 아내를 빼앗고 또 자기 딸 3명과 근친상간을 하였다는 것이다. 과연 그런 행위가 사실이었는지는 사서에 기록되어 있을 뿐이므로 알 수 없고, 날조된 것인지도 모른다. 다만 연왕 유정국은 그러한 탄핵을 받을 만한 평판이 있었던 모양이다.

그 후 10년 만인 원수(元狩) 6년(기원전 117년)에 무제는 자기 아들인 유단(劉旦)을 연왕으로 봉하였다. 그는 37년간 재위하였으나 소제(昭帝)의 원봉(元鳳) 원년(기원전 80년)에 모반죄로 자살이 명령되었다. 유단은 천성적으로 지략이 뛰어나서 널리 경서 등을 익히고 역서(曆書)와 수학 그리고 광대놀이와 사냥을 즐겨서 유객들을 모았다고 한다. 다재 다능한 인물이었다. 위(衛) 황후의 소생인 황태자가 무실한 죄로 죽고 형인 제나라 왕 유굉(劉閎)이 병사하였으므로 서열로 보아 자기야말로 황제의 제위를 이을 차례라고 생각하였던 것은 당연하다.

태자가 되기 위하여는 연나라와 같은 변경에서는 첫째 정보에 어둡게 되므로 반드시 장안에 있어야만 하였다. 그리하여 유단은 아버지인 무제에게 글을 올려 궁정에 돌아가서 숙위(宿衛)가 되겠노라고 자원하였다. 이 상소문은 보기에 따라서는 자기를 황태자에 봉하라고 강요하는 것 같기도 하였다. 무제는 대노하여 사신을 투옥하고 연나라의 3개 현을 줄여 버렸다. 그

후부터 유단은 무제의 신임을 잃고 무제는 막내 아들인 불릉(弗陵, 기원전
94년~74년)을 황태자에 봉하고 그의 어머니인 조씨(趙氏)에게 죽음을 내렸
다. 천자가 어리고 생모가 살았으면 여후 시대와 같은 무대가 될 것이라고
두려워했던 것이다. 실로 잔인하기 그지없는 이야기이다.

드디어 무제가 죽고 불릉(昭帝)은 10세로 즉위(기원전 87년)하였으나 연나
라의 왕 유단이 불만스러웠던 것은 더 말할 나위가 없었다. 궁정에서도 상관
걸(上官桀)과 곽광(霍光, 기원전 68년)이 세력을 다투자 유단은 상관걸과 결탁
하여 황위를 찬탈하려고 하였다. 그러나 장안에서 상관걸이 패하여 주살됨에
따라 유단도 죽음을 당하고 나라는 해체되었다.

소제는 23세에 죽었으나 소생이 없었기 때문에 무실하게 죽은 황태자의
손자뻘인 유순(劉詢, 기원전 91년~기원전 49년. 선제)이 즉위하였다. 민간에서
자라난 선제(宣帝)는 이치에 밝았다. 죽음을 당한 연왕 유단에게도 할 말은
있었고 특히 혈연 관계에 있던 숙부이기도 하였기 때문에 그의 태자인 유건
(劉建)을 광양왕(廣陽王)으로 봉하여 왕조를 부흥시켰다. 유단이 자살하고
나라가 해체된 다음 연나라는 광양군이 되어 있었다. 두번씩이나 나라가
해체되었던 '연(燕)'의 국호를 피한 조치였다. 이리하여 광양 왕조는 4대가
이어지고 유단의 현손에 해당되는 유가(劉嘉) 때에 왕망에 의해 폐위당할
때까지한 왕조와 운명을 같이 했었다.

대보대의 한나라 묘는 전한 시대의 것이 분명하다. 다만 묻힌 사람이, 3
대가 이어졌던 유택(劉澤)계의 연왕조 중의 누구인지, 유단까지 5대가 이어
졌던 연나라 광양 왕조의 누구인가는 아직 알지 못한다. 이 한묘의 묘도(墓
道) 북쪽에는 장례 때 사용된 것으로 보이는 목조 채칠(木造彩漆)이 된 마차
3대의 잔해와 그것을 끌고 있던 말 11마리의 뼈가 남아 있었다. 도굴꾼들에
게는 흥미가 없었겠지만 고고학자에게는 귀중한 자료가 되고 있다.

1호 묘의 황장제주(黃腸題湊)는 깨끗하게 남아 있었다. 이것은 곽광(霍光)
이 죽었을 때의 하사품 목록에 있었던 것이다. 황장이라는 것은 측백나무
(柏)의 노란 가운데 부분으로 만든 덧관(槨)을 말한다. 제(題)란 '단(端, 끝)'
을 뜻하며 주(湊)은 '회(會, 모이다)'를 뜻한다. 그러므로 측백나무의 가운데
노란 부분을 모아 쌓아올려 그 끝을 맞추게 되어 제주(題楱)라고 부르는
것이다. 그 끝은 모두 안쪽 곧 관실 쪽을 향하고 있다. 1호 묘의 황장은 1만

5천 8백여 개나 되었다. 한 개의 길이는 모두 90센티미터의 각재(角材)이다. 그 대부분은 끝이 사방 10센티미터이었으나 일부는 그 배인 사방 20센티미터의 것과 10×20센티인 장방형도 있었다.

「예기」에 제주은 6척이라고 되어 있으므로 한나라 척수로 치면 6척은 135센티미터가 된다. 90센티미터면 정확히 4척이다. 혹시 황제의 제주는 6척이고 제후왕의 것은 4척으로 정해졌던 것인지도 모른다.

관을 감싸는 벽에 황장을 사용한 이유는 그것이 향내를 풍기기 때문이다. 2천년이라는 오랜 세월 동안 땅 속에 밀폐되었던 묘가 이제 열렸다. 돔을 씌우기는 했지만 일반에게 공개되고 있다. 그런데 황장은 아직도 그 향기를 잃지 않고 있는 것이다.

철도끼에 '어(漁)'자가 찍혀 있는 것은 염철 전매(鹽鐵專賣)가 실시되어 어양철관작방(漁陽鐵官作坊)의 제품임을 나타낸 것으로 생각된다. 그러므로 주인공은 염철 전매(기원전 120년) 이후의 유단이나 또는 그 자손이 된다. 더구나 이 한묘 부근에 금(金)나라 시대의 주거지가 있고 벽돌로 쌓아올린 당시의 우물이 완벽하게 보존되어 있는 것도 귀중한 유물이라 할 수 있다(사진화보 참조).

3

대보대의 1호 묘는 재궁(梓宮)과 편방(便旁) 그리고 황장제주(黃腸題湊)가 구비되어 있으므로 제후왕 급의 인물이 묻힌 것이 분명하다. 다만 주인공이 옥의를 입고 있었는지의 여부는 알지 못한다. 도굴자에게 옥의 집합체인 옥의 등은 더할 수 없는 수확물이었을 것이다.

처음으로 옥의가 발견된 것은 1946년에 하북성 한단시(邯鄲市)의 서북쪽이었다. 구슬 미늘이 출토되었는데 네 곳에 구멍이 뚫려 있었으며 거기에 파란 녹이 슬어 있었다. 이미 시기적으로 이 구슬 미늘 다발을 옥의로 복원하는 작업은 할 수 없었다. 이 묘는 2대 상씨후(象氏侯)인 유안의(劉安意)의 묘라는 것이 판명되었다. 제후왕은 아니고 열후이며 더구나 2대이므로 시봉(始封)은 아니다.

앞에서 인용한 「속한서」의 '예의지'에 시봉인 열후는 제후왕과 같은 은루 옥의이고 그 이하는 동루 옥의라고 나와 있었다. 상씨후 유안의는 2대이므로 동루 옥의였음이 이에 증명되었다.

무제 원삭 2년(기원전 127년)에 제후왕이 그 자제에게 영지를 나누어 주고 싶다고 건의하면 그것을 고려하기로 되었다. 왕위를 계승하는 것은 한 사람 뿐이므로 나머지 형제들은 일반인과 같게 된다. 그러나 그것이 가엾게 생각될 때엔 자기의 영지를 나누어 주어 그들도 열후가 될 수 있도록 한 것이다. 한단 한묘의 주인공 유안의 아버지 유하(劉賀)는 무제의 동생뻘이 되는 조(趙)왕 유팽조(劉彭祖)의 아들이었다. 유팽조는 63년이나 조나라 왕으로서 재위하였던 사람으로 생전에 순(順), 창(昌), 하(賀), 평(平)의 네 아들에게 영지를 나누어 주어 열후로 삼겠다고 청원하여 허락을 받았다. 이때 무시후(武始侯)가 된 유창(劉昌)이 아버지 사망 후에 조나라의 왕위에 올랐다. 상씨후는 유하(劉賀)로부터 유안의(劉安意)에 이어지고 그는 재위 27년, 소제 시원(始元) 6년(기원 81년)에 사망하였으며 그의 아들 유천추(劉千秋)가 뒤를 이어 이 왕조는 왕망(王莽)의 찬탈까지 계속되었다.

발견된 옥의의 사람 제1호인 유안의는 이상과 같은 경위를 가진 인물이었다. 제후왕 자제 분봉은 중앙 정부(황제)가 재정을 축내지 않고도 열후를 봉하는 한편 제후왕의 힘을 분산 약화시키는 효과를 얻었던 것이다. 열후가 죽었을 때 옥의 등의 장구를 보내는 것이 중앙 정부의 부담이 되었을 뿐이다.

옥의가 완벽하게 복원되어 유명해진 것은 만성(滿城)에서 발굴된 한묘의 중산왕 유승(劉勝)의 것이다. 1968년 6월에 인민 해방군의 한 병사가 훈련 중에 우연히 이 묘를 발견하였다.

마왕퇴는 수혈식(竪穴式)이었으나 만성 한묘(漢墓)는 암산의 낭떠러지에서 파들어간 횡혈식(橫穴式)의 묘였다. 묘 입구 전방의 계곡에 많은 돌자갈이 퇴적하여 있었는데 이것은 2천년 전 묘를 만들 때의 것이었다. 북방 약 100 미터 지점에도 같은 돌자갈이 퇴적해 있었으며 과연 그곳에서도 1기의 묘가 있었고 이 2호 묘는 유승의 부인의 묘로 판명되었다. 이렇게 알기 쉬운 표적이 있었음에도 보고(寶庫)라고 할 수 있는 대묘가 2천여년 동안 도굴을 피할 수 있었던 것은 기적이라고 할 수 있다.

묘도에 이르는 입구는 이중의 흙벽으로 되어 있고 그 사이에 용철(熔鐵)

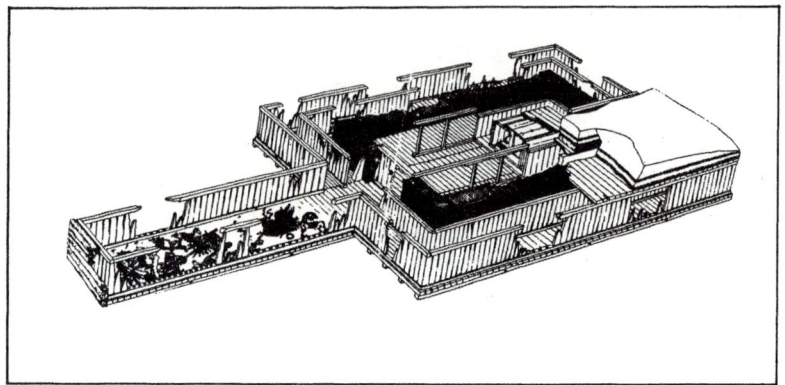

대보대(大葆臺) 제1호 한묘의 복원도

을 부어 넣었다. 글자 그대로 철벽이었다. 묘도에 들어가자 바로 남북으로 길이 나 있었다. 사람의 양귀와 같은 형체를 하고 있어서 이실(耳室) 또는 이방(耳房)이라고 부르며 돈황(敦煌)의 석굴에 그 예가 있다. 그러나 만성 한묘의 경우는 두 묘가 모두 이실이 길어서 이것은 마치 토끼 몸과 토끼 귀의 비교형이라고 해야 옳을 것이다. 남북 모두 16미터에서 17미터의 길이 었다. 이실에는 기와 목조 건물이 있었고 거기에 부장품이 놓여 있었을 것이 다. 목재는 썩어서 무너져 내리고 기와 파편이 잔뜩 깔려 있었다. 남쪽 이실 은 거마갱으로 6대의 마차와 16마리의 말 그리고 11마리의 개가 묻혀 있었 다.

십자로에서 앞으로 방이 2개 있고 바로 가운데 방에는 다량의 동기(銅器), 토기, 철기, 금은기, 칠기, 도용(陶俑), 석용(石俑) 등이 부장되어 있었다. 안쪽 석실(石室)의 북쪽 편에 흰 대리석 평상이 있고 그 위에 덧관이 있어서 목관이 들어 있었다. 남쪽에는 편방(便房)이 있고 석실 전체를 높이 1미터 정도의 회랑이 감싸고 있었다. 지하수를 차단하기 위한 시설인 것 같았다.

십자로 길목에 우물이 있고 회랑 입구 쪽에서 배수구가 그곳에 잇대어져 있었다. 묘도 입구에서 안까지의 길이는 51.7미터라고 보고되었으며, 남북의 이실 37.5미터를 합하면 전 용적은 2천7백 입방미터라고 계산된다. 천장의 높이는 중실에서 최고 6.8미터였다. 단단한 바위 속에 이러한 공간을 만든 것이므로 굉장한 작업이었을 것이다.

2호 묘 쪽이 사실은 용적이 크며, 3천 입방미터로 계산되었다. 남북의 이실은 64미터이므로 이것도 1호 묘보다 길다. 천장의 높이도 최고 7.9미터였다. 그리고 1호 묘에서는 입구가 이중 토벽이었으나 2호 묘는 이중으로 된 벽돌벽이며 그 사이에 용철을 부어 넣은 것 같았으나 좀더 정밀하게 다루어져 있었다. 그러나 2호 묘에는 배수구 시설은 없었다. 2호 묘의 북쪽 이실에는 4대의 마차와 13마리의 말이 묻혀 있었다. 그 중의 1대는 소형이며 거기에 매어진 2마리의 말도 각별히 몸집이 작았다. 궁중 안에서 귀부인이 타고 다니는 것으로 연거(輦車)라는 소형차가 있었는데, 과수(果樹) 밑을 지나다닐 수 있다는 뜻에서 과하마(果下馬)라고 불렸으며, 작은 말이 끌었다는 사실이 「후한서」에 기록되어 있다.

시체는 어느 것이나 썩고 삭아서 잿가루가 되어 있었고 관이나 덧관(2호 묘에는 덧관이 없다)의 칠피나 목편에 짓눌려 옥의는 납작해진 상태로 발견되었다. 그러나 발견 당시의 사진과 도면 그리고 구슬 미늘에 쓰여진 번호 등에 의하여 완전히 복원할 수가 있었다. 인체의 미묘한 곡선을 여러 가지 크기의 장방형과 정방형의 옥편(玉片)으로 표현하였다.

유승의 옥의는 복원한 크기로는 전체 길이가 188센티미터이고 구슬 미늘은 2천 498장이었으며 그것을 꿰매는 데 사용한 황금실의 무게는 1.1 킬로그램이었다. 유승의 부인[부장된 인장으로 그의 이름이 두관(竇綰)이라는 사실을 알게 되었다]의 옥의는 전장 72센티미터에 2,160장의 구슬 미늘을 사용하고 황금의 중량은 700그램이었다. 황금실의 순도는 96% 이고 그 두께는 0.5∼0.35 밀리미터까지의 매우 가는 것이었다. 구슬 미늘 끝에 너비 1밀리미터의

거마 (車馬) 부장 (副葬) 평면도

웅족정(熊足鼎) —— 만성 한묘 출토, 청동

구멍을 뚫었던 작업, 금실로 그것을 꿰는 기술 등의 정교함은 극치에 이르렀다. 특히 구슬 미늘을 만드는 데 사용되었던 구슬은, 전문가의 감정에 의하면 신강성에서 나오는 이른바 곤륜(崑崙)의 옥으로서 일부러 멀리 사막을 넘어 운반하였을 것이다.

이 금루 옥의와 2기의 만성 한묘에서 출토된 일품(逸品)을 필자는 고궁(故宮)박물관에서 보았다. 출토품의 일부는 일본에서 전시된 일이 있었다. 1976년에 도쿄와 교토에서 전시된 '중화인민공화국 고대청동기전'에서는 장신궁등(長信宮燈)과 금은상감 조전문호(金銀象嵌鳥篆文壺) 또는 웅족정(熊足鼎) 주작등(朱雀燈), 금상감표(金象嵌豹) 등의 일품이 눈길을 끌었다.

마왕퇴 한묘에는 거의 금속 제품이 없었는데 만성 한묘에는 매우 많았다. 그 대신 칠기와 직물류는 마왕퇴에 훨씬 많이 보존되어 있었다. 만성 쪽은 파손되었거나 부패해 버린 것이 많았다.

금속 제품 부장의 많고 적음의 차이는 남북의 차이라기보다는 시대의 차이라고 생각하는 것이 옳을 것 같다.

두 묘는 50년이 넘는 시간적 차이가 있으나 마왕퇴 시대에는 금속 제품을

장신궁등(長信宮燈) ──── 만성 한묘(滿城漢墓) 출토, 청동 도금

지하에 묻는 것을 아깝게 생각했던 것 같다. 예를 들면 병금(餠金, 둥근 금덩이)은 고사하고 보통 쓰이고 있던 동전(銅錢)도 마왕퇴에서는 진흙으로 구운 모조품이 부장되었으나, 만성에서는 실물의 5낭쭝과 궁중행락전(宮中行樂錢, 놀이용 동전)이 출토된 것이다. 마왕퇴의 2호 묘는 여후 시대였으나 만성의 1호 묘와 2호 묘는 문제 시대였으므로 앞에서 언급한 바와 같이 금속 제품을 부장해서는 안 된다는 문제의 의사가 이미 전달되었음에 틀림없다.

묘에 대한 사고 방식도 반 세기 사이에 크게 변한 것 같다. 수혈식은 묻고 밀폐하는 것이지만, 횡혈식은 죽은 사람의 생활 터전을 만든다는 발상에서

298

금은 상감 조전문호(鳥篆文壺) —— 만성 한묘 출토, 청동

나온 것처럼 보인다.

만성 한묘의 주인공을 중산왕 유승 부부로 단정할 수 있는 것은 동기(銅器)에 '중산내부(中山內府)'라는 새김이 있는 것이 4개가 있고 거기에는 34년조(三四年造), 36년조, 39년조라고 되어 있다. 중산왕은 6대가 이어졌으나 그 중에서 재위 기간이 30년을 넘은 왕은 초대의 유승뿐이다. 2호 묘에서는 앞에서 언급한 바와 같이 두관(竇綰)의 인장이 있었고 또 중산 사당의 제사

주작등(朱雀燈) —— 만성 한묘 출토

금상감 표범 —— 만성 한묘 출토

용 봉니(封泥, 지금의 봉랍 같은 것)도 출토되었다. 5냥쭝의 주조 글씨체에서
무제 시대의 것으로 판명되기도 하였다. 여러 가지 정황으로 보아 유승 부부
로 생각할 수밖에 없다.

4

경제(景帝)에게는 14명의 왕자가 있었으며 모두 왕으로 봉해졌다. 아홉번째의 유철(劉徹)은 왕황후(王皇后)의 소생으로 4세에 교동왕(膠東王)에 봉해지고 7세에 황태자가 되었으며 16세에 즉위하였다. 이가 곧 무제(武帝)였다.

유승은 무제의 의붓형이 되고 생모는 가(賈) 부인이다. 고 부인은 상씨후 유하의 아버지인 조나라의 왕 유팽조도 낳았다. 유승은 형인 유팽조가 조나라 왕에 봉해진 다음 해(기원전 154년)에 중산왕으로 봉해졌다. 중산은 지난날 전국 시대 말기에 백적(白狄)이 나라를 세웠던 땅이다. 전국 시대의 중산국 왕릉이 발견된 사실은 이미 언급하였다. 나라 이름이 같아서 혼돈할 염려가 있으므로 한나라 중산국라고 해야 할 것 같다.

초대 중산왕인 유승은 주색을 좋아하여 120여 명의 아이를 낳은 인물이다. 유승이 사망한 지 270여년이 지나서 하북의 탁현(濁縣)에서 태어난 유비(劉備, 161년~223년)는「삼국지」에서 잘 알려진 바와 같이 촉한(蜀漢)의 황제가 된 인물이며 중산왕 유승의 후예라고 자칭했었다. 120여 명이나 되는 자손의 후손이 270여년 후에 얼마나 늘어났는지 모른다. 그러므로 한 마디로 유비의 허풍이라고 단정할 수는 없을 것이다.

건원(建元) 3년(기원전 138년) 중산왕 유승은 다른 형제들과 함께 입경하여 황제를 알현하였다. 무제는 그들을 위하여 주연을 베풀고 풍악을 울리자 유승은 그 소리를 듣고 눈물을 흘렸다. 19세인 무왕은 이유를 물었는데 유승은 이렇게 대답했다.

> 신은 종실(황족)이며 동방의 번병(藩屏)으로서, 혈연으로 말하오면 황제의 형뻘이옵니다. 그러하온데, 한나라의 황실과는 전혀 관계가 없는 군신(群臣)이 무리를 이루고 결속하여 종실을 배척하고 골육을 얼음 녹이듯이 하여 없애려 하고 있나이다.

군신이 제후왕과 황제를 이간시키려 하므로 제후왕이 박해를 받고 있다고 호소하였던 것이다. 경제(景帝) 때에 제후왕이 이른바 오·초 7국의 난(기원전

금루옥의(金縷玉衣) 남자 복원도 —— 만성 한묘 출토

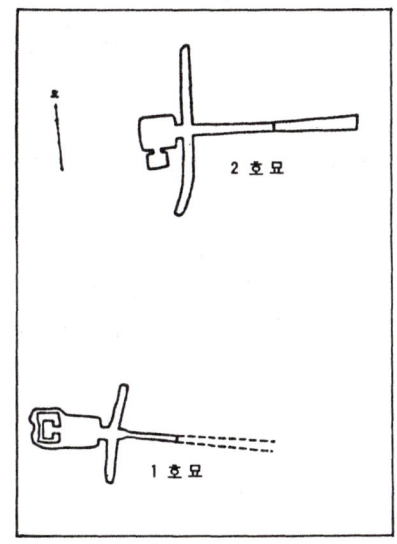

만성 한묘 평면도

154년)을 일으킨 이후 조정에서는 관리를 파견하여 엄하게 제후 왕국을 감시하였다. 그리하여 제후왕에게 잘못이 있으면 그것을 조정에 보고케 하였으므로 확실히 유승이 말하듯이 커다란 틈이 생기고 있었다. 무제도 유승의 말에 느끼는 바가 있어 그 이후부터 제후왕에 대한 감시를 완화하였다고 전해진다. 그리고 제후왕의 자제들을 열후로서 분봉(分封)시킬 것을 생각한 것도 유승의 말에서 연유한 것 같다.

무제 앞에서 뜻있는 말을 하였으나 실상 유승은 중산국의 정치에는 관심이 없어 매일 놀고만 지냈다. 그러나 그의 형인 조나라 왕 유팽조는 반대로 국정에 매우 열심이었다. 정치를 좋아하는 성격이었으리라. 조정에서 파견되어 오는 상(相)을 표면상으로는 겸손하고 정중하게 맞이하면서도 실은 교묘하게 함정에 빠뜨렸던 것이다. 간사하고 잔인하며 법률을 즐기고 궤변을 농하였다고 하므로 이러지도 저러지도 못할 인물이었다. 일부러 의심스러운 사건을 일으켜 상(相)을 곤경에 몰아넣고 그 처리 과정에서 상이 실언하였을 때는 그 말꼬리를 잡고 늘어지는 것이 능사였다. 유팽조는 조나라 왕으로서 63년간 왕위에 있었으며 조정에서 파견되는 상으로서 2년간을 머문 사람이 없었다. 대개 죄를 얻고 처벌되든가 때로는 처형되든가 했던 것이다. 이리하여 급기야는 조나라에 부임하는 중앙 정부의 관리로서 유팽조에게 거역하는 자는 없게 되었다. 유팽조는 권력을 마음대로 휘둘렀으며 경제 각료를 부려 이익을 올렸으며 그 수입은 나라의 세입보다도 많았다고 전한다.

또 유팽조는 부하에게 방범 순찰을 시켰을 뿐만 아니라 스스로 하기도 하였다. 그리고 한 어머니의 동생인 유승에 대하여 "중산왕은 다만 사치와 음탕으로 천자를 보필하며 백성을 돌보지 않는데 무엇으로써 제후라 할 것인가" 하고 비난하였던 것이다. 그러나 유승도 언제나 조왕(趙王)을 "형은 왕이 되어서도 순전히 아전의 일을 하고 있다. 왕자는 마땅히 때로 음악을 듣고 성색(聲色, 음악과 여색)을 가까이 할 일이다" 하고 비난하였다고 전해진다.

황위 계승의 서열에 있는 제후왕은 여차하면 의혹을 사게 되었던 것이다. 선정을 베풀어도 혹시 그것으로 민심을 끌어 모으는 것은 아닌가 하고 의심스러운 눈으로 본다. 매일 음악을 듣고 여인과 놀아나며 적당히 바보 흉내를 내는 것이 안전하기도 하였을 것이다. 중산왕 유승은 어쩌면 그런 계산을 하고 있었는지도 모른다.

2호 묘에서 나온 인장으로 보아 중산왕 유승 부인의 성이 두(竇)라는 사실을 알게 되었다. 실은 경제의 어머니(무제와 유승에게는 할머니)의 성도 두씨였던 것이다. 무제가 즉위한 다음에도 그녀는 태황태후(太皇太后)로서 강력한 발언권을 갖고 있었다. 황로(黃老, 노자와 장자의 사상)를 좋아해서 유교를 국교로 삼으려 하였던 무제도 건원 6년(기원전 135년)에 할머니가 사망하기까지 이를 실행할 수 없었을 정도였다. 유승의 부인 두관이 태황태후와 혈연 관계에 있었는지의 여부는 알 수 없다. 동성이라는 것 말고는 그것을 증명할 근거가 없다. 그러나 유승 부인이 태황태후 두씨 일가의 출신일 가능성은 매우 짙은 것 같다.

유승의 죽음은 사서에 무제의 원정(元鼎) 4년(기원전 113년)이라고 분명히 나와 있으나 그 아내의 죽음에 관한 기록은 없다. 그러나 남편이 죽은 다음 인 태초(太初) 원년(기원전 104년) 이전으로 추정된다. 왜냐하면, 태초 원년 이후에는 '사사(祠祀)'가 '묘사(廟祀)'로 개정되었기 때문이다. 2호 묘의 봉니 (封泥)는 중산 사사(中山祠祀)로 되어 있다. 개정되어도 바로 봉니를 바꾸지 않았던 것인지 모르나 그러나 1년은 경과하지 않았을 것이다. 묘의 조성도 2호 묘가 한결 손질이 잘 되어 있는 느낌이다.

부부 다 함께 황제에 준하는 금루 옥의인 것은 황제의 형제로서 특별 대우 를 받은 것으로 생각된다.

5

북위(北魏)의 「수경주(水經注)」에 중산국의 영지 내 삼반산(三盤山)과 팔각랑촌(八角廊村)에 한나라의 대묘가 있다고 기록되어 있다.

삼반산의 한묘는 동서로 3기가 있었다. 3기 모두에서 마차 9대, 말 35마리 가 묻혀 있었고 그 밖에 많은 마차의 모형이 출토되었다. 중산내부(中山內 府)라고 박혀진 동종(銅鐘)이 있었고 유교군(劉驕君), 유전세(劉展世)라고 판독된 동인(銅印)도 있었다. 출토품 중에서 으뜸가는 것은 금과 은으로 상감된 마차의 차체로서 몸통은 동으로 장식되고 운산(雲山), 화목(花木), 조수(鳥獸) 등 125가지에 이르는 갖가지 모양이 상감되어 있는 것으로 실로 놀랄 만큼 정교한 것이었다. 한나라 시대의 공예 수준이 매우 높았다는 사실 을 말해 주는 것이었다.

「정현지(定縣志)」 등의 문헌류를 참고하여 중국의 학자가 분석한 바로는 아마도 묻힌 사람은 유승의 아들로서 중산왕을 이은 유창(劉昌)이나 혹은 그의 아들 유곤치(劉昆侈)와 그 가족 중의 누구일 것이라고 추정한다. 그리고 이 삼반산의 한묘에서 옥의는 나오지 않았다.

1973년에 발굴된 하북성 정현 팔각랑촌의 한묘에서는 금루 옥의가 출토되었다. 1977년에 일본 나고야(名古屋)시 박물관의 개관 사업으로 개최되었던 '중화인민공화국 출토 문물전'에 전시되었던 금루 옥의가 바로 그것이었다. 그때의 해설에는 다음과 같았다.

> 봉건 통치 계급은 자기의 시체를 옥의로 보존할 수 있으리라고 몽상하였을 것이나, 출토되었을 때 시체는 이미 완전히 썩어 있었고 한 웅큼의 재로 변해 있었다. 그리고 노동 인민이 만들어낸 이 금루 옥의만이 변함없이 남았던 것이다.

이때의 전시에는 금루 옥의의 주인이 베고 있던 옥침(玉枕)도 출품되었다. 장방형의 목침에 구슬을 붙인 것으로 머리를 편하게 하기 위하여 가운데가 약간 움푹하게 들어갔다. 옥의의 좌우 겨드랑이에 각기 1개의 용문 벽옥벽(龍文碧玉璧)이 끼워져 있었다. 옥의만으로는 부족하다고 생각하였던지 돌이옥(璧)의 영험에까지 의존하였던 것이다. 특히 옥의 우측에 쌍용이 여의주를 물고 있는 모양이 박혀진 동검이 놓여 있었다. 출토된 죽간에는 오봉(五鳳) 2년(기원전 56년) 정월이라는 연대가 있는 것으로 보아 전한 시대 말기의 대묘임은 확정적이다.

그러면 도대체 이곳의 주인공은 누구일까? 금루 옥의는 황제급의 장구이다. 제후왕으로서도 무제의 형이었던 유승과 태황태후의 혈연이었을지도 모르는 부인 두관은 특별 대우로 금루 옥의가 허용되었을 것으로 상상할 수 있다. 이제까지 10여 벌의 옥의가 발견되었으나 금루는 유승 부부의 경우 뿐이었다. 그런데 같은 중산국의 영지인 팔각랑촌에서 제3의 금루 옥의가 발견된 것이다.

여기에서 유승의 '중산국'의 운명을 더듬어 보기로 하자.

주색을 좋아하던 유승은 42년간이나 재위하고 그의 아들 유창이 뒤를 이었으나 2년 만에 사망하고 만다. 3대의 중산왕은 유승의 손자인 유곤치였다. 중국에서는 황제와 같이 제후왕도 사후에 '시호(諡號)'를 내렸다. '예시법(禮諡法)'이라든가 '시법(諡法)'이라고 하는 전문서까지 있다. 예를 들면 "의(義)를 베풀고 군세게(剛) 행함을 경(景)이라 한다"는 구절이 있고 오·초

7국의 난을 평정한 유계(劉啓)에게 '경제(景帝)'라고 추서하고 있다. 무제라
는 시호도 '예시법'의 "위강예덕(威强叡德)은 무(武)라 한다"에서 채택한
것이다. 중산왕도 역대의 왕을 구별하기 위하여 초대 유승을 정왕(靖王)이라
고 하고, 즉위하여 바로 죽은 2대의 유창을 애왕(哀王)으로 하였으며, 3대의
유곤치를 강왕(穅王)이라고 하였지만 이 강이란 "놀이를 즐기고 정치를 태만
하는 것은 강(穅)이라 한다"라는 글에서 볼 때 명군은 아니었던 것 같다.
그 할아버지와 같이 적당히 즐기고 있으면 장안의 조정으로부터 의심받지
않는다는 보신책이었는지도 모른다. 이 인물은 21년간 왕위에 있었고 유보
(劉輔)가 뒤를 이었으나 3년 만에 사망하고 그의 아들 유복(劉福)은 17년간
왕위에 있었다. 보는 경왕(頃王), 복은 헌왕(憲王)이다. "민첩(敏)하기를 공경
과 신중(敬愼)으로써 하는 것을 경(頃)이라 한다" "박문(博聞)하고 기록을
많이 하는 것을 헌(憲)이라 한다"라고 기록되어 있는 것으로 보아 이 두
인물은 우선 합격점을 얻었던 것으로 생각된다.

6대의 유순(劉循)은 지절(地節) 원년(기원전 69년)에 왕위에 올라 15년
만에 사망하고 후손이 없었기 때문에 '중산국'은 여기에서 단절되었다. '본기
(本紀)'에는 기록이 없으나 중산국의 단절은 선제(宣帝)의 오봉 3년(기원전
55년)에 해당된다. 이리하여 중산국은 한 왕실 직할령으로 중산군(中山郡)
이 되었으리라.

선제(宣帝)가 황룡(黃龍) 원년(기원전 49년)에 사망하고 그의 아들 원제
(元帝, 기원전 75년~기원전 33년)가 황위에 올랐다. 선제에게는 5명의 아들이
있었고 원제는 허황후(許皇后)의 소생이다. 원제의 동생들도 각기 왕위에
올랐으나 막내인 유경(劉竟)은 어렸기 때문에 형인 원제 즉위 후 초원(初
元) 2년(기원전 47년)에 비로소 청하왕(淸河王)으로 봉해지고 3년 후(기원전
44년)에 중산왕으로 옮겼다. 이리하여 유승의 중산국은 10여년 간 단절되다
가 선제(宣帝)계의 중산국이 다시 나타나게 되었다.

그러나 팔각랑촌 대묘의 주인공은 이 제2의 중산왕 유경이 아니다. 「한
서」에 의하면 유경은 어렸기 때문에 임지에 가지 않고 있다가 건소(建昭)
4년(기원전 35년)에 장안에서 사망하여 두릉(杜陵)에 묻혔고 후손이 없어서
나라가 단절되었다고 나와 있다. 이리하여 유씨의 제2 중산왕은 불과 10년밖
에 계속되지 못했다. 그러므로 이 왕(유경)은 영지에 갔던 일이 없는 것이

다.

이 제2 중산국 왕 유경의 형인 원제에게는 3명의 아들이 있었다. 왕황후의 소생인 성제(成帝, 기원전 52년~기원전 7년)는 일찍부터 황태자에 봉해졌고 부씨(博氏)의 소생인 유강(劉康)과 풍씨(馮氏)의 소생인 유흥(劉興)은 각기 제후왕에 봉해졌다.

유강은 제양왕(濟陽王)에서 정도왕(定陶王)이 되어 있었다. 이 인물은 다재다능하여 아버지 원제의 사랑이 두터웠고 생모 부씨도 원제의 총애가 한결같아서 한때는 황태자가 되는 것이 아닐까 하는 관측도 있었다. 유흥은 신도왕(信都王)에 봉해지고 양삭(陽朔) 2년(기원전 23년) 중산왕으로 옮겼다. 이리하여 원제계(系)의 제3 중산국이 탄생하였던 것이다. 제2 중산국이 단절된 지 12년 후의 일이었다.

성제는 27년간 왕위에 있었고 유화(綏和) 2년(기원전 7년)에 사망하였으나 후손이 없었다. 그와 황제 자리를 다투던 정도왕 유강은 일찍 세상을 떠나고 그의 아들 유흔(劉欣)이 왕위에 있었다. 중산왕 유흥(劉興)은 아버지 원제 시대에 중산왕으로 옮겨 30년간 재위하다가 형인 성제와 같은 해에 수개월 일찍 사망하였다. 성제 재위 때부터 후계자가 없었기 때문에 황태자 선정 문제가 논의되었으며 후보자는 2명으로 압축되었다. 동생인 중산왕 유흥인가 또는 죽은 정도왕 유강의 아들 유흔인가 하는 문제였다. 이때 성제는 유흔을 선정하였다. 황통을 잇는 것은 원칙적으로 아들 쪽인 것이다. 종묘에서 조상을 제사지낼 때 부자 순으로 들어가게 되지만 형제의 경우에는 서열이 문란해지게 된다. 성제가 유흔을 황태자로 선정한 것은 유흥일 경우에는 함께 종묘에 들어갈 수 없게 된다는 이유에서였다. 그러나 사실은 유흥의 사람됨에도 문제가 있었던 것 같다. 우둔하거나 포악하지는 않았으나 영명하지 못하여 성제로부터 '상서(尙書)'의 암송을 지시받고도 줄줄 외우지 못해 곳곳에서 막히는 일이 많았다는 기록이 있다.

그것을 암송할 수 없는 탓으로 황제감이 되지 못한다고는 할 수 없는 것이며 성제는 달리 시험하여 정한 것 같다. 후계자로 삼지는 않았으나 중산왕 유흥의 영지를 넓혀[제기(帝紀)에는 3만 호, 열전(列傳)에는 1만 호]주었다.

성제의 사망 후, 조카인 유흔이 황태자로서 황위에 올랐다. 이 인물이 애제(哀帝, 기원전 26년~기원전 1년)이다. 유흔은 정도왕으로서도 아버지 유강의 사망 후 14년간 왕위에 있었다. 그러나 황제로서는 불과 6년밖에 있지 않았다. 그는 26세에 후손 없이 사망하였다.

형인 성제와 같은 해에 죽은 유흥의 중산 왕위는 그의 아들 유기자(劉箕子)가 이어 재위 6년이었으며 그이 말고는 황위를 계승할 사람이 없었다. 이 사람이 평제(平帝, 기원전 9년~기원전 5년) 9세에 즉위하여 14세에 왕망에 의해 독살되었다. 왕망(王莽)은 그 후 2년 정도 선제(宣帝)의 현손인 영(嬰)이라는 2세의 유아를 옹립하고 자신이 섭정하였으나 급기야는 한(漢)왕실을 폐하고 '신(新)'이라는 왕조를 세웠다. 그러므로 평제는 사실상 한왕조(漢王朝) 최후의 황제이다.

한왕조 멸망의 책임은 독살당한 소년 평제라기보다 동성애의 상대인 청년 동현(董賢)을 대사마(大司馬)에 앉히기도 하고 황제의 위신을 세우기 위하여 터무니없이 대신을 주살하였던 애제였다고 보아야 옳을 것이다.

### 6

중국학자가 고증한 바에 의하면, 일본의 나고야에 왔던 금루 옥의에 싸였던 인물은 원제의 아들이며, 성제의 동생이고, 평제의 아버지인 중산왕 유흥일 가능성이 가장 농후하다는 것이다.

제후왕이라고 해도 이상과 같은 관계에서 보면 제1 중산국 유승 이상으로 황제 급의 예우를 받아 마땅한 인물이라고 할 수 있을 것이다.

팔각랑촌의 이 중산왕 유흥이라고 추정되는 금루 옥의는 구슬 미늘 1,203장으로 되었고, 그 황금실의 무게만도 2.58킬로그램으로 보고되었다. 유승의 것보다 구슬 미늘이 반 정도 적은 것은 한장 한장의 크기가 크기 때문이다. 황금실의 무게는 이 팔각랑촌의 것이 배 이상 된다. 여러 사람의 중산왕이 있었으나 이와 같이 묻힐 수 있는 사람은 유흥 이외에는 달리 생각할 수가 없다. 더구나 이 인물은 형인 성제와 같은 해에 사망하였으므로 아마도 성제의 장구(葬具)와 같은 것을 사용하였을 것이다.

중산왕 유흥의 조카가 지난날 정도왕으로서 애제라고 시호된 유흔이며 한왕조 멸망에 가장 큰 책임이 있다는 사실은 앞에서 언급하였다. 아무리 왕망에게 전횡하는 거동이 있었고 야심이 있었더라도 만일 한왕조 인사들이

해낼 마음만 있었다면 근 200여년이나 계속되어 온 왕조를 쉽사리 찬탈하도록 내버려 두지는 않았으리라. 대신이나 장군들이 한결같이 왕실에 대해 미련이 없었던 것이다. 그 최대의 원인은 애제가 동성애 상대인 동현이라는 젊은이를 중용한 데 있었을 것이다. 아무리 충절이 곧은 인사나 전쟁터에서 몇 번씩 죽음의 고비를 넘겼던 용사라 할지라도 황제의 마음을 사로잡은 미소년(美少年)에게는 당할 수가 없었다. 대사마라는 직책은 곽광 이래로 재상 이상의 권한을 쥔 막강한 직책이었을 것이다.

"유만(柔曼, 피부가 부드럽고 살결이 곱다는 뜻)에 뜻을 빼앗기는 일은 여덕(女德, 여색)에 못지 않다. 대개의 경우 남색(男色)이 있었도다"라고 「한서」는 개탄하고 있다. 고조 유방에는 적유(籍孺)가 있었고, 혜제에게는 굉유(閎孺), 문제에게는 등통(鄧通), 무제에게는 한언(韓嫣)이라는 미소년이 있었다. 혜제 시대에는 일반 군신들까지도 요란한 복장을 하고 화장까지 하고 있었다고 한다. 그러나 총애를 받았던 미소년 중에서 재상 이상의 지위까지 올랐던 인물은 역시 애제 때의 동현뿐이었다.

중국에서는 동성애를 '단수(斷袖)'라고 한다. 이 말의 유래는 애제가 어느 날 동현과 더불어 낮잠을 자고 있을 때 동현이 애제의 옷소매를 베고 잠들어 있었다. 애제가 먼저 잠에서 깨어 일어나려고 하다가 자기가 일어나게 되면 동현이 깰 것 같아 자기의 옷소매를 잘라 버리고 일어났다는 것이다. 그런 일이 있은 다음부터 '단수'는 동성애의 은어 또는 별칭으로 말하게 되었다.

이와 같은 애제는 동현을 더없이 총애하여 자기의 묘 옆에 동현의 묘를 만들어 두었다. 죽어 저 세상에 가서도 사랑을 나누려는 계획이었다. 애제는 즉위하여 바로 자신의 능을 만들기 시작하였다. 애제의 능은 의릉(義陵)이라 불리며 「한서」 '영행전(佞幸傳)에는 다음과 같은 기록이 있다.

> 동원의 비기(祕器), 주유옥합(珠襦玉柙, 옥의)은 미리 현(賢)에게 하사하고 준비되지 않는 것은 아무 것도 없었다. 또 장작(將作, 궁정의 건설 관계 부처명)으로 하여금 의릉 곁에 총영(塚塋, 무덤자리)을 만들게 하였다. 안에는 편방(偏旁), 강백(剛柏, 황장), 제주(題湊)을 만들고 밖에 요도(徼道, 회랑)를 만들어 주원 수리(周垣數里), 문궐(門闕), 부시(罘罳, 궁문 밖의 들창에 망 같은 구명을 뚫은 벽)이 매우 성대하였다.

실로 파격적인 대우라 하지 않을 수 없었다.

애제가 죽은 다음 왕망은 태후의 뜻을 받들어, 애제의 와병 중에 그렇게까지 측근에 있으면서도 의약을 권하지 않았다는 점을 들어 동현을 탄핵하였다. 태후란 애제의 황후를 말한다. 아내인 자기를 돌보지 않고 남편이 미소년하고만 어울리고 있었으므로 동현을 원망하던 터이라 물을 필요도 없었다.

태후의 칙령으로 동현은 대사마의 인수(印綬)를 반환하여야 했고 칙령에는 그의 죄상도 들어 있었다. 동현은 그의 아내와 더불어 자살하고 말았다. 그의 아버지 동공(董恭)은 이들의 시체를 옥의에 싸서 정중하게 묻었다. 미리 장구가 마련되어 있었기 때문에 신속하게 매장할 수 있었을 것이다.

그러나 그 분묘가 분수에 맞지 않는다고 하여 탄핵당했다. 또한 매장이 너무나 빨리 치루어졌기 때문에 동현이 과연 죽었는지 어떤 것인지도 의심스럽다는 소리도 있었다. 용색(容色)으로 대사마까지 오른 동현에 대한 원망이 상하 군신들 간에 매우 심했으리라는 점은 상상하기 어렵지 않다. 그의 죽음이 위장된 것인지도 모르기 때문에 관을 파내서 감옥으로 보내 검시해야 한다는 상소도 날아들었다.

애제는 그의 모든 것을 동현에게 바쳤던 것이다. 실로 어처구니없는 일이었으며 말할 수 없이 많은 하사품 때문에 "국가, 그 때문에 텅 비도다"라고 「한서」에 기록되어 있다. 국가의 세입을 애제는 모두 동현의 주머니에 넣어 주었던 것이다. 장안(長安)의 불량배들은 동현의 집에 가서 문상객을 가장하여 틈만 있으면 물건을 훔쳐 가려고 떼를 지어 몰려들었다.

조정에서는 동씨의 전 재산을 압류하여 이를 공매 처분하였던 바 43억 전의 수익이 있었다고 한다. 동현의 묘가 파헤쳐진 것은 두말할 나위도 없었다. 옥의가 벗겨진 것은 당연하며 시체도 발가벗겨져서 검시를 받은 다음 그대로 옥중에 묻어 버렸다. 옥의의 사람이 관조차 없이 짐승 취급을 받게 되었던 것이다.

여기서 짤막한 후일담 하나를 얘기하겠다.

대사마부의 관리로 지난날 동현에게 그 능력을 인정받았던 주허(朱詡)라는 사람은 관과 수의를 구입하여 동현의 시체를 파내서 관에 넣어 묻었다. 세상이 온통 동현을 비난하는 가운데 이것은 실로 용기 있는 행위라고 하지 않을 수 없는 일이었다. 그러나 이 말을 전해 들은 왕망은 대노하여, 다른 사건을 들추어 주허를 살해하였다. 자기에게 은혜를 베풀었던 사람에게 죽음으로써 보은한 인물로 사건의 잘잘못은 별문제로 하고 주허는 돋보이는 인물이라고 할 수 있을 것이다.

그 후, 동현의 시체가 어떻게 되었는지에 대하여 「한서」에는 기록이 없다. 주허가 죽었으므로 주허가 마음을 썼던 동현의 조잡스런 관도 또 다시 파헤쳐졌으리라. 미소년이었던 동현은 아마도 두번씩이나 발가벗겨지고, 옥의에 감싸였던 몸은 차디찬 땅 속에 다시 내동댕이쳐졌을 것이 분명하다.

# 변경(邊境)의 땅 속에서

## 1

「사기」 '서남이열전(西南夷列傳)'에 의하면 현재의 귀주(貴州), 운남(雲南) 지방에는 많은 부족들이 각기의 촌장 밑에서 농업과 목축에 종사하고 있었다. 그 중에서 가장 컸던 집단은 야랑(夜郎, 귀주성), 전(滇, 운남성), 공도(卭導, 사천성) 등이었다. 이 지방은 산악 지방으로 교통이 불편하며 외부와 접촉이 그다지 많지 않다. 한나라의 사신이 갔을 때 그곳의 촌장이 "한나라와 우리 나라, 어느 쪽이 더 큰가?"라고 물었다는 것은 유명한 이야기로 전해진다. "독불장군", 세상 물정 모르고 날뛰는 사람을 독불장군이라고 표현하게 된 연유는 여기에서 시작되었다고 전한다. 그러나 「사기」에는 전(滇)나라의 왕이 그렇게 묻고 야랑의 토후도 그러하였다고 되어 있다.

한나라가 광동(廣東) 지방에 할거하고 있던 남월(南越)을 멸망시키자 남월을 의지하고 있던 야랑이나 전나라도 항복하였다. 「사기」에는 전나라 왕이 항복한 것은 무제(武帝)의 원봉(元封) 2년(기원전 109년)이라고 기록하고 있다.

> 전왕(滇王), 서남이(西南夷)에서 떨어져 나와 항복하고 사신을 보내 입조(入朝)하기를 청하다. 이리하여 익주군(益州郡, 운남성)으로 하여 전왕에게 왕인(王印)을 내리고 또한 그 백성의 우두머리를 삼았다. 서남이의 촌장이 100을 헤아리나 오직 야랑(夜郎)·전(滇)만이 왕인을 받았다. 전나라는 작은 도읍이나 가장 신임을 받았다.

「사기」의 이러한 문장은 1956년부터 다음해에 걸쳐 운남성 진녕현(晋寧

縣)의 석채산(石寨山) 유적의 발굴로 물증에 의해 사실임이 증명되었다.

석채산 유적의 동편에서 20여 개의 고분이 발굴되었으며, 그 중의 제6호 묘에서 전서(篆書)로 된 '전왕지인(滇王之印)'이라고 음각(陰刻)된 금인(金印)이 출토된 것이다. 반사뉴(蟠蛇鈕)로서 도장의 면은 2.4센티미터, 높이 0.7센티미터, 꼭지를 포함한 높이는 1.8센티미터이고 무게는 90그램이었다. 금의 순도는 95%로 측정되고 있다.

전왕금인(滇王金印)

일본의 시카노시마(志夏島)에서 '한위노국왕(漢委奴國王)'의 금인이 발견된 것은 1784년의 일이었다. 이것도 「후한서」의 '동이왜열전(東夷倭列傳)'의 다음과 같은 기록과 비슷하다.

> 건무중원(建武中元) 2년(57년), 왜노국(倭奴國), 조공입조(朝貢入朝)하다. 사신은 스스로 대부(大夫)를 칭하다. 왜국의 최남단에 있도다. 광무(光武) 인수(印綬)를 내리다.

더구나 같은 반사(蟠蛇, 인장 손잡이)의 꼭지인 것이다. 한왕조(漢王朝)는 변경의 토후(土侯)에게 인수를 내릴 때, 북방 쪽에는 낙타, 남방 쪽에는 뱀으로 상징하였다고 한다. '한위노국왕'의 도장은 면이 약 2.35센티미터, 몸통 높이 0.887센티미터로 꼭지까지 합하면 2.236센티미터이다. 166년이라는 세월의 차이가 있고 왕조도 전한 시대에서 후한으로 변했으나 도장은 한위노국왕의 것이 크고 무게도 108.7 그램이다. 두 개 모두 사서에 기록되어 있던

조형동등(鳥形銅燈) ── 전한·망우령묘 출토

사실이 물증을 얻게 되었다는 점에서 공통된다.

바다에서 멀리 떨어져 있는 운남성이나 귀주성 부근에서는 각별히 자개류가 보물로 취급되었다. 화폐 시대에 와서도 금고(金庫)에 해당하는 것은 '저패기(貯貝器)'로 불렸다. 돈을 저장해 두는 보물함은 청동으로 만들어졌다. 1973년 중·일 국교 정상화를 기념하기 위하여 도쿄와 교토에서 전시되었던 '중화인민공화국 출토 문물전'에는 석채산 유적에서 출토된 저패기 2점이 전시되었다. 그 중의 하나는 뚜껑에 농민들이 연공(年貢)을 모으고 있는 모양을 나타낸 것이고(貢納, 銅貯貝器), 또 다른 하나는 '사우식 저패기(四牛飾貯貝器)'로 그 뚜껑에 장식되어 있는 것은 중앙의 승마인물을 중심으로 4마리의 소를 다루고 있는 것이었다.

석채산 유적에서 출토된 청동 저패기 중에서 으뜸이랄 수 있는 것은 북경의 중국 역사 박물관(中國歷史博物館)에 소장하고 있는 '칠우 동저패기(七牛銅貯貝器)'일 것이다. 필자는 박물관의 특별실에서 요모조모로 살펴보았는

동옥(銅屋) —— 전한·망우령묘 출토

데, 이것은 정말 당당한 품격을 가진 일품이었다. 그것이 발굴된 지방은 촌구석 취급을 받았던 곳이었으나 칠우 동저패기는 야성미가 철철 넘치면서도 산뜻하게 정리된 선을 나타내고 있었다.(화보 참조)

1971년 광서 장족(廣西壯族) 자치구인 합포현(合浦縣)의 망우령(望牛嶺)에서 대규모 수혈 목곽묘(竪穴木槨墓)가 발견되었다. 부장되었던 오주전(五銖錢)은 전한 시대의 선제(宣帝)·원제(元帝) 때의 것으로 이 묘가 전한 말기에 만들어진 것이 거의 틀림이 없다. 망우령 묘에서 출토된 것 중에서 가장 흥미로운 것은 '조형동등(鳥形銅灯)'이다.

등 위에는 촛대 접시를 놓고 새가 갓을 입에 물고 있는 것으로 새의 목은 수평으로 회전할 수 있게 되어 있고, 초의 그을음을 그 갓으로 빨아들이게 되어 있다. 이것은 만성 한묘(滿城漢墓)에서 출토된 장신궁등(長信宮灯)은 궁녀의 소매가 연통형으로 되어 연기를 빨아내게 되어 있는 것과 닮았다(297페이지 사진 참조). 이 새는 봉황이지만 녹이 슬어서 분명하게는 보이지 않으나 전신은 매우 정밀한 모조(毛彫) 날개로 장식되어 있다. 합포현은 광동의 뇌주반도(雷州半島) 서쪽의 끝부분에 있어서 글자 그대로 변경의 두메 산골이다. 이 묘에서 출토된 부장품에 동옥(銅屋)이 있었고 1973년 일본에서 전시되었다. 앞에서 양 옆으로 여닫게 되어 있는 문에 베란다가 달려 있어서 당시의 남방 건축을 연구함에 있어 귀중한 자료가 된다.

운남성이나 광서성에는 동고(銅鼓)의 출토가 매우 흔하다. 광서성 남녕시 (南寧市)의 큰 박물관이 1978년에 개관되어 필자는 그 며칠 후에 참관하였던 바 수백 개도 넘는 동고(銅鼓)가 가지런히 놓여 있는 것을 보니 장관이었 다. 석채산 유적이나 망우령 묘에서도 동고가 출토되었다. 동고는 그것을 장식한 무늬가 당시의 생활상을 나타낸 것이므로 매우 귀중한 것이다. 표면 주변의 손톱 같은 입체 장식은 거의 모두가 개구리인데, 동면 끝에 다시 뛰쳐 나온다는 뜻에서 갱생의 상징인지도 모른다.

## 2

서남방 쪽의 예를 들었으므로 이번에는 북방 쪽으로 눈을 돌려보자. 한 (漢)나라 시대의 북방은 흉노(匈奴)의 땅이었다. 이 흉노에 관하여는 이제까 지 여러 가지 설이 있으나 수수께끼 같은 민족이라고 해야 옳을 것이다. 인종적인 체형으로는 오히려 백인종에 가까웠다고 한다. 오호십육국(五胡十 六國)의 후조(後趙)는 흉노계의 갈족(羯足) 정권이었으나 한나라 사람인 염민(冉閔, ?~352년)이 이를 멸망시켰을 때, 갈족 20만 명을 무차별하게 살해 하였는데 이 사실은 「진서(晉書)」에선 "코가 높고 수염이 많아서 잡혀 죽은 자가 반이 넘는다"라고 기록하고 있다. 흉노는 아닌데 코가 높거나 수염이 많았기 때문에 오인되어 잡혀 죽은 자가 20만 명 중에 반을 차지하였다는 것이므로 소름끼치는 이야기가 아닐 수 없다.

후조의 멸망은 4세기 중엽(349년)이지만 「진서」는 7세기에 쓰여진 것이 다. 필자는 이와 같은 몸서리쳐지는 정경의 기록이 사서(史書) 중에서도 각별한 뜻을 가지고 기록된 서술이라고 생각한다. 중국 사서의 특색 중 하나 로는, 민족의 신체적인 특징을 기술하지 않는 사실을 들 수 있을 것이다. 헤로도투스의 「역사」 같은 것은 민족의 신체적인 특징에 흥미를 나타내, 인도인의 정액(精液)은 검다는 말까지도 하였다. 중국의 사서는 풍속에 관하 여는 상술하지만 신체적인 점에 관하여는 언급하지 않는다. 예를 들면, 「사 기」 '서남이열전(西南夷列傳)'은 서남이 중에서 전나라에서는 퇴결(魋結, 북상 투)한다든지, 수(嶲)나 곤명(昆明, 사천성)은 변발(辮髮)한다는 사실에 대해서는 언급하고 있다. 그러나 이것은 풍습이지, 신체적인 특징은 아니다. 또한 춘추 시대의 오나라에서는 문신(文身)을 하였다고 하였으나 이것도 신체에 가한 풍습이지 신체적인 특징이라고는 할 수 없는 것이다. 그러므로 앞서 언급한 「진서」의 짧은 문장이야말로 중국 사서에서는 처음으로 민족의 신체적인 특징에 대해 언급한 것이다.

유목 생활을 영위하였던 흉노족의 유적은 중국뿐만 아니라 시베리아나 중앙아시아에까지 분포하고 있다. 최근 중국에서는 1972년 겨울에 내몽고(內蒙古) 항금기(杭錦旗)의 아로시등사와(阿魯柴登沙窩)에서 2기의 한나라 묘가 발굴되었다. 또한 그곳에서 훌륭한 금관까지 출토되었다. 이 금관은 손오공(孫悟空)이 쓰던 금속제 머리띠와 비슷하게 고리와 윗부분이 두 개로 나뉘어 있었다. 윗부분은 날개를 수평으로 펼친 새로 되어 있고, 새의 머리에는 터키석이 박혀 있다. 그 이외에도 호랑이, 양, 소의 동물 의장(動物意匠)의 금제품이 출토되었다. 끊임없이 이동해야 하는 유목민으로서는 운반하기 쉬운 귀중품으로서 금세공품이 마음에 들었을 것이다.

1974년 내몽고의 준격이기(准格爾旗)의 옥륭태(玉隆太)에서 한나라 때의 흉노 묘가 발굴되었으나 이곳의 부장품은 대부분이 청동 제품이고 그것도 영양(羚羊), 각양(角羊), 말 등의 동물 의장이 돋보인다.

1959년 내몽고의 찰뢰낙이(札賚諾爾) 고분에서 비마(飛馬) 모양의 청동 허리띠가 출토되어 이른바 오르도스식 청동 문화로 간주되었다. 그러나 연구 결과 후한 시대의 선비족(鮮卑族)의 고분으로 판명되었다. 이 선비족에 관하여도 여러 가지 설이 있어서 흉노계 이외에 터키계 설도 있으며 최근에는 후자가 유력시되는 것 같다.

찰뢰낙이 고분에는 말의 머리, 양의 머리, 말 발굽과 양 발굽 등이 부장되어 유목민의 특징을 나타내고 있다. 1961년에 발견되어 1963년부터 발굴된 진파이호기완공(陳巴爾虎期完工)의 고분군은 아무래도 보다 오래된—기원전 3세기를 밑돌지 않는—시기의 선비족의 것으로 추정된다.

선비(鮮卑)라는 말이 중국 사서에 처음으로 등장한 것은 「후한서」에서였다. 거기에 선비는 전국 시대 동호(東胡)의 자손이라고 되어 있다. 흉노 출현 이전의 동호는 막강하였다. 흉노도 동호에게 시달림을 당하여 묵돌선우(冒頓單于)가 천리마(千里馬)와 미녀를 바라기 때문에 그대로 보내 주었다는 사실이 「사기」 '흉노열전(匈奴列傳)'에 기록되어 있다. 그 후 묵돌선우는 동호를 급습하여 그 왕을 살해하고 백성과 가축을 약탈하였다. 동호 몰락 후에는 흉노에 속해서 시라물렌 유역에서 유목하였을 것으로 상상된다. 「사기」나 「한서」에 흉노에게 승복했던 부족으로 거론되고 있는 신리(薪犁)가 선비족을 지칭하는 것이리라.

선비 묘에서 청동 허리띠가 발견되었는데 그것은 그들의 상징이었던 것 같다. 터키·몽고계에 의하면 '허리띠'를 '세르베라'라고 한다. 그러므로 '선비'라는 어원은 '세류레루'이므로 「사기」가 이것을 '신리'로 하였을 것이라는 설이 유력하다.

기원전 3세기의 선비 묘에서도 허리띠 장식과 버클이 출토되었다. 말의 머리, 소 머리, 개 머리가 순장(殉葬)되고 부장품 중에 칠기와 명주 등도 있는 것으로 보아 유목민인 그들은 일찍부터 중원과 교역했다는 사실을 말해 준다. 선비족은 그 부족의 척발부(拓跋部)가 후에 북위(北魏) 왕조를 세워 남북조(南北朝)의 한 편 주인이 된 중요한 민족으로 이제부터 고고학 분야에서도 그에 대한 연구가 진척될 것이다. 내몽고 서쪽에 있는 영하회족(寧夏回族) 자치구도 역시 흉노의 한 근거지였다. 예를 들면, 투조(透彫)에서 호랑이가 노새를 덮치고 있는 의장의 동패(銅牌)가 출토된 것은 분명히 흉노 문화의 특징을 지닌 것이다.

영하 남쪽의 고원현(固原縣)에서는 진(秦)나라 때의 유물이 나왔다. 아마도 격렬한 싸움으로 전국 시대에는 진나라 세력권에 들어 있었던 것 같다. 그 무렵의 동정(銅鼎)이 출토되고 거기에 "함양일두삼승(咸陽一斗三升)"이라고 찍혀 있었다. 실제로 그 용적을 측정한 바, 2천 5백 입방센티였다고 한다. 진나라가 옹(雍, 섬서성)에서 함양(咸陽)으로 천도한 것은 기원전 350년의 일이었다. 또 철권파인 상앙(商鞅, ?~기원전 338년)이 진나라 재상이 되어 각지에서 약간씩 차이를 보였던 도량형(度量衡)을 통일하고 동방승(銅方升)을 만들어 199 입방센티미터로 정한 것은 천도한 지 얼마 되지 않아서였다고 한다. 이 동정(銅鼎)에 의하면, 한 말(升)은 192.3 입방센티미터가 되므로 그것을 통일시키기 전에 약간씩 차이가 있을 때에 만들어진 것으로 생각할 수 있다. 더구나 명문으로 보아 함양에 천도한 후로 짐작되므로 주조 연대는 좁혀진다. 또한 명문 속의 '양(陽)'자는 소전(小篆)보다 두 획수가 적은 것으로 보아 이사(李斯 ?~기원전 208년)에 의한 문자 통일(기원전 219년의 칙서에 있다) 이전의 진나라 예서(隷書) 형성사의 귀중한 자료이기도 하다.

더구나 진나라의 통치는 엄벌주의로 강행하였으므로 상당히 철저했던 것 같다. 1973년부터 그 다음해에 걸쳐 사파영자(沙巴營子)의 옛 성을 발굴했다. 이것은 길림성(吉林省) 나만기(奈曼旗)의 남만자(南漫子)에 있고 둘레 1.35 킬로미터의 성벽에 감싸인 유적이다. 그곳에서 전국 시대, 진(秦)나라, 한(漢)나라 때의 문화 유산 2천여 점이 출토되었다. 그 안에 도량(陶量, 질그릇 말)이 5점 있었고 그 중의 3점은 상앙의 말보다 꼭 10배였으므로 '진나라 말'이라는 것이 판명되었다. 또 1점은 몸통과 밑바닥 부분의 잔편이었으나 거기에는 진예(秦隷)로 다음과 같은 명문이 있었다(□는 손상이 되어 있으므로, 아마도 이런 글일 것이라고 추리되는 글자를 넣었다).

□륙년 □제병겸유천하 제후검수대□
廿六年 皇帝幷兼有天下 諸侯黔首大□

천하를 통일하여 제후나 금수(일반 백성)도 크게 안정되었다는 뜻이며 이것은 도량형 통일 때의 시황제 칙서인 것이다. 진시황제는 즉위 26년에 천하를 통일하였다. 그의 칙서나 송덕비 등에는 언제나 "26년에 천하를 통일(幷)하고 겸유(兼有)하였다…"라는 구절이 서두에 나온다. 「사기」에 그 몇 가지 예가 있고 "검수(黔首) 모두 부(富)하다, 검수안녕(黔首安寧)"이라는 구절도 있으며 앞의 마지막 '안(安)'자는 혹은 양(量)인지도 모른다. 길림성 나만기는 진나라의 본국에서 보면 멀리 동방의 변경인데 그러한 곳까지 칙서의 명문이 든 도량(陶量)이 보급되었던 것이다.

## 3

복건성과 광동성도 진(秦), 한(漢)나라 시대에는 아직 변경 지대에 불과하였다. 한나라 초엽에도 이 지방 토후의 왕칭(王稱)을 인정하고 간접 통치를 하였다. 진나라는 군현제(郡縣制)였으므로 왕칭을 인정하지 않고 복건도 '민중군(閩中郡)'으로 직할 지역이었다. 그리하여 진나라 말기에 천하가 어지러워지자 이 지방의 왕—민월왕(閩越王)인 무제(無諸)—은 반기를 들고 진나라 타도에 나섰던 것이다. 진나라가 멸망하고 항우(項羽)와 유방(劉邦)이 천하를 다툴 때, 무제는 파양(番陽, 강서성) 현령인 오예(吳芮)에게 달려가 유방 진영에 가담하였다. 「사기」 '동월열전(東越列傳)'에 의하면 항우가 무제를 왕으로 인정하지 않은 까닭에 오예 편에 섰다. 오예가 이끈 백월(百越)에는 민월왕 무제도 포함되어 있었던 것이다. 오예가 그때의 공으로 성이 다르면서도 장사왕(長沙王)에 봉해졌다는 사실은 앞에서 언급한 바와 같다.

민월왕 무제는 월왕 구천(勾踐, ?~기원전 465년)의 후예라고 자처하였던 것이다. 한(漢)나라 무제 때 민월왕은 영(郢)이라는 인물이었다. 그러나 영은 한나라를 배신하였기 때문에 아우인 여선(余善)과 대신들에게 시해되었다. 한나라는 무제의 손자를 왕으로 봉하였으나 실제로는 여선이 자립하여 왕이 되었다. 한왕조에서 인정하지 않았던 왕이었으나 한나라에서는 일부러 출병하지도 않고 이른바 묵인하였다. 그러나 여선은 급기야 황제를 참칭하기에 이르러 무제는 수륙 양면으로 공략하여 여선을 죽이고 말았다. 「사기」의 '동월열전'에서 다음과 같이 간추리고 있다.

이에 따라 천자가 이르기를, 동월은 비좁고 험난하며, 민월은 성질이 사나워 자주 반복(반란을 자주한다는 뜻)한다. 이에 군리(軍吏)에 칙서를 내려 그 백성들을 이끌고 강회(江淮) 사이에 옮기도록 하였다. 동월의 땅, 드디어 비게 되었다.

이에 의하면 무제(武帝) 이후, 복건은 무인지경이 된다. 그러나 1959년부터 다음해에 걸쳐 복건성 무이산(武夷山) 기슭인 숭안현(崇安縣)에서 한나라 때의 성터가 발굴되었다. 출토된 문물로 보아 그것은 전한 중엽 이후, 왕망 시대에 이르기까지의 도읍으로 판명되었다. 벽돌 명문은 '상락만세(常樂萬歲)'라고 판독되었다. 한나라 궁전의 기왓장에는 '장락미앙(長樂未央)'이라고 표시된 것이 많다. 장락궁(長樂宮)이라든가 미앙궁(未央宮)이라는 궁전이 있었다. "오래도록 즐기다", "그것이 아직 미진하다"는 뜻이다. 그것을 왕망이 바꾸어 놓았던 것이다. 왕망은 개명광이라 할 수 있을 정도로 자주 지명이나 관직명을 바꾸었다. 장안(長安)을 상안(常安)이라고 바꾸었다. '미앙

(未央)'이란 언제까지나 계속된다는 뜻이므로 '만세(萬歲)'라고 했을 것이다. 숭안(崇安)의 성터에는 와문(瓦文)에 의하여 왕망 시대의 것도 포함되어 있다는 사실이 증명되었다.

그렇다면 「사기」에 나와 있는 "동월의 땅, 이제 비게 되었다"는 아무래도 이상해진다. 출토된 문물은 4만 1천 817점에 이르고, 분명히 무제 때와 그 이후로 인정되는 오주전(五鑄錢), 화천(貨泉) 등이 수천 장, 무게로 23킬로그램이나 발견되었다. 백성들이 강회(江淮, 양자강)와 회하(淮河) 사이로 옮겨져서 텅 비었다고 해도 그 기간은 극히 단기간이어야 하는 것이다. 사서에는 이와 같이 어느 사건의 처리를 첫 부분만 밝히고 있는 경우가 많다. 사건이라고 보면 이상한 사태인 것이다. 그리고 그에 대한 처치도 또한 이상하다고 하지 않을 수 없다. 상태에 따라서는 그 조치도 완화되었든가 취소되었든가 하였을 것이다. 어느 틈엔가 원상으로 되돌아갔을 것이나 사서는 거기까지 기록하지 않았다. "드디어 비게 되다"라고 쓰여졌으므로 후세의 우리들은 그후 제법 오랜 기간 그러하였을 것으로 생각하기 마련이다. 그러나 사실은 그렇지 않은 것 같다.

복건성 숭안의 옛 성터 발굴은 사서에 기록되지 않은 사실을 우리에게 알려 주었다. 성벽의 총 길이는 2.5킬로미터로, 산을 깎아서 만든 것처럼 구축된 40만 평방미터의 성시(城市)는 3면이 계곡에 감싸여 있다. 현재 이 부근은 차(茶)밭이 되어 있으며 필자도 한번 숭안현을 방문하였는데 우롱차의 집산지로서 차 연구소도 있었다. 출토품 중에 쇠뇌틀, 철창, 철검, 철칼, 철화살촉 등이 제법 많은 것으로 보아 현재는 비록 차밭이긴 하여도 한나라 때에는 일종의 군사 기지가 아니었을까 하고 추측된다. 청동 쇠뇌틀에는 "하내공관 삼십근 백오십□(河內工官三十斤百五十□)"이라고 새겨져 있었다.

「한서」 '지리지(地理誌)'에서 하내군(河內郡)엔 18개 현이 있었고, 군의 중심인 회현(懷縣)에 "공관(工官) 있도다"라고 나와 있다. 왕망 시대에 회현이 하내현으로 개명된 점도 나와 있다. 현재의 하남성 무척현(武陟縣)에 해당하나 한나라 때에는 관영 공장(官營工場)이 있었고, 청동 쇠뇌틀은 그곳에서 만들어졌을 것이다.

중원에서 들어오는 것은 무기에 한정되지 않고 그 문화도 같이 들어왔으며 복건의 생산품이나 문화도 중원에 들어갔을 것이다.

복건의 동월이 패망하기 전에 광동의 남월도 무제의 공략으로 멸망하였다. 근 30년 동안이나 광동에서 7백여 기의 진(秦), 한(漢)나라의 묘가 발굴되었으며 남월의 멸망(기원전 111년)을 분계로 하여 전기와 후기가 분명히 나뉘어진다. 전기의 것에는 전국 시대의 잔재와 진(秦)나라 문화가 농후하게 담겨져 있다. 초나라 식의 거울이나 진나라 때의 무기가 그 좋은 예일 것이다. 또한 지방색도 확인된다. 그러나 후기에 이르면 전국 시대나 진나라의 형태는 불식되고 지방색도 매우 희박해진다. 다만 중원과 차이가 있는 것은 부장품에 유리, 수정, 마노(瑪瑙), 호박(琥珀) 같은 장식품이 많고 코끼리, 외뿔소의 모형을 구워 만든 것까지 있는 점일 것이다. 이것은 광동이 외국 무역의 중심지라는 당연한 반영인 것이다.

한(漢)나라 초엽에 남월왕으로서 광동에 할거하였던 위타(尉佗)는 조씨(趙氏)로서 그 출신은 진정(眞定, 하북성)이었다. 그는 진(秦)나라에 기용되어 그곳의 현령이 되었다. 파양(鄱陽)의 현령이었던 오예와 같은 경우이다. 다만 오예는 유방을 도와 진나라 본거지까지 출병하였으나 조위타는 전적으로 광동 방면의 진나라 공무원을 잡아 죽이고 그곳에 할거하였던 것이다. 그리하여 오예는 장사왕에 봉해졌으나 조위타는 남월왕을 자칭하였고, 한왕조는 이를 묵인하였으며 나중에는 사절의 왕래도 있었다. 그리고 국경을 이루고 있었기 때문에 남월국은 장사국과 사이가 좋지 않았던 것 같다. 거기에는 교역상의 이권 문제가 개재되어 있었던 것처럼 보인다. 「사기」 '남월열전'에 여후 시대 한나라의 관리가 조정에 남월이 무기를 관시(關市, 국경의 관공서에서 교역)하는 것을 금하도록 청원하였던 사실이 있는데 이에 대하여 남월왕은

> 고제(高帝, 고조 유방), 나로 하여금 사물(使物, 사절과 물자)을 바치게 하다. 이제 고후(高后, 여후) 간신에게 듣고 만이(蠻夷)를 분별치 못하고 기물(器物, 남월이 필요로 하는 철기)을 거절하다. 이는 필시 장사왕의 계략이리라. 중국에 의지하여 남월을 격멸, 통일하고 왕이 되어 스스로의 공으로 하려는 욕심이리라

하고 제왕을 자칭하여 장사국 변경의 수개 현을 공략하였다. 이에 한왕조는

출병하였으나 여후의 사망으로 철병하고 얼마간은 소강 상태가 이어졌다. 그후 남월은 한 황실에 사과하고 제왕 칭호를 거두었으나 대내적으로 제칭(帝稱)을 하고 있었다.

아무래도 장사국은 남월에 갈 철기 무역(鐵器貿易)을 통제하였던 것 같으며, 남월이 다른 경로로 하여 제멋대로 매입하지 못하도록 손을 썼던 것 같다. 여후 시대이므로 장사왕 오예는 이미 사망하고 그의 아들이나 손자의 시대였을 것이다. 그리고 이와 같은 책략을 꾸민 사람은 마왕퇴 2호 묘의 주인공인 장사국의 상(相)인 이창(利蒼)이었을 가능성이 높다.

남월에서는 철기가 부족하였다. 광동의 선진(先秦) 고분에서 철기가 출토된 것은 괭이와 도끼 각 1점뿐이다. 진(秦)나라와 한(漢)나라의 고분에서는 3백여 점의 철기가 출토되었다. 그 종류도 병기에서 농기구까지 22종에 이른다. 철기의 사용이 보급되고 특히 우마를 이용한 농업 생산이 비약적으로 발전하였음은 두말할 나위도 없다. 광동의 전한 시대 후기의 묘에서는 부장품으로서 도우(陶牛)가 많이 출토되었다. 이러한 사실도 출토품이 사서의 기록과 상응하는 예라 할 수 있을 것이다.

4

비단길은 한나라 무제 때에 장건(張騫)이 서쪽으로 파천한 월지(月氏)를 찾아 나섬으로써 비로소 열렸던 것이다. 나라 간의 차원에서는 그러하였는지 모르나 민간에서는 교역이 더욱 일찍부터 이루어졌을 것이다. 1980년에 신강(新疆)을 방문하였을 때 '남강철도(南疆鐵道)'가 어아구(魚兒溝)까지 개통되고 있어서 그 길로 갔던 일이 있다. 어아구는 최근에 이루어진 도시이며 그때까지는 단지 사막이었으나 도시 건설 과정에서 수혈식의 목곽 묘 7기가 발굴되었다. 제일 큰 묘는 길이 6.6미터, 너비 4.3미터, 깊이 7.1미터였다. 그곳에서는 다량의 금은 제품과 견직물 그리고 칠기 등이 출토되었다. 출토된 칠기 도안의 형태를 보아 전국 시대에서 전한 시대의 것으로 생각된다. 방사선 탄소($C_{14}$)의 측정도 그 사실을 시사한다고 한다. 말과 양뼈 곁에 쇠칼(鐵刀)이 놓여 있는 사실로 보아 육식의 습관이 있던 사람들이었다는 것을 알 수 있다. 또 동물을 담았던 동반(銅盤)이 높게 받쳐져 있는 것은 중앙아시아에서 흔히 출토되는 것과 유사한 것이다. 스키타이계로 보아 무방할 것이다.

스키타이는 스스로 문헌을 남기지 않았으나 헤로도투스 등에 기술된 기원전의 중앙아시아의 유력한 민족이다. 안장이나 발걸이 등은 이 민족의 발명품이라고 하므로 전형적인 기마 민족이라고 볼 수 있을 것이다. 어아구 고분에서는 사자의 형체를 한 금박식(金箔飾), 호랑이를 새긴 금박 허리띠, 각종 동물의 금메달 등 매우 돋보이는 기마 민족으로서의 부장품이 출토되었다.

중국에서 제일 서쪽의 도시인 카슈가르에서 콩글, 무스타그, 아타의 은령(銀嶺)을 바라보면서 파미르에 이른 것은 1979년의 일로서, 삼장법사 현장의 귀로를 더듬는 이 여행이 필자에겐 잊을 수 없는 것이었다. 파미르 산 중의 타시쿠르 강은 타지크족의 자치령이다. 신강의 소수 민족은 위구르, 키르키스, 카자흐 등의 터키계가 많지만 타지크만은 이란계 민족이다. 이슬람교 시아파인 이스마일파에 속하며 이란계의 말을 사용하고 있다. 인구는 2만 명도 채 안 되며 현성(縣城)인 타시쿠르 강도 외길 거리로 되어 있다.「수경주」나 법현(法縣)의「불국기(佛國記)」에서 '갈차(竭次)'라 하고, 현장의「대당서역기(大唐西域記)에서 '갈반타(竭盤陀)'라고 한 나라이다.「한서」의 포리국(蒲犂國)에 해당된다고 전해진다.

필자가 그곳을 방문하기 2년 전인 1977년 현성의 북쪽 약 3킬로미터 떨어져 있는 지점에 향보보(香保保)라는 곳에서 40기의 고분이 발굴되었다. 전국시대에 이르는 시기의 것이라고 한다. 부장품은 빈약하고 반지 등도 철제였으나 조그마한 금식(金飾) 메달 1개가 나왔다. 중국 학자 중에는 혹시 고대 강족(羌族)이 아닐까 하는 주장을 하는 사람도 있는 것 같다. 이 40기 중에 토장 묘기 23기, 화장 묘가 17기였다. 화장은 불교의 특징이므로 파미르에는 일찍부터 불교가 전래되었던 것이 아닌가 생각된다.

신강성 민풍현(民豊縣)의 니아(尼雅)는 모래에 묻힌 고대 유적으로 1901년 이래, 슈타인이 3번에 걸쳐 조사를 하였던 곳이다. 카로쉬티 문자의 목간 다수와 인도의 푸라크리트어의 것 일부, 그리고 중국 문자의 것이 출토되었으나 목간을 덮는 봉니(封泥)에 아테나, 아르키스, 제우스, 헤라크레스, 에로스 등의 그리스 신들의 상이 있어서 화제가 되기도 하였다. 특히 한자의 봉니도 있었는데 그것은 '선선군인(鄯善郡印)으로 판독되었다. 또한 수많은 후한 시대의 동화(銅貨)도 출토되었다.

현재에도 니아 유적의 조사는 계속되고 있다. 지금은 말라붙은 니아강 부근에는 지난날 취락이 있었을 것이다. 강은 메말라 흔적을 찾을 수 없으나 수목이 마른 채로 남아 있기 때문에 강줄기였을 것으로 짐작할 수가 있다. 그 유역을 따라 남북 10킬로미터, 동서로 약 2킬로미터 범위가 조사 대상이 된다고 한다.

1959년에 이 지역에서 후한 시대의 부부 합장묘가 발굴되었다. 그 의류에는 "만세여의(萬世如意)"라든가 "연년익수대의자손(延年益壽大宜子孫)이라고 수놓인 비단이 사용되었다. 건조 지대에서는 시체가 흔히 미이라화하여 남게 된다. 이 부부의 시체도 그러하였으나 사나이 쪽은 눈이 깊고 코가 높은 특징이 있었고 머리털은 검었으며, 여인 쪽은 머리칼을 몇 차례로 땋아서 반지와 목걸이로 장식하고 있었다.

1979년 도쿄와 대만에서 개최된 '실크로드 문물전'에는 "연년익수대의자손"의 길상 문자가 수놓인 버선과 "군의고관(君宜高官)"이라는 예서체로 판독된 동경(銅鏡)과 경대 그리고 운문자수(雲文刺繡)가 있는 화장대 등이 전시되었다. 모두 이 부부 합장 묘에서 출토된 것이다.

이 니아 유적은 「한서」 '서역전(西域傳)'에 있는 정절국(精絕國)으로 간주되고 있다. 가옥 수 480호, 인구 3천 360명, 병력 500명의 작은 오아시스 나라였다.

「한서」 '서역전' 안에서 가장 큰 나라는 오손(烏孫)이다. 가옥 12만 호, 인구 63만 명, 병력 18만 8천 8백 명이라고 하였으므로 정절국과는 비교도 되지 않는 대국이었다. 한왕조는 흉노를 견제하기 위하여 오손에 황족의 여성을 보내 화친에 힘썼다. 오손왕에게 출가한 여성은 '오손 공주(烏孫公主)'라고 불렸다.

오손의 유적은 신강성 북부와 소련령인 천상북로(天上北路)에 걸쳐 있다. 1981년에 신강성 이리(伊犁) 지방을 방문하였을 때, 토만두형(土饅頭型)의 오손묘(烏孫墓)를 보게 되었다. 토돈묘(土頓墓)라고 해서 지면에서 둥근 구릉을 만든 것이다. 부장품은 일반적으로 적고 개중에는 하나도 없는 이른바 '공묘(空墓)'도 있다. 또한 초기의 오손 묘에서는 진(秦)나라 문화의 영향이 깃들어 있는 점이 인정된다는 사실이다. 누에고치 모양을 한 단지는 진나라 문화의 특징인데 이리의 초기 오손 묘에서 자주 출토되고 있다. 「한서」 '서역전'에 오손은 원래 대월지(大月氏)와 같이 돈황 부근에 있었으나 흉노에게 압박당하여 서쪽으로 파천하였다고 되어 있으나 감숙(甘肅)이라면 전국 시대에 진나라의 영향을 강하게 받은 것이 틀림없다. 멀리 서방의 이리강(伊犂江) 근방으로 옮겼어도 지난날 받았던 문화적인 영향은 그대로 남아 있는 것이다.

더욱이 앞서의 '실크로드 문물전'에는 신강성 아립간(阿拉干)에서 출토된 청동 쇠뇌틀(靑銅弩機), 석성자(石城子)에서 출토된 반량전(半兩錢) 2개와 운문 와당(雲紋瓦當), 우십격제(于什格提)에서 출토된 동인(銅印)이 전시되었다. 이것은 서역의 각 지방과 중원과의 교류가 얼마나 성행하였는지를, 문헌을 보완한다는 뜻에서 출토품으로 하여금 이를 말하게 한 것이라고 할 수 있을 것이다.

청동 쇠뇌틀은 전한 시대의 것과 완전히 같은 것이다. 복건성 숭안의 옛 성터에서 '하내공관(河內工官)'이라는 명문이 들어 있는 쇠뇌틀이 출토되었음은 앞에서 언급하였다. 권력 유지에는 무엇보다도 병기(兵器)가 필요하였다. 그러므로 병기라고 하면 값 같은 것은 생각할 여지도 없이 사들였을 것이다. 화폐도 주조 능력이 없을 땐 이를 도입하는 것이 최선의 방법이었다. 또한 교역 활동에 따라 동전은 자연히 들어오게 마련이었다.

한귀의강장 동인
(漢歸義羌長 銅印)

운문 와당은 전한 시대 중원의 건축에 사용되었던 것과 완전히 같은 것이었다. 사아현 우십격제에서 출토된 동인에는 "한귀의강장(漢歸義羌長)"의 5자가 음각되어 있다. 지하도(志賀島)의 "한위노국왕(漢委奴國王)"과 같은 5자로서 같은 배치로 되어 있다. 한(漢)이라는 글자를 길게 하였는데 이 두

개는 그 모양이 매우 비슷하고, 도장을 판 방형이 금인(金印)에서는 가로로, 이 동인(銅印)에서는 세로로 되어 있다. '귀의(歸義)'란 의를 좇았다는 뜻으로 항복해 온 강족(羌族)의 우두머리에게 내린 인수다. 앞에서 언급한 「속한서」 '예의지'는 「한구의(漢舊儀)」를 인용하고 있으며 이것은 후한에 이르러 전한 시대의 관습을 전하려고 하였던 것이었을 것이다. 후한 초기에 위굉(衛宏)이 저술한 것으로 옥의에 대한 계급별 규범도 그것에서 알 수 있으며, 도장에 관해서도 다음과 같이 기술하고 있다. 황제는 '백옥인호뉴(白玉印虎鈕)', 황후는 '옥(玉)' 또는 '금인호뉴(金印虎紐)', 황태자는 '금인귀뉴(金印龜紐)', 승상과 대장군도 '금인귀뉴', 2천 석 이상(지방 장관, 중앙에서는 각료급)은 '은인귀뉴(銀印龜紐)', 2천 석 이하 400석까지의 관리는 '동인귀뉴(銅印龜紐)', 제후왕은 '금인탁타뉴(金印橐駝紐), 열후는 '금인귀뉴(金印龜紐)'로 되어 있다.

일본에서 출토된 금인은 사뉴(蛇鈕, 뱀 모양의 손잡이 꼭지)로 이것은 전(滇)나라 왕의 금인과 같다. 북방은 낙타, 남방은 뱀으로 상징되었던 것 같으나 이 '한귀의강장(漢歸義羌長)'의 도장은 동이며 꼭지는 와양(臥羊, 엎드린 양)으로 되어 있다. 유목민의 추장에게 내리는 인장의 꼭지에 양을 표시한다는 것은 매우 걸맞는 것이 아닐 수 없다. 그러나 동인(銅印)으로 되어 있는 것은 그것을 받을 사람의 권위가 대단치 않다고 판단되었기 때문이었으리라.

# 화상(畵像)에서 벽화(壁畵)로

## 1

낭떠러지에 옆으로 굴을 팠던 '애묘(崖墓)'는 이집트의 투탄카멘과 이란의 페르세폴리스 등 유명한 예가 있다. 중국에서는 사천(四川)에 많으나 1970년에 산동성 곡부 구룡산(九龍山)에서 동서로 늘어서 있는 4기의 대애묘(大崖墓)가 발굴되었다. 보고에 의하면 그 중의 3호 묘는 전체 길이가 72.1미터라고 하므로 만성 한묘(滿城漢墓)보다 훨씬 크고 천장은 최고 18.4미터나 되었다고 한다. 그리고 아까웠던 점은 4기 모두가 도굴을 당하였기 때문에 출토품은 만성 한묘와 비교할 수가 없었다.

도굴자가 손을 대지 않은 것은 대보대(大葆臺)의 예에서도 보았듯이 거마갱(車馬坑)이다. 말의 뼈나 마차의 잔해를 주워 보았자 아무 쓸모도 없는 것이다. 4기에 모두 12대의 마차와 50마리의 말이 묻혀 있었다. 또한 묘 안이 넓어서 불빛을 비추는 데에도 한계가 있었을 것이고 서둘렀던 탓으로 철저하게 약탈하지는 않았다. 도굴을 당한 대보대에도 약간은 남아 있었으나, 오주전(五銖錢), 궁중행락전(宮中行樂錢), 거마구(車馬具)의 금속 부분품, 동경(銅鏡), 동인(銅印) 이외에 은루 옥의(銀縷玉衣)의 잔편이 발견되었다.

동인은 3호 묘에서 "왕미앙(王未央)" "경기(慶忌)"로 판독된 2개가 발견되었다. 미앙(未央)은 앞에서 언급한 바와 같이 길조의 표현이며 경기(慶忌)는 사서에 나오는 노왕(魯王)의 이름이다.

구룡산은 곡부(曲阜)의 동남 10킬로미터 지점에 있고, 한나라 때에는 경제(景帝)의 아들 유여(劉餘)가 왕이 되었던 노국(魯國)의 영역이다. 노왕 유여는 정희(程姬)의 소생 중에서 장남이었다. 정희를 대신하여 경제와 동침하고 장사왕(長沙王) 유발(劉發)을 난 것은 당희(唐姬)였다는 사실도 이미 언급하였다.

노나라 왕 유여는 선천적으로 말더듬이어서 변변하게 말조차 할 수 없었다는 사실이 「한서」에 나와 있다. 그러한 그는 공사를 좋아하여 끊임없이 궁전을 확장하다 공자(孔子)의 옛집까지도 반 이상이나 파괴하였다. 그 공사 중에 엄숙한 종과 경쇠(磬), 거문고와 현악기의 음률 소리가 들렸기 때문에 겁을 먹고 중단하였다고 전해진다. 그러나 공자의 옛 집을 허물 때 벽 속에서 「효경(孝經)」, 「고문상서(古文尙書)」, 「예기(禮記)」, 「논어(論語)」 등 수십 편을 얻었다. 진(秦)나라 시황제 때의 분서령(焚書令)을 피하여 벽 속에 목간을 감추어 두었던 것이다. 이것들은 '공벽고문(孔壁古文)'이라고 불리며 학술상 커다란 공헌을 하고 있다. 그러나 노나라 왕 유여는 그러한 것을 찾아내기 위하여 공자의 옛집을 파괴하였던 것은 아니었다. 같은 경제의 아들로 율희(栗姬)가 난 하간왕(河間王) 유덕(劉德)은 학문을 즐겨서 민간으로부터 좋은 책을 수집하는 근엄한 장서가로 알려져 있었다. 유여는 재위 28년으로 사망하고 그의 아들 유광(劉光)이 뒤를 이었다. 노나라의 2대 왕인 유광은 처음에는 사치한 생활을 하였으나 만년에는 지독스런 노랭이였다고 한다. 그는 재위 40년 만에 사망하고 그 뒤를 아들 경기가 이었다고 「한서」에 기록되어 있다. 구룡산 3호 묘에서 '경기(慶忌)'라고 새겨진 동인이 나왔으므로 주인공은 확정된 것으로 볼 수 있을 것이다. 조정에서 내려지는 것은 금인이나 그것은 대대로 이어지는 것이므로 능에 부장하는 것은 일상 사용하던 사인(私印)이면 족했을 것이다. 3대째는 초대의 공사광(工事狂), 2대째의 노랭이와 같은 별명도 없었던 것 같으며 재위 37년에 사망하였다고만 기록되어 있다. 그에 의하여 그의 죽음은 선제(宣帝) 감로(甘露) 3년(기원전 51년)으로 알게 되었다.

초대의 노왕 유여라면 초대 중산왕(中山王) 유승(劉勝)과 같은 조건으로 금루 옥의(金縷玉衣)였을 것이다. 구룡산 3호 묘에 은루 옥의의 잔편이 있었던 사실은 묘지 제도에서 황제에 준하여 처우되는 계급은 제후왕 중에서도 초대,즉 전 황제의 아들, 다음 황제의 형제뿐이었다는 사실을 증명해 주는 것 같다. 특히 3호 묘의 묘문을 닫았던 돌 위에 "왕릉 색석광 4척(王陵塞石廣四尺)"이라는 글자가 새겨져 있으므로 묻힌 사람이 왕위에 있었던 사람이라는 것은 이제 의심할 여지가 없다.

더구나 이 노왕의 집안은 경기의 손자 준(睃)에게 후손이 없어서 일단 단절되었으나 애제(哀帝)의 건평(建平) 3년(기원전 4년)에 준의 동생이 왕에 봉해져서 부흥하여 왕망(王莽)의 시기까지 이어진다.

이 4기의 묘 동쪽 편에 더 큰 것으로 예상되는 애묘가 있는 것 같다고 한다. 아직 발굴하지 않았는데 혹은 그것이 초대왕 유여의 능인지도 모른다. 공사광이었다고 하므로 생전에 자기의 묘를 만들기 시작하였을 것이다.

만성 한묘 1호 묘는 초대 제후왕의 묘로 판명되었고 더구나 도굴도 당하지 않았으므로 그 당시의 묘지 제도를 알 수 있는 가장 귀중한 존재인 것이다. 관상(棺床)이 있는 석실 바로 앞에 중실(中室)이라고 부르는 넓은 방이 있었다. 이곳은 망자의 생활 터전으로서는 홀에 해당할 것이다. 거기에는 건조물 이외에 아마도 화번(畫幡) 등이 걸렸던 부분이 있었던 것 같다. 서까래나 의류는 삭아서 흔적도 찾을 수 없었으나 그것을 고정시키는 데 사용되었던 같은 성분의 부분품이 확인되었다. 훌륭한 그림이 그려졌을 것으로 상상되는 화번은 마왕퇴(馬王堆)의 백화(帛畫)와 같이 곽관(槨棺)에 보호되지 않았기 때문에 소멸하고 없었다.

죽은 자도 생활을 한다는 발상에서 장식을 생각하는 것은 당연하다 하겠다. 화번을 빙 둘러칠 뿐 아니라 나아가 묘 속의 돌을 조각하기에 이른다. 이것이 화상석(畫像石)인 것이다. 화상석은 묘 속뿐만 아니라 묘 밖의 사당과 궁전을 장식하는 데에도 사용되었다. 이 경우는 전한 시대부터 나타나며 후한 시대에 절정을 이루었고 지역적으로는 산동성(山東省)에 많다.

2

화상석(畫像石)이라고 하면 바로 산동의 무씨사당(武氏祠堂)이 연상되듯이 그곳은 유명하다. 후한 시대 말에 산동의 호족이었던 무씨 4형제가 아버지를 위하여 건축한 것으로서 그 명문(銘文)에 의하면, 환제(桓帝) 건화(建和) 원년(147년)의 것이다. 원래는 묘 앞에 3개의 석실이 세워지고 그곳에 신화와 역사의 유명한 장면, 충효지사, 의사(義士), 열녀 등에 관한 이야기가 새겨져 있었다. 형가(荊軻 ?~기원전 227년)의 시황제 암살 미수 장면도 있었다. 강물의 범람으로 반이나 매몰된 것을 청(淸)나라 건륭(乾隆) 51년(1786년) 뜻있는 사람들이 이것을 발굴하여 따로이 벽돌로 사당을 짓고 그 사면의 벽에 지난 날 석실에 있었던 화상석 26개를 끼워 넣은 것이다. 후한 시대의 역사 상황을 부조(浮彫)한 것으로, 거기에 나타난 것은 후한 시대의 생활상이다.

1954년에 산동의 기남현(沂南縣)에서 출토된 화상석은 묘실 안의 것이었다. 고인에 대하여 그 부하들이 제사를 지내는 모습이다. 물론 그것은 당시의 복장이며 당시의 풍속이다. 돌은 아니고전(塼, 벽돌 또는 벽돌상으로 깎아낸 돌)에 새겨진 것은 화상전(畫像塼)이라고 불리며 1955년에 사천성 팽산(彭山)에서 출토된 것은 후한 시대의 풍속을 아는 데에 크게 참고가 되었다. 술을 빚는 장면, 벼를 찧는 장면 등 일상 생활의 냄새가 짙게 풍긴다. 북경(北京)의 역사 박물관에서 '춘미화상전(舂米畫像塼)'을 감상하였던 바 그림 이상으로 박진감이 있었다(화보 참조). 그림에서 복장 같은 상세한 것은 헤아릴 수 없으나 그 율동적인 상황이 정확하게 묘사되었다. 벼 찧거나 술빚기가 수천 수백년 동안 기본적으로는 그다지 변하지 않았다는 사실을 알게 되어 느닷없이 쓴웃음하고 말았다.

화상전은 그 이외에도 사천성 성도시(成都市) 교외에서 뽕을 따는 장면, 바퀴 달린 통으로 소금을 쪄내고 있는 장면, 호족의 부부가 가무를 감상하는 정경, 또는 당로(當壚, 카운터가 있는 음식점) 등이 출토되었다. 또한 농민이 지주에게서 식량을 빌리는 것처럼 보이는 장면도 있어 '대량화상전(貸糧畫像塼)'이라고 부른다.

이와 같이 생생한 생활을 그린 그림을 묘실 안에 장식으로서 끼워 넣는 것은 망자가 사후에도 생전과 변함 없는 생활을 계속한다고 생각하였기 때문이다. 시황제가 병마용(兵馬俑)의 대군을 땅 속에 묻었던 것과 같은 발상이다. 화상석, 화상전 이외에 사람이나 가옥의 모형도 구워서 묘내에 부장하였다. 구운 것 말고도 목제품도 적지 않았다.

마왕퇴 1묘에서 목제 인형 162점이 출토되었다. 그 안에는 현악 3조, 피리 2조로 편성된 것도 있고, 무용수 8구, 가수 4구가 포함되어 있었다(화보 참조).

감숙성 무위현(武威縣)의 마저자(磨咀子)에는 수많은 한나라 묘군이 있으며 1972년에 발굴된 출토품 중에는 돋보이는 목제품이 적지 않았다. 1979

년 일본에서 개최되었던 '실크로드 문물전'에는 가채 목제 6박용(加彩木製六博俑), 우리(牛犂, 가래), 우차(牛車), 후(猴, 원숭이), 일각수 등이 전시되었다. 모두 채색이 되어 있으며 육박용(六博俑, 주사위 놀이를 하고 있는 2명의 사나이) 등은 실제로 감상하는 쪽에서 관전하고 있는 기분이 든다. 일각수는 실로 생기 발랄하여 그 속도감에 눈이 휘둥그레진다. 불세출의 예술가들이 지방에도 많이 있었던 모양이다.

목용(木俑)은 도용(陶俑) 비하여 보존되기 어려운 것이다. 만성 한묘에는 기와 목조 건물이 있었던 것 같으며, 기왓장이 바닥에 널려 있었으나 목재 부분은 부패하여 흔적을 남기지 않았다. 역시 도용(陶俑)이나 동용(銅俑)이 보존되기 쉬운 것이다. 도용이라고 하면 시황제의 병마용에서 커다란 충격을 받아 지금으로서는 웬만한 것으로는 놀라지도 않게 되었으나, 큰 것만이 능사는 아니다.

섬서성 양가만(楊家灣)의 장릉(長陵, 고조 유방의 능)과 양릉(陽陵, 경제의 능) 중간 지점의 한묘군(漢墓群)에 있는 전장 100미터에 이르는 대묘는 양가만 4호 묘로 명명되어 있다. 1960년에 조사하였으나 묘도나 묘실이 모두 불타 있었다. 위치로 보아 고조나 경제의 배총묘(陪塚墓)일 가능성이 있다. 혈연이 가까운 황족들은 제후왕으로 지방에 나가 있었으므로 이것은 재상이든가 대장군 급의 묘일 것이다. 하도(何度)가 인용한 「수경주」에서 성국거(成國渠)는 주발(周渤) 부자의 묘 옆을 흐르고 있다는 기사가 있으므로 주발(?~기원전 169년) 혹은 그 아들인 주아부(周亞夫, ?~기원전 143년)의 묘일지도 모른다. 주발은 여씨의 사망 후, 여씨 일가를 주살하는 데 공이 있었다. 진평(陳平)의 사망 후 승상이 되어 한(漢)제국의 큰 기둥이 되었다. 그 아들 주아부는 오초 7국의 난을 평정한 무장으로 아버지처럼 승상이 되었다. 이 부자는 모두 아집이 강하고 완고한 점이 있었다. 주아부는 아들의 범죄에 연좌되어 자살을 기도하였으나 실패하자 식음을 전폐한 후에 사망하였다.

주아부 아들의 범죄란, 아버지의 장례를 위하여 조정의 공방에서 만든 갑옷과 방패 500벌을 허가 없이 사들인 것이었다. 그리고 묘지 조성에 종사하였던 인부들에게 임금을 지불하지 않아서 밀매 행위가 고발되었기 때문이었다. 이에 따라 황제뿐만 아니라 조정의 고관들도 생전에 묘를 만들었다는 사실을 알 수 있다. 또한 부장품은 역시 궁정의 공방에서 만든 것이 가장 훌륭하였으리라는 점을 추측할 수 있다. 공적이 있었던 사람에게 조정에서 장구(葬具)를 하사하였다는 사실은 이제까지 몇 번이나 이야기한 바 있었다.

주아부는 굶어 죽고 열후[강(絳)의 후. 봉작은 8천 1백호]의 나라는 없어졌으나 얼마 후 주발의 다른 아들인 주견(周堅)이 평곡후(平曲侯)로 봉해져서 뒤를 이었다.

양가만 4호 묘는 주발의 묘일 가능성이 있으며, 여하튼 무인이 주인공인 것으로 생각된다. 이 묘의 70미터 남쪽에서 도용갱(陶俑坑) 11개가 발견되고 2천점 가까운 용이 출토되었다. 그 중의 583점은 기마용이다. 그러나 시황제의 병마용처럼 등신대는 아니다. 이곳의 기마용은 평균 높이 70센티미터 전후로, 무사용(武士俑)은 50센티미터 전후였다. 그리고 모두가 채색되어 있었다.

시황제의 병마용은 '차병(車兵)'이 주체였으나, 양가만 4호 묘의 것은 '기병(騎兵)'이 주체가 되어 있다. 한나라가 흉노와의 싸움에 대비하여 차병 전술에서 기병 전술로 전환하였다는 사실이 도용갱에 의하여 추찰된다. 1979년의 '실크로드 문물전'에는 함양(咸陽) 양가만 4호 묘의 도용 5개가 전시되었다.

3

한나라가 흉노의 세력을 억제하는 데 성공한 것은 상대가 자랑하는 기병 전술(騎兵戰術)을 익혀 숙달한 데에 그 원인이 있었을 것이다.

1969년 감숙성 무위현 뇌대(雷臺)에서 후한 시대의 대형 전실묘(塼室墓)가 발굴되었다. 이미 도굴당하였으나 39마리의 말, 14대의 마차와 양지창(戟), 세모창(矛), 큰 도끼(鉞)를 가진 17명의 기사용과 28명의 노비용으로 이루어진 청동 의장대(儀仗隊)는 남아 있었다. 무위현은 하서(河西) 4개 군의 하나로 무제 시기에 겨우 직할령이 된 이른바 변경 지방인데 그것들은 매우 정교하게 만들어진 것이다. 그 중에서도 머리를 들고 꼬리를 나부끼며 질주하는 동마(銅馬)는 미술사상으로도 손꼽히는 걸작품으로 지목되는 것이다. 뒷발은 비연(飛燕)을 밟고 있는 이 '동분마(銅奔馬)'는 제비보다도 빠르다는

제비를 밟고 있는 달리는 말(銅) —— 후한·감숙성 무위뢰대(武威雷臺) 출토

것을 상징하는 것이다. 미국의 대통령 닉슨이 중국을 방문하였을 때, 중국측이 선물로 선택한 것이 이 동분마의 복제품이었다. 또한 이것은 '비연을 밟은 동분마'로 1979년의 '실크로드 문물전'에 전시되어 많은 사람들에게 감명을 주었다.

더구나 이 청동 의장대는 2천 석의 지방 장관이 공식적인 행차를 할 때의 것으로 고증되었다. 동용(銅俑)의 등에 장씨노(張氏奴) 또는 장씨비(張氏婢)라고 찍혀 있는 점으로 보아 묻힌 사람은 장씨(張氏) 성을 가진 고관이었을 것이다.

강소성 서주(徐州) 토산(土山)의 후한 시대 전실 묘에서 은루 옥의가 발견된 것은 1970년의 일이었다. 옥의를 사용하였으므로 제후왕이나 열후일 것이다. 그것도 은루이므로 제후왕일 가능성이 농후하다.

서주는 팽성군(彭城郡)이므로 후한 시대 명제(明帝)의 아들로 팽성왕에 봉해졌던 유공(劉恭)이나 그 가족으로 보는 것이 타당할 것이다. 전실 묘인데다 그 규모가 작은(전장 4미터) 점에서도 만사에 소극적이었던 후한 시대의 왕릉으로 보인다. 부장품도 많지는 않으나 신수(神獸) 모양을 한 동연함(銅硯盒, 벼루함)은 산호와 터키석이 박힌 정교하고 아름다운 것이었다.

유공은 거록왕(鉅鹿王), 강릉왕(江陵王), 육안왕(六安王)으로 전전하다가 형인 장제(章帝)가 사망한 후 팽성왕으로 봉해졌다. 재위 46년으로 사망하고 아들 유도(劉道)가 뒤를 이어 28년 재위하였다고 전한다. 유도의 아들 유정(劉定)의 재위는 불과 4년이며 그의 아들 유화(劉和)는 전란을 만나 사방에 쫓겨 다녔다.이 유화는 재위 64년에 이르렀으나 그가 사망한 것은 조조(曹操)가 정권을 잡은 시대로 한왕조는 유명무실해지고 있었다. 그러므로 은루옥의의 주인공은 초대의 유공(117년 사망)이나, 2대의 유도(145년 사망)일 것이다. 더구나 이 가계에서는 향후(鄕侯)나 정후(亭侯)라는 이른바, 하급 토후족이 된 사람이 십수 명이 나와 있기는 하나 그들은 도저히 은루 옥의에 감싸일 신분일 수는 없다. 1973년의 중·일 국교 정상화를 기념한 문물전 때에 일본에 건너왔던 은루 옥의는 다름 아닌 이 서주 토산묘의 것이었다.

서주 근방에는 화상 석묘가 많은 것으로 유명하다. 너무나도 많아서 제2차 세계대전 전까지는 그것을 담벽이나 다리(橋) 놓는 재료로 썼을 정도였다. 들판에 방치되어 있던 화상석도 많았다. 들판에 방치해 두면 풍화 작용으로 마모될 우려가 있으므로 이것들을 건물 안에 거두어 들이는 일은 이른바 보호를 뜻하는 것이다. 또한 서주 바로 옆에 있는 동산현(銅山縣) 모촌(茅村)의 화상 석묘를 수리 복구하고 그 위에 건물을 세워 현상 그대로 보호하려고 기도하고 있다.

종이가 발명된 것은 1세기 말에서 2세기 초기에 걸친 일이므로 그때까지는 비단이나 벽에 그림을 그렸을 것이다. 한(漢)나라 궁전에서는 공신의 모습을 묘사하였다고도 한다. 그러나 한나라 때의 그림으로 지상에 있던 것은 모두 소멸되고 말았다. 전화(戰火)는 언제나 문화재를 파괴하였던 것이다. 화번을 말할 때 언급하였으나, 후한 말의 전란에서는 사치스러운 다양한 화번이 군인들의 천막으로 둔갑하기도 하였다. 당시의 그림 솜씨, 생활 풍습 등을 알기 위하여는 이제 땅 속에 남아 있는 부분에 의존할 수밖에 없다. 화상석, 화상전은 그러한 뜻에서 큰 가치가 있는 것이다.

화상석은 조각 분야에 속한다. 묘실의 장식에서 조각이 아니라 바로 벽에 그림을 그리는 일도 있었다. 묘내의 벽화(壁畫)는 당나라 때에 그 전성기를 맞게 되나 한나라 때도 이미 있었던 것이다. 지금 보스톤 미술관에 있는 채화전(彩畫塼)은 제2차 세계대전 전에 하남성(河南省) 낙양(洛陽)에서 출토

하북성 망도 (望都) 1호묘의 채색 벽화

석각 (石刻) 가채기마용 (加彩騎馬俑)
—— 후한 망도 2 호묘 출토

된 것으로 백토 바탕에 붉은 흙과 황토 등으로 채색되어 있다. 제2차 세계대전 후에도 한(漢)나라에서 위나라에 걸친 벽화 묘가 차례차례로 발굴되었으며 그 중에서 가장 유명한 것은 하북성(河北省) 망도(望都)의 이른바 망도 1호 묘일 것이다.

망도 1호 묘는 1952년에 발굴되었다. 묻힌 사람은 후한 시대의 대환관으로 알려져 있는 부양후(浮陽侯)인 손정(孫程, ?~132년), 아호는 치경(稚卿)이다. 이 손정은「후한서」의 '환자열전(宦者列傳)'에 전해진다. 환관 19명으로 순제(順帝)를 옹립했을 때의 주모자이며 그 공로로 19명의 환관이 모두 열후가 되었고 특히 우두머리인 손정은 부양후로서 1만 호의 영주가 되었다. 그는 양가(陽嘉) 원년(132년)에 사망하였으며 거기 장군(車騎將軍)으로 추증되었다.

환관인 탓으로 손정은 양자를 입양시켰다. 그리고 환관의 봉작은 양자가 상속할 수 없게 되어 있었으나 손정의 양자인 손수(孫壽)는 양부의 영지 반을 상속하도록 허가되었다. 환관의 양자 상속은 3년 후인 양가 4년(135년)에 정식으로 승인되었으므로 손정의 경우는 특별 대우였으며 얼마나 그의

전실 서쪽 벽의 인물도 (門下功曹·門下游徼·門下賊曹·門下史라는 직함이 적혀 있다.)

권세가 대단하였던가를 알 수 있을 것이다.

　손정의 묘인 망도 1호 채색 벽화는 색의 농도에 따라 광선의 명암이나 형상의 기복이 표현되고 그 선도 느긋하여 매우 훌륭한 것이다. 상당한 기술을 가진 화가가 그렸음에 틀림없다. 벽화는 그의 부하를 망라한 것으로 생전의 권세를 지하까지 가져가려는 소망이 서려 있다. 인물화 옆에 '문하공조(門下功曹)', '문하유요(門下游徼)', '문하적조(門下賊曹)', '문하사(門下史)'라는 직명이 표기되어 있어서 당시의 지방 관리 제도를 분명히 알 수 있다.

　「후한서」에 의하면 손정이 사망하였을 때, 시어사(侍御史)가 그의 장례를 감호하기 위하여 파견되었고 순제는 몸소 전송하였다고 한다. 이것은 이른바 국장이므로 벽화의 제작도 궁정의 일류 화공이 동원되었을 것이다.

　또하나 손정과 같은 시대에 궁중에서 일하던 유력한 환관에 조등(曹騰)이라는 인물이 있었다. 조등이 사망한 후 양자 조숭(曹嵩)이 작위를 잇게 되었다. 이것은 이미 언급한 손정의 전례를 따른 것이다. 이 조숭의 아들이

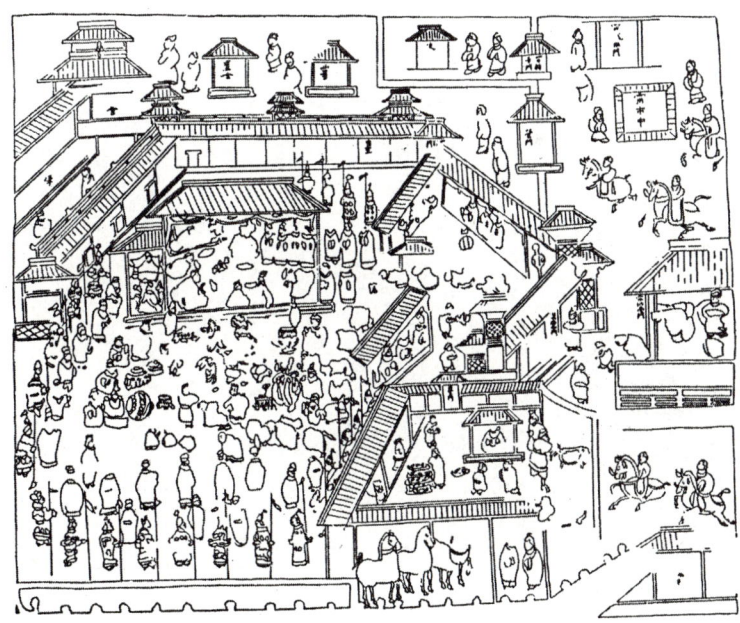

중실 동쪽 벽의 영성도(寧城圖) —— 내몽고 호링골(和林格爾) 한묘 출토

다름 아닌 「삼국지」의 영걸 조조(155~220년)인 것이다.

망도 2호 묘는 태원 태수(太原太守) 유공(劉公)의 묘이다. 성은 알고 있으나 이름은 모르고, 영제(靈帝) 광화(光和) 5년(182년) 때의 사람이다. 벽화는 없으나 석각가채기마용(石刻加彩騎馬俑)이 출토되었다. 황건적(黃巾賊)의 난이 일어나서 삼국지 전란의 막이 오르기 2년 전에 해당된다.

같은 하북성의 안평현(安平縣) 녹가장(祿家莊)에서 1971년에 후한 시대의 커다란 벽화 묘가 발굴되었다. 묻힌 사람의 행렬도와 건축물의 도면으로 희평(熹平) 5년(176년)의 연대를 확인하였다. 그리고 주인공의 주택은 망루를 갖추었던 것도 알게 되었다.

요녕성(遼寧省)에서는 1953년부터 1957년에 걸쳐 요양(遼陽)의 봉대자(棒臺子)에서 후한 말부터 위나라에 이르는 것으로 추정되는 2기의 고분을 발굴하였는데 그 고분 역시 벽화가 있었다. 그러나 채색이 아니고 묵채 벽화(墨彩壁畫)였다. 거기 행차(車騎行次), 잡기 무락(雜技舞樂), 주방 등이 묘사되어 있다. 때마침 「삼국지」 시대여서 전란을 피하여 많은 난민들이 이주하여

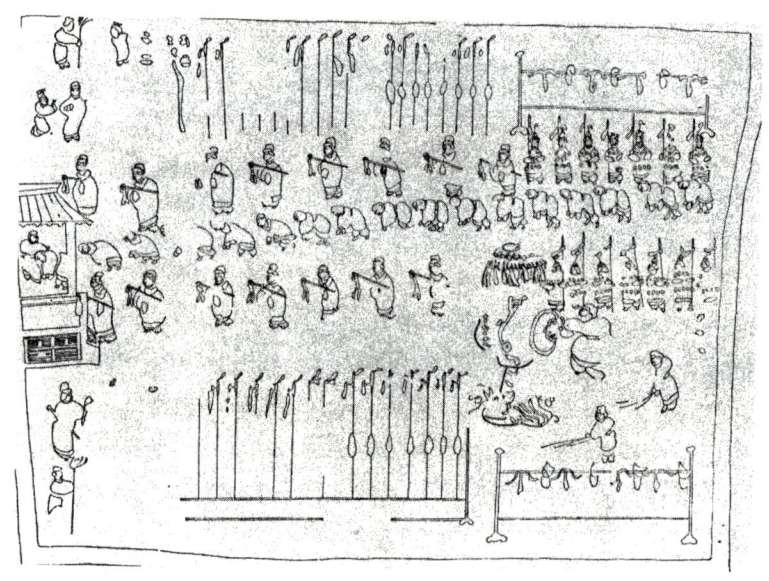

전실에서 중실에 이르는 용도(俑道)의 영성도

있었다. 이 지역은 후일 위나라에 의해 평정될 때가지 공손씨(公孫氏)가 할거
하던 지역이었다. 2세기 말에서 3세기에 걸치는 기간은 이주에 의한 중원화
가 이루어졌던 것으로 생각된다.

　내몽고의 화림격이현(和林格爾縣)의 신점자(新店子)에서 1972년에 발굴된
후한 묘에도 다채로운 벽화가 있었다. 벽화는 주인공 경력을 소재로 한 것이
고 부제로 간단한 설명도 있었다. 그에 따라 그가 효렴(孝廉, 효행스럽고 겸손
한 청년)에 추대되어 낭〔郎, 숙위관(宿衛官)〕으로서 궁중에서 일하기 시작하
였다는 것을 알 수 있다. 당시 지방 장관은 매년 약간 명의 효렴을 천거할
의무가 있었다. 효렴으로 추대되어 관직에 발을 들여 놓는 것이 '엘리트 코
스'였다. 그러나 그 사람에 대하여는 추천한 사람이 책임을 지며 뒷날 죄를

짓게 되면 연대 책임을 지게 되어 아무나 추천할 수는 없었다. 지방 장관이 내력을 잘 아는 그 지방 호족의 자제에 국한했을 것이다. 화림격이의 한묘(漢墓)에 묻힌 사람도 그러한 출신이었을 것이다. 드디어 그는 서하군(西河郡)의 장사(長史)로 승진하였다. 장사란 변방의 수비 책임을 맡은 직책으로 600석의 관직이었다. 이어 도위(都尉)에서 번양현령(繁陽縣令, 1000 석관) 그리고 마지막으로 호오환교위(護烏桓校尉)에 임명되었다. 이 직책은 오환(烏桓)이나 선비(鮮卑)같이 후한에 복종하던 북방 민족의 거주구 감독관으로 2천 석관이므로 각료급의 위치였다.

벽화에 '호오환교위 관청도'가 있었다. 주인공이 장관을 지냈던 관청의

장원도 (莊園圖) —— 내몽고 호링골 후한묘 출토

그림이다. 「후한서」 '오환선비전(烏桓鮮卑傳)'에 의하면 광무제의 건무 25년(49년), 요서의 오환의 토후가 922명을 이끌고 조공을 바쳤으며, 이때 반표〔班彪, 3~54년. 「한서」의 저자 반고(班固)의 아버지〕의 진언에 따라 오환교위를 두고 상곡녕성(上谷寧城)에다 근무처를 개설하였다고 되어 있다. 사서에는 이와 같이 소재지를 기록할 뿐이나 벽화로는 그 규모나 집무 상황을 손에 잡듯이 알 수 있다.

4

전한 시대에 비하여 후한 시대는 만사에 걸쳐 소규모적이었다. 「문선(文選)」에도 수록된 '양도부(兩都賦)'는, 낙양의 종이값(紙價)을 올린다는 유행어가 된 명문이며, 전한의 수도 장안(長安)과 후한의 수도 낙양(洛陽)을 비교하여 후자에게 더 비중을 두었다. 호화로운 장안에 비하여 검소한 낙양을 훌륭한 곳이라고 단정하였다. 관직명에서도 대사도(大司徒), 대사공(大司空), 대사마(大司馬)의 3사에서 '대(大)'자를 떼어 버렸다. 궁전이나 묘의 조성도 훨씬 검소해졌다. 현재 낙양시의 공원에 후한 묘를 원형대로 보존하여 일반에게 공개하고 있다. 아마도 전한 시대라면 같은 직위의 사람일 경우 더욱 대규모로 조성했을 것임이 틀림없었다.

전한 시대 말기의 평제(平帝)의 원시(元始) 2년(2년)의 인구는 「한서」 '지리지'에 의하면, 5천 959만여 명이라고 나와 있다. 적미(赤眉)의 거병으로 천하는 큰 전란에 휩쓸리고 후한의 광무제가 겨우 이를 평정하였으며, 그가 사망한 건무 중원(建武中原) 2년(57년)에 전국의 인구는 2천 1백만여 명에 불과하였다. 1백년 가깝게 지난 본초(本初) 원년(146년)의 통계에서도 인구는 4천 756만 명으로 전한 시대 말기에 미치지 못한다. 인간의 힘만이 주된 생산 수단이었던 시대이므로 전한과 후한은 국력에 상당한 차이가 있었다고 보아야 할 것이다. 검소하였다고 하나 검소하지 않을 수 없었다는 판단도 가는 것이다.

그 후한 시대 말기에 사회적인 모순이 팽배하여 「삼국지」의 대전란이 일어났다. 인구는 일거에 수백만으로 줄었다고 전해진다. 후한의 선양(禪讓)을 받은 위나라 문제〔文帝, 조조의 아들 조비(曹丕)〕가 박장령(薄葬令)을

342

우차(塼壁畫) —— 감숙성 가욕관(嘉峪關) 출토

밭갈이하는 소(塼壁畫) —— 감숙성 가욕관 출토

도화간묘(桃花澗墓) 문의 화상석(畫像石) 후한

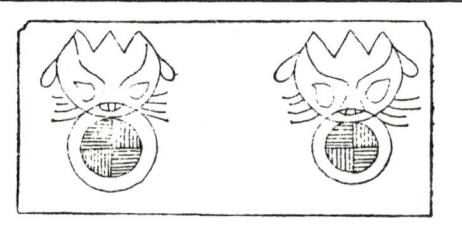

유정(劉頂)에서 채집된 화상석 후한

내려 옥의를 폐지한 사실을 이미 언급하였다. 국가의 재력을 생각했을 때 비단 옥의뿐이었겠는가.

후한이 질박하였다고는 하나 제후왕은 옥의로 장사지냈다. 또한 복종하던 유력한 변방 부족의 토후 사망시에는 옥의를 내렸던 것도 같다. 위나라가 요동(遼東)으로 공손연(公孫淵)을 몰아붙여 살해하고 동북(만주) 조선(朝鮮) 북부를 제압한 것은 경초(景初) 2년(238년)의 일이다. 이때 현도군(玄菟郡)의 창고에 옥합(玉柙, 옥의) 1벌이 있었다는 사실이 「위지(魏志)」에 기록되어 있다. 현도군은 유주(幽州)에 속하여 현재의 요동 북부에서 부여국(扶餘國)과 국경을 이루었다. 부여는 오늘날의 장춘(長春)과 하얼빈을 영토로 삼았던 나라이다. 「삼국지」 '동이전(東夷傳)'에 "그 왕의 장례에는 옥합을 사용했다. 한(후한) 왕조는 미리 옥합을 현도군에 보내 왕이 서거하면 즉시 이를 갖추어 장사지냈다"라고 쓰여 있다. 부여 국왕의 사망에 대비하여 현도군에는 언제나 한 벌의 옥의를 준비하였다. 검소하기는 하였으나 후한에서는 체면을 존중하였던 것이다. 왕망의 찬탈이 있었던 탓으로 유교의 '예(禮)'에 관하여는 전한 시대보다 더욱 신경질적이었는지도 모른다.

위나라에 이르면, 전란 말엽 후한의 국력보다 다시 10분의 1정도 약화되어 더 이상 체면 같은 것에 구애받을 처지가 아니었다. 또한 위나라의 사실상의 창시자인 조조는 극히 현실적인 성격으로 청년 시절 처음으로 지방 관헌으로 부임하였을 때, 첫번째로 행한 일이 사교 음사(邪敎淫祠)의 폐지였다. 아들인 조비도 아버지 이상으로 현실주의자였다. 그가 수릉(壽陵)을 만들 때 내린 칙서에 옥의를 '우속(愚俗)'이라 하여 금지시켰던 사실은 이미 언급한 바 있었으나 같은 칙서 전단에, "장례란 감추는 것이다. 사람이 볼 수 없게 하는 것이 요체이다. 뼈는 통양(痛痒)을 알지 못한다. 무덤은 영혼이 사는 집에 불과하다"고 되어 있다. 오랜 옛날부터 지금에 이르기까지 아직 멸망하지 않은 나라가 없고, 파헤쳐지지 않은 묘도 없었다는 사고 방식이다. 적미의 난으로 전한 시대 황제의 모든 능은 파헤쳐졌고 3국의 대란으로 후한 시대의 모든 능이 파괴당한 것을 그는 눈으로 보아 왔던 것이다. 금은 보화를 부장하기 때문에 도굴당하는 것이다. 그렇다면 질그릇만으로 하면 되는 것이다. 황제가 칙서에서 그렇게 말하였으므로 일반인의 매장이 간소화되었을 것은 틀림없다. 그러나 아무리 그렇더라도 유족의 입장으로서는 할 수 있는 것은 다하고 싶었을 것이다.

위나라에서 진(晉)나라에 걸쳐서는 전란도 많았고, 천하는 남북으로 분열되어 수많은 사람들이 이동하였으므로 '애묘(崖墓)'와 같은 대규모의 묘를 조성하기는 불가능해졌다.

위나라와 진(晉)나라의 묘에 관하여 필자가 본 것 중에 난주시(蘭州市)의 감숙성 박물관 부지에 옮겨져 있는 벽화묘가 인상에 남아 있다. 낙양시 공원의 후한 묘와 같이 다른 곳에서 원형대로 옮겨 놓은 것이다. 원래는 가욕관(嘉峪關)에서 1972년부터 다음 해에 걸쳐 발굴하였던 7기 중의 1기인 것이다. 거기에는 당시의 생활상이 소박한 선으로 분방하게 묘사되어 있다. 1976년 초에 일본의 기다규슈(北九州)나 오사카(大阪)에서 개최되었던 '한당벽화전(漢唐壁畫展)'에는 이 묘의 전벽화(塼壁畫) 모형품이 전시되었다. 말을 타고 시위를 당기며 표적을 노리고 있는 그림은 묻힌 사람인지도 모른다. 그가 잡은 짐승을 도살하고 있는 장면, 두 여성이 닭모가지를 비틀고 있는 장면, 묶인 산양과 수레를 끄는 소, 밭갈이 하고 있는 소 등 흡사 신변의 생활을 그대로 되살린 것이라고 할 수 있겠다.

좌우 이실(耳室) 앞에 커다란 벽돌에 '포수(鋪首)'가 그려져 있었는데 아직도 잊혀지지 않는다. 고양이 같은 동물이 고리 같은 것을 물고 그 위에 새처럼 생긴 것이 날고 있다. 포수라고 하는 것은 문고리에 달린 손잡이를 말한다. 이 고리를 잡아당겨 문을 여는 것이지만 이제 열 필요가 없는 관실(棺室)이므로 고리는 형식적으로 묘사되어 있을 뿐이다. 낙양 공원의 후한 묘에도 고양이 같은 동물이 고리를 물고 그 위에 새가 날개를 펼치고 있는 모양이 새겨져 있었다.

1979년 4월에 강소성 연운항(連雲港)시의 도화간(桃花澗)에서 발견된 후한의 화상(畫像) 석묘에도 같은 포수가 새겨져 있었다. 그곳에서 2킬로미터 정도 떨어져 있는 유정(劉頂)이라는 곳의 화상 석묘는 일찍이 파괴되었으나 1981년의 조사에서 3개가 남아 있는 것이 확인되었다. 그 중의 1개에도 같은 모티프의 포수가 있었다. 감숙성 박물관의 포수에는 길다란 수염이 그려져 있으나 낙양 공원의 것에는 수염이 없다. 도화간의 두 마리에는 한쪽에만 수염이 있고 또 한쪽은 귀걸이 같은 것이 달려 있다. 유정에는 두 마리 모두 수염이 있다. 고양이는 아니고 마왕퇴의 백화(帛畫)에 있었던, 날개를 펼쳐들고 있는 괴조와 같이 비렴(飛廉)일 가능성이 있다. 얼굴과 날개가 분리되어 고양이에 날개를 붙여 새가 되었는지도 모른다. 지상과 천상의 경계에서 문고리의 역할을 수행하는 데에는 역시 '신수(神獸)'가 적합할 것이다. 어떤 때는 뱀을 물고 있어서 상서롭지 못한 것을 잡아먹는다고 전해지는 '강량(強梁)'이라는 신수인지도 모른다.

진(晉)나라의 사마씨(司馬氏)는 위나라의 조씨(曹氏)를 대신하지만 북방의 민족 대이동이 파급되고 지배 계급의 무능과 부패 때문에 남방으로 옮기지 않을 수 없었다. 중원(中原)에서 남경(南京)으로 천도한 다음 동진(東晉, 317년 이후)이라고 칭하고, 그 이전을 서진(西晉)이라고 칭한다.

남방의 풍습으로는 그 전부터 묘에 '매지권(買地券)'을 넣는 관습이 있었던 것 같다. 그 무덤은 자신의 것이 틀림없다는 사실을 확인하기 위한 것이다. 그리고 급기야는 묻힌 사람이 누구인지를 분명하게 하는 것, 즉 묘지명(墓誌銘)을 묘 안에 넣는 것이 일반화되었다. 금속(주로 구리)일 경우도 있고 석각(石刻)일 경우도 있었다. 그때까지는 제후왕조차도 부장품이나 그 밖의 것으로 겨우 묻힌 사람을 추측할 수 있을 뿐이었다. 이 점도 대단한 변화라고 하지 않을 수 없다.

# 불교 전래 전후

## 1

「삼국지」에서 잘 알려진 3세기의 군웅할거는 위(魏), 촉(蜀), 오(吳)의 세 세력으로 압축되고 제갈공명(諸葛孔明) 없는 촉나라가 제일 먼저 탈락하게 된다. 가장 막중한 세력이었던 위나라는 조조가 사망하자 그의 아들 조비가 후한의 헌제(獻帝)로부터 선양받아 즉위하였다. 이 인물이 문제(文帝)로, 조조는 무제(武帝)로 사후에 추증되었다. 조조는 생전에 제위에 오르지 않았다. 이러한 위왕조도 급기야 왕조의 실력자였던 사마씨(司馬氏)에게 그 자리를 내놓게 되었다. 이것이 진(晉)왕조다. 3국 중에서 살아 남았던 오나라가 항복한 상대국은 이 진나라였으며 서기 28년의 일이었다. 이리하여 1세기에 가까운 분열 시대에 종지부를 찍고 중원은 겨우 재통일되었으나 그것도 오래 계속되지 않는다. 북방 민족 대이동의 파문이 중원에 밀어닥쳐 내부에 결함을 안고 있던 진왕조는 일단 멸망하고 말았다. 민족 대이동의 여파 탓으로만 돌리기는 어렵다. 진(晉)나라의 황족은 황위를 놓고 피를 피로써 씻는 내전을 거듭하고 있었으므로 북방 민족의 남하가 없었더라도 언젠가는 자멸하였을 것이다.

황족 중의 한 사람이 동쪽으로 도망가서 남경(南京)에 정권을 세운 것이 317년의 일이었다. 그리하여 그 이전을 서진(西晉), 그 이후를 동진(東晉)이라고 부른다. 반 세기도 이어지지 않았던 위나라와 겨우 반 세기 가량 이어졌던 서진을 합하여 흔히 '위진(魏晉)'이라고 부른다. 동진은 중앙 정권이 아니고 남방 일부만을 지배하던 망명 왕조였다. 북방에서도 여러 민족이 혼합되어 여기저기 약소 정권이 수립되었다. 거의 5개 민족이 16개의 왕조를 세웠기 때문에 '5호 16국(五胡十六國)'이라고 부른다.

5호란 흉노(匈奴), 갈(羯), 선비(鮮卑), 저(底), 강(羌)을 말하며 그 하나하나의 민족에 관하여는 여러 가지 설이 있다. 중원 북방을 동에 걸쳐 감싸고 있던 변방의 민족들이었다고 개략적으로 파악해 두는 것이 좋을 것이다. 몽고, 티베트, 터키, 퉁구스, 스키타이계의 그룹이 포함되어 있었을 것이다.

현재로는 몽고나 티베트 기타 민족도 소수 민족이기는 하나 중국인이므로 외국이라는 어감이 강한 '호(胡)'라는 표현은 적당하지 않다. 거기에 난립하던 16의 왕조 가운데는 전량(前涼), 서량(西涼), 북연(北燕)과 같은 한족(漢族)의 정권도 포함되어 있다. 중국 박물관에서의 표기에 유의하였던 바, 북방만을 말할 때는 '16국(十六國)', 전국적인 시대를 말할 때는 '동진16국(東晉十六國)'이라고 하는 것이 일반적인 호칭인 것 같다. 남방에 동진 왕조가 있었고 북방에 16왕조가 난립하였던 100여년에 걸친 시대의 호칭이다.

북방의 군소 정권이 점차로 정리되어 선비의 탁발부(拓跋部)인 위나라가 북연을 멸망시켜 북방을 거의 통일시킨 것이 436년의 일이었다. 남방에서는 이미 동진이 유씨(劉氏)의 송(宋)나라로 바뀌고 있었다. 이리하여 남북에 각기 거대한 왕조가 대립하였기 때문에 이 시대를 '남북조(南北朝)'라고 부른다.

북위(北魏)는 534년에 동서로 분열되어 동위(東魏)는 북제(北齊)로, 서위(西魏)는 북주(北周)로 바뀌고 북제와 북주의 싸움은 북주의 승리로 끝났다. 그러나 북주는 외척인 수(隋)로 바뀌었다. 이 시대는 남이나 북 모두가 말을 바꿔 타듯 정권이 바뀐 시대라고 할 수 있다. 남방에서는 동진에서 바뀐 송나라가 남제(南齊)로 바뀌고, 그 남제는 양(梁)으로 바뀌고, 다시 진(陳)나라가 양나라를 탈취하였다. 3국 시대의 오나라에서 비롯하여 동진, 송, 남제, 양, 진(陳)의 6왕조는 모두 남경을 수도로 하였으며 합쳐서 '6조(六朝)'라 부른다. 북주에서 바뀐 수나라가 남방의 진(陳)나라를 멸망시켜 남북을 통일한 것이 589년의 일이었다.

3국 정립(三國鼎立) 후에 잠시 동안의 통일 시기가 있었으나 전체적으로 보아 중국에서는 분열 시대가 계속되어 수나라가 통일을 이룰 때까지 360년이나 계속되었다. 이미 언급한 바와 같이 전반은 동진 16국, 후반은 남북조로 부르므로 분열기의 총칭은 위진남북조(魏晉南北朝)가 된다. 또한 남방에 한하여 6조 시대(六朝時代)로 부르는 경우도 있다.

가욕관 위진 묘 다음 시대의 대표적인 큰 묘는 16국 시대의 주천현(酒泉縣) 정가갑(丁家閘)의 벽화 묘일 것이다. 정가갑의 묘 중에서 내용이 가장 풍부한 것은 5호 묘로서 주천현 박물관에 그 벽화의 복제품이 진열되어 있을 뿐만 아니라 진주시의 감숙성 박물관에도 같은 규모의 묘실 모형이 만들어 져 그 안에 모사된 벽화가 끼워져 있다. 이 묘에 대한 본격적인 조사는 1977년에 실시되었다. 1975년에 필자가 난주를 방문하였을 때는 위·진 묘가 옮겨져 있었을 뿐이었는데 1984년에 가보니 이 16국 묘의 모형이 추가되어 감숙성 박물관은 그 유명한 채도 수집품 이외에 훨씬 다채로운 내용을 갖추고 있었다.

박물관의 경우, 주천의 것은 현급의 자그마하고 아담한 것이었으나 내용은 충실하였다. 1973년에 발굴된 최가남만(崔家南灣) 1호 묘의 벽화전, 화문방전(花紋方塼) 혹은 얼마 뒤의 북위석탑(北魏石塔), 1974년에 출토된 거연한간(居延漢簡) 등 보는 이들을 흥분시키는 문물이 전시되고 있다.

## 2

분열기는 분명히 쇠퇴의 시대이며, 진(秦)·한(漢)나라와 같은 거창함이 없다. 위나라 문제가 옥의를 비롯한 호장(豪葬)을 금한 것은 합리적인 사고방식이었을 것이나 심술궂은 측면에서 본다면 대단한 묘를 조성하려고 해도 할 수 없었던 것인지도 모른다.

그러나 위진 남북조의 360년은 한편으로 보면 내외의 대이동 시대였다. 중원의 귀족들이 차례로 남쪽으로 도망갔으며 변경의 민족이 차례로 중원으로 밀려 들었다. 이리하여 여러 민족의 문화가 뒤범벅이 되었다. 문화란 움직이지 않고 있으면 침전하고 퇴폐한다. 내외의 민족 이동은 침전된 물을 휘저어 준 것이었으며 또는 퇴폐되어 가고 있던 문화에 새로운 피를 수혈한 것이기도 하였다. 노신(魯迅) 등은 중국 문화는 이와 같이 새로운 피를 끌어들임으로써 다시 되살아나 오늘날과 같이 유지된 것이라고 주장했다.

가욕관 묘의 벽화에는 소수 민족의 복장을 한 사람과 한족이 함께 뽕을 따고 밭을 갈며, 방목하고 있는 모습이 묘사되었다. 이와 같이 생활 양식과 기술 교환이 이루어지고 서로 피를 섞기도 하였을 것이다.

주천현 박물관에는 정가갑 5호 묘의 축소판 모형이 전시되어 전체를 알 수 있게 되어 있다. 거기에 의하면 묘실은 지하 12미터 깊이에 있었고 거기에 이르는 묘도는 경사로로 30미터였다. 관실 앞에 방이 있었고 벽화는 그곳에 그려져 있다. 그것은 벽돌을 쌓아올린 것이 아니고 칠식(漆喰, 석탄에 진흙, 풀가사리 따위를 섞어서 반죽한 것)을 입힌 4면의 넓은 벽에 가득히 그려져 있었다.

벽화의 소재에 불교 색채는 전무라고 해도 좋을 정도로 나타나지 않았다. 전체적인 구성에서 보면 마왕퇴의 백화가 연상된다. 4면의 벽은 각기 3단으로 나뉘어 맨 윗단에는 천상계, 가운데는 지상 세계 그리고 맨 아랫단은 지하의 세계가 묘사되어 있었다. 마왕퇴의 T자형 백화가 같은 구성을 하고 있었던 사실을 우리는 이미 보았다. 정가합 5호 묘는 동쪽에 동왕부(東王父), 서쪽에 서왕모(西王母)가 그려져 있어서 마왕퇴보다 알기 쉽게 되어 있다. 만성 한묘에서는 관실 앞의 홀에서 화번을 매달았을 것으로 생각되는 금속기가 발견되었다. 관실은 침실이고 앞의 방은 일상 생활의 터전이므로 만일 장식한다면 당연히 후자이다. 그와 같이 만성 한묘도 그곳에 목조 건물을 짓고 장막을 쳐서 화번을 장식하였다. 그 후에는 화번 대신에 화상석, 화상전이 쓰여지고 급기야 더욱 넓은 벽화로 장식하게 된 것이다.

천상이라는 사실을 나타내기 위하여 가운데 부분과의 경계에 산이 그려져 있다. 원추형의 산열(山列) 위를 갈기와 꼬리, 발굽이 붉게 칠해진 신마(神馬)가 날고 있다. 백록(白鹿)과 날개 달린 사람도 그려져 있다. 서왕모는 산이 치솟아 바위처럼 보이는 그 위에 팔장을 끼고 앉았으며 그 왼쪽 우측에 세발 까마귀와 구미호(九尾狐)가 있다. 마왕퇴의 까마귀는 두 발이었으나 16국 시대에는 서왕모의 사자인 까마귀는 세 발이라는 전설이 굳어졌던 모양이다. 서왕모의 머리 위에는 달을 나타내는 원 속에 두꺼비가 그려져 있다.

구미호는 「산해경(山海經)」에 청구국(青邱國)에 있다고 되어 있으므로 역시 천계에 속하는 것이리라. 꼬리가 아홉 개 있는 것이 아니고 꼬리 아래에 유방처럼 달린 것이 아홉 개가 묘사되어 있다. 날으는 인간은 여성으로 묘사되고 양 어깨에서 날개 같은 것이 나 있어 하늘을 날고 있는 것이다.

지상의 세계에는 시신(侍臣)과 시녀(侍女)에게 시중을 받으며 흰 부채를

서왕모(西王母) —— 감숙성 주천 정가갑(酒泉 丁家閘)·동진 16국 벽화묘

손에 들고 음악과 춤 그리고 곡예를 구경하며 즐기는 인물이 묘사되고 있는데 이 인물이 묻힌 주인공일 것이다. 벽화의 상태로 미루어 보아 이 지방의 장관이었거나 또는 호족이었을 것으로 추측된다.

묘 안에 매지권을 넣는 것은 이미 언급한 바와 같이 남방의 습관이며, 결국 묘지(墓誌)를 수장하게 되나 중국의 서북방에 해당되는 감숙의 16국 시대에는 아직 시행되지 않았다. 그러므로 이 묘의 주인공의 이름이나 신분은 밝혀지지 않았다. 가욕관(嘉峪關) 9호 묘는 '무향정후(武鄕亭侯)'라고 새겨진 귀뉴도금동인(龜紐鍍金銅印)이 출토되어, 이름은 알 수 없으나 신분은 짐작할 수 있었다. 열후 중에서도 공적이 많은 사람에게는 봉지로 현(縣)이 주어지고 다음에는 향(鄕), 그 다음에 정(亭)이 주어졌다. 황후의 시종장이었던 환관 조등(曹騰, 조조의 할아버지)은 비정후(費亭侯)에 봉해졌다. 한나라에서 열후의 인장은 금이어야 하는데 도금이 된 동이므로 쇠퇴하던 시대를 반영하는 것으로 보아야 할 것이다. 일본 교토(京都)의 후지아리린관(藤井有鄰館)에 소장되어 있는 '정로장군장(征虜將軍章)'은 한나라 것이라면 당연히

은 이상일 터인데 이것도 도금되었다. 그러므로 16국 이후의 것으로 추정되는 것 같다. 주천성 최가남만 1호 묘에서는 '비장군장(裨將軍章)'의 귀뉴은인(龜紐銀印)이 출토되었다. 그보다 약간 뒤진 것으로 보이는 이 정가합 5호 묘에서는 그러한 단서가 될 만한 것이 출토되지 않았다.

사실은 묻힌 사람의 이름이나 신분보다도 벽화의 내용이 더 중요한 것이다. 계급이나 관직은 문헌에 나와 있으나 문헌에 기록되지 않은 여러 가지 사실을 우리들은 벽화를 통하여 알 수 있기 때문이다. 예를 들면 묻힌 사람의 권속들이 외출할 때의 모습, 우마차의 구조, 소를 부리며 경작하는 모습 등은 문헌만으로는 알 수 없었던 사실이었다. 또한 이 시대의 쇠스랑(耙, 파)이 어떤 것이었는지 위·진 묘의 벽화에 의하여 비로소 알게 되었다.

정가합 5호 묘의 지하 세계에는 넓게 가지를 편 나무 아래에 한 사람의 벌거벗은 인물이 묘사되어 있다. 이것은 '발(魃)'이라고 해서 가뭄의 신이다. 하얗게 칠한 여성처럼 보인다. 「산해경」에 의하면 발은 황제(皇帝)의 딸이라고 나와 있으므로 역시 여신이었을 것이다. 지하의 세계에는 이렇게 무서운 가뭄의 신이 있는 것이다. 나무 위에는 고양이를 닮은 괴수와 비둘기 같은 새가 있다. 괴수는 불길(不吉)한 것을 잡아먹는 12신의 하나인 '강량(強梁)'이다. 이 강량이 나타나서 가뭄이 그치고 길조(吉兆)의 새가 거기에 나타났다는 뜻의 그림일 것이다. 지하의 세계라고 해서 마냥 어두운 것만은 아니다. 강량이나 길조의 새가 묘사되어 있는 것은 중국인의 낙천적인 성격이 표현된 것으로 보아도 좋을 것이다.

천상의 동왕부, 서왕모, 세발 까마귀, 구미호, 신마, 백록, 날개 달린 사람, 달 속의 두꺼비와 지하 세계의 가뭄이나 강량 등의 벽화는 전적으로 중국의 신화 전설을 소재로 하고 있다. 지상의 생활을 묘사한 경우에도 한족(漢族)에 관한 것이며, 이미 언급한 바와 같이 불교 색채마저 없기 때문에 변경 민족의 자취를 찾기 힘들다.

주천이라는 땅은 16국 시대의 초기에는 한족 왕조인 전량(前涼)의 지배하에 있었다. 전량의 창시자 장궤(張軌, 225년~314년)는 중원이 어수선해질 것을 예견하고 자진하여 하서(河西) 지방에 부임하였던 인물이다. 그리고 그와 같이 중원의 전란에 휘말려 들기를 꺼린 많은 한족이 이 땅으로 이주하였을 것이다. 티베트계 주민의 이주가 많았던 하서 지방은 한족의 이주 때문

원림(園林) ── 감숙성 주천 정가갑·동진 16국 벽화묘

에 역으로 중원화되었던 것으로 생각된다.

한족의 왕조였던 '전량(前涼)'은 376년에 티베트계 씨족인 전진(前秦)에게 멸망하였다. 전진의 부견(苻堅, 338년~385년)은 명군으로서 재상에 한족의 왕맹(王猛, 325년~375년)을 기용하여 중국적인 정치를 폈던 것이다. 전진 멸망 후에 서역으로 출정하여 구마라집(鳩摩羅什, 344년~413년)을 동반하고 돌아온 전진의 장군 여광(呂光, 337년~399년)은 이곳에서 자립하여 '후량(後涼)' 왕조를 세웠으나 20년도 되지 않아 강족(羌族)계인 후진(後秦)에 합병되었다. 후량 소멸 전에 흉노계의 저거몽손(沮渠蒙遜, 368년~433년)과 선비계 독발오고(禿髮烏孤, ?~399년)가 독립하여 전자의 정권은 '북량(北涼)', 후자는 '남량(南涼)'이라고 불렀다. 북량 왕조의 돈황(敦煌) 태수였던 한족의 이고(李暠, 357/355년~417년)가 자립하여 '서량(西涼)' 왕조를 세우고 돈황과 주천을 지배하였으나 바로 북량에게 멸망하였다. 덧붙여 두지만 훗날 당왕조(唐王朝)를 창업한 이씨(李氏)는 이고의 후손이라 자칭하였다.

사가(史家)의 편의대로 이 시대를 전, 후, 남, 북, 서 등을 붙이고 있으나 이 5왕조는 모두 '양(涼)'이라고 하였으므로 합쳐서 5량이라고도 부른다. 16국 후반에는 정신차릴 수 없을 정도로 정권이 바뀐 것처럼 보이나, 전량의 창업(317년)부터 북량의 멸망(439년)까지의 120여년 간을 살펴보면, 한족인 전량이 60년, 한족다운 정권이었던 전진이 약 20년, 한족의 서량이 20년이므로 주천과 돈황의 땅은 거의 한(漢) 문화의 분위기를 보전하고 있었다고

할 수 있을 것이다. 이것은 어디까지나 필자의 추정에 불과하나 정가갑 5
호 묘에 나타난 격식으로 보아 전량 혹은 전진 시대 이른바 16국 전반기에
조성된 것으로 보인다.

동방에서 일어난 선비계의 북위(北魏)는 서방 끝쪽에 있던 북량(北涼)을
멸망시키고 겨우 화북(華北)을 하나로 뭉쳐 '북조(北朝)'로서 '남조(南朝)'
와 대치하게 되었다.

3

필자가 정가갑 5호 묘를 16국 전기로 추리하는 근거는 불교 색채가 벽화에
나타나지 않았다는 사실이다.

16국 중에 한족의 왕조는 전량(前涼), 서량(西涼), 북연(北燕)의 3개 국뿐이
며 나머지는 흉노(匈奴), 갈(羯), 선비(鮮卑), 저(氐), 강(羌)인 이른바 5호
(五胡)였다. 그들은 변방 민족으로서 한족의 거주 구역을 다스렸다. 같은
지역에 여러 민족이 공존하였으므로 국가로서 이를 통합하는 데는 백성들에
게 공통되는 구심점이 필요하였다. 그리하여 위정자가 착안한 것이 불교였
다.

유교 또는 도교의 이념으로 된 노장(老莊)의 사상이 당시의 중국인에게는
정신 생활의 지주였다. 그러나 유교나 도교는 너무나 한족의 색이 진했다.
주민의 수에서 보면 한족이 많았으므로 오히려 한족 색채가 조금 지나치다
고 생각될 수 있도록 하여야만 했다. 그렇다고 샤머니즘을 근간으로 하는
변경 민족의 신앙으로서는 공·맹자나 노·장자의 이론에 대항할 수 없었다.
그 무렵 인도에서 서역(西域)까지 퍼져 겨우 중국에 침투하기 시작한 불교라
면 유·도 양교와 견줄 수 있었다. 인도에서 일어난 것이므로 변경 민족의
군주에게도 역시 중국 밖에서 들어왔다는 데 대한 거부감은 없을 것이다.
그들이 불교 포교에 열심이었던 까닭도 정책적으로도 수긍이 가는 것이다.

전진(前秦)의 부견(苻堅)은 16국 중에서 유일한 명군이었으며 명승인 도안
(道安, 314년~385년)을 얻기 위하여 양양(襄陽, 호북성)을 공략하였고 또 서역
에 출병한 것도 귀자(龜玆)의 명승인 구마라집을 데려오기 위한 것이었다고
전해진다. 후조(後趙)의 석륵(石勒, 274년~333년)이나 석호(石虎, ?~349년)

연거행락도(燕居行樂圖) —— 감숙성 주천 정가갑·동진 16국 벽화묘

는 만행으로 알려진 군주였으나 그들도 불제자로 귀의하였다. 전연(前燕)
은 선비계의 왕조이며 불교가 매우 성행하여 이 시대에 불교가 고구려에
전파되었다.그러므로 일본에 대한 불교 전래의 통로를 더듬어 보면 16국
시대로 소급된다.

　불교 융성의 원인은 시대 정신과 파장이 맞았던 것이 첫째이고 정책적인
요인은 도리어 이차적인 요인이었을 것이다. 변방 민족의 군주가 많았던
북방뿐만 아니라 한족의 왕조가 지배하던 남방에서도 '남조 480사(南朝四百
八十寺)'라고 불릴 정도로 불교가 성행하였다. 약육강식과 뺏고 뺏기는 시대
에, 흔들림이 없는 정신적인 지주를 붙들고자 하는 소망이 남북에 공통되고
있었다.

　정가갑 5호 묘는 불교가 갑자기 보급되기 직전의 시기에 해당되는 것으로
생각된다. 천상, 지상, 지하의 세계를 묘사한 화가는 드디어 불화(佛畫)를
그리게 되었던 것이다. 그러한 뜻에서 정가갑 5호 묘의 벽화는 돈황 등의
석굴 사원 벽화로 이어지는 중국의 미술사 연구에 귀중한 자료이다.

　돈황의 명사산(鳴沙山)에 최초의 석굴사(石窟寺)가 만들어진 것은 전진
(前秦) 건원(建元) 2년(366년)이라고 전해지나 지금은 없어진 것 같다. 석굴
은 파헤치게 되면 이전의 것은 없어져 버린다. 그럼에도 16국 시대—주로
북량—에 조성된 것으로 보이는 것이 7개나 있는 모양이다. 예를 들면, 유명

한 교각미륵보살상(交脚彌勒菩薩像)인 제275호 석굴 같은 것이 그것이나,
송나라 시대에 개수하여 벽화에는 송나라의 것도 들어 있다. 돈황 초기의
석굴에서 연대가 가장 분명한 것은 서위(西魏)의 대통(大統) 4년(538년)과
그 다음 해의 연대가 있는 제285호 석굴일 것이다. 이 굴의 천정화(天井畫)
는 불교 세계의 것과 혼합된 중국적인 선계(仙界)의 것으로 인정되고 있다.
복회(伏羲)나 여왜(女媧), 또는 도철(饕餮) 등이 그것이다. 많은 사람의 얼굴
을 한 괴수는「산해경」에 나오는 아홉 개 얼굴을 가진 호랑이 같은 영물임이
틀림없다. 복회와 여왜의 가슴 앞의 원형 속에는 눈으로는 볼 수 없으나
밑에서 쳐다보는 두꺼비와 세발 까마귀가 묘사되어 있다고 한다. 날개 달린
사람이나 주작(朱雀) 그리고 T자형 백화에 나타났던 비렴(飛廉)도 확인되었
다. 같은 서위(西魏)의 제249호 석굴에서는 서왕모와 현무(玄武) 등도 등장하
고 있다.
　이렇게 되면 이것은 16국 시대의 정가갑 5호 묘 상층의 벽화와 동일한
기조를 이룬 그림이라고 해야 할 것이다. 대체적으로 보아 이 양자 사이에는
1백 수십년의 간격이 있다. 돈황의 서위 석굴 벽화 쪽이 기법이나 정리 방법
이 우수하나 주제가 닮았다는 사실은 흥미로운 사실이다. 서위 이전의 돈황
벽화―북량이나 북위 왕조―는 훨씬 서역풍(西域風)이다. 교각미륵보살상도
엷은 의상을 걸치고 있어 좀더 이국풍을 띠고 있었다. 그러므로 1백년 이상
이 지나서야 서위의 벽화나 소상(塑像)은 겨우 중국풍의 의상에 가까워진

것이다. 주제도 초기에는 본생담(本生譚)을 주제로 한 인도풍이었으나 토착 풍이 가미되었다. 불교를 받아들이는 것도 처음에는 완연히 원형을 그대로 옮긴 것 같았으나 차차 새겨감과 동시에 풍토에 적합하도록 손질이 가해졌 다. 그에 따라 서위(西魏) 근처의 주제가 정가갑의 16국 묘의 벽화에 더욱 밀접해졌던 것은 당연한 추세였다고 하지 않을 수 없다.

4

돈황에 관한 이야기가 나왔으므로 석굴에 관하여 약간 언급하고자 한다. 돈황 막고굴(敦煌莫高窟)이라고 부르는 석굴사군(石窟寺群)은 그것이 조성된 다음 계속 신앙의 대상이 되었다. 땅 속에 있었던 것이 아니고 처음부터 열려 있어서 누구나가 알고 있었던 것이므로 '발굴'의 영역에 포함시키는 것은 적당하지 않을지 모르겠다. 그러나 돈황 문물연구소가 1951년에 공표하 였을 때의 석굴 수는 469개였으나 현재는 492개가 되어 있다. 석굴의 밑창이 나 복도 등에서 모래에 묻혔던 것을 파내어 증가된 것이므로 역시 그 일부는 발굴 영역에 포함된다.

석굴사는 습기가 많은 남방보다는 건조한 북방 쪽이 조성하기 쉬운 것은 두말할 나위도 없다. 감숙성 하서 지방에는 특히 많아서 돈황막고굴 이외에 안서 유림굴(安西楡林窟), 영정 병령사(永靖炳靈寺), 천수맥적산(天水麥積 山) 등이 알려져 있다. 존재하고 있다는 사실을 알고 있으면서도 그대로 방치하여 황폐화되었던 것을 새로 조사하여 보호하게 된 경우엔 역시 발굴 이라고 표현해야 옳을 것이다. 병령사나 맥적산이 이에 해당한다. 감숙성 문물공작대(文物工作隊)는 1963년의 조사에서 서진(西秦) 건흥(建弘) 원년 (420년)의 편년(編年)을 갖고 있는 조상제기(造像題記)와 벽화를 발견하였 다. 이것은 병령사 석굴뿐만 아니라 다른 석굴의 시대를 감정할 때 중요한 수단이 되는 발견이다. 같은 해에 기련산(祁連山)의 옥문창마(玉門昌馬), 주천의 문수산(文殊山), 숙남(肅南)의 금탑사(金塔寺)와 마제사(馬蹄寺) 등이 석굴이 조사되었다. 1977년에는 농동(隴東) 지구에서 연화사(蓮花寺), 보천사 (寶泉寺) 등의 소형 석굴이 발견되었다. 모두 북위(北魏)에서 당·송(唐·宋) 에 걸친 조상 제기(造像題記)도 있었다는 것이다.

석굴의 발견은 곧바로 보호로 이어진다. 돈황에서 볼 수 있듯이 석굴의 보호에는 그것이 파여진 산 그 자체의 체질을 강화하지 않으면 안 된다. 풍화 작용이나 일광의 직사를 피하기 위하여 인공적으로 산의 위치를 옮기는 공사를 하게 된다. 맥적산에 대하여는 현재 '산체가고공정(山體加固工程)'을 수행하고 있다고 한다. 돈황에서 들은 바에 의하면 맥적산 석굴은 가까운 장래에 일반에게 공개될 예정이라고 한다. 이곳은 북위 시대로부터 조성된 곳으로 벽화보다는 소상, 석각(石刻)에 볼 것이 많은 모양이다.

불교가 중국에 전래된 이래 북위의 태무제(太武帝, 408년~452년), 북주의 무제(武帝, 543년~578년), 당(唐)의 무종(武宗, 814년~846년), 후주의 세종(世宗, 912년~959년) 때 4번에 걸친 배불(排佛) 시기가 있었는데 이른바 '3무 1종(三武一宗)의 법난(法難)'이라고 부르는 시기이다. 북위의 배불은 446년에, 북주는 574년에, 당나라는 845년에 그리고 후주는 955년에 있었다. 모두 왕이나 황제의 사망으로 다시 불교가 부활하였으나 배불의 상처는 매우 큰 것이어서 이때 오래된 절이나 불상이 없어졌다. 마지막 후주 세종의 배불은 경제적인 이유가 주된 사정이어서 불상, 범종(梵鍾), 기타 불구(佛具) 등은 동전으로 개조되어 사용되었다. 그 이외에 전란 탓도 있어서 지상의 불교 관계의 것은 파괴당한 꼴이었다. 배불 운동이나 전란의 손이 미치지 않은 곳은 산서성(山西省) 대동(大同)과 하남성(河南省) 용문(龍文)과 같이 거대한 석불이나 변경의 석굴군에 있었던 벽화와 소상이었다.

당나라 장언원(張彦遠)이 펴낸 「역대명화기(歷代名畫記)」는, 벽화가 그려져 있는 절의 이름과 벽화 이름을 기록한 것이었다. 그러나 지금은 한 장도 남아 있지 않다. 지상에서는 사라져 버린 것이다. 불상도 같은 사정으로 목제품은 불태워지고 동불(銅佛)은 화폐로 개조되었고 석제품은 파괴당하였다.

돈황 막고굴이 중국의 지보적인 존재로 불리는 것은 이러한 이유 때문이다. 감숙의 석굴사는 교통 편의도 좋지 않았고 배불령도 늦게 도착되었으며 그 지방 백성들의 비호도 있었기 때문에 파괴를 면할 수 있었을 것이다. 석굴사의 보호도 그러한 뜻에서 매우 중요한 사업이라 하지않을 수 없다.

특히 최근에 사천성 중경(重慶)시 근처에서 대규모 석굴사 군이 발견되었다. 대족석굴(大足石窟)이라고 하여 이미 공개되었으며 그에 관한 자세한 보고가 기대된다.

# 지하의 남북조(南北朝)

## 1

조조(曹操)는 「삼국지」에서 악한으로 묘사되어 있기는 하지만 실제로는 뛰어난 영걸로서 특히 인재를 몹시 아꼈던 사람이다. 진림(陳琳, ?~271년) 이라는 명문가는 조조의 숙적인 원소(袁紹, ?~202년)의 참모로 조조를 비난하는 격문을 썼던 인물이다. 조조에게 포로가 되었을 때 진림은 틀림없이 죽게 될 것으로 생각하였으나 조조는 그의 문재(文才)를 아껴 살려 주었다. '원소를 위하여 여주(予州)에 경고함'〔「문선(文選)」〕이라는 문장에서 진림은 조조를 비난했는데 그 줄거리는 다음과 같다.

> 또한 양(梁)의 효왕(孝王)은 선제의 모곤(母昆, 한 어머니의 동생)으로 하여 분릉존현(墳陵尊顯)케 하다. 상재송백(桑梓松柏), 더욱 숙공(肅恭)케 하다. 그럼에도 조(操, 조조), 무리를 이끌어 스스로 이를 발굴하고 관을 파괴하여 시신을 벗기고 금보(金寶)를 약취하여 성조(聖朝)로 하여금 통곡케 하고, 모든 백성의 가슴을 애타게 하도다. 조(操) 또한 특히 발구중랑장(發丘中朗將), 모금교위(摸金校尉)를 두어 지나는 곳마다 파헤쳐 시체로 남아 있는 것이 없도다……

이것은 조조가 양효왕〔(梁孝王), 경제의 동생 유무(劉武)〕의 묘를 손수 입회하여 발굴하고 금은 보화를 약탈한 사실을 말하는 것이다. 시신을 벗겼다는 것은 금루 옥의(양효왕은 시봉 제후왕)를 거두었다는 것이다. 그리고 발구(發丘, 분구를 파다) 중랑장이라든가 금모(金摸, 보물을 찾아 모으다) 교위 같이 묘를 발굴하는 전문 관직을 설정하여 도처에서 묘를 파손하여 시체가 파헤쳐지지 않은 것이 없었다고 비난했다.

진림의 격문에는 조조의 할아버지가 탐욕스런 환관이었고, 아버지는 뇌물로 관직을 샀다는 사실도 쓰여 있었다. 조조는 진림을 용서할 때 "내 욕은 괜찮지만, 아버님이나 할아버님에 대한 욕까지 할 필요는 없지 않는가?"라고 한 마디 했을 뿐이라고 전해진다. 묘를 파헤친 사실은 스스로 인정하고 있는 것 같다. 「한서」에 의하면 양효왕은 막대한 재산이 헤아릴 수 없이 많아서 사망하였을 때, 창고에 쌓인 황금이 40여 만 근이었다고 한다. 그 묘는 아마도 만성 한묘보다 충실하였을 것이다.

도굴이 즐거워서 그런 짓을 한 것이 아니라 먹느냐 먹히느냐의 각박한 상황에서 군자금 조달을 하기 위해서였다. 금은보화를 묻기 때문에 파헤치는 것이다. "나의 묘에는 질그릇만 부장하라"고 말한 사람은 이 조조의 아들 조비(曹丕, 187년~226년. 위나라 문제)였던 것이다.

조조의 묘—고릉(高陵)이라 한다—는 한나라 제도에 따라 사당 이외에 능 위에 제전(祭殿)이 세워졌다. 제전이란 지난날의 '침실'이며 망자의 영혼이 거기에서 생활하는 터전이므로 실물의 의복과 일용품이 놓여 있었던 것이다. 그러나 조비는 옛날 제도에 따른 제사는 하지 않고 모두 사당에서 했다고 하며 능 위의 제전을 파괴하여 "차마(車馬)는 마굿간에 보내고 의복은 창고에 보관하였다"고 한다. '침실'에 해당하는 제전에는 마차가 보관되고 살아 있는 말까지 사육되고 있었다.

제왕의 능은 물론 담으로 감싸인다. '침'은 능 위나 혹은 감싸인 능원 안에 만들어졌다. 망자의 영혼이 생활하는 터전이므로 묘 가까이에 만드는 것은 당연하였으리라. 그에 비하여 '사당'은 위패가 모셔지고 자손이 제사를 올리는 곳이다. 이것은 능원 밖에 세워졌다. 전한 시대의 각 제왕의 사당은 각기 능원 밖에 세워졌다. 후한의 명제(明帝, 28년~75년)에 이르러 자신의 위패를 아버지 광무제(光武帝, 기원전 6년~기원후 57년)의 사당 안에 두기로 하였던 것이다.

전한 시대에는 어느 황제라도 죽게 되면 자신의 능 안에 '침', 밖에 '사당'을 각각 가지고 있었으나 후한 시대에 이르러서는 능원에 침을 만들기는 하였으나 사당은 공용화되었다.이리하여 사당 안에 역대 황제의 위패가 가지런히 놓이는 형식이 되었다.

후한 명제는 절약하기 위하여 그렇게 하는 것이라고 칙서에서 말하고 있으나 사실은 이 무렵, '상릉지례(上陵之禮)'가 매우 성행하여 제사가 거의 '침'에서 행해지고 있었다. 그러므로 자손들이 조상의 영혼이 생활하는 곳까지 몰려가서 제사를 지낸 것이다. 인정상 조상이 잠든 묘에서 떨어져 있는 사당보다는 묘 바로 곁에 있는 침에서 제사를 지내고 국사나 가사에 대하여 보고하는 것이 더욱 정중하다고 생각하였던 모양이다. 사당에서의 행사가 침으로 옮겨지고 있었으므로 사당은 조상들의 공용의 것으로도 충분하게 되었던 것이다.

이 '상릉지례'는 이른바 '묘제(墓祭)'이나 옛날에는 그런 제도가 없었다는 것이다. 위나라의 문제(조비)가 고전에 없다는 이유로 이를 폐지하였으며 이어 침까지도 폐지하고 아버지 조조의 능 위의 건물까지 파괴하여 버렸다. 사서에는 '제전(祭殿)'이라고 나와 있으나 능 위에 있는 것은 '침'인 것이다. 원래가 영혼의 생활 터전이며 제사를 지내는 곳이 아니었으므로 '제전'이라고 하는 것은 잘못이다. 후한 시대 명제 이후의 것을 혼동한 것이었다.

조비는 합리주의자로서, 사람이 죽게 되면 지각 같은 것이 있을 수 없고, 보물을 묻기 때문에 파헤쳐지는 것이라고 생각하여 제전(침)까지 폐지하였던 것이다. 사당은 후한 시대 이래의 제도에 의하여 여러 조상을 한데 모시는 곳이었다. 그의 칙서에는,

> 수릉(壽陵, 살아있는 동안에 만드는 자신의 묘)은 산에 만들고 나무를 심지 말라. 침전을 세우고 능원을 만들든가 묘도를 두지 말라.
> 고로 이 구허(丘墟)를 불식(不食)의 땅(경작할 수 없는 땅)으로 가꾸어 대가 바뀐 다음에도 알려지지 않기를 바라노라.

라고 쓰여 있다. 이 칙서를 종묘에 보존하고 사본을 상서(尙書), 비서(祕書), 삼부(三府)에 비치하여 위왕조의 장례 조례로 삼았던 것이다.

문제의 칙서는 앞에서도 인용하였으나, 당시엔 장(葬)이란 원래 숨기는 것이라는 사고 방식이 투철하였다. 대가 바뀌어도 그 소재가 알려지지 않기를 바란다는 생각에서이다.

조비는 왕위에 오르기 전에 아버지 조조를 따라 여러 곳을 전전하였으므로 아마도 제왕들의 능을 발굴하는 데에도 입회하였을 것이다. 한나라의

모든 능은 파헤쳐지지 않은 것이 하나도 없다. 거기에는 보물이 있었기 때문이었다. 조비는 자기들의 묘가 파헤쳐지는 것을 두려워하였을 것이다. 아무리 합리주의자이고 시체는 지각이 없는 것이라고 믿었어도 막상 자신의 시신이 벌거벗겨지는 장면을 상상할 때 기분이 언짢았을 것이다. 박장(薄葬)으로 하고 될 수 있는 대로 그 소재지가 알려지지 않게 하는 것을 왕조의 가헌(家憲)으로 삼았던 것인데 이것은 하나의 공포심에서 나온 것이었을지도 모른다.

문제(文帝)의 능은 산서성 수양산(首陽山) 동쪽에 만들었다. 칙서대로 '산으로 형체를 이룬' 것이었다. 단명하였던 위나라를 이은 사마씨의 진(晋)나라도 이 가헌을 답습하였다. 동진(東晋)의 제릉으로서는 강소성 남경의 막부산(莫府山)에 있는 목제(穆帝, 344년~361년 재위)의 영평릉(永平陵), 부귀산(富貴山)에 있는 공제(恭帝, 418년~420년 재위)의 충평릉(冲平陵) 등이 발굴되고 있다. 공제의 충평릉은 산간 계곡에 묘갱을 파고 매장한 다음 산과 산 사이에 흙을 덮어 계곡을 메웠다. 분명히 이것은 감춘다는 의사 표시였을 것이다.

당나라 때의 기록에 의하면, 동진 때의 여러 제황의 능은 거의 봉분을 하지 않았다고 나와 있다. 그러나 여평릉만은 1장 6척의 봉분을 하였다고 되어 있는데 한나라 제릉의 12장에 비하면 너무 적은 것이다. 더구나 막부산의 대묘가 목제의 영평릉일 것이라는 것은 현재 추측의 단계에 있다. 문헌에 목제의 능은 막부산 앞의 서리(西里)에 가깝다〔경정(景定) 「건강지(健康志)」〕고 나와 있다. 아무리 숨긴다고 해도 매장지는 기록되었다. 동진 제왕 11명 중에서 폐제(廢帝) 사마혁(司馬奕, 365년~371년)을 제외한 제왕 10명의 매장지는 문헌에 기록되어 있으며 같은 시대의 사람들은 당연히 알고 있었다. 위나라 문제의 유훈에 따라 후장은 아니었으나 도굴자에게 겨냥되어 많은 대묘가 훼손당하였다. 더구나 동진 시대에는 위나라 이래 폐지되었던 '상릉지례'가 부활되었으나 '침'의 규모는 전대(前代)에 비하여 매우 적은 것이었다.

2

이 당시 절약을 되뇌였으나 실상은 역부족이었다. 그래서 3국의 오나라에서도 손견(孫堅, 156년~192년)의 묘를 만들 때 전한 시대 장사왕 오예(吳芮)의 묘를 파헤쳐서 그 재료로 사용하는 등 아주 좀스러운 짓을 하였다.

6조 시대는 흔히 귀족 시대라고도 하는데 그것은 황실과 유력 호족과의 힘이 그렇게까지 현저한 차이가 없었기 때문이었다. 남경 근방에서 발굴된 남조 시대의 대묘에서도 제왕의 능인지 또는 왕씨(王氏)나 안씨(顔氏) 같은 호족의 묘인지 모를 사례가 적지 않았다. 막부산 대묘도 목제(穆帝)의 능이라고 하고 있으나 왕도(王導, 267년~330년) 일가의 묘일 가능성도 있다고 한다.

서진(西晉)이 멸망한 다음 오직 한 사람 살아 남은 황족인 낭사왕(琅邪王) 사마예(司馬睿, 276년~322년)가 낭사의 호족 왕도의 후원으로 남경에서 즉위하여 동진(東晉) 왕조가 발족하였다. 이와 같은 경위로 보아도 왕씨 일가의 역량이 얼마나 강력하였는지를 상상할 수 있을 것이다.

왕도(王導)는 남방으로 간 다음, 강남의 토착 호족인 기씨(紀氏), 고씨(顧氏)와 황실과의 관계를 원만하게 하는 데 노력하였다. 동진 왕조는 이와 같이 북방에서 남방으로 이동한 호족과 토착 호족을 기반으로 하여 성립된 정권이었다. 황실과 호족(귀족)과의 실력이 접근하게 된 것은 당연한 일이었다.

당대의 명필가였던 왕희지(王羲之, 321년~379년)는 왕도의 조카였다. 이 왕희지의 동생 중에 왕흥지(王興之, ?~341년)라는 인물이 있었는데 그 일가의 묘 7기가 남경 교외의 강서성 상산(象山)에서 1965년부터 1970년에 걸쳐 발굴되었다. 왕흥지나 왕민지(王閩之, ?~358년)같은 사람들의 묘지(墓誌)가 출토되었으므로 이것은 확정적인 사실로 굳어졌다. 왕민지의 벽돌로 만든 묘지는 1973년 일본에서도 전시된 바 있었다. 규모는 42.3×19.8센티미터에 두께가 6.3센티미터, 무게가 9.3킬로그램이다. 매지권(買地卷)의 변형 또는 발전으로 이 무렵부터 묘지를 묘실에 두게 된 습관이 생겼다는 사실은 이미 언급한 바와 같다.

남조 시대의 묘에서는 자기(磁器)가 출토되었다. 원시적인 자기는 한(漢)

나라 때부터 있었으나 그 양이 남조 시대에 와서 증가되었다. 신석기 시대의 토기(土器) 이후, 흙을 빚어 구워낸 도기(陶器)는 부장품의 주류를 이루었다. 유약(釉藥)이 들어가 더욱 견고하고 치밀한 것, 매우 유리 성분이 짙은 자기가 이에 추가되었다. 남조의 영역인 절강성(浙江省) 북부 이른바, 월주(越州) 땅에 고월자(古越磁)의 요(窯)가 많았다. 덕청(德淸), 구암(九巖)과 같이 오래된 요는 한(漢)나라 때부터 청자(靑磁)를 구웠다.

이와 같은 한(漢), 위(魏), 남조(南朝)의 자기에 관하여 미국의 라우퍼는 '프로토 포슬레인(proto-porcelain)'이라고 명명하였다. 프로토란 원형(原形)이라는 뜻이므로 '원시 자기(原始磁器)' 정도로 번역해도 무방할 것이다. 목회를 장석(長石)에 녹인 회유(灰釉)는 은나라 시대에 이미 사용하였고 주나라 때에도 회유도(灰釉陶)를 만들었으나 그 이후는 쇠퇴하였다가 전국 시대에 부활되었다. 1천 1백도 이상이 아니면 녹지 않는 유약으로 산화염(酸化焰)에서는 황색, 환원염(還元焰)에서는 녹청색이 된다. 고열도(高熱度) 유도(釉陶)는 서아시아와 유럽에서는 18세기 초엽에 등장하였으나 중국에서는 기원전 1050년 무렵에 멸망한 은나라 시대에 이미 그것을 만들어 내는 기술이 개발되었다.

사실은 한나라의 프로토 포슬레인 이전인 전국 시대에도 훌륭한 회유도가 나타났다. 그러므로 한나라의 것은 오히려 후퇴로 보아야 할 것이다. 이 경우는 흔히 도용과 비교된다. 진(秦)나라 병마용의 정교함에 비하여 한(漢)나라의 도용은 퇴보하였다고밖에 볼 수 없다. 회유도도 같은 흐름을 보이고 있으므로 전국 시대 말기 사람들은 정신적으로 크게 발전하고 있었음을 짐작할수도 있다.

고열도 유도 이외에 한나라에서는 저열도 유도도 많이 제작되었다. 이것은 연유도(鉛釉陶) 혹은 녹유(綠釉), 갈유(褐釉)라고 부른다. 동서 문화의 교류가 성행하였던 시대이므로 이 시대에 동방의 기술이 전래되었다고 하는 설도 있는 것 같다.

여하튼 전국 시대에도 회유도는 강남(江南) 지역에서 만들어졌다고 하므로 자기는 이 지방에서 오랜 전통을 가지고 있었다고 해야 할 것이다. 수목이 풍부하다는 것은 회유의 원료와 연료가 풍족하다는 것을 뜻한다. 절강성의 고요(古窯) 조사는 제2차 세계대전 이전부터 실시되었으며 진만리(陳萬

里)의 경우는 특히 유명하다. 일본의 외교관이었던 마쓰무라유조(松村雄藏), 미나이야마쓰네오부(米內山庸夫) 혹은 브랜스턴, 브라머 등의 외국인 조사도 있었다. 제2차 세계대전 이후의 조사는 개발 공사의 확대에 따라 실로 눈부신 바가 있었다. 절강성 상우현(上虞縣)에서만도 후한 시대 고요가 37곳, 6조 시대의 고요가 50~60 곳이나 발견되었다. 1977년에는 상우현의 우장산(于帳山)에서 후한 시대 등요(登窯)의 터전이 발굴되었는데 길이가 10미터에 가깝다고 보고되었다. 등요를 중국에서는 용요(龍窯)라고 부른다. 제2차 세계대전에 구암고요(九巖古窯)에 대하여 마쓰무라 씨는 당나라부터 5대에 이르는 것이라고 추측하고 브랜스턴 씨는 한(漢)나라부터 6조 시대 말기 설을 주장하였으나 지금은 그러한 논쟁이 있었다는 사실이 꿈 같은 생각이 든다.

월주요(越州窯)라든가 고월자(古越磁)라고 불리고 있으나 프로토 포슬레인(원시 청자)은 절강성뿐만 아니라 같은 형태의 것이 복건성, 광동성, 호남성, 사천성 등지에서도 만들어졌다는 사실이 판명되었다. 복건성의 고분에서 출토된 청자는 유약의 배합률 등이 절강성 것과는 달랐다. 복주(福州) 시 근교의 회안촌(懷安村)에서 남조 시대의 고요가 발굴되어 복건 청자(福建靑磁)의 존재가 증명되었다.

남경 일대의 남조 대묘(南朝大墓)에서 출토된 청자는 고월자로 간주되었으나 강소성 의흥(宜興)의 균산(均山)에서 남조 시대의 청자 고요가 차례차례 발견되고 있으므로 반드시 절강성에서 도래한 것으로 단정할 수는 없다. 왕흥지의 묘에서 출토된 청자는 1973년 일본에서 전시되었던 일이 있다. 닭의 머리 모양의 손잡이가 달린 항아리는 중국에서 '천계(天鷄)'라고 부르는데 이것은 남조 시대의 독특한 그릇이다. 그 이외에 양이 웅크린 형의 연적도 있었는데, 이것도 남조 시대 특유의 것으로 시대적인 특징이 잘 나타나 있다.

남조 시대의 묘는 한(漢)나라에 비하여 그 하나하나는 소형이나 일가족의 묘역은 넓게 자리잡고 있다. 상산(象山) 왕씨 일가의 묘역은 5만 평방미터에 이른다. 한 가족이 같은 지역에 전용 묘지를 갖는 선산(先山)제도는 이 시대로부터 시작되었다고 전해진다. 그러므로 귀족 시대라고 부르는 것도 당연할 것이다.

1976년에 안휘성 마안산(馬鞍山)시에서 남조 시대의 묘가 발굴되고 그 안에서 5개의 묘지(墓誌)가 나왔다. 5개 모두 같은 문장으로,

> 태원 원년 12월 12일 진고(泰元元年十二月十二日晋故)
> 평창군 안구현 시흥상(平昌郡安丘縣始興相)
> 산기상시 맹부군묘(散騎常侍孟府君墓)

라고 3행으로 표시되고, 3개는 예서체(隷書體), 2개는 해서체(楷書體)로 되어 있다. 왜 같은 문장의 묘지전(墓誌塼)을 5개나 넣었는지는 모르나 대개의 묘지는 이와 같이 연대가 있다. 그 서체의 비교 연구로 서예 예술의 발전 과정을 더듬을 수가 있다. 몇 번이나 반복하지만, 땅 위에 있었을 수많은 종이나 비단 또는 벽에 그려지고 쓰여졌던 것은 거의 없어졌으므로, 땅 속에서 출토되는 문물이 그만큼 귀중한 자료가 되는 것이다. 최근에 이 맹부군묘의 묘지 서체로서 중국에서의 서체 변천 과정을 증명한 글〔필자는 양덕표(楊德標)〕이 「광명일보(光明日報)」에 게재된 바 있었다.

3

북방으로 눈을 돌려보자. 16국 시대의 변경 민족 토후들의 묘는 아직까지는 발견되지 않았다. 그들에게는 '잠매(潛埋)'라는 풍습이 있었다. 잠매는 사람들 눈에 띄지 않게 비밀리에 매장하는 것을 말한다. 물론 봉분도 만들지 않는다. 그러므로 같은 시기에 남북에 같은 묘제(墓制)가 있었던 것이다. 남조에서는 도굴을 두려워하여 계곡을 메워서 알 수 없게 하였으나 북조에서는 그들 부족의 풍습이었던 것 같으며 그 풍습도 아마 도굴을 방지하기 위해서였을 것이다.

16국 시대 초기의 전조(前趙)는 흉노계의 유연(劉淵, ?~310년)이 시작한 왕조로 남북 분열의 도화선이었다. 흉노인이라고는 하나 한 왕실의 유씨 성을 사용하고 있는 점에서 알 수 있듯이 매우 한족화되고 있었다. 유연은 「시경」이나 「역학(易學)」 등을 익히고 특히 「춘추」, '좌씨전', 병법(兵法)을 즐겼고 그의 아들 유총(劉聰, ?~318년)도 24세에 경서(經書)에 통달했으며, 제자백가(諸子百家)와 손자, 오자의 병법을 암송하였다고 전해진다. 서예에도

능하며 명필가였다고 하니 흉노이면서도 한인 이상으로 한 문화를 몸에 지니고 있었던 것이다. 그러므로 한족(漢族)과 같이 봉분을 만들었을 것이다. 서진(西晋)을 멸망시키고 낙양과 장안을 공략한 것은 유연의 양자인 유요(劉曜)였다. 후조(後趙) 유연과 유총이 사망한 후, 근준(靳準, ?～318년)이 반란을 일으켰으며 「진서(晋書)」에는 근준이 유연과 유총의 무덤을 파헤치고 사당을 불태웠다고 기록되어 있다.

이 난을 평정한 사람이 유요와 석륵(石勒)이었다. 그 후 두 사람이 대립하여 흉노계 갈족(羯族)인 석륵이 유요를 포위하여 전조를 멸망시키고 후조(後趙)를 수립하였다. 석륵은 60세에 사망하였으며 평상복으로 납관하고 금은보화를 부장하지 못하도록 유언하였다. 「진서」에 "밤에 계곡에 묻어 그곳을 알지 못하게 하라. 문물을 갖추되 허장(虛葬)하라"고 쓰여 있다.

허장이란 부장품을 너무 많이 두지 말라는 뜻이리라. 석륵은 근준이 유연 부자의 묘를 파헤치는 것을 보았을 것이므로 자신의 묘가 파헤쳐지는 것을 두려워하였을지도 모른다. 단지 「사기」의 '흉노전'에 "장례에 관곽을 사용하고, 금은과 갑옷류를 부장하고 신첩(臣妾)을 순장하는 것이 많을 때는 수천 백 인에 이르렀다. 단지 봉토, 상복 제도가 없었다"라고 나와 있으므로 문물을 갖추었어도 잠매하는 것이 습관이었던 모양이다. 봉토 이른바 성토(盛土)하지 않는 것은 무덤을 알 수 없게 하기 위함이었다.

남연(南燕)은 선비족 모용부(慕容部)의 정권이었으며 그 헌무제(獻武帝, 336년～405년. 모용덕)가 405년에 70세로 사망하였다. 그 당시를 묘사하여 "야밤에 관 10여 개를 만들어 4개 문으로 나누어 나가서 계곡에 잠장(潛葬)하여 필경 그 시체의 소재를 알리지 않도다"라고 기록되어 있다. 관을 10여 개 만들고 4개 문을 통하여 나갔으나 모용덕(慕容德)의 유해가 들어 있는 것은 그 중의 하나뿐이다. 어느 것이 진짜 관인지를 알 수 없게 하기 위하여 그렇게 귀찮은 일까지 하였던 것이다.

선비족의 풍습도 역시 흉노족과 같이 '잠매'였다. 16국의 군벌 혼란기에 기치를 올려 북방 정권들을 진압하여 화북을 통일했던 대정권인 북위(北魏)는 선비 탁발부 출신이었다. 소정권에 의한 정국의 불안은 없어지고 민생이나 경제도 겨우 향상되기 시작하였다. 후에 이 정권은 한족화를 국시(國是)로 하고 나라 이름인 탁발(拓跋)을 원(元)으로 개정해 가며 한(漢)나라 제도를 폭넓게 채택하였다. 급기야는 선비어(鮮卑語)까지도 금하기에 이른다.
장례에서도 잠매에서 한족 풍의 능원(陵園)을 만들게 되었다. 이러한 개혁은
북위 문성제(文成帝) 탁발준(拓跋濬, 440년~465년)의 아내인 풍씨(馮氏)에
의하여 수행되었다. 문명 황후(文明皇后) 풍씨는 한족 출신이었다. 정치와
제도의 개혁에 수반하여 능침 제도도 개정되었으나 완전한 한족화는 아니고
선비족의 일부도 채택한 이른바 두 문화의 결합이었다.

선비족에게는 "돌을 뚫어서 조상의 사당을 만든다"는 습관이 있었다. 풍
태후는 생전에 자신의 묘를 만들어 영고릉(永固陵)이라고 하였으며 그 남쪽
에 영고 석실(永固石室)을 세워 '청묘(淸廟)'라고 하였다고 전한다. 잠매에
이른바 한족 풍의 '공매(公埋)'로 하면서 선비족 풍의 석실 사당을 지었던
것이다. 영고릉의 기저 부분은 남북 117미터, 동서 124미터, 높이 22.87미터라
는 당당한 것이었다. 이것은 효문제(孝文帝)시대였으며 풍씨는 효문제의
할아버지에 해당하는 문선제의 황후였다. 그렇다고 혈연 관계는 아니었다.
선비족의 풍습으로는 황태자가 옹립되면 그의 생모는 죽음을 당하는 것이
상례였다. 이것은 외척의 횡포를 막기 위한 것이었으며, 그 때문에 황태후나
태황태후라고 하여도 황제와의 혈연 관계는 없었다. 그러나 효문제는 한족화
한 황제로서 선비어의 사용이나 선비의 성씨를 금지시킨 것도 그였다. 그는
유교풍으로 효행을 보이기 위하여 풍씨의 영고릉 북동쪽에 자신의 능을
만들게 하였다. 이 시기까지 북위의 수도는 산서성 대동(大同)이었으나 효문
제는 숙원인 중원 국가를 건설하기 위하여 낙양 천도를 강행하였다.

효문제는 신하들이 북방에 연연하고 있음을 알고 그러한 미련을 없애기
위하여 죽은 다음에도 북방으로 가서 장례할 수 없도록 조치하였다. 그리하
여 새 도읍인 낙양의 북망(北邙) 땅에 묘역을 만들고 사후에는 그곳에 묘를
만들 것을 의무화시켰다. 황제 스스로 시범을 보이기 위하여 효문제는 북망
에 다시 자신의 능을 만들었던 것이다. 그리하여 대동 북쪽 방산(方山)의
풍씨 영고릉 곁에 만들었던 능은 실제로는 매장에 이용되지 않고 '만년당
(萬年堂)'이라고 부르게 되었다.

북망의 효문제 능은 '장릉(長陵)'이라고 부른다. 「위서」의 '제기(帝紀)'에
의하면, 도무제(道武帝, 371년~409년)는 성락금릉(盛樂金陵), 명원제(明元帝,
391년~423년)는 운중 금릉(雲中金陵), 태무제(太武帝, 408년~452년)와 문성제

및 헌문제(454년~476년)는 모두 운중 금릉에 묻혔다고 기록되어 있다. 이 점에서도 알 수 있듯이 금릉은 고유 명사가 아니고 제릉(帝陵)과 동의어인 보통 명사다. 능을 금릉, 사당을 석실이라고 칭하여 금과 돌을 사용하여 만들었다.잠매이므로 소재지도 모른다. 막연하게 큰 지명—석락과 운중—을 관사(冠詞)로 하여 금릉이라고 기술하였을 뿐이다. 효문제의 '장릉' 이후부터는 공매(公埋)이므로 선무제(宣武帝, 483년~515년)의 '경릉(景陵)', 효명제(孝明帝, 510년~528년)의 '정릉(定陵)', 효장제(孝莊帝, 507년~530년)의 '정릉(靜陵)'과 같이 「위서(魏書)」도 고유 명칭을 사용하였다. 영고릉 옆에 영고 석실이 만들어진 것처럼 효문제 이후의 능 옆에는 각각 사당에 해당하는 건조물이 있었을 가능성이 있다. 혹은 북망이나 낙양 어느 곳에 하나의 종묘가 있었는지 모르나 문헌으로는 단정지을 수 없다.

석실에 관하여는 1980년 내몽고 호륜패이맹(呼倫貝爾盟)의 대흥(大興) 안령(安嶺) 북부의 삼림 속 동굴[통칭하기는 알선동(嘎仙洞)]이 이에 해당된다는 사실이 굴내의 명문(銘文)에 의하여 확인되었다. 대동으로 남하하기 이전의 선비족 종묘—석실인 것이다. 미문평(米文平) 씨의 「선비 석실의 발견과 초보 연구」라는 보고가 「문물(文物)」 1981년 2월 호에 실려 있다.

4

대동시(大同市) 서쪽의 운강(雲崗)에 대소 40여 곳의 석굴사 군(群)이 있어서 일종의 관광지가 되어 있는데, 이것이 조성된 것은 북위 시대였다. 북위에서는 태무제(423년~452년 재위)가 불교를 탄압하였으나 뒤를 이은 문성제 때에 바로 부활되었다. 여러 민족국가인 북조 시대에는 정치적으로도 불교를 정신적인 지주로 삼아야 할 필요가 있었다. 북위는 명원제(明元帝)의 태상(泰常) 6년(421년)에 돈황을 지배하던 북량(北涼)을 멸망시켰다. 그러므로 돈황에서 석굴을 만들던 석공들이 운강 석굴 조성에 참여했을 가능성이 있다.

석굴사는 이미 언급한 바와 같이 엄밀한 뜻에서는 발굴이라고 할 수 없으나 강소성의 연운항시 공망산의 마애상(摩崖像)은 최근에 와서 문제가 파헤쳐졌다는 뜻에서 발굴로 취급하여도 무방할 것이다.

공망산(孔望山) 마애상은 옛날부터 유명하였다. 당·송 나라 이래로 많은
사람이 방문하였다. 공망산 남쪽 낭떠러지에 마애상 110개가 조각되어 있으
며 지금까지 성현들의 상으로 간주되었다. 마애상이 새겨져 있는 장소에서
동쪽으로 70미터 정도 되는 지점에 용동(龍洞)이라고 부르는 움푹한 곳이
있고 역대 방문객들이 시나 문장을 지어 새겨놓았다. 그 수는 20여 개가 되며
'용동석각(龍洞石刻)'이라고 부른다. 그 안에

> 관고성(觀古聖)
> 현유상(賢遺像)
> 내유차동(來游此洞)
> 삼개이서(三慨以書)
> (옛날 성현의 유상을 보며, 이 동에 와서 놀고지고, 세 번 개강하고 이를 쓰는도
> 다.)

라는 글도 있다. 명나라 때의 것이다.

비록 석각이 아니더라도 공망산을 방문하여 읊은 시문이 여러 시집에
수록된 것이 적지 않다. 명나라 말기와 청나라 초기의 시인이었던 염이매
(閻爾梅)는 패현(沛縣, 강소성) 사람으로 아호를 용경(用卿)이라고 하는 바
그의 시집 「백투산인집(白套山人集)」안에,

> 화리(花裡)의 인가(人家), 한가한 세월
> 산중의 물색(物色), 옛 의관장삼이여!

라는 구절이 있다. 이것도 공망산 마애상을 읊은 시 안에 있는 것이다. 사람
들은 이곳에서 옛날의 좋은 시대의 의관장속에서 성현의 면모를 상상하였
다. 그러나 1979년에 공망산 마애상은 옛날의 성현이라기보다는 불교적인
내용이 내포되어 있다는 설이 나왔다.

110의 마애상 정면 중앙 윗쪽에 새겨져 있는 것은 서왕모상(西王母像)에
거의 틀림이 없다. 그 앞에 두꺼비가 부조(浮彫)되어 있는 돌이 있다. 그리고
그 동북쪽에 흑색 원형의 거석이 서 있다. 높이 5.2미터의 이 돌은 까마귀
머리 모양을 하고 있다. 마왕퇴의 백화(帛畫)에서 눈익은 태양 속의 까마

X2 불입상(佛立像)

귀, 달 속의 두꺼비다. 이것은 분명히 중국의 신화 세계이며 그로 인하여 다른 마애상의 불교적인 요소가 이제까지 간과되어 왔다고 볼 수 있는 것이다.

1982년 9월호의 「문물」에 보련생(步連生) 씨가 「공망산 동한 마애불교조상 초변(孔望山東漢摩崖佛教造像初辨)」이라는 논문을 발표하였는데, X 2로 가정한 인물이 오른손을 가슴 앞에서 손바닥을 보이는 것은 「다라니품(陀羅尼品)」에 "왼손은 옷을 쥐고"라는 것과 들어맞는다고 논하였다. 특히 이 X 2는 맨발인 바, 한나라의 그림에는 전혀 볼 수 없는 예이다. 옛날 성현이라면 의관을 정제하고 신발 정도는 신고 있었을 것이다. 「불설처처경(佛說處處經)」에 "부처님은 신을 신지 않도다"라고 있는 바와 같이 불상은 맨발인 것이 보통이다. 그 이외에 손을 베개 삼아 오른편으로 누워 있는 상이 있는데 이것이 열반상(涅槃像)이라고 하는 설은 상당한 설득력이 있다.

이 공망산 마애상은 한나라 때의 화상석과 같은 수법인 박부조(薄浮彫)와 음선조(陰線彫)의 병용이며, 인물의 의관 등도 후한 시대 그림과 닮았다.

공망산 마애상에서는 문자가 한 자도 발견되지 않았다. 중국 학자 중에는 불교와의 관련설에 부정적인 견해를 갖는 사람도 있는 것 같다. 또한 불교와의 관련을 시인하는 경우에도 과연 이것이 후한 시대의 것인지 어떤지에 대하여는 의문을 갖는 설도 있다. 풍화 작용의 상황을 보면 110의 마애상은 그 정도가 거의 같으므로 한정된 기간에 모두 조각되었다고 상상해도 무방할 것이다. 바로 곁에 있는 용동 석각은 북송(北宋) 시대에서 청나라에 이르는 것이 20여 개 있는데 풍화 작용의 정도는 분명히 차이가 엿보인다.

한나라 화상석과 같은 수법이라고 해도 그것이 위진 남북조까지 영향을 미칠 수 있었을 것이다. 중국의 불상 제작이 거의 16국 특히 북위 시대에 시작되었던 사실도 있어서 위의 '한정된 기간'을 북위 시대까지로 보려는 주장도 있다.

새로운 문제의 제기도 있고 하여 공망산의 마애상에 관한 연구는 이제부터 기대되는 즐거움이 있다. 1983년 3월에 일본의 NHK 초빙으로 중국 사회과학원의 하내(夏鼐) 씨가 도일하여 그의 강연이 TV로 방영되었다. 강연 제목은 「중국 고고학의 회고와 전망」이었으며 하내 씨는 그 가운데 공망산 마애상에 관해 언급하며 다음과 같이 말한 바 있다.

연운항시 공망산 마애 조상의 발견자는 그 중의 몇 개는 후한 시대의 불교 조상이라고 생각한다. 그러나 그 이른바 '불교 조상(佛教造像)'이 과연 후한 시대에까지 소급되는 것인지, 또 그 주제가 정말 불교에 속하는 것인지에 대하여는 현재로서 아직 이론이 있다.

하내 씨는 이어 위진 남북조 시대에 중·일 간의 왕래가 성행하여 일본의 고분에서 발견되는 중국제의 동경(銅鏡)이나 금상감이 된 연대가 있는 철검이 그것을 증명하고 있다고 주장하였다.

동경이라고 하면 일본에서 출토된 '삼각연신수경(三角連神獸鏡)' 문제가 있다. 이것은 거울 가장자리의 단면이 삼각으로 되어 있고 직경이 20센티미터를 넘는 신수경(神獸鏡)을 말한다. 개중에는 위나라 경초(慶初) 3년(239년)이나 정시(正始) 원년(240년)의 연호가 박힌 것이 있어서 그것이 이제까지는 중국에서 건너온 것으로만 생각하고 있었다. 주로 전기 고분에서만 지금까지 일본에서 370개 이상 발견되었다. 그럼에도 중국에서는 한 개도 출토된 예가 없다. 이것은 이상한 일이 아닐 수 없는 것이다. 하내 씨의 후임으로 사회과학원 고고연구소 소장 자리에 부임한 왕중수(王仲殊) 씨는 이것은 위나라나 오나라의 거울도 아니고 아마도 일본에 건너온 오나라의 기술자가 일본에서 제작하였을 것이라는 충격적인 논문을 「고고(考古)」 1981년 4월 호에 발표하였다.

위진 남북조의 동경은 중국에서도 수없이 출토되었는데 삼각 연신수경은 하나도 없고 또한 일본의 출토품에 흔히 있는 입송(笠松) 무늬가 중국에서는 전혀 보이지 않는다. 더구나 거울의 크기와 형식은 위나라 것보다 오히려 오나라 거울과 닮았다. 그럼에도 불구하고 유사성보다는 상이성이 돋보인다. 이러한 사실이 오나라 기술자가 일본에서 만들었다는 설의 근거가 된다. 1981년 사주 오캉겡(靜岡縣) 한다시(磐田市)에서 출토된 삼각연신수경은 명문이 들어 있었으나 그 안의 '다(多)'라는 자가 거꾸로 되어 있었다. 또한 이 거울에도 입송 무늬가 있었다.

야마다이고쿠(邪馬台國)의 히미코(卑彌呼)에게 위나라가 동경 1백을 주었다는 사실이 「위지(魏志)」 '왜인전(倭人傳)'에 기재되어 있다. 삼각연신수경을 그것에 비교하고 일본의 기나이(畿內) 고분에서 많이 출토된다는 사실이 야마다이고쿠 기나이설 근거의 하나가 되었다. 오나라 기술자의 도일 제작설에 의하면 그 근거가 없어지고 야마다이고쿠 논쟁에도 영향이 있는 것이다. 왕중수의 논문은 다음과 같은 말로 맺고 있다.

야마다이고쿠의 소재지가 규수(九州)인지 또는 기나이인지에 대하여 당연한 일이지만 앞으로 계속적인 탐구에 기대되는 바가 있다. 그러나 나는 삼각연신수경이 도일한 중국의 기술공에 의하여 일본에서 만들어졌다고 한 주장이 반드시 '기나이설'을 불리한 입장으로 몰고 가는 것이라고는 믿지 않는다.

# 대당(大唐)의 봄

## 1

기나긴 남북조의 분열 후에 중국은 북조계인 수(隋)나라에 의하여 통일되었다. 수나라는 북주(北周)에서 선양받아 581년에 개풍 원년(開豊元年)으로 발족하여 589년에 남조의 진(陳)을 멸망시키고 천하 통일을 실현하였다. 그러나 2대 37년의 단명 왕조로 끝났다. 남북 통일을 실질적으로 이루기 위하여 남북을 관통하는 대운하를 개설하고 국경을 더욱 강화하고 위세를 떨치기 위하여 고구려에 출병하였다. 그러한 출병이 수나라의 멸망을 재촉하였다. 이것은 만리장성을 구축하고 전국의 도로와 문자, 도량형을 통일하여 흉노에 대비한 대군을 오르도스에 주둔시켰던 진(秦)나라가 천하 통일을 이루고서도 단명 왕조로 끝났던 사실과 마치 하나의 그림처럼 닮았다. 통일에는 무리를 하지 않으면 안 되지만 과도한 무리는 그 정권의 기틀을 흔들게 되는 것이다.

또한 천하 통일은 하나의 정권, 그것을 주재하였던 한 사람의 독재 제왕의 힘만으로는 성사시킬 수 없다. 백성의 마음이 그 방향으로 모아져야만 비로소 가능해지는 것이다. 그것은 정신적인 고양이며 예상할 수 없는 힘인 것이다. 진나라 시황제 능의 그 병마용의 뛰어난 사실성과 박력의 원천을 필자는 천하 사람들의 정신적인 고양과 힘으로 생각한다.그와 같은 정신의 고양과 힘은 수나라의 천하 통일에도 있었음에 틀림없다.

대운하가 그 반영의 하나일 것이나 그 외에도 많이 있었을 것이다. 다만 수나라의 경우, 당나라가 그 대부분을 계승하였기 때문에 '수당(隋唐)'이라고 부르므로 당나라가 돋보이고 수나라는 부수적인 것처럼 생각되기 쉬우나 실제로는 수나라가 시작했던 것을 당나라가 완성한 일이 적지 않다.

돈황 막고굴을 예로 들어 보자. 대소 492개 굴 중에 수나라 시대의 석굴사는 79곳이었고 300년 가깝게 이어졌던 당나라의 석굴사는 232곳이었다. 수나라는 37년간 지탱했지만 천하 통일 후에는 30년도 지탱하지 못했다. 단순히 숫자만 가지고 논한다는 것에는 문제가 있을지 모르나 석굴사 조성에 바친 수나라 돈황 사람들의 열의에는 맹렬하였던 점이 엿보인다.

대당의 장안이라고 하지만 그것은 수나라 때에 공사가 시작되었던 것이다. 당나라의 위성 수도였던 낙양의 경우도 또한 같았다. 1971년에 창고(倉窖)가 발견되어 유명해졌던 낙양 동북쪽의 함가창성(含嘉倉城)도 사실은 수나라의 대업(大業) 연간(605년~616년)에 구축되었다고 기록되어 있다. 지질 조사 결과 동서 600미터, 남북 700미터의 장방형 성벽으로 감싸인 곳에 수백 개의 땅굴이 파여 있었다. 이것은 지하의 식량 저장고이며 큰 것은 웬만한 빌딩이 통채로 들어갈 수 있을 정도이다. 그 중에서 현재 6곳이 발굴되고 있다. 그에 따라 이 지하 식량 저장고는 방화, 방범, 방습, 방서(防鼠), 방작(防雀) 등의 설비를 갖추고 있다는 사실이 확인되었다. 창고는 당나라에서도 계속 사용되었다.

창고에서는 '창명전(倉銘塼)'이 출토되었는데, 거기에는 그곳이 함가창성의 어느 위치에 해당하는지와 저장된 연월일, 수량, 관리인의 직위와 이름 등이 표시되어 있었다. 이에 의하여 함가창성의 식량 비축이 가장 충실하였던 것은 당나라의 측천무후(則天武后, 624년~705년) 시대와 현종(玄宗) 시대였음을 알 수 있었다.

이와 같은 대규모의 창성(倉城)은 수나라 때의 낙양 부근에 3곳이 있었다고 전해진다. 그곳에 식량의 비축이 가능하였던 것은 대운하가 강회(江淮)와 황하(黃河)를 잇고 있었기 때문이었다. 양자강과 회하 유역은 양곡의 대량 생산지로 그것이 운하를 따라 북쪽으로 운반되어 낙양 부근에 저장되었다. 그러므로 수·당의 정치 중심지는 장안과 낙양이었다고 하나 그 경제는 남방에 의하여 지탱되었다는 사실을 알 수 있다.

천하 통일은 남북의 교류도 재촉하였다. 그에 이르기까지의 남북 분열, 동란기가 이미 교류 시대였다고 할 수 있다. 전국 시대의 분열은 진(秦) 나라 시황제에 의하여 통일되었으나 실은 그때까지 7대국 사이에 활발한 인적 문화적인 교류가 있었던 것이다. 오히려 안정기에는 유동하는 율이 적은 것이다. 그런 경우는 태어나서 죽을 때까지 고향에서 바깥 세상에 한번 나가 보지 않는 사람도 많을 것이다. 그러나 난세가 되면, 사람들은 움직이기 마련이다. 군대에 나가든가, 노역에 동원되든가, 난을 피해 피난하든가 하여 다른 지역을 알게 되는 사람이 많아진다. 그리하여 이제까지 알지 못하던 생활 양식도 알게 되고 그 안에서 좋은 것은 받아들이게 될 것이다. 정권을 담당한 사람들도 약육강식의 시대이므로 출신지에 관계없이 인재를 구하여 부국강병책을 위하여 우수한 '노 하우'는 어느 것이든 채택하여야 한다. 그런 뜻에서 난세나 분열 시대에는 평화기보다 교류가 성행한다.

앞에서 자기(磁器)에 관하여 언급하였으나 그것들은 절강성 월주(越州)와 남방에서 만들어진 것이다. 그 정교한 양질의 자기들은 급기야 북방에도 그 제작 기술이 전달되었다. 하남성 안양(安陽)에서 수나라 때의 전축묘(塼築墓)가 발굴된 것은 1959년의 일이었다. 주인공은 정로장군(征虜將軍)이 되었던 장성(張盛)으로 개황(開皇) 14년(594년)에 사망하였다. 이 묘에서는 여러 가지 용이 출토되었으나 그 대부분은 유약 처리가 안 된 가채용(加彩俑)이었다. 그러나 그 중의 6개가 유약에 흑채(黑彩)를 가미한 백자용(白磁俑)이었다. 그 이외에도 49점의 청자가 출토되었다. 단지와 쟁반 이외에 바둑판이 청자로 구워진 것도 있었다. 그 중 백자흑채(白磁黑彩), 무관용과 함께 백자흑채의 진묘수(鎭墓獸)는 1984년에 일본의 나고야(名古屋)로부터 시작된 '중국 도용(中國陶俑)의 미(美)'에 전시되었다. 장성(張盛)의 묘와 가까운 안양에서 수나라의 청자 가마터가 발견되었으므로 그 묘에 부장된 자기(磁器)와 자용(磁俑)은 그곳에서 구워진 것이 틀림없다.

강남에서 성행하였던 자기가 남북조 말기에서 수나라를 거쳐 북방에서도 겨우 만들어지기 시작하였으며 이것은 남북 교류의 커다란 흐름에 편승된 현상이라고 할 수 있다.

중국 도자기의 애호가는 세계 도처에 있고 그 수집도 세계적으로 산재해 있다. 그러나 그 중에서 일품인 것들도 어느 가마에서 구워진 것인지 모르는 경우가 허다하다. 하북성(河北省)에서 발해(渤海) 봉씨(封氏)의 묘역이 발굴되어 그 보고서가 제출된 것은 1957년의 일이었다. 연대가 있는 것은 북위의 정광(正光) 2년(521년)에서부터 수나라의 개황 9년(589년)까지 이른다. 여러 묘에서 동기, 청자, 도용이 출토되었으며 그 안에는 덧붙이는 방법으로 만든 청자연화대병(靑磁蓮花大甁)도 있었다. 청자의 첨화(貼花)는 당시 세계에 수 점 있었을 뿐으로 구운 가마와 연대가 그때까지 숙제로 되어 있었던 것이다. 그러나 그 중의 하나는 북제(北齊)의 하청(河淸) 4년(565년)의 연대를 갖는 봉자회(封子繪)의 묘에서 출토되었으므로 연대는 거의 결정되었다. 다시 화학 분석 결과 삼산화(三酸化) 알미늄과 산화(酸化) 치탄의 함유량이 높은 점에서 북방의 가마에서 구워진 사실도 알게 되었다.

이미 언급한 하남성 안양의 고요(古窯) 이외에 하북성 자현(磁縣)의 가벽촌(賈壁村)에서 수나라 때의 청자 가마터가 발견되었다. 이와 같은 가마가 북방 청자의 고향이기는 하나 월주 등 남방 청자에서 배운 것임에 틀림이 없을 것이다. 정치적인 통일은 문화의 교류에 의해서도 재촉되었던 것이다.

2

이 시대의 발굴에서 가장 규모가 컸던 것은 당나라 장안성(長安城)의 것이었다. 흔히 당나라 때라고 하나 이미 언급한 바와 같이 수나라 때에 축성되기 시작한 것이다.

1957년에 섬서성(陝西省) 문물관리 위원회와 중국과학원 고고연구소에 의한 조사는 당나라의 장안성과 한(漢)나라의 장안성 쌍방을 대상으로 한 것이었다.

전한 시대와 당나라는 같은 '장안'이라는 이름의 도시를 수도로 하였으나 장소는 약간 달랐다. 전한 시대의 장안 남동쪽의 용수원(龍首原) 땅에 수나라는 수도를 조성하였던 것이다. 전한 시대의 장안은 적미(赤眉)의 난 때 파괴당하여 황폐화되어 버렸다. 그리하여 전한 시대는 낙양을 수도로 하지 않으면 안 되었다.

수나라는 이 황폐화된 전한 시대 장안의 동남쪽 땅에 자리잡고 '대흥(大興)' 성이라고 명명하였다. 수나라가 단명으로 멸망한 다음 당나라는 대흥성의 축조를 계승하였으나 수나라가 택했던 이름에 거부 반응을 일으켜 전한 시대의 '장안'을 부흥시켰던 것이다. 그런 두 개의 장안은 엇갈려 있었다.

전한 시대의 장안은 그 전대의 진(秦)나라 함양(咸陽)과 같이 우선 궁전을 짓고 지형에 따라 성곽을 쌓았다. 성의 둘레는 25.1킬로미터였으나 위와 같은 사정이었으므로 판축법(版築法)으로 축성된 성벽은 정연하지 못했다. 거리가 이룩된 다음에 이를 둘러싼 것이다. 한나라 장안성의 북쪽은 북두성(北斗星), 남쪽은 남두성(南斗星)의 형체를 취하였다고 하나 그것은 나중에 억지로 갖다 붙인데 불과하다. 고조 유방 때에는 아직 성벽도 축성되지 않았다. 2대째인 혜제 때에 이르러 겨우 성벽이 쳐진 것이다. 진나라의 별궁이었던 흥락궁(興樂宮)을 개축하여 장락궁(長樂宮)으로 개칭하여 유방의 집무처로 하고 따로이 미앙궁(未央宮)을 군신이 배알하는 곳으로 하였다. 그리하여 전자를 동궁, 후자를 서궁으로 칭하였다. 미앙궁은 남쪽으로 튀어나왔기 때문에 성벽을 축성할 때 커브를 만들어야만 했다. 장안성의 북쪽에는 강이 있었으므로 그 흐름에 따라 경사진 곳이 많다.

미앙궁과 장락궁으로 장안성의 3분의 1을 차지하고, 명광궁(明光宮), 북궁(北宮), 계궁(桂宮)을 포함하면 2분의 1에 이른다. 미앙궁의 북쪽에는 대저택이 들어차 있어 일반 시민의 공간은 매우 좁아서 민가는 성 밖으로 벗어났다. 민가뿐만 아니라 건장궁(建章宮) 같은 무제 시대의 궁원(宮苑)과 사당까지도 성 밖에 세워졌다.

36평방 킬로미터에 이르는 한나라 장안성의 조사는 물론 장기간에 걸치는 작업이다. 성벽은 높이 최저가 12미터, 기저부의 두께는 12 내지 16미터, 성벽 밖의 호는 너비 8미터, 깊이 3미터로 되어 있다. 장락궁은 성 안에 있고 다시 10킬로미터에 이르는 토벽으로 감싸이고 그 면적은 6평방 킬로미터임이 지질 조사 결과로 판명되었다. 장락궁과 미앙궁 사이에 있는 무기고는 이미 발굴이 완료되었다. 동서 880미터, 남북 320미터의 토벽에 감싸여서 7동의 무기고가 있음을 알게 되었다.

한나라의 장안이 이렇게 불규칙한 형태로 있는데 비하여 당나라의 장안은 남북 8.6킬로미터, 동서 9.7킬로미터, 둘레 길이 36.7킬로미터, 면적 84 평방 킬로미터의 정리된 장방형이다. 수나라의 문제(文帝)는 개황 2년(582년)에 고경(高頴)과 우문개(宇文愷)에게 새 도읍지의 조성을 명하여 처음부터 도시 계획하에 조성 작업을 시작하였던 것이다. 그러므로 도로도 바둑판처럼 정연하게 되어 있었다.

진(秦)나라는 위수(渭水) 이북의 함양을 수도로 하였다. 한(漢)나라가 위수 이남의 장안을 수도로 한 것은 지정학적으로도 탁견이었던 것 같다. 유방은 처음에 낙양을 수도로 하려고 하였으나 장량(長良)의 건의에 따라 장안을 선택하였다고 「사기」에 나와 있다. 낙양은 황하를 배경으로 이수(伊水)와 낙수(洛水) 앞에 있는 요충지이기는 하나 수백리에 이르는 협소한 땅이었으므로 옥야 천리라는 관중 평야(關中平野)를 선택했다. 유방은 위수 남쪽에 있던 별궁(이궁)을 개축하여 장락궁으로 하였던 것이며 승상 소하(蕭何, ?~193년)가 새로이 미앙궁과 무기고를 세웠다. 유방은 이것을 보고 흉노와의 오랜 싸움으로 시달리고 있는 판국에 이것은 너무 사치스러운 것이 아니냐며 노여워하였다고 전해진다. 소하는 이에 대하여 천하가 아직 안정되지 않았으므로 궁전을 더욱 훌륭하게 지어야 한다고 주장하여 유방도 납득하게 되었다는 일화가 「사기」에도 있다. 이에서도 알 수 있듯이 유방은 이미 있는 건물을 이용하려고 한 이른바 가난 근성이 있던 인물이었다. 만일 항우(項羽)가 수도 함양을 불태우지 않았다면 함양을 그대로 수도로 삼았을지도 모른다. 서민 출신의 유방에 비하면 수나라의 문제는 북조 시대 귀족인 외척 출신으로 그 가계에는 대공사를 즐기는 피가 흐르고 있었던 것 같다. 그리하여 그는 아무 것도 없는 땅에 찬란한 수도를 건설하려고 하였다.

수나라는 북주의 외척으로 그 북주를 선양받은 것이다. 북주의 수도는 장안이었으며 그곳은 황폐화된 한나라의 장안과 거의 같은 위치에 있었다. 그로부터 약간 떨어진 곳에 새 도읍지 '대흥성'을 축성하였는데 옛 도읍지를 계승하지 않은 표면상의 구실은 그곳의 물에는 염분이 많다는 이유 하나였다. 그러나 내적으로는 자기가 타고 앉은 '북주(北周)'의 흔적을 없애 버리고 싶었을 것으로 생각된다. 문제는 왕조를 일으킨 다음 북주의 황족 우문씨(宇文氏)를 철저하게 살육하였던 것이다. 그러므로 북주의 수도인 장안도 파괴하여야 했던 것이다. 수질을 구실로 하여 옛 장안의 궁전과 민가를 모두 파괴하여 평지로 만들었을 뿐만 아니라 연못을 파고 물을 끌어들여 지형을 바꾸고 말았던 것이다. 북주라는 왕조가 존재하였던 흔적을 이 지상에서 한 점 남김없이 없애 버리려고 하였던 것으로밖에 생각할 수 없다. 대흥, 즉 새로운 장안은 이와 같이 찬탈자의 이상한 집념으로 조성된 것이었다.

당나라의 장안은 국제 도시였다고 전해진다. 수나라 문제로부터 수도 건설의 명을 받은 우문개는 「수서(隋書)」에 의하면, 북주 우문씨의 일족이어서 죽음을 당할 처지였으나 그의 형이 수나라 건국에 공이 있었기 때문에 가까스로 위험에서 구제되었던 인물인 것 같다. 그리고 황후가 사망한 다음 그능의 조성도 명령받았으므로 기술통의 인물이었던 모양이다. 또한 일설에 의하면, 그는 서역(西域) 출신이었다고도 한다. 그러므로 당나라의 장안은 그 탄생 때부터 서역 색채를 제법 짙게 풍겼는지도 모른다. 우문씨는 선비화한 흉노로 간주되었다. 북주의 행사에는 호족풍(胡族風)이 적지 않았다고 하므로 수도 조성에서도 호의 냄새가 풍겼으리라.

3

당나라 말엽에 장안은 주전충(朱全忠, 852년~912년. 後梁의 태조)에 의하여 완전히 파괴되었다. 이것은 수나라 문제가 북주의 혼적을 없애려고 하였던 점과 닮았다. 찬탈자인 주전충은 당나라의 요소를 지워버리기 위하여 장안을 파괴하고 도읍을 낙양으로 옮겼다. 궁과 기타의 큰 건조물은 해체하여 그 재목을 위수에 띄워 낙양으로 보냈다. 궁전이나 사당에 사용하였던 것은 최상급의 재목이었으므로 그것을 후량의 수도 건설에 사용하였던 것이다. 뿐만 아니라 주전충은 장안에 불을 질러 온 시가지를 재로 만들어 버렸다.

이리하여 대 장안은 두번 다시 갱생되지 못했다. 황폐한 이곳에 명나라 때 성이 축성되었으나 그 규모는 당나라 때의 5분의 1 정도에 지나지 않았다. 현재 남아 있는 것은 명나라 때의 것이다. 당나라 때 꽃의 거리 장안에 비하면 명나라 때의 그것은 너무나 규모가 적기 때문에 장안이라고 부르기를 사양하여 '서안(西安)'으로 명명되었다. 지금의 서안시에 남아 있는 당나라의 건조물은 대안탑(大雁塔)과 소안탑(小雁塔)뿐이다. 구전충은 장안에 불을 놓았지만 벽돌로 만든 2개 탑만은 태우지 못했다.

전탑 이외의 당나라 유적은 모두 땅 속에 묻혀 있다. 여러 궁전을 주전충이 해체하였다고 해도 초석까지는 뽑아버릴 수가 없었다. 벽돌과 기와 같은 것도 흐뜨러진 채 땅 속에 묻혀 있다.

수나라의 문제가 건설을 시작하였을 때에는 먼저 궁성과 황성을 건설하고 외곽의 성벽을 쌓았던 것이다. 황제와 신하들의 집무처로 이른바 관청 지역이었던 것이다. 황실의 주거와 관청가를 조성한 다음에 그것을 감싸는 성벽을 축성하였던 것이므로 성벽 안은 당초에 공터뿐이었을 것이다. 궁성의 면적은 4.2평방 킬로미터, 황성의 면적은 5.2평방 킬로미터이므로 모두 9.4 평방 킬로미터가 된다. 장안성의 9분의 1에 해당되므로 한나라의 장안이 반 이상을 궁전이 점령하였던 데 비하면 주민용 공간이 매우 컸다.

계획되었던 도시였으므로 우선 둘레가 쳐지고 동서의 가로선이 그어진 다음 방(坊, 洞) 또는 이(里, 統)와 같은 구획이 나뉘어진 다음 건물이 세워진 것이다.

황성의 남쪽 정문은 주작문(朱雀門)으로 그곳에서 남하하는 주작로(朱雀路)가 장안 남북의 중심가에 해당된다. 이 주작로를 경계로 동서로 나누어 동쪽을 좌, 서쪽을 우로 하였던 것이다. 이것은 궁성과 황성에서 남쪽을 향하여 좌 또는 우가 되는 것이다. 치안국(治安局)에 해당하는 금오위(金吾衛)도 좌우에 각기 설치되어 있었다. 각 방(坊)은 다음 복원도와 같다. 각기 명칭이 있으나 그 일부는 때로 개칭된 경우도 있다. 각 방은 각기 토벽으로 감싸여 소형 성문처럼 동문이 있어 일몰이 되면 문은 닫혀진다. 동서에 각기 2개 리 정도의 공간에 시장이 설치되어 동시(東市), 서시(西市)로 불렸고 상품은 원칙적으로 그곳에서만 거래가 허용되었다. 꽃의 도시 장안 시민도 상당히 답답한 생활을 하고 있었던 것이다.

궁성 구역에는 태극궁(太極宮)을 중심으로 동궁(東宮)과 액정궁(掖庭窮)이 있었다. 태종(太宗)의 정관(貞觀) 8년(634년)에 이제까지의 궁정 구역은 습기가 많다는 이유로 황실 정원이었던 곳에 새 궁전의 건설이 시작되었다. 고종(高宗)의 용삭(龍朔) 2년(662년)에 이것이 확장되었으며 이것이 대명궁(大明宮)이다. 대명궁 안에 함원전(含元殿), 선정전(宣政殿), 자진전(紫宸殿), 인덕전(麟德殿), 삼청전(三淸殿), 연영전(延英殿)이라는 건물이 있으며 정전(正殿)은 함원전이다. 중요한 의식은 거의 이곳에서 거행되었다. 외국의 사신들이 황제를 알현한 곳도 함원전이었다.

이 대명궁은 용수원이라는 구릉에 있으며 함원전은 약 15미터 높은 곳에 위치하여 그곳에서 전 장안을 굽어볼 수가 있었다.

당나라의 전성기라고도 할 수 있는 현종(玄宗, 685년~762년)은 황태자 시절에 흥경방(興慶坊)의 저택에 살았고 즉위하고 나서도 그곳이 마음에 들어 궁전으로 개축하였다. 그러므로 현종 시대에는 이 흥경방이 정전(正

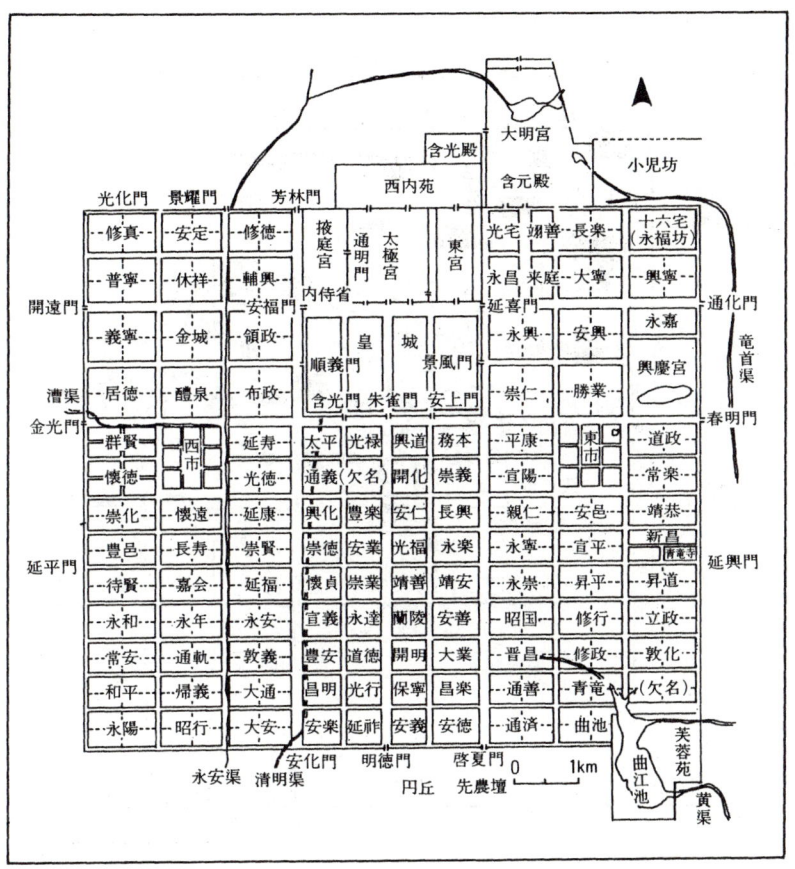

당 장안성 복원도

殿)으로 대당의 정치 중심부였다.

　현재까지 발굴된 것은 대명궁의 함원전, 인덕전, 중현문(重玄門), 홍경궁(興慶宮)의 화악상휘루(花萼相輝樓)와 근정무본루(勤政務本樓), 서시(西市), 명덕문(明德門)과 일본 사람 고오카이(空海, 774년~835년)가 혜과(惠果, 746년~805년)에서 배웠던 청룡사(靑龍寺) 유적 등이다.

　발굴에 의하여 문헌과의 차이 또는 문헌상의 표현에 누락된 부분 등이

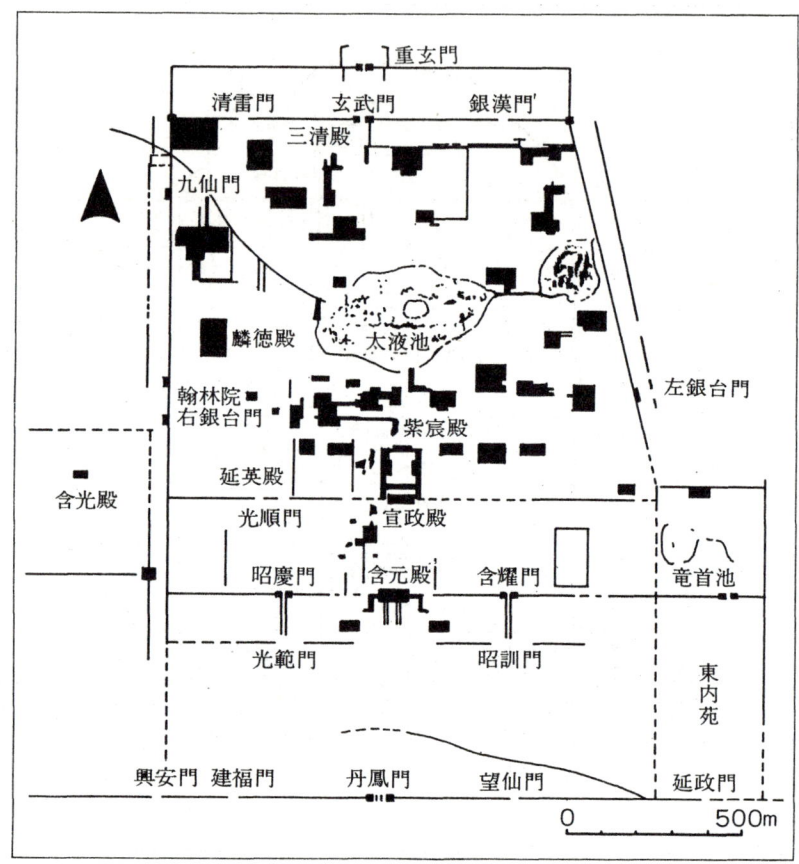

대명궁 (大明宮) 실측도

판명되는 경우가 있다. 대명궁에 관해서도 대개의 문헌에서는 장방형이었다고 되어 있으나 발굴 조사에 의하여 남쪽은 분명 장방형으로 되고 있으나 탁장지로 되어 있는 북쪽은 사다리꼴임을 알게 되었다.

수나라가 대흥성을 축조하기 시작하였을 때, 우문개 일행이 구상하였던 계획은 지형을 이용한다는 것이었다. 이 부지에는 '육파(六坡)'라 하는 6개의 구릉이 줄지어 있다. 궁전, 관청 혹은 대사원은 높은 곳에 자리잡고 일반 주민의 주거지는 낮은 곳으로 되어 있다.

문헌에 의하면 장안성 외곽의 성벽은 1장 8척으로서 당척으로는 약 5미터가 된다. 이것은 그다지 높다고는 볼 수 없으나 이 정도로 자신이 있었던 모양이다. 궁성이나 황성 구역도 판축의 토벽으로 감싸이고 높이는 알 수 없으나 발굴 조사에 의하면 벽의 두께는 18미터 정도였다. 외곽의 성벽이 9 내지 12미터의 두께이므로 궁성이나 황성구 쪽이 엄중하게 보호되고 있었던 것을 알 수 있다. 외곽 성벽의 두께가 20미터나 되는 부분도 있었으나 이것은 수리할 때에 두꺼워졌던 것이다.

외곽의 동쪽 성벽은 그 이외에 또 한 줄기 성벽이 평행을 이루어 이중으로 되어 있었다. 두 성벽 사이는 50미터 정도 떨어져서 도로로 되어 있다. 이것은 '복도(復道)'라고 부르는 길로서 보통 상하 2단으로 되어 있는 길로 간주되었으나 당나라 장안의 복도는 그렇지 않았다. 성문 쪽까지 가서 복도는 고갯길을 이루어 그곳을 넘어가게 되어 있다. 이는 황제의 전용 도로로서 비밀 통로라고 볼 수 있다.

현종의 개원(開元) 14년(726년)에 '협성(夾城)'이 구축되었다는 기록이 있는 바 그것이 이중 성벽이었음에 틀림없다.

4

대명궁의 유적을 조사하였을 때, 벽돌(塼)과 기와가 출토되고 그 일부가 1973년에 일본에서도 전시된 일이 있다.

전(塼)이란 벽돌을 말하며 정방형과 장방형으로 된 것이 있다. 전자는 주로 바닥이나 벽에 붙이고 후자는 조전(條塼)이라고 부르며 성벽, 가옥, 묘 같은 곳의 구축에 사용된다.

통형(筒形)의 기와에 원형(圓形)의 와당(瓦當)을 붙이는 것은 일본에서도 사용되어 현재에 이르고 있으나 이른바 '지붕 기와'는 한(漢)나라에서 비롯되었다. 와당에 "한병천하"(漢併天下, 한나라는 천하를 합병하였다)라는 글귀가 들어 있었다. 기와의 역사는 당나라 때의 것에 불분명한 점이 많았으나 최근의 발굴로 그 점을 보완할 수 있게 된 모양이다. 일본에서 전시된 것은 8 잎의 연화문(蓮花紋) 둘레를 염주가 감싸고 있는 모양이었으나 7 잎에서 10 잎의 것까지 있다고 한다. 이러한 형식의 것은 백제(百濟)로부터 아스카

(飛鳥) 시대(593년~686년)의 일본에 전해졌다.

전에는 연화문, 보상화문(寶相華紋), 포도문(葡萄紋) 등이 있었으며 대명궁 유적에서는 "천팔춘명궁(天八春明宮)"이라는 글귀가 들어 있는 전의 잔결이 출토되었다. 이와 같은 형에 진흙을 넣고 구워낸 것이다. 연꽃이나 보상화는 불교의 영향일 것이고 포도문은 서역의 냄새가 짙다.

기와와 벽돌은 중국에서는 동일하게 사용되었으나 일본에서는 기와의 사용도는 높고 벽돌의 경우는 절 같은 데서 사용된 예가 있으나 대개가 나무 바닥이나 판자 벽인 까닭에 그다지 보급이 되지 않았다. 풍토나 생활 양식의 차이에서 온 결과일 것이다.

땅 속에서 나온 벽돌이나 기와를 보고 있으면 그 한 편이나 잔결에 남아 있는 무늬에서 대당의 봄을 구가하던 화려함이 엿보인다. 현재 중국의 학자들은 유적 조사를 기초로 하여 함원전의 복원도를 작성하고 있다.

753년에 일본의 견당사(遣唐使)는 신년 조공 석상에서 신라(新羅)가 상석에 있는 점에 진정을 올려 일본을 동반(東畔)의 제1석으로 하였다고 「속일본기(續日本紀)」에 나와 있다. 거기에는 "천자 봉래궁(蓬萊宮) 함원전에서 조례를 받다…"라고 하고 있으나 봉래궁이란 대명궁의 별칭인 것이다. 백거이(白居易, 772년~846년)의 유명한 '장한가(長恨歌)'에도 "봉래궁중, 낮과 밤이 길도다"라는 구절이 있다. 함원전의 복원도를 보고 있으니 양 편에 상란각(翔鸞閣)과 서봉각(棲鳳閣)을 거느린 함원전 앞의 석단을 정숙하게 걸어 올라가는 외국 사신들의 모습이 눈에 아롱거린다. 대명궁에서 출토된 연화문 방전(方塼)은 17 잎새의 연꽃 내외 양원에 연주문(連珠文)이 아로새겨져 있고 그것이 같은 연주선의 방형틀에 꿰어져 있는 것 같은 훌륭한 것이다. 34.5×33.5 센티미터로 높이 7 센티미터, 무게 11.6킬로그램이라는 육중한 것이므로 돌 계단에는 그러한 타입의 벽돌이 깔려 있었을 것이다.

장안에는 110(세는 방식에 다라 109장으로도 보는 경우가 있음)의 방(坊)이 있었다. 그 중에 흥화방(興化坊)에 해당하는 구역에서 1970년에 움막이 발견되었다. 흥화방은 황성의 남쪽에서 셋째 구획에 해당하고 고오카이(空海)가 유학중에 기숙하였던 서명사(西明寺)는 그 서쪽 옆의 연강방(延康坊)에 있었다. 당나라 장안에서 이 흥화방은 시가지 중심부였다. 그러나 명나라 때 조성된 현재의 서안에서는 성 밖에 해당된다. 지금은 하가촌(何家村)이라는 촌스러운 지명이 붙어 있으나 당나라 때에는 공관사(空觀寺) 같은 대사원과 황족, 고관대작의 저택이 즐비하였던 구역이다.

움막을 중국에서 '고장(窖藏)'이라고하는데 그 지점에서 빈왕(邠王) 이수례(李守禮)의 저택과 이어진다. 이수례는 장회태자(章懷太子) 이현(李賢, 651년~684년)의 아들이다. 이현은 고종의 여섯째 아들로 생모는 측천무후였다. 학문을 즐겨 「후한서」의 주석을 저술하여 후세의 학자에게 크게 기여하였던 인물이다. 그러한 재능이 인정되어 황태자에 책봉되었으나 어머니 무후에게 거역한 바 있어 황태자에서 폐위되었다. 그리고 최후에는 자살을 강요당하였다. 일설에 의하면 이현은 측천무후의 친아들이 아니고 그녀의 언니와 고종 사이에서 태어난 아들이라고도 한다. 여하튼 불행한 인물이었다. 그와 한배의 동생인 예종(睿宗)이 즉위한 다음 태자로 추증하여 장회태자로 부르는 것이다.

이수례는 이현의 아들이므로 세상이 순탄하였다면 황태자의 아들로서 즉위하였을지도 모른다. 그러나 시시한 인물은 아닌 것 같았으며 「구당서(舊唐書)」에서는 '재식외하(才識猥下)'라고 평가되었다. 여색을 좋아하여 '도의 교육을 수업치 않고', 그의 소생이 남녀 60여 명이며 자녀 중에 중재(中才, 중등 정도의 예능)에 이른 인물조차 없었던 것 같다. "고가격고(高歌擊鼓)하며 언제나 수천관전(數千貫錢)의 빚을 지다"라고 한 바와 같이 매일 놀이에만 넋을 뺏기고 빚만 지고 있었다. 어느 사람이 "그대도 이제는 나이도 있고 가족 권솔이 많으니 좀 정신을 차림이 어떤가"라고 충고하자 "천자의 형을 어떻게 묻어 줄 사람이 없겠는가!"하며 큰소리를 쳤다고 한다. 상대의 충고에는 그런 생활 태도로는 장례도 치뤄 주지 않을 것이라는 뜻도 포함되어 있었다. 아버지 장회태자는 예종의 형이므로 예종의 아들인 현종에게 이수례는 사촌형이 된다. 이 빈왕 이수례는 개원 29년(741년)에 죽고 그의 아들 승굉(承宏)이 뒤를 이었다.

문제의 움막에는 금은 보화가 약 1천 점이나 수장되어 있었다. 금은으로 된 그릇은 270점에 이르렀고, 한꺼번에 이렇게 많은 금은기가 출토된 것은 처음이라고 한다. 구슬, 마노, 유리, 수정 이외에 많은 동전이 나왔다. 춘추 전국시대 이래의 화폐에서 사산왕조의 페르시아 은화와 동로마제국의 금화도 포함되어 있었다. 그 중에서도 사람들을 놀라게 한 것은 일본의 화동개진

도금 앵무문(鸚鵡紋) 은관(銀罐) —— 흥화방 유적 출토

(和同開珍) 은화 5닢이 있었던 사실이다. 화동개진은 일본에서 만든 것이나 출토된 것은 거의가 동화였다. 이 은화는 견당 사절이 공물로 가져가기 위하여 특별히 만들었을 것이리라.

여러 가지 동전이 있는 것을 보니 이 주인공은 동전 수집가였는지도 모른다. 항아리에 담겨서 묻힌 상황으로 보아 안록산(安祿山)의 난 때에 긴급 피난을 떠나기 전에 감추었던 것으로 짐작하는 사람도 있다.

현종 이하(以下)가 도읍으로 정착한 것은 756년이며, 이수례는 이미 사망하고 없었으므로 그의 아들 이승굉의 시대였다. 묻힌 보물이 누구의 것인지는 모른다. 어쨌든 이수례는 60여 명의 자녀들이 있었다. 그러나 아무래도 이승굉의 것이었을 가능성이 가장 농후하다고 볼 수 있을 것이다. 그렇더라도 이수례는 「구당서」에 의하면 빚쟁이었는데 어느 틈엔가 금은 보화를 한껏 움켜쥐고 있었다는 역설이 된다. 1973년에 일본에서 개최된 '중화인민공화국 출토문물전'에서 전시된 당나라 금은기류 12점 중에 대명궁에서 출토된 1점을 제외하고는 모두 홍화방에서 출토된 것이었다. 그 중에서도 도금앵무문(鍍金鸚鵡紋)의 은관(銀罐) 같은 것은 특히 일품이라고 할 수 있는 것이다.

이수례에 관하여는 「구당서」에 흥미로운 일화가 실려 있다. 그는 일기를 알아맞히는 명인이었다. 맑겠다고 하면 틀림없이 맑고 비가 올 것이라고 하면 어김없이 비가 내렸던 것이다. 황족 사이에 이 사실이 화제가 되었을 때, 이수례는

신은 축전무후 시대, 아버지가 죄를 지었기 때문에 궁중에 10여년 간이나 유폐되어 매년 칙령으로 심한 매를 맞았나이다. 그 상처 때문에 비가 내리려고 하면 신의 등이 몹시 쑤시고 아프며, 맑은 날에는 아무렇지도 않나이다.

하고 눈물을 흘리며 대답하므로 현종도 연민하였다는 것이다. 향년 70여 세에 타계하였다.

그의 아들 이승굉은 광덕(廣德) 원년(763년)에 토번(吐蕃, 티베트)이 10여일 장안을 점령하였을 때, 마중영(馬重英, 토번의 재상)에 의하여 괴뢰 황제에 봉해졌던 일이 있었다. 강제적으로 왕위에 올랐던 것이므로, 토번 퇴거 후 대역죄에 해당되지만 대종(代宗)은 불문에 붙였다. 제멋대로 옹립되었던 것이며 본인에게는 그러한 의욕이 없었던 사실을 모든 사람이 알고 있었던 것이다.

이수례가 평생을 놀고 지내며 빚쟁이였던 것이나, 이승굉이 무기력한 황족이라는 평판을 들었던 것도 장회 태자의 비극에서 터득한 처세술이었는지도 모른다. 아버지(승굉에게는 할아버지)는 순수하게 학문을 즐기고 유능하였기 때문에 정치적인 야심을 가진 일행에게 모함을 당한 것이었다. 그렇다면 빚쟁이나 무기력을 간판 삼고 있으면 무난하였을 것이다.

홍화방의 저택에서 출토된 재물을 보면 그들의 방탕과 무능의 흉내가 연기였는지 모른다고 추리하여도 무방할지 모르겠다. 사실은 착실하게 한 밑천 잡아 여차했을 때를 대비하였던 것인지도 모른다.

피난 때에 감춘 것으로 생각되기는 하나 안록산의 난이 아니고 토번이 침입했을 때인지도 모른다.

이승핑의 동생 이승채(李承寀)는 돈황 군왕에 봉해지고 회흘(回紇)과의 화친 사절에 임명되어 자기의 딸을 회흘의 아내로 내주었다. 그녀는 비가 공주(毗伽公主)로 책봉되었다. 이때는 당나라와 회흘의 밀월 시대로서 당나라는 토번의 침공을 회흘의 원군으로 격퇴시켰다. 중재(中才)도 없었다고 「구당서」에서는 평하고 있으나 외교에서의 공적이 있었다고 보아야 할 것이다.

빈왕 일가는 유복하였던 모양이다. 땅 속에 묻어 두었던 재물을 어느 틈엔가 잊어버리고 있었던 것이다. 또는 그 사실을 알고 있었던 소수의 인물들이 입을 다문 채 죽었는지도 모른다.

# 묻혀진 색채(色彩)

## 1

당나라의 수도는 장안이었으나 이를 서안(西安)이라 하고 낙양을 동도 (東都)라고 부르는 경우도 있다. 낙양은 이른바 제2의 수도였다. 당나라의 낙양이라고 하지만, 장안과 같이 수나라 때부터 건설이 시작되었던 것이다. 더구나 문제 때가 아니고 사치가 심했던 양제(煬帝, 569년~618년) 때의 공사 였다. 장안이 전한 시대의 장안과는 다른 곳에 조성되었던 것처럼, 당나라의 낙양도 후한 시대나 위나라의 수도였던 낙양과는 상당히 떨어진 곳에 건설 되었다. 중국에서 최초의 불교 사원이라고 불리는 백마사(白馬寺)는 후한 시대에 낙양의 서쪽에 건립하였던 것이나, 당나라의 낙양 때에는 동쪽에 위치하고 있었다. 이른바 낙양의 거리는 백마사를 걸터앉아 새로운 장소로 옮겨졌던 것이다.

낙양은 성내에 낙수(洛水)가 흐르고 있다. 이 점이 장안과 크게 다른 점이 다. 당나라의 역대 황제는 흔히 낙양에 왔었다. 태종(太宗)은 고구려에 출병 하였을 때, 주로 낙양에서 지휘를 하였다. 측천무후는 마냥 낙양에 머물면서 이 곳을 신도성(新都城)이라고 개칭하였다.

성내를 낙수가 흐르고 있었을 뿐만 아니라, 남쪽에 이수(伊水), 동쪽에 진수(瀍水), 서쪽에는 간수(澗水)가 흐르고 있었다.그리고 북쪽에는 망산 (邙山)이 줄달음치고 있었다. 전한 시대 고조 유방을 자문하던 장량이 이곳 은 너무 좁다고 반대하여 수도를 장안으로 정하도록 권유하였다는 사실을 이미 언급하였다. 장안이 주작가를 경계로 하여 좌경(左京),우경(右京)으로 동서에 양분되었듯이 낙양은 대체로 동서로 흐르고 있는 낙수에 의하여

남북으로 나뉘었다. 궁성과 황성은 낙수의 북쪽 연안에 건조되었다. 당나라
의 낙양 유적은 1954년부터 조사가 시작되었다. 1959년에 전체 실측이 완료
되고 외곽성의 둘레가 27.5킬로미터, 면적은 47평방 킬로미터로 발표되었
다. 그러나 장안에 비하여 낙양의 유적은 보존 상태가 좋지 않아서 조사는
더 곤란하다는 것이다. 1979년에 우액문(右掖門)의 유적이 발견되어 세 갈래
통로가 있는 사실이 확인되었다.

낙양의 방(坊) 수는 여러 책에서 일정하지가 않다.「구당서」'지리지'에는
103 방이라고 되어 있으나 그 이외에 북시(北市), 남시(南市), 서시(西市)와
3곳의 시장이 있었다고 하므로 그렇다면 106 방이었던 폭이다.「하남지(河南
誌)」에는 하남현(河南縣)에 속하는 것 88 방, 낙양현(洛陽縣)에 속하는 것
32 방으로, 합쳐서 120 방이라고 되어 있다. 장안성이 장안현(長安縣)과 만년
현(萬年縣)의 2현으로 나뉘어져 있었던 것처럼, 낙양성도 낙양현과 하남현의
2현을 관할하고 있었다. 그러나 어느 학자의 실측에 의한 복원에서는 109
방이 되었다는 것이다.

이 방면의 발굴 조사에서는 오히려 성 밖에 있는, 앞에서 언급한 바 있는
함가창성(含嘉倉城) 쪽이 더 성과를 올렸다. 현재 발견된 움막의 수는 이백
수십 개이지만 추정으로는 400곳은 되는 것 같다는 것이다. 발견된 것은
번호가 붙여져 160개의 움막은 지붕이 씌워져서 보존되고 있다. 그 움막은
구경이 11.1미터, 깊이 6.2미터로 측정되었다. 발견되었을 때, 탄화(炭化)된
좁쌀이 쌓여 있었다. 150만 근 정도의 용량으로 추정된다는 것이다. 함가창성
에는 현조의 천보년간(天寶年間)에 583만여 석을 저장하였다는 기록이 있
다. 남북 통일의 상징인 운하를 따라 운반되었음은 두말할 나위도 없다.

대운하 이래, 중국의 전국 정권은 남방의 물자로 경제를 유지하려는 양식
을 답습하고 있었다. 당나라 안록산의 난은 분명히 대동란이었다. 어양(漁
陽, 북경)에서 낙양 그리고 장안을 공략하였으나 당나라는 쓰러지지 않았
다. 그것은 안록산군이 남방을 억제할 수가 없었기 때문이었다. 그렇게 대단
하였던 대당 제국도 황소군(黃巢軍)에게 남방을 유린당하고서는 멸망하였던
것이다. 이러한 사실을 설명해 주는 것이 바로 함가창성의 유적인 것이다.

낙양의 궁성과 황성은 북쪽에 있었으며 이곳은 정치 관서라기보다는 다분
히 이궁적(離宮的)인 성격을 띠고 있음을 말해 주고 있다.

1975년 가을 낙양시 파리창로(玻璃廠路)와 중주로(中州路)가 교차하는 지점에서 빌딩 건축 공사를 시작하게 되었다. 낙양 박물관에서는 이 기회에 유적 조사를 실시하였다. 그곳은 당나라 낙양 궁성의 서남 모서리에 해당된다는 사실을 알고 있었던 것이다. 지질 조사를 실시하여 모두 180평방미터를 발굴하였다. 그에 따라 장안의 동쪽 외곽성에 있었던 협성(夾城)이 낙양에도 있었다는 사실이 판명되었다. 이 협성의 폭은 10미터에 미치지 못하는데 길이는 현재 180미터가 확인되었다. 그러나 궁성의 성벽에 비하여 협성의 벽은 토질에서부터 모든 것이 뒤진다. 공사가 극히 조잡하였던 것은 서두르고 있었기 때문이었을 것이다. 발굴 상황에서 검토해도 궁성이 건축된 다음에 축성된 것 같다는 것이다. 아마도 안록산의 난이 있은 다음 수도 장안 방위의 거점인 낙양성을 서둘러 보강하였던 것으로 생각된다.

건국 당초에 의기왕성했던 당나라 태종은 낙양을 고구려 원정의 거점으로 하였다. 신라와 연합하여 일본군과 백제군을 백촌강(百村江)에서 격파하였을 때, 낙양은 전진 기지였던 것이다. 전성 시대가 지나자 같은 낙양은 방위를 위한 기지로 변하고 약간 임시변통적인 보강을 가하였다. 궁성의 성벽과 그에 평행한 협성의 벽을 유적 조사에서 비교한 것만으로도 당나라 국세의 기울어짐이 분명히 엿보이는 것이다.

특히 이때의 발굴로 당나라 말기의 백유록채(白釉綠彩)의 연적이 출토되었다. 이것은 '당이채(唐二彩)'라고도 할 만한 것이다. 일본의 후쿠오카겐(福剛縣) 간모쿠(甘木)의 보사스(菩提寺) 이케우에(池上) 유적에서 당나라 말엽의 백유록채의 연적이 출토되었다는 뉴스가 중국의 신문에도 소개되어 중국의 연구자는 당이채가 중·일 문화의 교류를 반영하는 새로운 증거가 아니겠느냐고 언급하며 보고서를 맺었다.

## 2

함가창성에 비축된 식량의 양에 의해서도 측천무후에서 현종에 이르는 시기가 당나라의 전성 시대임을 알 수 있다. 그러나 현종 때에는 그 말엽에 안록산이 난을 일으켰으므로 표면적으로는 어떠하든 내적으로는 이미 지난 날의 활력을 잃어 가고 있었던 것이다. 측천무후 시대에도 불만을 품은 귀족이 반란을 일으킨 경우가 있었으나 바로 평정되었다. 일반 서민이 그에 호응하지 않았기 때문이었을 것이다. 농민의 봉기 같은 것은 거의 없었다고 하므로 측천무후 때는 틀림없는 전성기였던 것이다. 그러나 성당(盛唐)이라는 표현에는 문제가 있다. 왜냐하면, 측천무후는 고종의 아내였으나 고종이 사망한 다음, 친아들을 폐위시킴으로써 사실상 당왕조를 폐하고 무씨(武氏)의 왕조—주(周)나라를 세웠던 것이다. 그 후, 그녀가 노쇠하여 주나라는 자연 소멸되고 일단 폐위당하였던 중종(中宗)이 복위함으로써 당왕조가 다시 되살아났던 것이다.

측천무후는 단순한 야심가가 아니라 매우 유능한 여성이었던 모양이다. 그렇지 않았다면 당왕조의 녹을 먹고 은혜를 입은 기라성 같은 문무백관이 있었음에도 여인의 몸으로 신 왕조를 세울 수가 없었을 것이기 때문이다. 모든 신하들은 오직 그녀가 노쇠하기만을 기다렸던 것이다.

측천무후의 사망 연령에 관하여는 77세로부터 83세 설이 있다. 말년에는 장이지(張易之, 675년 무렵~705년), 장창종(張昌宗, ?~705년) 형제를 총애하였으나 그녀가 병상에 눕자 노재상 장간지(張柬之, 625년~706년)가 쿠데타를 일으켜 장 형제를 주살하고 중종(656년~710년)이 복위되었다. 쿠데타는 신룡(神龍) 원년(705년) 정월에 있었고 병상의 측천무후는 같은 해 11월에 사망하였다.

측천무후의 부군인 고종은 섬서성 양산(梁山)에 묻히고 그곳은 건릉(乾陵)이라고 부른다. 능에 봉분한 것이 아니고 자연 산에 무덤을 만든 것이므로 대규모의 애묘(崖墓)라고 할 수 있을 것이다. 그런데 측천무후를 그곳에 합장할 것인지 어쩔 것인지가 큰 문제로 대두하였다. 황제 중종의 생모이기는 하나 당나라를 일시적이나마 찬탈하였던 여성이었다. 신하들 중에서는, 건릉은 돌로 문을 만들고 철문으로 채웠으므로 그것을 다시 연다는 것은 바람직스럽지 못하다든가, 합장은 옛 제도에 없다는 이유로 반대하는 사람도 있었다. 한(漢)나라 때에는 황후 합장이 없었으나 위·진(晋) 이후는 증가하고 있었다. 측천무후에게 핍박받은 신하들의 반대를 위한 반대가 있었으나 중종은 합장을 결정하였다. 사정이야 어떠하였거나 자신을 낳아준 부모였다. 그리고 측천무후도 남편의 묘에 묻힐 의사였다. 건릉 앞에 한 쌍의 비석을 세웠는데 왼쪽의 것은 그녀가 스스로 택한 고종의 송덕비이고 바른쪽 것은 그녀 자신의 것이었다. 그러나 아직 살아있을 때였으므로 글은 새기지 않았다. 그러므로 20년 동안 글귀 없는 비석이 서 있었다. 죽은 다음에 송덕사를 새겨 넣을 계획이었으나 그녀의 경력을 새기자면 아무래도 찬탈에 관하여 언급하지 않을 수 없었으므로 모두 사양하게 되어 그 후에도 글귀가 없었기 때문에 사람들은 '무자비(無字碑)'라고 불렀다. 그러나 당나라가 멸망한 후, 이제는 그곳에 글귀를 새겨도 불경죄가 되지 않으므로 많은 사람이 글을 새겨 넣었다. 그 안에는 금(金)나라 시대의 여진(女眞) 문자도 있다. 마멸이 심하여 판독할 수 없는 부분이 많으나 그녀의 덕을 칭송한 부분은 적은 것 같다.

야외에 서 있는 비석은 아무래도 풍화 작용으로 마모되어 새겨진 글자도 마멸되기 마련이다. 혹은 넘어지거나, 떨어져 나가거나, 땅 속에 묻히게 된다. 고종의 송덕비도 넘어져서 부러졌던 일이 있었고 다시 이은 자리도 확인된다. 그러나 측천무후의 비석은 1천 3백년 동안 넘어졌던 일은 없었던 것 같다.

귀중한 돌 비석을 비바람을 맞게 해두면 언젠가는 마멸되어 버릴 염려가 있는 것이다. 그리하여 지붕이 있는 건물 안에 옮길 것을 생각하게 되었다. 당나라의 수도였던 장안 부근에는 각별히 돌 비석이 많았다. 청나라 때부터 그러한 작업이 수행되어 수많은 비석이 한곳에 모아졌다. 현재 섬서성 박물관 안에 있는 '비림(碑林)'이 바로 그것이다. 그 안에는 땅 속에서 발굴된 것도 있다. 네스토리우스파의 그리스도교가 당나라 시대에 포교되었다는 사실을 기념한 '대진 경교 유행 중국비(大秦景教流行中國碑)'는 덕종(德宗, 742년~805년)의 건원(建元) 2년(781년)에 세워졌던 것이나 오래도록 땅 속에 묻혀 있다가 명나라 말기(17세기 초기)에 발굴된 것이다. 그것도 지금은 비림에 있다. 높이 2.7미터, 밑부분이 너비 1미터로 1천 8백여 자에 이르는 한문 이외에 50여 자의 시리아 문자가 새겨져 있어서 중국에서의 초기 그리스도교사(敎史)의 1급 자료이다.

건릉에 이르는 참배길의 양편에는 돌사람, 돌동물의 여러 종류가 줄지어 서 있다. 진귀한 것은 주작이 타조처럼 보이고, 또 날개를 단 말, 이른바 페가서스도 있다. 물론 이것은 서방측에서 전해진 것으로 페가서스의 동방 한계는 이 건릉이라고 전해진다.

뛰어난 모든 제왕들의 능은 왕조가 바뀌면 대개 파괴되든가 도굴당하기 일쑤인데 건릉에는 도굴 흔적이 없다. 역대의 도굴꾼들도 건릉은 너무나 그 규모가 커서 엄두를 내지 못했던 것 같다. 사실 묘갱을 찾아내는 것도 예사로운 일이 아닌 것이다. 필자가 건릉에서 들은 바로는 묘갱은 이미 알고 있으나 아직 발굴은 하지 않는다는 것이다. 왜냐하면 당나라 절정기의 고종과 측천무후를 합장한 능이므로 틀림없이 훌륭한 벽화로 장식되고 수많은 문물이 부장되어 있을 것이므로 그것을 보관할 박물관을 먼저 건조하지 않으면 안 되기 때문이라는 이유에서라고 한다. 진시황제릉의 병마용갱의 나머지 부분과 같이 이것도 다음 세대의 사업으로 남겨 줄 것이라고 한다.

### 3

당나라 창업자인 고조 이연(李淵)의 헌릉(獻陵)은 후한 시대 광무제(光武帝)의 원릉(原陵) 규모를 표준으로 하여 조성되었다. 당나라 척도로 6장— 약 18.6미터의 봉분을 한 것이다. 그러나 그의 아들인 태종(太宗) 이세민(李世民, 598년~649년)은 생전부터 묘—이른바 수릉(壽陵)을 조성하였으며 구종산(九嵕山, 섬서성)의 산 중턱을 뚫어서 묘갱을 만드는 방식을 취하였다.

고조에서 태종에 이어지는 황위 계승에는 커다란 문제가 있었다. 고조는 장남인 이건성(李建成, 589년~626년)을 황태자로 책봉하였으나 차남인 이세민(태종)이 형을 죽이고 아버지를 퇴위시키고 나서 즉위하였다. 태종 측근에서 기록한 사료(史料)밖에 남아 있지 않으므로 분식(粉飾)되었을 가능성이 짙다. 창업을 하는 데에 태종이 형보다 공적이 많았다거나, 형이 그 지위를 위협받게 되자 먼저 태종을 없애 버리려고 하였으므로 선수를 쳤던 것이라고 되어 있다. 그러나 「당서」에는 고의로 이건성의 공적을 삭제한 흔적이 있다. 분식을 제거한다면 형과 아우가 황위를 두고 쟁탈전을 벌여 동생이 이기고, 형을 후계자에 지명하였던 아버지를 퇴위시킨 것이 된다. 고조가 스스로 양위하였다고 되어 있으나 그것은 미담이다. 유폐시킨 것으로 생각해도 무방할 것이다.

태종은 아버지 고조를 미워할 까닭이 있었을 것이다. 아버지 고조가 타계하였을 때, 처음에는 전한 시대 고조 유방의 장릉(長陵)에 준하여 9장의 봉분

을 하기로 하였으나 중신들의 간언이라는 형식을 취하여 6장으로 격하시켰
던 것이다. 각 왕조의 능은 창업자의 능보다 크게 만들지 않는 관례가 되어
있었다. 관광 코스로 되어 있는 명나라의 능 13개도 천도 후 처음에 조성되었
던 영락제(永樂帝, 1360년~1425년)의 장릉(長陵)보다 큰 것은 없다. 지하 궁전
이라고 부르며 관광객이 참관하는 정릉(定陵)은 만력제(萬曆帝)의 묘이며
그는 자신의 묘 조성에 이상한 집념을 보여 많은 자금의 투자를 아끼지 않았
으나 그래도 장릉보다는 작게 만들었다.

   아버지의 능(헌릉)을 6장의 봉분으로 한 태종이 자신의 묘를 그보다 크게
할 수는 없었다. 명군으로 떠받들어지기를 열망하여 신하와의 문답을 「정관
정요(貞觀政要)」에 편찬시킨 태종은 묘로 인하여 후세에 비난당하는 것을
두려워하였을 것이다. 그리하여 다른 형식의 묘를 만들기로 하였을 것으로
생각된다. 아버지의 능은 봉분을 한 것이었으나 태종 자신의 능은 자연의
산 중턱에 조성하는 형식을 취했던 것이다. 봉문묘(墳丘墓)와 애묘와는 비교
대상이 되지 않는다. 그러므로 후세의 사람들에게 비판당할 아무런 이유도
없을 것으로 생각하였을 것이다.

   소릉(昭陵)은 산봉우리에 침궁(寢宮)이 건조되고 일명, '하궁(下宮)'이라고
불렸다. 묻힌 사람의 영혼이 일상 생활을 보내는 터전인 것이다. 그리하여
그곳에서 일하는 사람은 산 아래에서부터 물을 길어 올리지 않으면 안 되었
다. 산정에는 우물이 없었기 때문이었다. 영혼도 생활을 하기 위해서는 물이
필요하다고 생각하였기 때문이다. 이는 대단한 중노동이었다. 그 후 산정의
침궁이 불에 탄 다음 그것을 기화로 산 아래로 옮겼다.

   소릉 근처에는 많은 배총(陪塚)이 있다. 이것은 황족이나 문무백관들의
묘로서 확인된 것은 위징(魏徵, 580년~643년)과 방현령(房玄齡, 578년~648
년) 등의 167 기이다. 실제의 수는 아마 200 기도 넘을 것이다. 그러나 이
소릉에는 석인상(石人像)이나 석수상(石獸像)은 없다. 태종의 애마 6마리를
각각 돌판에 새긴 이른바 '소릉 6준(昭陵六駿)'이 동서에 3개씩 놓여 있으나
그 중의 2장은 현재 필라델피아에 있고 나머지 4장은 섬서성 박물관에 소장
되어 있다. 석인상과 석수상을 세워 두는 것은, 당나라에서는 태종의 아들인
고종·측천무후의 건릉에서 비롯된 것 같다. 소릉의 북문에는 변경 부족 토후
들의 상이 놓여졌었고 현재도 그 좌대 몇 개가 남아 있다. 그러나 이것은

'소릉 6준'과 같이 태종의 업적으로 그가 복종시켰던 것을 복제함으로써 나타
낸 것이다. 장소도 참배길이 아니다. 참배길의 석각물들은 길조를 기원하며
잡귀를 쫓는다는 뜻을 지녔던 것이다.

현존하는 묘에서 석각물을 갖고 있는 가장 오래된 것은 전한 시대의 곽거
병(霍去病, 기원전 140년 무렵~기원전 117년)의 묘이다. 흉노를 짓밟고 있는
마상(馬像)은 특히 유명하며, 양을 잡아먹는 괴수, 소, 돼지, 코끼리 등 14
점이 있다. 이것은 그의 무공을 드러내기 위한 것이나 역시 약간 그 뜻이
다른 것 같다.

후한 시대에서는 광무제의 능 앞에 석상(石象)과 석마(石馬)가 있었다는
사실이 기록되어 있으며, 제왕릉뿐만 아니라 유력자의 묘에도 있었다. 그것
은 「수경주」의 기록에 의하여 알 수 있는 것이다. 조조의 아버지 조숭의
묘 앞에도 높이 8척 5촌의 석마가 쌍쌍으로 서 있었으나 그 제조 방법이
미숙하였다는 사실까지 쓰여 있다. 「수경주」는 북위(北魏) 때에 쓰여진 매우
신빙성 높은 명저이다. 한나라 때, 특히 후한 시대에는 묘석각이 많았던 것이
사실이었을 것이나 현존하는 것은 하나도 없다.

위·진(晋)에 이르러 묘석각이 없어졌던 것은 두말할 나위도 없을 것이다.
북위가 한족화 정책을 취하고 나서 겨우 능침 제도가 부활되고 석각도 그에
수반하여 만들어졌으나 그 수는 그다지 많은 것 같지가 않다. 북위의 효장제
(孝莊帝)의 정릉(靜陵) 앞에서 1976년에 하나의 석인상과 하나의 석인두(石
人頭)가 출토되었다. 석인상의 높이는 3.14미터로 출토되었을 때는 두 동강이
가 나 있었다. 양 손에 검을 쥐고 있으므로 무인상(武人像)에 틀림없다.

남조 시대에는 남제(南帝, 493년 사망)의 경안릉(景安陵) 앞에 길이 2.9미
터, 높이 2.4미터의 석기린상(石麒麟像)이 남아 있다. 석기린 같은 신수(神
獸)는 남조 시대 이후 제왕릉에만 사용되고 신하의 묘에는 허용되지 않았
다.

4

자연 산을 능으로 하였으나 당나라 멸망 후 얼마 되지 않아서 태종의 소릉
은 정원소(鄭元素)라는 인물에 의해 도굴당하였고 고종의 건릉은 현재까지

건재하다. 그러나 그 배총 중에서 돋보이는 것은 모두 도굴당하였다.

건릉의 배총에서는 장회 태자, 의덕 태자(懿德太子), 영태 태자(永泰太子)의 3묘가 유명하다. 1971년부터 다음해에 걸쳐 발굴했을 때 세 묘는 이미 도굴당하여 있었다. 그리고 영태 태자의 묘에서는 도굴자의 시체가 벽에 기댄 형태로 발견되었다. 아마도 몇 사람인가 무리를 지어 도굴하였을 것이고 일행들이 그를 남겨둔 채 도굴갱을 닫아 버렸을 것이다. 수효가 줄어들면 분배 몫이 늘어나기 때문에 가엾은 이 인물은 배신당하고 말았던 것이리라.

묘 안에서 도굴자가 죽어 있었던 예는 다른 곳에서도 있었다고 한다. 도굴은 매우 위험한 작업이다. 발견되면 어김없이 사형감이다. 그 위에 일행에게도 조심하지 않으면 안 된다. 그리고 작업은 신속을 요하는 것이다. 그들은 금은 보화를 노린다. 금은기류는 녹여 버리면 흔적이 없으므로 좀더 안전하였다. 삼채용(三彩俑) 같은 것은 묘에만 넣는 명기(明器)였으므로 그와 같은 물건은 팔리지 않았으며 설사 팔린다고 해도 꼬리가 잡히기 마련이므로 위험하다. 묘지(墓誌)도 반출할 수 없다. 무겁기도 하거니와 도굴한 증거 이외에는 아무런 도움이 되지 않는 것이다. 3묘 모두 묘지와 용의 종류는 남아 있었다.

3묘 모두 훌륭한 벽화로 장식되어 있었으나 도굴자는 물론 벽을 벗기고 있을 틈이 없었을 것이다. 측정할 수 없는 가치를 지닌 것이었으나 이것만은 어떻게 해 볼 도리가 없었던 것이다. 3묘의 벽화가 거의 완전하게 남아 있었으므로 미술 연구뿐만 아니라 당나라의 풍속과 궁정 생활을 아는 데에 귀중한 자료가 출토된 것이었다.

장회 태자에 관하여는 흥화방의 하가촌 유적에서 잠시 언급한 바 있다. 고종과 측천무후의 아들임에도 사천성의 파주(巴州)에 유배되어 그곳에서 자살한 비극의 인물이었다. 그 이름을 이현(李賢, 654년~684년)이라고 하는데 고종의 여섯째 아들이며, 측천무후가 난 두번째의 아들이었다. 측천무후는 이홍(李弘), 이현(李賢), 이현(李顯, 656년~710년. 중종), 이단(李旦, 662년~716년. 예종)의 순서로 아들을 낳았고, 당연히 이홍이 황태자로 책봉되었던 것이다. 그러나 상원(上元) 2년(675년) 그는 24세의 젊은 나이로 요절하였다. 황태자로서 사망하였으나 천자의 예로 장사지내고 그의 묘를 공릉(恭

398

陵)이라고 불렀다. 「구당서」에 "애초 공릉을 축조하는데 그 비용이 거금이
요, 만백성들은 노역을 거부하고 불평이 온 누리에 차 드디어 벽돌 기와를
내팽개치다"라고 쓰여 있다. 양친에게 매우 사랑을 받았던 아들이었던 모양
이다. 그 능의 조성에 백성은 소리 높여 공공연하게 반항하였던 것이다. 이
이홍에게는 후손이 없었으므로 측천무후의 차남 이현(李賢)이 황태자로
책봉된 것은 당연하게 생각되었다. 그러나 왜 그랬는지 측천무후는 이현을
미워하였다. 측천무후의 신임을 받고 있던 명승엄(明崇儼)은 평소 이현에
관하여 좋게 말하지 않고 4남인 이단을 추천하였으나 어느날 누구인가에
의해 살해되고 말았다. 측천무후는 자기의 자식인 이현(李賢)을 의심하고
동궁 마방을 수색하여 갑옷 수백 벌이 발견되었다는 구실로 황태자를 폐하
고 서인을 만들어 파주에 유배하였던 것이다. 영릉(永隆) 원년(680년)의 일이
었다. 그리고 문명(文明) 원년(684년)에 측천무후가 파송한 구신적(丘神勣)
에게 쫓겨 이현은 자살하지 않을 수 없었다. 그때가 32세였다고 사서에 기록
되어 있다.
　측천무후가 고종의 총애를 받게 되자 그녀의 언니인 한국 부인(韓國夫人)
도 궁정에 출입하게 되었다. 궁정 내에서는, 한국 부인이 고종의 사랑을 받아
낳은 아이를 측천무후가 자기 아이로 길렀다는 소문이 있었다. 더구나 그의
언니인 한국 부인은 동생 측천무후에게 살해당했던 것이다. 이러한 궁정의
소문은 이현(李賢)의 귀에도 들어갔던 것 같다. 그것이 사실이라면 측천무후
는 이현은 친아들이 아니므로 언젠가는 갈아치우려고 하였을 것이다. 또한
이현에게, 측천무후는 그의 친어머니를 죽인 원수이므로 이현은 언제 내쫓기
게 될지도 모르는 불안을 안고 있었을 것이다. 이리하여 모반을 기도하게
되었던 것이라고 사서에 나와 있다.
　파주에서 이현이 자살하였다는 소식을 듣고 측천무후는 애도했고 구신적
을 좌천시켰다. 그리고 이제 죽어 버렸으므로 그를 친아들로 취급하기로
하였다. 그리하여 그의 죽음이 자신의 본의가 아니었음을 알리기 위하여
일단 서인으로 강등시켰던 이현을 옹왕(雍王)으로 추증하였다. 이현은 파주
의 화성현(化城縣)에 묻혀 있었으나 무후가 죽은 다음, 신룡(神龍) 2년(706
년)에 바로 아래 동생인 중종 이현(李賢)은 황태자로 추증하고 시호를
'장회(章懷)'라고 하였다. 그후 경운(景雲) 2년(711년)에 이현의 아내이던

방씨(房氏)가 합장되었을 때 장회 태자 묘지(章懷太子墓誌)가 놓이게 되었던 것이다. 파주에서 이장되었을 때에도 물론 '옹왕묘지(雍王墓誌)'가 놓여졌었으나 방씨와 합장할 때 이 묘지는 그대로 두었던 것이다. 한번 묘 내에 넣었던 것을 없앤다는 것도 온당치 않았기 때문이었으리라.

이리하여 1971년에 발굴되었을 때에 이 묘에는 옹왕과 장회태자의 두 묘지가 있었다. 장회 태자 묘지의 글을 지은 사람은 빈왕의 스승이었던 노찬(盧燦)이었다. 빈왕이란 장회 태자의 아들인 이수례로서 홍화방 하가촌 움막의 주인공일 것이라는 점은 이미 언급한 바 있다. 그 이수례의 스승이 문장을 짓고 기리범(岐李範)이라는 사람이 글을 쓴 것이다.

묘지에는 뚜껑이 있었으며 거기에는 대당 고 장회 태자 병 하청방씨 묘지명(大唐 故 章懷太子 并 河淸房氏 墓誌銘)이라고 새겨져 있으므로 아내 방씨가 하청현(河淸縣) 출신임을 알 수가 있다. 발견되었을 때에는 옹왕의 것과 장회 태자의 것 모두 뚜껑과 묘지가 마구 흩어져 있었다. 도굴자가 금붙이를 찾으려고 열어 보고는 그대로 두었기 때문이었을 것이다.

장회 태자 묘의 석문 문짝과 석관 외벽에는 우아한 선각화(線刻畵)가 있었는데 당나라 회화의 품격이 스며 있다. 자칫하면 이 묘의 돋보이는 벽화에 가려 간과되기 쉬우나 선각에는 선각 특유의 취향이 있다.

벽화는 전실(前室)과 묘도 양벽에 있으며 전자는 8조, 후자는 4조의 그림판으로 되어 있다. 건릉 배총의 벽화 모사품은 일본에서도 몇 번 전시되었다. 위·진의 화전(畵塼)에 비하면 비교가 되지 않을 정도로 회화 기술이 뛰어났다. 세월이 흘러서 그림 그리는 기술도 뛰어났고, 문화의 중심이었던 장안에는 유능한 화가가 있어서 제작을 담당하고 있었을 것이다. 아무래도 이장할 때의 황제는, 장회 태자의 친동생이었으므로 장안에서도 가장 유능한 화가에게 지시하였을 것이리라. 이 경우는 다음에 언급할 의덕 태자와 영태 공주의 묘에서도 마찬가지이다.

5

의덕 태자와 영태 공주는 남매간이었다. 아버지는 측천무후의 셋째 아들(고종에게는 일곱째)인 중종 이현(李顯)이다. 의덕 태자는 이중윤(李重潤)으로 고종의 영순(永淳) 원년(682년)에 태어났을 때, 아버지는 황태자였고 그는 황태손(皇太孫)으로 책봉되어 있었다. 앞으로 당나라의 황제로서 천하에 군림하게 될 인물이었던 것이다. 누이동생 영태 공주 이선혜(李仙蕙, 살아 있을 때는 永泰郡主)는 17세에 무연기(武延基)에게 출가하였다. 무연기의 아버지 무승사(武承嗣, ?~698년)는 측천무후의 조카로 두터운 신임을 받았던 인물이었다.

때는 측천무후의 말년이었다. 그녀는 예의 장씨 형제를 총애하여서 무승사나 무삼사(武三思, ?~707년) 등의 측천무후 친척들조차 이 미소년 형제를 한껏 조심하지 않으면 안 될 처지였다. 측천무후에게 바라는 일이 있으면 그들에게 아첨할 수밖에 없는 처지였다.

노년층은 참을 수 있었을 것이다. 측천무후도 고령이므로 언제까지나 살아 있을 수는 없을 것이고, 장씨 형제에 대한 총애도 언제 식을 줄 모르는 것이다. 측천무후는 미망인이 된 다음에 설회의(薛懷義, ?~695년), 심남교(沈南璆)로 사랑의 상대를 바꾸었는데 설회의 같은 사람은 너무 건방져서 무후에게 살해당했다. 노년층은 상황을 살폈겠지만 장년층은 참을 수 없었다. 피를 나눈 왕손의 자식들이 아닌 한낱 미천한 가문 출신의 장씨 형제가 신임을 얻고 당나라의 황족이나 무씨 일가도 그들의 눈치를 살피게 된 데 대해 속이 상할 수밖에 없었다. 그렇다고 아직 20세도 안 된 귀공자들이 무기를 들고 쿠데타를 일으킬 수도 없었다. 이중윤, 이선혜 남매는 만나는 사람마다 "장이지, 장창종 형제는 괘씸한 놈들이다. 도대체 그 자들이 궁중에 출입하는 것 자체가 잘못된 노릇이다"하며 울분을 토로하는 것이 고작이었다. 그러나 이 말은 당연히 측천무후의 귀에 들어갔다.

나이먹은 측천무후는 판단력이 이상해졌는지 또는 장씨 형제가 측천무후가 죽은 다음의 신변 안전을 생각한 나머지 자기들에게 적의를 품은 자들을 제거하기 위하여 측천무후를 부추겼는지도 모른다. 장씨 형제를 비방하였다는 죄로 이중윤과 누이 동생 부부는 살해당하고 말았던 것이다. 이중윤과 영태 공주는 황족과 가까운 혈족이었다. 영태 공주의 남편인 무연기도 조카의 아들이므로 이 사람도 피를 나눈 혈족이다. 그리고 세 사람 모두 아직 20세 전의 젊은이였다. 대역죄인이라 하더라도 철부지라는 이유로 용서를 받든가 기껏해야 벽지로 유배되는 것이 상식일 것이다. 황족도 아무 것도 아닌 사나이들을 '비방'하였다 해서 죽게 된 세 사람은 정말 억울했을 것이다.

이 일은 측천무후가 늙어 죽기 4년 전 대족(大足) 원년(701년)의 일이었다. 측천무후의 노쇠로 복위된 중종은 아들과 딸 부부의 일이 불쌍해서 견딜 수가 없었다. 그리하여 아들에게 의덕 태자, 딸에게는 영태 공주를 추증하여 건릉의 배총에 정중하게 묻었다. 의덕 태자 이중윤은 19세로 죽었을 때 아직 총각이었다. 마침 국자감승(國子監承, 대학 총장)인 배쇄(裵殺)라는 사람의 딸이 독신으로 사망하였기 대문에 '명혼(冥婚, 영혼 결혼)'시키기로 하였다. 죽은 사람끼리 저승에서 결혼한다는 것이다. 그러므로 위덕 태자의 묘는 합장되어 있었다. 이 배총의 젊은 주인공들이 그 무서운 할머니 곁에 묻혔던 것이 본의였는지는 알 수 없다.

비극의 세 주인공 중에서 제일 먼저 발굴된 것은 영태 공주의 묘였다. 1960년의 발굴에 의하여 특히 당나라 벽화의 명작으로 온 세상의 화제가 되었던 것이다. 그때의 발굴로 묘의 구조가 확인되었으므로 우선 이들 세 묘를 비교해 보기로 하겠다. 어떤 묘도 지난날에는 장(牆, 토벽)으로 감싸고 그것을 능원(陵園)이라고 불렀다.이제 그 넓이를 보자.

    의덕 태자의 묘 256.5×214.5미터
    영태 공주의 묘 363.3×220미터
    장회 태자의 묘 180×143미터

남북이 동서보다 길게 되어 있으나 세 묘 중에서 장회 태자의 묘만이 작았다. 배총을 조성한 중종에게 의덕과 영태는 직계이고 장회 태자는 방계였다. 석각도 의덕과 영태의 묘 앞에는 석주(石柱), 석인상, 석사자상이 각기 한 쌍씩 세워져 있었으나 장회 태자의 묘에는 단지 한 쌍의 석양상(石羊像) 뿐이었다. 상당한 차이가 있었으나 의덕과 영태의 묘는 묘이면서 '능'의 대우를 받고 있는데 장회 태자는 그렇지 못했다. 이 시대의 직계와 방계는 유교의 예에 따라 엄격한 차이를 두었던 것이다.

능원의 면적으로 보면, 영태 공주의 것이 제일 넓지만 묘 자체는 역시 오빠인 의덕 태자 쪽이 약간 크게 조성되어 있다. 직선 거리로 볼 때 의덕의 묘는 100미터이나 영태의 묘는 87.5미터이다.

당나라 때의 봉분은 원추형보다 방형 복두식(方形覆斗式)이 격이 높다는 것이다. 방형 능선에다 윗쪽은 평탄하게 된 형식이다. 또한 같은 형식의 것이라도 평탄하게 된 곳이 윗부분만 아니고 도중에 또 하나 있는 것을 2층 대계(二層臺階)라 하여 윗쪽만의 단층대계(單層臺階)와 구별된다. 물론 신분의 차이에 의한 것이다.

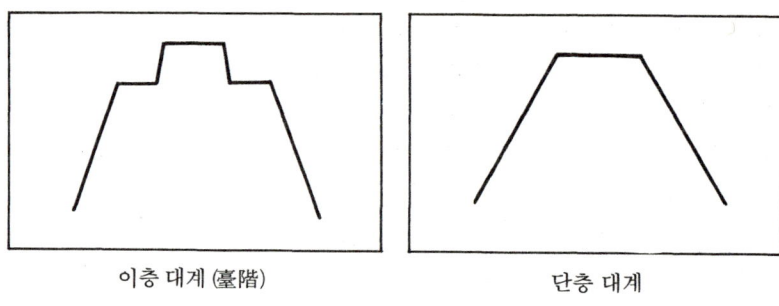

이층 대계 (臺階)                     단층 대계

   그리하여 장회 태자 묘의 봉분은 단층 대계였으나 의덕 태자와 영태 공주 묘는 2층 대계로 되어 있다. 그러므로 후자가 격이 높게 취급되는 것이다.
   묘 문에서 경사가 매우 급한 구배의 언덕을 내려가면 묘실에 이르게 되며 영태 공주 묘의 경우는 그 언덕길이 약 50미터가 된다. 그리고 부장품을 소장할 이실(耳室)이 있고 양쪽에 벽화가 그려져 있으며 6줄기로 갈라진 좁은 길이 묘실에 이르며 그 길과 길 사이에 '천정(天井)'이라고 부르는 부분이 있다. 상당히 넓은 묘도(墓道)는 관이나 부장품을 옮길 때에만 이용된다. 그러나 그대로 두게 되면 도굴꾼들의 통로가 될 염려가 있었을 것이다. 그러므로 매장이 끝나면 그 몇 개인가의 천장 부분에서 흙을 떨어뜨리는 것이다. 이리하여 묘도는 흙으로 덮이고 묘실만이 공백 지대로 남게 된다. 그리고 도굴자는 묘실에 가까운 천장을 겨냥하여 침입하는 것이다. 묘 문쪽에서 셈하여 제일 마지막 천장 부근에서 도굴자의 것으로 보이는 뼈와 도굴에 사용하였던 것으로 보이는 쇠도끼가 발견되었다. 일행에게 배신당하여 갇혔을 것인데, 그가 가지고 있었던 것일까? 몇 개의 금기(金器)와 옥기(玉器)가 흙 속에 흩어져 있었다고 한다.
   석관이 놓여 있는 상태는 세 묘가 공통된 형식이었다.

6

영태 공주의 묘를 발굴하였을 때, 앞에서 언급한 바와 같이 묘도와 양벽에 그려진 벽화의 상당 부분이 묻혀 있었다. 그리하여 벽화를 예상하였으므로 흙을 파내는 데도 신중을 기하여야 했다. 우선 작업을 쉽게 하기 위하여 묘 문을 1개월 정도 열어 두었다. 건조 지대의 흙이므로 그렇게 해 두면 작업도 쉽고 벽화도 상하지 않는다. 천장에서 쏟아 부은 흙이 양질(?)이었던 탓이었는지 벽화의 파손은 예상하였던 정도가 아니었다. 후실의 벽화를 비롯하여 그 이외에도 떨어져 나간 부분이 있었는데 사용된 안료(顔料) 관계로 보이며, 도굴자의 침입으로 밀폐 상태가 완전하지 못하였던 탓으로 보인다.

현재, 발굴된 세 묘 중에서 영태 공주의 묘만이 공개되고 있다. 공개에서는

의덕태자묘(懿德太子墓) 제2천정 서쪽 벽화 (列戟圖)

벽화의 보존 문제가 중요시되어야 함은 당연한 일이다. 벽화는 돈황 막고굴의 경우에도 그러하였으나 벽에 칠식(漆式)을 두텁게 하고 그 위에 그림이 그려져 있었다. 그리하여 칠식 부분마다 벽을 떼어내서 섬서성 박물관에 보존하기로 하였다. 그리고 그 후에 원형 벽화를 모사(模寫)하여 그 자리를 메웠다. 그래도 아직도 곳곳에 원형 벽화 부분이 남아 있다. 공개와 보존이란 상호 모순되는 것으로 이 점은 돈황에서도 골칫거리이다. 많은 인파가 출입하게 되므로 특히 좁은 석굴 같은 데서는 벽화에 미묘한 영향을 미치게 될 것이다. 영태 공주 묘가 공개되고 있다고는 하나, 허가를 받은 방문객이 왔을 때만 관리인이 문을 열고 구경이 끝나면 닫아 버리게 되어 있다. 그럼에도 관광 철에는 끊임없이 참관자가 방문하므로 보존 문제는 아직도 연구가 필요한 것이다.

다시 벽화로 돌아가서, 돈황 벽화가 불교색이 짙은데 비하여 3기의 묘에서는 불교의 색채를 거의 찾아볼 수 없다. 돈황 초기에 살짝 끼어든 일월성신

장회태자묘도(章懷太子墓道) 서쪽 벽화 (打球圖)

의 도교계(道教系) 민간 신앙의 상징이 여기에서는 관을 둔 정실(正室)의 천장을 장식하고 있다. 태양 속의 까마귀가 이곳에서는 분명히 세 발로 그려져 있다. 묘도에 들어서서 첫번째 벽화는 동쪽이 청룡(青龍), 서쪽이 백호(白虎)로 되어 있는 것도 중국의 전통적인 배치이다. 좁은 길의 천장은 보상화문(寶相華紋)이며 거기에서 미미하나마 불교의 냄새가 풍기고 있다고 느끼는 사람이 있을 것이다. 그러나 그것을 그렸던 화가는 단지 천장 무늬에 걸맞는 양식을 선택했을 뿐 불교적인 장식이라는 의식은 없었던 것이 아닌가 생각된다. 좁은 길의 천장은 문풍지 모양으로 틀이 짜여져 있고 그 한칸 한칸에 도안된 꽃이 그려져 있다.

이들 세 묘 벽화의 주요 주제는 전통적인 일월성신, 사신수(四神獸)라기보다는 마치 '현세(現世)'라고 할 수 있을 것이다. 당나라 시대의 귀공자와 귀부

인의 화려한 나날이 그곳에 묘사되어 있다. 천자의 자녀와 후손으로 태어났음에도 짧은 생애를 비극적으로 마치지 않으면 안 되었던 주인공에게 휘황찬란한 현세의 속편을 그림으로 그려 선물하려고 하였을 것이다. 주된 벽화는 그들이 그 속에서 살며, 만일 아무 일도 없었다면 그대로 살아갔을 세계가 묘사된 것이다. 그 대표적인 것이 출행(出行)과 의장(儀仗) 그림으로 우리의 시선을 끈다. 분명히 주인공은 생시에 자주 외출을 했었으리라. 그리고 공식적인 바깥 출입시에는 의장식으로 보내고 맞아들였을 것이다. 묘의 벽화에 그것이 크게 그려진 것은 망자(亡者)를 저 세상으로 송별한다는 의미에서였을 것이다.

당나라 묘의 부장품과 벽화는, 사실은 이 세 묘들을 기점으로 하여 크게 변한다. 그때까지는 '출행'과 '의장'이 위주였으나 그 이후에는 '일상 생활'이 주류를 이룬다. 세 묘 안의 궁녀도(宮女圖) 같은 것은 일상 생활인 것이다. 장회 태자 묘의 '타구도(打球圖)'는 당시 서역에서 전해져 귀족 사이에 크게 유행되었던 폴로 경기의 모습을 생생하게 묘사하고 있다.

영태 공주의 묘는 묻힌 사람이 젊은 여성이었으므로 꽤 부드러운 분위기

영태공주묘( 永泰公主墓) 전실 동쪽 벽화  가운데  궁녀도 (宮女圖)

를 지니고 있는 것 같다. 3기의 묘 모두에 궁녀도가 있으나 각기 특징을 지니
고 있다. 장회 태자 묘의 영인은 무답도(舞踏圖)이건 관조포선도(觀鳥捕蟬
圖)이건간에 매우 활동적이어서 활달함이 돋보인다. 영태 공주 묘의 궁녀는
부드럽고 통통하며 개중에는 귀엽고 애처로워 보이는 소녀도 있어서 매력에
넘쳐 있다. 의덕 태자의 묘에서는 얼굴 모습이 약간 길고 어찌보면 새침해
보인다. 거의 같은 시대이므로 이들 세 묘의 여성도(女性圖)의 특징은 시대적
인 기호의 차이는 아니다. 당이라는 시대의 나라에는 같은 환경 속에서 여러
가지 유형이 사람이 살았던 것이다. 틀에 박힘이 없는 마음 느긋했던 기풍이
있었음을 이들 세 묘의 벽화는 이야기하고 있는 것이다. 그것은 상류 계층에
한정되었던 것인지도 모르겠다.
　　장회 태자의 묘에 '예빈도(禮賓圖)'가 있고 그 안에 새의 깃 2개를 모자에
꽂은 사람이 있다. 깃털 모자의 앞부분은 붉고 하얀 도포에 흰 띠, 바지는
헐렁헐렁하고 황색 구두를 신고 있다. 손님으로 보이는 사람은 3명이고 그
외에 머리를 조아린 옴폭눈에 코가 높은 사람, 커다란 털모를 쓴 사람이

있고 문제의 인물은 중앙에 있다. 이것을 일본에서 간 사절에 비유하는 설도 있는 것 같으나 전에 일본에 왔던 하내(夏鼐, 1910년~) 씨는 오히려 신라의 사신이 아닐까 하고 술회하였다.

측전무후의 장안(長安) 3년(702년)에 일본의 분부덴노(文武天皇)가 파견했던 아와다아손마히도(栗田朝臣眞人)로서 장안의 대명궁에서 측천무후를 배알하였는데 「구당서」에는 대사의 모습을 다음과 같이 묘사한다.

> 진현관(進賢冠)을 쓰고, 그 위를 꽃처럼 하여 네 곳으로 나누다. 몸에는 자포(紫袍)를 걸치고 비단으로써 요대(腰帶)를 하다.

이와 같이 모자가 전혀 다른 것 같으며 도포의 색도 다르다. 같은 「구당서」의 '고려전(高麗傳)'에는 고려의 풍속에 대하여, 다음처럼 기록했다.

> 관직이 높은 사람은 청라(靑羅)로써 관을 하고, 다음 직위는 비라(緋羅)로써 한다. 두 개의 깃털을 꼽고 금과 은으로 장식한다. 윗도리는 통수(筩袖, 통소매)이며 바지는 폭이 넓고 흰 가죽의 띠, 황색의 가죽 신이었다.

두 개의 깃털이나 황색의 신 등 유사점이 많은 것 같다. 적삼은 통소매라고 하나, 도포를 위에 걸치면 그것은 보이지 않는다. 단지 장회 태자 시대에 고구려는 멸망하고 통일 신라가 되었으므로 위의 사절은 신라의 사신일 공산이 크다. 그리고 신라에 관하여 「구당서」에는

> 그 풍속, 형법(刑法), 의복은 고구려,백제와 거의 같으며, 조복(朝服)은 흰색을 상용하다.

라고 쓰여 있어 의복이 흰 점도 합치되고 있다.

이와 같이 벽화는 여러 가지 사실을 말해 주는 것이다. 진시황제의 병마용과 같이 이 세 묘의 벽화도 각기 실제로 모델이 있었던 것 같은 생각이 든다.

부장된 용에 관하여는 다음에 기술하겠으나 3기의 묘는 말할 것도 없이 삼채(三彩)의 시대이다. 고위층의 묘이므로 당연히 최고 수준의 장인들에

의하여 만들어진 삼채용이 부장되었으며 그것이 오랫동안 땅 속에 묻혀 있었다. 벽화도 그렇지만 당나라의 선명한 색채가 1천 3백년 가까이 묻혔다가 이제 우리들 눈앞에 그 모습을 나타낸 것이다. 제작하였던 장인들도 그것이 또다시 햇빛을 보리라고는 꿈에도 상상하지 못했을 것이다.

# 동(東)으로부터의 길, 서(西)로부터의 길

## 1

앞에서 언급한 건릉 배총(乾陵陪塚)의 세 묘에서 돋보이는 삼채용(三彩俑)이 출토되었으며, 이것이 현재로는 가장 오래된 당삼채(唐三彩)로 알려지고 있다. 여기에서 다시 새로운 수수께끼가 생기게 되었다. 이 세 묘의 당삼채는 이미 완성된 것이었다. 아니 완성된 것이라기보다 그것은 당삼채의 일품(逸品)이라고 말할 수 있는 것이다. 아무리 황족의 묘이고 최고의 기술공에 의하여 이루어졌다고는 해도 거기에는 순서가 있어야 하는 법이니 절정에 이른 형태가 아무런 선행 단계도 없이 불쑥 나타나는 일은 없는 것이다. 단계적인 발전 과정이 있어야 하는 것이 상례인 것이다. 그럼에도 당삼채는 연대를 확인할 수 있는 한에서 갑작스럽게 정점에서부터 시작었다.

은나라의 청동기도 지난날 똑같은 수수께끼에 싸여 서방 전래설로 설명되었으나, 그 후 안양(安養)의 은허(殷墟)에서 완성된 청동기가 다량 나왔고, 이어 정주(鄭州)에서 그것을 뒷받침하는 청동기 공방의 유적이 발견됨으로써 수수께끼는 깨끗이 해명되었다. 또 진시황제의 병마용도 갑자기 성숙된 리얼리즘으로서 우리 앞에 나타나 아직까지 그 선행 단계가 없다는 사실에서 수수께끼인 채로 있다. 다만 천하 통일 직전의 정신 고양에 의한 에너지설이 하나의 답안으로 검토되고 있다. 앞으로 청동기의 경우와 같이 새로운 발굴이 수수께끼를 해결해 줄지도 모른다. 당삼채에 관하여도 그러한 새로운 발견이 기대되고 있으나 역시 서방 전래설도 유력한 해답 후보일 것이다. 진(秦)나라의 병마용에 관하여도 일본의 시바료타로(司馬遼太郞) 씨와 같이 기술의 서방 전래설의 가능성을 고려하는 사람도 있다.

그러고 보니 당삼채는 어쩐지 서방 세계의 냄새를 풍기고 있는 것 같기도
하다. 삼채는 저열도 유도(低熱度釉陶)이며 중국에서도 지난날 성행되었으나
당나라 이전에 잠시 중단되고 고열도 분야가 주류를 이루었다. 그러므로
저열도라는 점에서 당삼채는 부활이라는 면을 지니고 있다.

한나라의 저열도 유도는 녹색이나 갈색을 띠는 연유도(鉛釉陶)였으나 월주
(越州) 등의 강남(江南)에서 청자가 나타날 무렵부터 그것에 억눌렸던지
전혀 구워내지 않았던 것 같다. 서진(西晉)의 남방 천도에 따라 5호 16국
(五胡十六國)이 시작된 이래 5세기 후반의 북위(北魏) 묘에서 녹색과 갈색의
도용이 나올 때까지 일백 수십년의 공백기가 있다. 그러나 전해 오는 문물이
나 출토품은 한 점도 없었다. 저열도 연유도(底列度鉛釉陶)가 용이나 기와가
아니라 항아리나 병 등의 기물(器物)로서 나타난 것은, 무평(武平) 6년
(575년)의 편년을 갖는 북제(北齊)의 범수(范粹)의 묘(하남성 안양)에서 출토
된 갈유편호(褐釉扁壺)가 처음일 것이다.

이 범수 묘의 갈유편호는 금속기 편호를 본딴 것으로 비파나 통소를 연주
하며 춤추는 인물이 묘사되었다. 그러나 그 춤추는 모습이나 악사의 용모와
복장 등은 분명히 서역품인 것이다. 융단 같은 것의 위에서 춤추고 있는
것을 호선무(胡旋舞)라고 해석하고 '갈유호선무편호(褐釉胡旋舞扁壺)'라고
부르기도 한다. 호선무는 '호(胡)'자가 시사하는 바와 같이 사방에서 빠른
속도로 선회하는 춤을 말하며 당나라 때에 크게 유행되고 백거이(白居易,
772년~846년)의 시에서도 표현되었다.

한나라의 저열도 연유도 오리엔트 기원설이 상당히 유력하다. 700도나
800도의 열도에서 구워지는 것이므로 제작하기 쉬운 물건이었을 것이다.
중국에서는 일찍부터 좀더 어려운 고열도의 회유(灰釉)를 만들었다. 아마
이 무렵에 저열도 유도가 일백 수십년간이나 사라졌던 이유가 있는 것 같
다. 우수한 경도(硬陶)가 있었기에 연도(軟陶)는 실용되지 않고 다만 명기
(明器)로서 묘에 부장하기 위하여 만들어졌다. 두번 다시 햇빛을 보지 못할
것으로서 다소 규격적이다. 좀더 아름답게 만들 수도 있었을 것이다. 그리고
그런 일은 새로운 기법을 개발할 필요도 없이 회유소성(灰釉燒成)의 공정
기법을 응용하는 것만으로도 가능했을 것이다. 그러나 그렇게 하지 않았던
것은 땅 속에 묻어 버리는데 굳이 그렇게까지 할 필요가 없다고 생각하였던

것이다. 장례란 매우 형식적임과 동시에 보수적인 것이므로 공들여 가며 개량할 필요가 없었을 것이다. 위·진 이래의 전란 탓도 있었고 또 한나라 때와 같은 후장 풍습도 시들어 능침 제도의 개폐 등과 같은 시대 풍조 속에서 연도(軟陶)가 사라진 것은 어쩌면 당연하다는 생각이 든다.

연도가 '당삼채'라는 형태로 갑자기 등장하는 배경에는 세상이 안정되어 다시 후장 시대로 접어든 까닭도 있었을 것이다. 갈유(褐釉)의 철분을 줄이면 더 선명한 황유(黃釉)가 된다. 누가 보든지 그것으 녹유(綠釉)에 걸맞는다. 그 아름다움에 감동하는 마음을 갖는 사람이 있다면 갑자기 고도의 물건이 탄생될 가능성이 있다. 만드는 사람뿐만 아니라 보는 사람도 그런 마음을 가지고 있지 않으면 안 된다. 애매모호한 표현을 가끔 사용하게 되어 죄송하나, 그 시대에 정신이 고양되어야 비로소 훌륭한 예술품이 탄생하는 것이다. 수나라에서 당나라에 걸친 천하 통일기에 그 고양의 파문이 있었고 당삼채는 거기에 편승하여 무덤 속으로 흘러들었다고 생각할 수 있을 것이다.

삼채(三彩)란, 복수의 색채를 입힌 연도(軟陶)라고 해석해도 무방할 것이다. 보통 녹색 계통, 다색 계통, 백색 계통의 3색이다. 백색 계통이라고 해도 백유(白釉)는 아니고 백색 바탕에 투명 유약을 칠한 것이다. 또 코발트 남색을 사용하여 4색이 되는 경우도 있고 2색의 경우도 있다. 복수의 색채가 서로 스며들어서 신비스런 색의 배합을 이루는 경우도 있다.

저열도 유도의 부활에는, 서역풍의 북제 범수묘의 편호(扁壺)가 상징하듯이 서방의 영향도 분명히 있었을 것이다. 첨화문(貼花紋), 보주(寶珠), 또는 팔메토(Palmetto)들의 모티프 등은 분명히 페르시아의 금속기에서 옮겨진 것이라고밖에 생각되지 않는다.

연도(軟陶)의 부활과 삼채의 출현과 동시에 강남의 청자가 북방에서도 만들어졌다고도 하며 고열도로 구워진 물건의 보급도 있었다. 저열도 유도의 부활이 늦어진 하나의 이유로서 고열도 청자 등을 부장하는 것이 이제 비싸게 들이는 환경이 아니었을 것이라는 점도 생각할 수 있다. 바꾸어 말하면, 연도는 부장품으로서 조잡스럽다고 생각하게 된 시대가 수나라에서 당나라 초기까지 계속되었던 것은 아닐까.

연도라고는 해도 이것은 훌륭하지 않은가? 귀인의 묘에 부장하여도 절대로 손색이 없다. 뿐만 아니라 빛나고 있다. 사람들을 그렇게 수긍시킴으로써 비로소 연도는 명기(明器)로서의 지위를 되찾을 수 있었을 것이다. 이렇게 생각하면 당삼채는 갑자기 돋보이는 형태로 나타나지 않을 수 없게 되는 것이다. 어설픈 것으로는 눈도 꿈쩍하지 않을 것이므로 최고품으로 하지 않으면 안 되었던 것이다. 이것도 세묘의 삼채에 대한 수수께끼를 푸는 답안의 하나라고 할 수 있을 것이다.

특히 1974년에 안양시의 북안양 교남(橋南)에서 고요적(古窯跡)이 발견되어 수많은 녹유, 황유의 도편(陶片)이 출토되었다. 상주(相州) 고요적(古窯跡)으로 부르고 있으나 시대와 위치 관계 등을 고려해 볼 때 범수묘의 편호

삼채 마정용(三彩 馬丁俑)
── 장회태자묘 출토

는 이곳에서 구워낸 것이라고 생각하여도 무방하지 않을까 생각된다.

2

이들 3기의 무덤을 기점으로 하여 변한 것은 벽화에서 출행도 의장이나 도기 도용에서 달구지(牛車)가 많은 점 그리고 말이 많이 등장하게 된 것이다. 물론 수레를 끌고 있는 말이 아니고 삼채입마(三彩立馬)라고 해서 한 마리의 말이 서서 대개 입을 벌리고 울고 있든가 또는 기수가 타고 있는 기마용이다. 입마용도 반드시 안장이 놓여 있으므로 그것은 묻힌 사람을 위한 것이리라. 기마용은 주인공의 심부름꾼일 것이다.

장회 태자 묘나 의덕 태자 묘의 삼채 입마는 일본에서도 전시된 일이 있었다. 전자는 높이와 길이가 모두 75센티미터 정도로 26킬로그램의 무게이고, 후자는 높이 72센티미터, 길이는 84센티미터에 가깝고, 전자보다도 튼튼하며 무게는 30킬로그램을 넘는다. 그리고 장회 태자 묘의 삼채마에는 마부용이 있었다. 한쪽 어깨를 벗어 제치고 있는데 입고 있는 것은 호복(胡服)이다. 호인(胡人)처럼 보이며 말을 끄는 데는 호복이 편리하였으므로 마부는 모두 이런 모습이었는지 모른다.

의덕 태자의 기마용 일부는 지난날 일본에서 전시되었고 최근에 다시 찾아왔다. 거기에는 삼채용과 가채용(加彩俑)이 있었다. 삼채용은 사용한 색이 한정되어 있으나 가채용은 구워낸 다음에 채색하게 되므로 세부적인 점까지 표현할 수 있는 것이다. 무인(武人)이 갑옷을 입고 말에도 갑옷을 입었다. 그 갑옷을 상세하게 묘사하고 말의 얼굴에는 금박을 칠한 정밀한 것이었다. 가채용은 무인뿐만 아니라 말을 타고 있는 악사가 악기를 연주하고 있는 것도 있었다. 가채 기마용은 아마도 근위병인 것 같고, 군악대도 따르고 있었을 것이다. 삼채 기마용 중에는 마상에서 상체를 제치고 활 시위를 당기고 있는 모습, 혹은 팔에 독수리를 앉히고 있는 모습을 한 것도 있으므로 사냥하는 일행일 것이다. 입마용과 같이 큰 것은 아니고 대개 35센티미터 내외의 높이였다.

삼채는 용(俑) 외에도 여러 가지 기형(器型)이 있다. 거기에 공통되는 것은 일종의 긴장감과 충만감일 것이다. 또한 이국적인 모양이나 디자인도 많았다. 그림에서 흔히 볼 수 있는 봉수(鳳首)를 한 연적(硯滴)도 그렇지만 역시 페르시아의 금속기 모양을 본뜬 것으로 보이는 것도 적지 않다. 아마도 비단 길의 번창으로 사산왕조의 페르시아 문물이 한창 당나라에 들어와서 귀족 계층에게 환대되었을 것이다. 삼채는 탄생 때부터 실용품이 아니고 명기라는 운명을 지니고 있었다. 어디까지나 '모사품'이지 실물이 아니다. 바로 그 점이 삼채의 장점이기도 하나 또한 단점이기도 하다.

묘실에 넣기 위하여 만든다는 점에서 보면 진묘수(鎭墓獸) 같은 것은 당삼 채의 대표적인 것이라 할 수 있을 것이다. 묻힌 사람이 언제까지나 편안하게 잠잘 수 있도록 악령을 쫓고 묘를 지키는 신수(神獸)인 것이다. 그것을 실제 로 본 사람은 없으므로 결코 '모사품'은 아니다. 인간의 상상력의 폭을 시사 하는 것이라고 할 수 있다. 사람의 모습을 닮은 것부터 비약의 극한이라고 할 수 있을 정도로 상상력을 구사한 것까지 여러 가지의 당삼채 진묘수가 남겨져 있다.

이 당삼채의 역사는 의외로 짧고 또 이용되었던 지역도 한정되어 있다. 건릉 배총의 3묘에서 시작되어 개원(開元), 천보(天寶) 시대에서 거의 끝났 다. 바꾸어 말하면 안록산의 난으로 성당기(盛唐期)에 종지부가 찍혔을 때, 당삼채도 그 막을 내리게 되었던 것이다. 당삼채가 출토되는 묘는 거의 장안 과 낙양에 한정되었으나 그 양은 매우 많다. 전성기 당나라의 묘는 겨우 그 일부밖에 발굴되지 않았다. 섬서성만 해도 발굴 정리된 수·당의 묘는 2천여 기라고 보고되었다. 그 중에 당삼채를 갖고 있는 묘는 얼마나 되는지 는 모르나 아마 2할도 채 안 될 것이다. 당 18릉(唐十八陵)은 아직 손을 대지 않았다. 이미 도굴당한 흔적이 있는 큰 묘에서도 무겁기만 하고 돈이 될 수 없었던 당삼채는 묘 안에 남아 있을 것이다. 그러한 점은 앞서 세 묘의 예로서도 짐작할 수 있다.

이제까지 출토된 예에서도 당삼채는 굉장한 수에 이르고 있으므로 얼마나 많이 만들어졌는지 상상을 초월하는 점이 있다. 당삼채는 짧은 기간에 한정 된 지역에서 막대한 양이 생산되었던 것이다.

다량이고 용을 비롯하여 여러 가지 기형(器形)이 있음에도 불구하고 우리 들은 모든 당삼채에서 공통된 분위기를 느끼게 된다. 그것은 시간적으로나 공간적으로 매우 근접하여 만들어졌다는 사실이다. 아마도 상당히 큰 규모의 삼채 공방(三彩工房)이 장안과 낙양에 있었을 것이다. 기면(器面)에 붙이는 판넬도 틀로 만들어지고 무늬도 스탬프형으로 날인한 것이 적지 않다.

갑자기 나타나 갑자기 사라졌다. 당삼채는 그러한 물건이다. 그리고 일상 생활에는 전혀 이용되지 않았다. 그 우아하고 이국적인 모습은 전성기 당나라 귀족들에게 호감을 샀고 묘 안을 화려한 분위기로 채우기 위하여 다량 주문이 있었을 것이다. 그러나 안록산의 난으로 그 계층이 몰락하고 시대 풍조도 사치에 대해 제동을 걸게 되자 갑자기 당삼채를 돌보지 않게 되었다. 당삼채에 상징되는 호화찬란한 기풍이야말로 안록산의 난을 자초했던 원흉이 아니었을까 하는 반성이 있었을 것이다. 시대에 영합되지 못하는 것은 사라질 수밖에 없었던 것이다.

3

당삼채의 출현기에 달구지가 말로 바뀐 사실을 앞에서 언급하였다. 이것은 의외로 중요한 사실일지도 모른다. 소가 끄는 수레를 타고 흔들거리며 느긋하게 가는 것은 어딘지 여성적인 면이 있다. 우리는 달구지라고 하면 평화 시대의 여성적인 면을 연상하게 된다. 그러나 말에 올라타고 움직이는 것은 용맹스러워 보이고 매우 남성적이다. 측천무후라는 여성에게 지배되었던 반 세기는 역시 지분 냄새가 어딘가에 스며 있던 시대였을 것이다. 그 냄새가 사라지고 달구지라는 상징이 말로 바뀌었던 것이다.

기동성이 뛰어난 말은 인간의 행동 반경을 넓힌다. 그 말로 상징되는 남성 시대에 동과 서의 왕래가 성행하게 되는 것은 당연한 일이다. 사막을 넘어서 비단이 동에서 서로 운반되고, 사산왕조의 금속기, 유리, 악기, 기타의 공예품과 인도의 불교 경전이 서에서 동으로 운반되었다. 그리고 그것을 운반한 것은 말할 것도 없이 사막의 배라고 부르는 낙타였다. 당삼채에도 낙타가 적지 않다. 도용으로서뿐만 아니라 벽화에도 낙타가 등장한다. 예를 들면 장회 태자 묘의 출행도에는 사람을 태우고 질주하는 말떼에 섞여 짐을 싣고 달리는 낙타가 그려져 있다.

1984년 9월부터 일본에서 열린 '중국 도용의 미'전시회에도 당삼채의 낙타가 2점 전시되었다. 마부용도 있다. 그 중에 1970년 함양의 계필명(契苾明)

이라는 사람의 묘에서 출토된 낙타는 높이가 80센티미터나 되고 마부용도 있다. 이 마부용은 높이가 50센티미터이며, 눈이 움푹하고 코가 높으며 턱수염을 길렀고 옷깃을 세운 호복을 입고 있는데, 서방에서 온 사람임에 틀림없을 것이다. 이 낙타가 진귀한 것은 외봉 낙타인 점이다. 당삼채의 낙타는 대개 쌍봉 낙타이다. 동방은 쌍봉, 서방은 외봉이라는 상식에서라면 이 낙타는 멀리 서방에서 타크라마칸 사막을 가로질러 이제 막 장안에 들어왔다는 감이 든다.

더욱이 같은 전시회에 백유가채(白釉加彩)한 여성 기마용이 전시되었는데 여러 가지 뜻에서 이것은 중요한 것이다. 문제가 된 당삼채의 앞 단계를 연구함에서도 같은 묘에서 나온 다량의 가채유도(加彩釉陶)는 귀중한 자료다. 원재료는 고령토(高嶺土)인데 이는 삼채와 같다. 그리고 삼채의 인물은 얼굴 부분에 가채된 것이 많은데 그 방법은 이 여성 기마용과 일치한다.

이것이 출토된 묘는 섬서성 예천현(禮泉縣)이며 묘지에 의하면 주인공인 정인태(鄭仁泰)는 인덕(麟德) 원년(664년)에 매장되었다. 와병 중에 있었으나 고종이 아직 재위하던 시기였다. 앞서의 세 묘의 삼채가 나타나는 전야로 볼 수 있을 것이다.

다음으로 흥미있는 것은, 여성이 말을 타고 있다는 사실이다. 중국에서 여성이 말을 탔던 것은 근대를 제외하면 당나라뿐이었을 것이다. 다른 시대에는 무릎을 가지런히 하고 옆으로 탔던 것이다. 걸터앉은 것은 당나라와 관계가 깊었던 선비족(鮮卑族)의 풍습인지도 모르며 동서 왕래에 따라 서방의 유목 기마 민족의 생활 양식이 전해졌을 경우도 생각될 수 있다.

말에 걸터앉은 여자용은 삼채에도 있고 같은 전시회에도 이정(李貞)의 묘에서 출토된 것이 나와 있었다. 이정(628년 무렵~688년)은 태종의 여덟째 아들로 월왕(越王)에 봉해졌으나 측천무후가 황제를 칭했을 때, 반기를 치켜들고 거병하였던 인물이다. 그러나 이 거병은 상층부의 권력 투쟁으로 간주되어 민중의 지지를 받지 못하였기 때문에 실패하고 월왕 이정은 자살하고 말았다. 측천무후는 당연히 그를 서민으로 강등시켰으나 그녀의 사망 후에 명예 회복이 되어 현종의 개원 6년(718년)에 소릉(昭陵)에 배장되었다. 이정의 자살은 수공(垂拱) 4년(688년)의 일이었으므로 사후 32년이 지나서야 이 배총이 조성된 것이다. 만일 그의 사후에 바로 묻혔더라면 아직 삼채가 등장하기 전이므로 겨우 정인태 정도의 백유 가채용이 부장되었을 것이다. 그러나 개원기(開元期, 713년~741년)에 묘가 만들어진 것이므로 삼채용이 있었던 것이다. 아슬아슬한 상황이었다고 하지 않을 수 없다.

이정의 묘에서 출토된 삼채 여자 기마용은 오른손을 가슴에 얹고 왼손은 무릎 위에 내리고 있다. 이 자세가 어떤 뜻을 가지는 것인지는 모르나 늠름한 느낌을 준다. 정인태 묘의 여성은 삿갓형 모자를 쓰고 있었으나 이곳은 챙이 접힌 꽃모양의 커다란 모자여서 분명히 호족의 모자(胡帽)라는 것을 알 수 있다. 그러나 길게 찢어진 눈매를 한 얼굴은 단정하기는 하나 굴곡이 크지는 않다. 한족계의 여성인 것 같다.

전성기 당나라의 현종 황제는 서역 취미를 갖고 있어서 호족(胡族) 풍의 생활 양식을 즐겼다고 전한다. 그리하여 귀족들도 그것을 모방하였고 일반인 사이에도 침투되고 있었다. 앞에서 언급한 백거이의 '호선무'라는 시는 그와 같은 풍조를 풍자하여 충고하기 위한 것이었다고 한다. 원진(元稹, 779년~831년)의 '법곡시(法曲時)'라는 시에는

여인들은 호부(胡婦)가 되어 호장(胡妝)를 익히고
기(伎)는 호음(胡音)을 따라 호악(胡樂)을 일삼다.

라는 구절이 있다. 여성은 서방풍의 화장을 하고 음악도 서방의 것이 크게 유행하는 등 모두가 걷잡을 수 없이 되었다. 이 삼채의 기마 여성도 호모를 쓰고 통소매의 호복을 입었으며 장화도 당연히 서역의 것이므로 위의 시에서 말하는 "여인들은 호부가 되어"의 표본이라고 할 수 있을 것이다.

삼채의 인물은 문관, 무관, 신장(神將), 마부 이외에 여성도 그 수가 적지 않다. 그리고 여성에게는 공통된 점이 있는 것 같다. 풍만하며 표정이 긴장되어 있다는 점을 지적할 수 있다. 대개 아랫볼이 통통하게 살이 쪄서 오히려 넓적한 얼굴인데도 눈, 코, 입이 그 중앙에 자리잡아 조화를 이루는 것이다. 앞의 기마 여성에서 느꼈던 늠름함을 당삼채 여자용에서도 느낄 수 있었다고 할 수 있다.

한(漢)나라 때에는 조비연(趙飛燕, ?~기원전 2년)이라는 황후가 대표적인 미인이었다. 그녀는 사람의 손바닥에 올라 탈 수 있을 정도로 가볍고 가늘었

다고 한다. 한나라의 또 한 사람의 대표적인 미인인 왕소군(王昭君)도 그림에
나타나 있는 모습은 야들야들하다. 그러므로 한(漢)나라 때의 이상적인 미인
형은 얼굴이 길고 말랐으며 버들가지같이 가는 허리에 당장 쓰러질 것 같은
느낌을 주는 여성이었던 것 같다.

　미인의 표준은 시대에 따라 달라지는 것이다. 당나라 때의 이상적인 미인
형은 당삼채의 여자용에 나타난 유형이었다. 얼굴이 둥글고 양볼이 불거진
육체파로 양귀비(楊貴妃, 719년~756년)도 그런 타입이었을 것이다. 궁정에는
언제나 경쟁 상대가 많아서 예를 들면, 매비(梅妃)라는 궁녀가 양귀비를
욕할 때는 '비비(肥婢, 뚱뚱보 계집)'라고 하였다고 전한다. 당나라 미인의
표준은 일본에도 전해져 세이소오잉(正倉院)'의 '수하미인도(樹下美人圖)'
를 보아도 제법 뚱뚱한 여성이 인기를 끌었던 것 같다.

## 4

　유사(流沙)와 설산(雪山)을 넘어서 동서를 왕래하던 지난날의 대상(隊商)
들의 모습을 엿보는 데 가장 적절한 당삼채는 1957년에 서안의 남하촌(南何
村) 선우정회(鮮于庭誨)의 묘에서 출토된 '악사(樂士)를 태운 낙타'일 것이
다. 낙타등의 장방형 카페트가 낙타의 복부를 모두 가릴 정도로 덮여 있다.
그 위에 5명이 타고 있으며 그 중의 3명은 눈이 움푹하고 코가 높은 어김없
는 호인(胡人)이며 수염을 기른 사람은 아브라함 링컨을 빼닮았다. 나머지
2명은 한족인지도 모른다. 4명이 등을 맞대고 앉아서 각기 악기를 연주하고
있다. 링컨을 닮은 사람이 손에 들고 있는 비파 이외에 나머지 3명의 악기는
출토될 당시에 없었다. 다른 자료가 섞여져 있어서 부패하였는지도 모른다.
그러나 악사들의 손 모양으로 보아 필약(피리의 일종), 북, 발(鈸)일 것으로
추측되고 있다. 4명의 악사들 뒤 가운데 수염 기른 호인이 서서 왼손을 허리
에 대고 오른손 주먹을 약간 앞으로 내밀고 있다. 노래도 부르고 춤도 추는
사람이라는 설명을 읽었으나, 그다지 장소를 필요로 하지 않는 호선무라
하더라고 낙타등 위의 좁은 곳에서는 무리일 것 같다. 차라리 가수로 생각하
는 것이 좋을 것 같다.

　장안 시내를 그런 모습으로 떠돌아 다녔는지도 모르나, 비단길 어딘가의

당삼채(唐三彩) 악인(樂人)을 태운 낙타 ——
서안 남하촌 선우정회묘(鮮于庭誨墓) 출토

오아시스에서 여행 틈틈이 노래와 음악을 즐기는 모습으로 생각할 수도
있을 것이다. 비파의 줄은 없으나 4현인 것을 알 수 있다. 인도에서 전해진
5현 비파(五弦琵琶)는 쇠퇴하고 이란계의 4현 비파가 유행하던 시대였다.
이 묘에서 출토된 삼채는 그 조형미의 훌륭함과 색채의 선명함으로 유명
하다. 그 중에서도 황색의 갈기를 가진 백마용은 당삼채의 최고 걸작품으로
이른다. 묘지에 의하면 피장자인 선우정회는 위씨(韋氏)의 난(실질적으로는

쿠테타) 평정에 현종을 도운 공적이 있었고 관직은 우령군위장군(右領軍衛將軍)에 이르고 상주국(上柱國)을 하사받아 북평현(北平縣) 개국공(開國公)에 봉해졌다고 되어 있다. 또한 군신 중에서 누구보다도 하사품이 많았다고 기록되어 있다. 이만한 인물이라면 「당서」에도 전기가 나와 있어야 마땅할 터인데 그것이 없다. 혹은 선우정회는 현종의 심복으로 뒤에서 일을 하였을 가능성도 있다. 막후에서 일하던 사람은 정사에 기록될 장면에 등장할 기회가 적었는지도 모른다. 하사품이 많았던 것은 그런 점을 매워 주는 뜻이었을 것으로 생각된다. 선우정회는 개원 11년(723년) 당나라가 전성기에 있을 때 사망하였다.

먼저 성벽을 쌓으면서 만들어지기 시작한 장안성도 측천무후 때에는 성내도 충실하게 단장되면서 현종 시대에는 넘쳐 흐르는 힘으로 충만되어 있었다. 태종 시대에 당나라 판도는 이미 쿠차(龜玆), 현재의 신강성(庫車)까지 넓혀졌다. 삼장법사 현장이 인도 연행길에 오른 것은 태종의 정관 원년(627년)이었던 것 같다. 옥문관(玉門關)을 나선 그는 이오(伊吾, 현재의 함밀)를 거쳐 분지에 들어섰다. 옥문관은 국경이었다. 투르판 분지에는 국씨(麴氏) 일족의 정권인 '고창국(高昌國)'이 있었고 그 왕은 한족이었으나 이란계의 백성이 많았던 것으로 상상된다. 그곳에서 현장은 고창국 왕인 국문태(麴文泰)로부터 머물러 달라는 부탁을 받았으나 귀로에 들르겠노라고 언약하고 인도를 향해 여행을 계속하였던 것이다. 쿠차국에서도 현장은 국왕에게 초빙되어 설법하였다. 쿰트라 석굴사군(石窟寺群)에 현장이 그곳에서 설법하였다고 전해지는 장소가 있었다.

인도에 유학하였던 현장은 17년 후인 정관 18년(664년)에 귀국하여 낙양에서 고려(高麗) 원정을 지휘하고 있던 태종을 만났다. 현장은 귀로에 고창국에 들러 머물겠다는 약속을 지킬 수가 없었다. 왜냐하면, 고창국은 정관 13년(639년)에 이미 태종에게 멸망당하여 투르판 분지는 당나라의 직할 영지가 되고 서주(西州)라고 명명되어 그곳에는 안서도호부(安西都護府)가 설치되어 있었다. 현장이 귀국한 후 정관 22년(648년)에는 귀자도 멸망하여 당나라 판도에 들어왔다. '귀자지악(龜玆之樂)'이라고 부르듯이 그곳은 가무(歌舞)에 뛰어난 인물이 많은 것으로 알려져 있다. 쿠차 출신의 백명달(白明達)이라는 음악가는 당나라 조정에 근무하면서 당나라 음악 발전에 공헌이.

많았다. 이것은 서역 음악의 도입을 뜻한 것이었을 것이다. 드디어 투르판 분지의 교하성(交河城)에 있던 안서도호부는 다시 서쪽의 귀자로 옮겨졌다. 이것은 당나라가 서역 통치를 적극화하려는 의지에서였던 것이다.

이리하여 비단길은 안정되었다. 안서도후부에는 물론 군대가 주둔하여 교역로를 지키며 질서를 유지하였다. 여행이 안전하게 되었으므로 대상의 왕래가 빈번해진 것은 말할 나위도 없었다. 그리하여 강국(康國, 사마르칸드), 석국(石國, 타쉬겐트) 등 중앙아시아 20여 개국이 당나라에 조공을 바치게 되었다. 왕족을 인질로 보내든가 복종을 맹세하며 조공하는 것이었으나 서역 제국들로서도 그것은 이윤이 큰 통상이었다. 종주국인 당왕조는 이들 나라에서 조공을 받게 되면, 거기에 수 배가 넘는 선물을 주어야 했다. 그것은 주로 비단이었다. 이리하여 비단길은 대성황을 이루었다.

당나라 초기에 비단길을 위협하였던 나라는 돌궐(突厥)이었으나 이 강적이 천재지변도 있었고 해서 분열됨으로써 태종 시대는 이미 위협 대상이 아니었다. 그리고 현종 시대에는 티베트 세력이 위협하였으나 당나라는 장군 고선지(高仙之, ?~755년)를 파견하여 파미르 고원까지 진출하여 이를 격파하였다. 티베트 세력을 배경으로 한 소발률(小勃律)이라는 나라가 서역 20여 개 국의 조공을 방해하였다는 것이 출병 이유였다. 어쩌면 거기에는 비단길 교역의 이해 관계로 인한 충돌이 있었을 것이다.

당나라의 세력이 서역으로부터 후퇴한 것은 역시 안록산의 난으로 국력이 소모되었기 때문이었다. 난이 평정된 후에 당나라는 티베트의 세력을 막기 위하여 회흘(回紇, 위글)족의 힘을 빌렸다. 그렇게 되자 위글족이 당나라에 여러 가지 요구를 하게 되어 당나라측에서 보았을 때 손을 쓸 수 없을 정도로 포악해졌던 것이나, 이 위글 족도 키르기스족의 기습을 받아 사방으로 흩어졌다.

위글족은 터키계의 민족이었으나 서쪽으로 도강한 일당은 천산남로(天山南路)에 들어가 그 일대를 제압하였다. 당나라의 힘은 이제 그곳에서는 권위를 잃었으므로 패전한 위글족으로서도 그 지방을 지배할 수 있었다. 천산남로의 주민 중엔 이란계가 많았으므로 터키계 지배하에서 각 민족이 혼거하게 되고 이란계의 요소가 상당히 가미되어 현재의 위글족을 이루었을 것이다.

위글족은 불교 또는 마니교의 신자였으나 어느 틈엔가 그들은 이슬람교를 받아들였던 것이다. 12, 13세기의 일로 추정되며 중국에게는 서역이 외국이 었으므로 위글 시대는 상세한 기록이 남아 있지 않다. 또한 중국인에게 이슬 람교는 위글(回紇)족의 종교였으므로 그것은 '회교(回敎)'라 부르게 되어 같은 한문권에 있는 나라에서는 현재도 같은 명칭을 쓰기에 이른 것이다.

5

비단길은 건조 지대이다. 투르판 분지에는 거의 비가 내리지 않는다. 그리 하여 지하에 묻혀 있는 문물의 보존 상태는 매우 양호하다. 그러나 지상의 건축물은 햇볕에 말린 벽돌로 짓는 경우가 많았고 불에 구워진 것이 아니어 서 자연 붕괴의 현상을 모면할 수가 없었다. 비가 오지 않으므로 햇볕에 말린 벽돌을 쌓는 것만으로 충분하였던 것이다.

투르판 분지의 중심은 고창성(高昌城)과 태종 시대에 안서도호부가 있던 교하성(交河城)이다. 전자는 '카라 호죠', 후자는 '야르후트'의 유적이라고 부른다. 교하성의 주거지는 햇볕에 말린 벽돌이 아니고, 두 강 사이에 낭떠러 지가 있는 지역에 궁전과 사원 그리고 주거를 조각하듯이 만든 것이다. 이것 은 진기한 '조각 도시(彫刻都市)'라고 할 수 있다. 극히 소수의 건물만을 벽돌 로 짓고 기와를 얹었다. 그 중의 하나는 불교사원으로 와당(瓦當)이 출토된 다. 그것은 당나라 때의 연꽃무늬의 것이다. 조각 도시인 교하성은 남북으로 길게 약 1.7킬로미터 그리고 동서는 가장 넓은 곳이 300미터에 불과하다. 이곳에는 한(漢)나라 때부터 시작하여 14세기 무렵까지 사람이 살았던 흔적 이 있으나 기본적으로는 당나라 도시의 면모를 지금도 남기고 있다.

고창성 유적은 둘레가 약 5킬로미터이며, 성벽의 기저 부분은 두께가 12 미터 정도로 현재 남아 있는 부분의 높이는 11미터 정도다. 투르판 분지로 서는 당당한 성벽인 탓인지 고창성이라는 명칭 이외에 고창벽(高昌壁)이라고 표현되는 경우도 있다. 햇볕에 구워 말린 벽돌을 쌓았던 것이어서 현재 남아 있는 것은 궁전이나 사원 같은 큰 건물의 잔해에 불과하다. 지난날의 궁성은 고창성 내의 북쪽에 있었고, 궁성의 북벽이 이른바 외곽성의 북벽이 되어 있다. 또한 궁성의 남벽은 중성(中城)의 북벽과 접하고 있다. 궁성 내에는 지금도 허물어져 내린 4층의 건물 흔적이 확인된다. 중성의 북쪽에 원형 성채가 있으며 그 서북쪽 탁상지 위에도 높이 15미터의 건축물 벽이 남아 있어 '가한보(可汗堡)'라고 부르고 있다. 그 동남쪽 모서리에서 '북량 승평 3년 차 거안 주조사 공덕비(北涼承平三年且渠安周寺功德碑)'라고 새겨진 돌비석이 출토되었다. 북량 승평 3년은 445년에 해당된다. 이에 따라 그곳이 북량 시대의 사원이었다고 추정되었다.

중국의 중심부가 전란의 시대를 맞자, 투르판 분지에 이주해 들어가는 사람이 많아지고 무장한 이민 집단이 정권을 빼앗는 경우도 적지 않았다. 앞에서 언급한 국씨(麴氏) 왕조도 그 하나였다. 고창성은 한(漢)나라 때에 무기교위(戊己校尉)라는 일종의 총독직이 주재하였던 곳이었다. 당나라 때에는 이미 언급한 바와 같이 직할지 서주가 되었고 위글 시대에도 이 곳은 정치의 중심지였다. 성 밖의 아스타나는 고창 사람들의 묘역이 되어 있다. 1959년 이래, 13회에 걸쳐 아스타나 묘지에 대한 발굴 조사가 수행되어 400여 기의 고분이 탐사되었다. 출토 문서에 연대가 있는 것으로 가장 오래된 것은 서진(西晉)의 태시(泰始) 9년(273년)이며 가장 최신의 것은 당나라 서주 시대의 대력(大曆) 13년(778년)이었으므로 약 500년간, 역대의 묘역이었다.

아스타나 출토 문물은 일본에서 몇 번이나 전시된 바 있었다. 유명한 '복희여왜백화(伏羲女媧帛畫)'는 아스타나 묘의 어느 관에 덮여 있었던 것이며 필자는 우르무티 박물관과 일본 전시에서 두번 보았다. 수염을 기른 복희는 곡척(曲尺)과 묵호(墨壺)를 갖고, 유복한 당나라 미인 여왜는 컴퍼스를 들어 이 둘이 천지 창조의 신임을 나타내고 있다. 그들의 하반신은 뱀 형태로 서로 엉켜 있으며, 머리 위에는 태양, 그 아래는 달 그리고 별들이 주위를 둘러싸고 있는데, 풍요와 생식의 상징인 교룡도(交龍圖)의 일종일 것이다. 이것은 당나라 때의 것이다.

아스타나 출토의 진흙과 나무로 된 용에는 재미있는 것이 있다. 물론 이곳은 삼채 구역은 아니나 모티브는 중원의 것과 공통되어 있다. 삿갓형 베일이 달린 모자를 쓴 여성 기마의 니용(泥俑) 삼채 여자용에서 흔히 볼 수 있는 붉은 꽃비녀가 이마에 그려지고 양 입술 끝에는 검은 점을 찍고 있다. 검은 점은 보조개 대용인데, 화장법은 중원이나 비단길에서도 그다지 변하지 않았던 것 같다. 타구(打球, 폴로)를 하고 있는 남성 니용은 사람에 비하여 말이 작고 마치 목마에 걸터앉은 것 같이 익살스럽게 보인다.

비단길에는, 꽃의 도시 장안에는 없는 소박한 맛이 깃들어 있었다. 예를 들면, 여성 넷이 일하는 니용은 탈곡하는 사람, 키질을 하는 사람, 절구질하는 사람, 홍두깨로 '난'이라는 넓적한 빵 반죽을 늘리는 사람, 그 옆에 그것을 굽는 가마가 있는 등 실로 생생한 묘사인 것이다. 도용과 달리 니용은 굽지를 않는다. 이른바 진흙 공작품이므로 손으로 이겨 생각대로 만들고 또 색칠을 할 수 있는 것이다. 만드는 방법이 단순한 만큼 가식 없는 표현을 할 수 있었을 것이다.

1973년에 필자는 처음으로 우르무티와 투르판을 방문하였다. 사실은 그해에 아스타나 묘지에서 중요한 발굴이 있었던 것이다. 그것은 장(張)씨 일족의 묘역으로 65기의 묘가 있고 연대는 거의 200년에 걸쳐 있었다. 그들은 고창의 명문이었다. 장웅(張雄)의 묘지(墓地)에 의하면, 그의 고모는 국왕 국문태(麴文泰)의 생모이므로 그는 국왕과는 외사촌간이 된다. 그리고 장웅의 아내 국씨는 고창국 왕의 일족이었다.

「대자은사 삼장법사전(大慈恩寺三藏法師傳)」에 의하면, 인도에 가던 도중 고창에 들렀던 현장이 국왕 국문태에 반하여 의형제를 맺었을 때, 장태비(張太妃)가 입회하였다고 기록되어 있다. 국왕의 생모는 장씨 일족의 출신으로 삼장법사전은 장웅의 묘지(墓誌)에 의하여 정확하다는 사실이 확인된 셈이다. 이것도 지상에 남아 있는 기록이 지하에서 발굴된 것과 빈틈없이 맞아떨어진 하나의 예다.

묘지에 의하면, 장웅은 고창국의 대장군 등의 요직을 역임하였으나 외사촌인 국왕 국문태의 정치 자세에 불만이 있어 자주 간언하였으나 받아들여지지 않자 홧병이 도져 50세에 병사하였다고 기록되어 있다. 그것이 631년의 일이었다. 당나라 연호로 하면 정관 5년이므로 현장이 고창에 머물고 있을 때에 장웅은 생존해 있었으며 나라의 고관으로서 자주 만났을 것이다.

장웅이 사망하였을 때, 아내 국씨는 27세였다. 그녀는 55년간의 미망인 생활을 보내고 82세에 타계하였다. 당나라 수공 4년(688년)으로 측천무후 시대였다. 물론 고창국은 이미 멸망하여 당나라의 서주가 되어 있었다. 그녀는 당나라로부터 영안 태랑군(永安太郎君)에 봉해져 후대를 받고 있었다.

가채 (加彩) 장군 (長裙) 여자
목용 (木俑) —— 신강 트루판
출토·당대 (唐代)

　장웅 부부의 아들 장회적(張懷寂)은 어머니를 아버지 묘에 합장할 때 55년
전에 만들었던 묘를 확장하였다. 그러므로 부장품은 줄어들고 고창국 시대의
것과 당 서주 시대의 것이 있다. 이 묘에서 출토된 가채장군여성(加彩長裙女
性) 목용(木俑)은 기품 넘치는 명작으로 1979년에 일본에서 전시되었을 때,
'내가 선택한 1점'이라는 앙케트에서 필자는 이것을 천거한 사실을 기억하고
있다. 이마의 꽃비녀, 입술 좌우의 보조개 점 등 대 당나라의 품격을 갖추고
있었다. 벌거벗은 마귀를 짓밟고 있는 가채 천왕(加彩天王) 목용도 걸작이며
아마도 장웅 부인 국씨를 합장할 때 제작하였을 것이다.
　장웅 부부의 아들인 장회적 부부의 묘는 양친의 묘 바로 앞에 조성되어
있다. 그리고 장회적의 아들 장례신(張禮臣)의 묘도 역시 양친의 묘 바로
앞에 있으며 종족 서열에 따르고 있었다. 흥미로운 사실은 국씨 왕조 이전의

진(晉)에서 16국 시대에 걸친 묘에는 목관을 사용한 예가 많았으나 급기야 사용하지 않게 되었다. 아스타나 출토 문서의 가장 오래된 것은 이미 언급한 바와 같이 서진 태시 9년(273년)의 연대이며 그 내용은 적강녀(翟姜女)라는 사람이 관을 산다는 계약이었다. 거기에 의하면, 관 하나의 가격은 명주 20 필이므로 가난한 사람은 엄두도 내지 못하는 것이었다. 그리하여 그 시기에는 부자는 관을 사용하고 가난한 사람은 관을 사용하지 않았다. 그러나 국씨 시대에 이르면 빈부에 관계없이 관을 사용하지 않았다. 장씨 일가는 대부호였음에도 그들조차도 거적 위에 시체를 뉘여 놓았을 뿐이었다. 중국의 학자는, 합장이 일반화되어 나중에 묘를 팠을 때, 먼저 묻혔던 시체의 보존 상태를 알게 되자 관을 사용하지 않는 것이 양호하리라는 사실을 인식하게 되었기 때문이었을 것이라고 추측하고 있다. 아스타나 제506호 묘로 지정된 당나라 때의 묘에서는 '지관(紙棺)'이 출토되었다. 종이로 만든 관에 시체가 넣어져 있었다. 지관의 출토는 중국에서 이것이 유일한 예로써 관계자를 놀라게 하였다. 그러나 이것이 투르판 분지에서의 독창적인 것인지 어떤지는 숙제이다. 중원에서도 지관이 있었으나 풍토 관계로 그것이 남아나지 않았는지도 모른다. 그만큼 투르판 분지는 건조하여 땅 속의 문물이 놀랄 만큼 양호하게 보존된 것이다.

13회에 걸친 아스타나 발굴 조사에 의하여 100여 개의 묘석(墓石)이 발견되었다. 앞에서 언급한 장웅 부부 묘의 묘지와 같이 지상에 남겨진 문헌이 확인이 되든가, 결여된 부분을 보완하든가 하여 역사 연구 자료로서 더 없이 귀중한 역할을 하고 있다. 이곳의 주민은 계약을 매우 좋아하였던지 매매, 고용이나 소작 관계, 임차 등의 계약서가 많다. 가장 오래된 문서가 관의 매매 계약이라는 것은 이미 밝혔다. 그 이외에 호적, 임관, 서훈, 소송 등에 관한 여러 가지 문서도 있다. 소송 문서에 의하여 당시의 비단길 교역의 규모를 추측할 수 있는 것이다. 또한 이제까지 그 세부를 알 수 없었던 당시의 여러 가지 제도를 분명하게 알 수 있게 되었다.

문서뿐만 아니라 여러 가지 생활 용품도 지하에 보존되어 당시 사람의 생활상이 눈에 선하게 보이는 것 같다. 우리가 지금 먹고 있는 것과 똑같은 만두가 완전히 건조된 채 출토되고 있다. 이 만두의 만드는 법도 앞에서 언급한 일하는 여자용과 같이 지금과 그다지 다르지 않는 도구와 방법으로 행해졌을 것이다.

다만, 아스타나 묘역은 한족(漢族)이 묻힌 구역이므로 투르판 분지 주민의 일부라는 사실을 분명히 인식하여야 할 것이다. 이란계의 주민은 불교도였고, 조로아스터 교도였으며 또한 마니교도였다. 불교도는 화장을 원칙으로 하고 묘를 중요시하지 않는 경향이 있다. 배화교(拜火敎)인 조로아스터 교도는 불과 흙을 더럽히게 되는 것을 염려하여 화장은 물론 무덤도 쓰지 않는다. 조장(鳥葬)이라고 해서 시체를 독수리에게 내주고 만다. 혼이 떠난 육체의 가치를 인정하지 않는 것이다. 그러므로 그들의 생활상을 알 수 있는 문물이 땅 속에서 나오지 않는 것은 아쉽기 그지없으나 방법이 없다.

투르판 출토 문서 중에 측천무후 시대의 화도리(和闍利)라고 하는 학생의 습자와 작문이 있다. 이름으로 미루어 보아 이란계 인물 같으나 한문을 열심히 공부하고 있었다. 또한 미란의 중기 당나라(9세기 초엽) 유적에서는 위글인인 감만이(坎曼爾)라는 사람의 한문 시편과 「시경」, 두보(杜甫, 712년~770년), 백거이의 시를 베낀 것이 출토되었다. 비단 같은 물자뿐만 아니라 문화도 교류하고 있었음을 알 수 있다.

# 당(唐)나라 이후의 땅 속

## 1

당나라가 907년에 멸망하고 약 반 세기 사이에 5대 10국(五代十國) 시대를 지나 송(宋)나라가 거의 천하 통일을 이룬다. 거의라고 표현한 이유는 현재의 북경을 중심으로 하여 제법 넓은 지역인 연운 16주(燕雲十六州)가 거란족(契丹族)―국호를 요(遼)라 하였다.―에 점거되어 끝내 실지 회복을 하지 못하였기 때문이다.

그 요나라 후방에 여진족―후에 국호를 금(金)이라 하였다.―이 강력한 조직을 갖는 정권으로 탄생하였다. 실지 회복이 지상 명령이었던 송나라는 이이제이(以夷制夷)―외국인으로써 외국인을 제압한다―라는 전통적인 정책을 취하여 금나라에 여러 가지 조건을 제시하였다. 요나라를 멸망시킨 후, 금나라는 조건에 대한 약속 위반을 이유로 그때까지의 동맹국인 송나라를 공략하여 수도 개봉(開封)을 점령하고 황제 휘종(徽宗, 1082년~1135년), 흠종(欽宗, 1100년~1161년)을 북쪽으로 연행하였다. 그때, 임무 때문에 수도를 떠나 있던 황족 중의 한 사람은 남쪽으로 도망가서 현재의 절강성 항주(杭州)를 임시 수도로 하여 왕조를 세웠다. 이것이 1127년의 일로, 그로부터 그 이전을 북송(北宋), 그 이후를 남송(南宋)이라고 부른다.

남북 두 송나라를 통한 문화상의 특징은 당나라의 화려하였던 문화가 귀족과 그 주변의 것이었는데 반하여, 서민에게 널리 침투한 것이라고 볼 수 있다. 그 주요한 원인들 중 하나는 인쇄(印刷)가 보급되어 발간사업이 성행하였던 점을 들 수 있다. 황제의 명령에 따라 「태평어람(太平御覽)」이라는 대백과사전이 편찬되고, 여러 가지의 전설과 전통 및 설화를 집대성한

「태평광기(太平廣記)」도 편찬되었다. 또한 민간의 도서 간행도 수 없이 많았다. 당나라의 책은 두루마리 형으로 되어 있으므로 돈황 제17 석굴에서 나온 문서도 한 장짜리 이외는 모두 두루마리였다. 현재 우리들이 읽고 있는 것과 같은 적당한 크기의 책으로 제본되기 시작한 것 송나라 때부터였다. 인쇄의 발달과 제본술의 보급은 문화를 더욱 폭넓게 전파시키는 효과를 가져왔다. 그러므로 당나라는 귀족 문화기였고 송나라 이후에 이르러 서민 문화가 꽃피기 시작하였다고 할 수 있다. 이리하여 수많은 제작물이 공간(公刊)되었다. 하나하나 필사하여 전해지는 것이 아니라, 인쇄에 의하여 한꺼번에 수많은 양이 쏟아져 나오는 것이다. 바꾸어 말하면 송나라 이후에는 기록이 압도적으로 많아진 시대였다. 많은 문인이 창작 활동을 하고 여러 가지 사실을 기록하게 되었다. 물론 그 중에는 없어진 것도 있으나 방대한 문헌이 현재 남아 있다.

지상에 많은 기록이 남아 있다는 것은 극단적으로 말하면, 지하에서 출토하는 문물의 가치가 그만큼 감소된다는 것이다. 그러한 뜻에서 발굴에 의한 새로운 발견이 있다는 감격은 송나라 시대부터 점차 희박해져 갔다. 또한 인간이 차차 합리적인 사고에 접하게 되어 송나라의 이학(理學)은 자연과학의 발달을 재촉하고 미신적인 요소도 다분히 사라졌다. 이것은 묘장(墓葬)이 이전만큼 거창하지 않게 되었다는 것을 뜻한다.

한 가지 예를 들면, 송나라의 능침 제도는 수릉(壽陵)을 부정하였다. 이제까지는 황제 생존중에 자기의 능을 '수릉'이라 하여 미리 조성하기 시작하였다. 그것은 몇 년 또는 몇 십년씩이나 걸려서 완성하는 것이다. 또 그와 병행하여 부장품도 만들었다. 그러나 송나라에 와서 황제는 재세(在世) 중에는 능을 만들지 않기로 하였다. 그리하여 황제가 사망하게 되면 비로소 능을 만들게 되며 그 기간은 7개월 이내로 정해졌던 것이다. 7개월 이내에 완성하게 되므로 그다지 화려하게 조성할 수는 없었을 것이다. 송나라의 능침 제도(陵寢制度)는 기본적으로 당나라 방식을 답습하였으나 조성 기간에 제한이 있었으므로 그 규모가 작아지는 것은 불가피한 일이었다. 또한 시대 사조도 능묘의 작음에 대하여 부끄럽게 생각하지 않았다. 장례는 경건하게 치루어야 하나 너무 도에 지나치면 오히려 유교의 정신에 위배된다고 생각하였다.

항주(杭州)로 옮긴 후의 남송(南宋)은 더욱 그 규모를 작게 하였다. 여진족

인 금나라에 쫓겨 남으로 옮겼다고는 하나 언젠가는 북벌을 강행하여 지난
날의 국도를 되찾겠다는 전제였다. 절강성의 소흥(紹興)에 능원을 만들었으
며 찬궁(欑宮)이라고 불렀다. 찬(欑)이란 가매장을 뜻한다. 지금은 비록 소흥
땅에 묻지만, 실지 회복의 그날에는 관을 북쪽의 고향 땅에 옮겨 다시 장사
지낸다는 의도였다. 능에다 석인상과 석수상을 세우는 것도 같았으나 송나라
의 석양상(石羊像)과 석호상(石虎像)은 아주 작았다.

  그러나 명나라에 와서 이 석인상이나 석수상은 다시 대형화되었다. 북경
교외에 있는 팔달령(八達嶺) 만리장성(萬里長城)의 관광 코스에 있는 명나라
13릉의 석인상과 석수상은 관광객의 기념 촬영 때 그 배경으로 이용되고
있으며 매우 큰 것들이다. 명나라는 태조인 주원장(朱元璋, 1328년~1398년)
의 효릉(孝陵)만이 남경에 있고 영락제(永樂帝)가 북경으로 천도한 후, 정식
으로 황제에 즉위하였다는 13 황제의 능이 같은 묘역에 조성되어 있다. 앞에
서 언급한 바와 같이 어느 능도 초대 영락제의 장릉(長陵) 규모를 넘어서지
않도록 배려하였다.


                                    2


  송나라 이후에 이르게 되면, 은허나 시황제릉 병마용갱(始皇帝陵 兵馬俑
坑), 마왕퇴묘(馬王堆墓), 만성 한묘(滿城漢墓) 혹은 건릉 삼배총(乾陵三陪
塚), 아스타나 묘지와 같이 세상을 들끓게 하는 발굴은 적어진다. 문헌이
많아진 사실과 매장 기간이 짧은 데에 연유한 것일 게다.

  송나라 이후의 발굴은, 송나라 때에 그 절정기를 맞았던 청자와 백자를
구웠던 고요적(古窯蹟), 또는 원(元)나라가 북경에 선을 잇대었던 대도성
(大都城)의 계획 등을 분명히 하려는 데에 주목적을 두었던 것 같다. 중국의
도자기가 국경을 넘어서 평가되고 또 애용되고 있는 현재, 오랜 가마의 발굴
조사라는 것은 세계적인 관심사라 해도 무방할 것이다.

  필자는 1984년 4월에 복건(福建)을 여행하고 상아색의 품격을 띤 관음상으
로 유명해진 덕화(德化)에 다녀왔다. 그곳에는 도예(陶藝) 관계 학교가 있고
학교 구내에 굴두궁 고요적(屈斗宮古窯蹟)이 보존되어 있는 것을 볼 수 있었
다. 용요(龍窯)라고 하여 길다란 상향식 요로 되어 있다. 이것은 송나라의

432

고요적이며 매우 길게 만들어진 것으로 유명하다. 필자가 참관했을 때는
연구 부족으로 상세한 것은 알지 못하였다. 단지 상향식의 대규모 가마가
송나라 시대에 이미 만들어지고 제작이 성행되었다는 사실이 감동적이었
다. 사실은 아문(廈門)에서 필자는 북경으로 날아가 도자기 분야에서 세계적
인 권위자인 풍선명(馮先銘) 씨를 만나 여러 가지 지도를 받았다.

송나라의 고고학은 아무래도 고요적이라는 점에 많은 사람의 의견이 일치
할 것이다. 그러나 고요적은 극히 전문적인 지식을 필요로 하는 것이므로
이것은 오히려 중국의 '도자기사'의 장르가 아닐까 하는 생각이 든다.

1973년에 일본에서의 전시회에서 하남성(河南省) 학벽시(鶴壁市)에서 발굴
된 학벽 요적 출토품인 도자기가 전시된 일이 있었다. 회색 바탕에 백토를
물에 녹인 것을 두껍게 만들어 거기에 철회구(鐵繪具)로 무늬를 그려넣고
투명 유약을 발라서 구운 일상용품의 도자기는 이제까지 자주(磁州) 요의
제품으로 간주되었다. 그러나 북방의 고요적에 대한 조사가 진척됨에 따라
자주 요뿐만 아니라 실은 여러 곳의 가마터에서 구워졌다는 사실을 겨우
밝혀냈다. 학벽 요도 이제까지는 자주 요라고 불리던 것 중의 하나라는 사실
이 출토된 수많은 작품이나 도자기 파편에 의하여 증명되었다. 이곳은 당나
라 말기부터 굽기 시작하여 원나라 초기에 이른 400년간이라는 세월에 걸쳐
자기를 구웠던 곳이다.

하남성의 오래된 가마 중에서 최근 30년 사이에 발굴된 것은 앞에서 언급
된 학벽(鶴壁) 이외에 밀현(密縣)의 요구요(窯溝窯), 등봉현(登封縣)의 곡하
요(曲河窯)와 임여요(臨汝窯), 의양현(宜陽縣)의 금병산요(錦屛山窯), 내향현
(內鄕縣)의 등주요(鄧州窯)와 신안요(新安窯), 수무현(修武縣)의 당양곡요
(當陽峪窯), 자현(磁縣)의 관대요(觀臺窯) 등 실로 헤아릴 수 없을 정도에
이른다. 특이한 예술적인 기품으로 알려진 균자(均磁)는 이제까지 불투명한
점이 많았으나 고요적의 조사에 따라 당나라 말기에 이미 굽기 시작하였고,
이제까지의 정설과 같이 그곳은 우현(禹縣)이 아니라는 사실을 알게 되
었다. 이리하여 균대요(均臺窯)는 균자 요적으로서 가장 중요한 발견으로
꼽히고 있다.

생산량이 많아지면 자연히 매입자들의 시장이 되므로 생산자간의 경쟁이
치열했던 것 같다. 고요적 조사에서 알게 된 점은, 예를 들어 관대요(觀臺

窯)의 도자기에는 '고상장기조(古相張家造)'라고 표기되고, 균대의 요의 것은 밑부분에 숫자가 새겨졌으며, 의양 요의 것에는 '오(吳)'나 '주(周)'와 같은 성씨를 나타낸 것으로 보이는 글자가 그릇 밑부분에 있다. 그리고 학벽 요의 것에는 '조일명(趙一皿)'이라는 3자가 있다. 각기의 제품을 다른 것과 구별하며 유통 과정에서 사는 사람에게 선택권이 있었으며, 한편 파는 쪽도 품질에 대해 자부심을 가지고 있었음을 말해 주고 있다. 이와 같은 상황은 일반 서민에게도 소비 경제가 커다란 전환기에 접어들었음을 나타내는 것이리라. 학벽요에 균대 요를 본뜬 것이 있는 기술 경쟁이 성행하여 상대의 장점을 어떻게든지 섭취하려고 했던 적극성이 엿보인다.

　신평(新平)이라든가 창남(昌南)이라고 부르던 경덕진(景德鎭)은 송나라 진종(眞宗) 경덕 연간(1004년~1007년)에 진(鎭)이 설치되어 경덕진이라고 명명되었다.경덕진은 지금도 중국 요업의 메카로 성업중이며 근처의 고요적 조사도 진척중에 있다. 최근에도 덕안(德安)에서 송나라 인종(仁宗, 1010년~1063년)의 경우(景祐) 4년(1037년)의 연대를 갖는 묘에서 훌륭한 영청자합(影青磁盒)이 출토되어 송나라 도자기 중 일품으로 지목되었다. 영청이란 그릇에 모형을 눌러 그 위에다 푸르스름한 투명 유약을 바르게 되므로 우묵한 곳에 잠긴 유약이 다른 부분보다 푸르게 보여 그렇게 부른 것이다. 흔히 청백자(青白磁)라고 불렀다.

　청자의 메카로서 경덕진과 어깨를 견주어 용천요(龍泉窯)는 1957년부터 조사가 개시되어 그 근처에서 약 200개의 고요적이 발굴되었다. 1960년에 대요정전산(大窯亭前山)에서 '반도염식(半倒焰式)'의 계단상(階段狀) 상향식(上向式) 요(窯)'가 발굴되었다. 이것은 보존 상태가 매우 좋아서 원·명 시대에 그토록 대량 생산이 가능했던 수수께끼가 이에 따라 해명되는 것이 아닌가 하고 추정된다. 같은 강서성(江西省)에는 있는 탓으로 흔히 경덕진의 범위에 포함시켜 버리는 길주 요(吉州窯)는 1980년부터 다음 해에 걸쳐 조사되었다. 강서성 길안현(吉安縣) 영화진(永和鎭)에 있으며 송나라의 본각사(本覺寺) 탑이 우뚝 솟아 있는 옆에 있다. 조사 결과 길주 요는 당나라 말기부터 5대에 걸쳐 갈유(褐楢)와 백유(白柚) 자기를 구웠다는 사실을 알게 되었다.

　이 길주요는 종합적인 가마였다고 볼 수 있다. 자주(磁州), 요주(耀州), 경덕진, 건요(建窯), 정요(定窯)의 특징을 각기 조금씩 가진 진귀한 가마이

434

다. 무늬와 굽는 기술은 정요와 밀접한 관계가 있고, 이른바 복소 기법(覆燒技法)도 공통된다. 그리고 그림의 정밀성이 생생한 점은 자주를 닮고 있으며, 경덕진의 유약 밑에 푸른 꽃을 그린 방식은 아무래도 이곳에서 전해진 것 같다. 이 곳은 마치 예로부터 전해지고 전해져 온 요업의 종착역이었던 것 같다. 경덕진의 기록에도, "지금의 경덕진 도공의 대부분은 영화인(永和人)"이라는 표현이 있다. 역시 "길주에서 경덕진으로"라는 것이 원래의 경로였을 것이다.

특히 발굴에서는 서둘러서는 안 된다. 발굴 작업을 하고 있을 때는 무엇이 나타날 것인가 하고 일종의 흥분 상태에 있기 마련이다. 예를 들면, 길주의 고요 송나라 층에서는 염색된 파편 11개가 발견되었다. 이에 따라 염색은 길주에서 시작되었다든가, 송나라에서 염료가 만들어졌다고 보는 것은 시기상조이다. 정말로 염색을 한 것이라면 11개 정도의 파편으로는 부족하지 않을까. 아마도 이것은 팽개쳐지고 노출되어 있던 송나라 층에 원나라 시대의 누군가가 부서진 경덕진의 염색 파편을 버렸음이 틀림없다.

최근의 복건 여행에서 필자는 덕화요까지 가 보았으나 건요(建窯)와 진강(晋江)의 자조(磁灶)까지는 가 볼 시간이 없었다. 자조 고요에 관하여는 1982년의「고고(考古)」5월호에 보고서가 있다. 이곳은 길주보다도 오래되고 남조(南朝) 시대부터 구웠던 것 같다. 대무역 항구인 천주(泉州)에 가깝기 때문에 위치면에서 유리하였을 것으로 보인다. 그러므로 이곳의 제품은 수출용으로 돌려졌음이 당연했을 것이다.

「필리핀에서 발견된 중국의 도자기」의 저자인 에디스 씨는 1980년 7월에 천주를 방문하고, 1975년에 일본의 토쿄 국립 박물관에서 개최되었던 '일본 출토의 중국도자기 특별전시회' 당시의 그림 목록을 제시하고 거기에 수록된 후쿠오카시(福岡市) 니시(西歐) 다지마교오초(田島經塚), 후쿠오카겡(福剛縣) 지쿠시쿤군(筑紫郡) 다이사이후마치(太宰府町) 고조이세끼(五條遺跡), 나가노겡(長野縣) 힌다시(飯田市) 미나카무라교오초(米中村經塚) 등에서 출토된 황유철 회화문반(黃柚鐵繪花紋盤)이 같다는 사실을 지적하고 있다.

일본에서는 이것들을 '회고려(繪高麗)'라 하여 조선(朝鮮)에서 건너왔다고 하였던 것이나 자조 고요의 조사로 이제까지의 정설이 정정된 예이다.

1981년 4월에 천주(泉州)를 방문한 일본의 미우와지난(三上次男) 교수가,

　진강(晋江) 토미암요(土尾庵窯)의 녹유자기(綠柚磁器)는 일본 도처에 있다. 특히 일본의 요코하마에 진강 동자산요(童子山窯)는 규슈에서 완전한 것이 많이 발견되고 교토에도 있다.

라고 말한 사실이 보고서로 소개되었다. 당나라 때를 지나면 서방 세계에서도 비단에 대한 비밀을 알게 되어 겨우 자력으로 비단을 짜게 되었다. 이 점은 비단길의 쇠퇴와 연관되는 것이다. 당나라의 국력이 쇠약해지고 치안유지가 어렵게 된 데에도 한 원인이 있겠으나 상품 자체에도 문제가 있었던 것으로 보아야 할 것이다. 이제 비단을 대신하여 도자기가 수출의 인기 품목이 되고, 무거운 도자기를 낙타의 등에 싣는 비단길보다 해로(海路)를 이용하게 되었다. 마침 중국에서나 이슬람권에서도 항해술이나 조선 기술이 점차 발달하고 있었다.

3

　5대 10국(五大十國)은 반 세기이며 그 유적은 가끔 발견된다. 전한 시대의 마왕퇴(馬王堆)가 어떻게 잘못되었던 것인지 5대 10국의 초나라 왕인 마은(馬殷)의 묘로 인정되었던 사실은 앞에서 언급한 바와 같다. 이것은 1천년 이상의 차이가 있었던 것이다.

　10국 중에서 사천(四川)에 근거를 두었던 전촉(前蜀)의 국왕이었던 왕건(王建)의 묘도 발굴되어 1964년에 보고서가 나왔다. 이 왕건과 동향인으로 처음부터 끝까지 행동을 같이 하였던 심복 중의 심복이었던 진휘(晋暉)라는 인물의 묘도 1974년에 발견되었다. 정사(正史)는 아니나 「9국사(九國史)」라는 사서에, 진휘의 전기가 겨우 400자 정도 기술되어 있다. 그러나 묘에서 출토된 1.07미터 사방의 묘석(墓石)에는 1행 60자로 60행, 즉 3천 6백자가 기록되어 있었다. 이에 따른 「9국사」의 기술이 정확하다는 사실이 증명되었다. 7남 14녀의 자손 부자로 손자 손녀의 이름도 기록되어 있었다.

　이 묘는 몇 번씩이나 도굴을 당하였으며 후일 그 위에 건물을 지을 때의 기초 공사로 남북 양쪽이 허물어졌다. 남아 있는 것에서 추측한 바에 의하면 전실묘(塼室墓)로서 전체 길이는 12미터 이상 되고 묘실 이외에 4개의 이실

(耳室)이 있고 그곳에 부장품이 있었을 것이다. 먼저 발견된 국왕 왕건의 묘에 비하면 역시 한결 작지만 묘의 축성 방식은 같다. 그들 묘의 조성이 송나라 때에 어떤 영향을 미쳤는지 하는 문제는 이제부터의 과제일 것이다.

중원(中原)과 촉(蜀)은 지방 차가 있으나 송나라 때에는 요(遼)와 대치하였으므로 그 풍습에서는 민족적인 차이가 인정된다. 요나라는 거란족이지만 요나라 묘 안에는 동(銅)으로 된 의류로 시체를 싼 예도 보인다. 동망의(銅網依)의 직경은 약 1밀리미터이고 망은 6각으로서 겨우 새끼 손가락이 통할 수 있을까 말까 할 넓이이다.

왜 동의를 입혀서 묻었던 것일까 하는 데 대하여 여러 가지 설이 나왔었다. 동의는 제2차 세계대전 전에도 가끔 발견되었다. 일본의 학자 중에서도 시마다쇼로오(島田正郎)가 「요(遼)의 사면(死面)」(「고고」 제36권 5호)이라는 논문에서 망자(亡者)의 영혼의 안녕을 보호하기 위한 것이라고 추측하였다. 또는 샤마니즘과 관계가 있었을 것이라고 하는 설도 나왔고, 「내몽고 대학학보(內蒙古 大學學報)」 1978년 2월호에는 가주걸(賈州杰) 씨가 「거란 상장 제도 연구(契丹喪葬制度研究)」에서 사체의 흐트러짐을 방지하기 위해서가 아니었을까 하는 의견도 내놓았다.

최근에는 발굴이 많아지고 그에 따라 이 문제도 많이 좁혀졌다. 동망의(銅網衣)를 사용하는 것은 대묘의 경우이지만 그렇다고 제일 큰 묘인 황족의 묘에는 없었다. 요나라의 황실은 야률씨(耶律氏)이나 이제까지 요녕성(遼寧省) 조양(朝陽)의 야율연녕(耶律延寧) 묘, 북진(北進)의 야률종정(耶律宗政) 묘, 부신(阜新)의 양률의선(耶律義先) 묘 등 몇 개의 황족 묘가 발굴되었으나 그들 묘에는 동망의의 흔적조차 없었다. 그리고 요 왕실을 섬기던 유력한 한족(漢族)의 묘에도 없다. 다만 요나라에서도 성종(聖宗, 982년~1030년) 이후의 거란족의 묘에만 있는 것이다. 요나라 때에는 화장이 성행하고 있었으므로 화장 묘에는 있을 까닭이 없다.

동망의가 발견된 묘 중에서 묻힌 사람을 알고 있는 것은 의현(義縣) 서산촌(西山村)의 소신미(蕭愼微), 금서(錦西) 서고산(西孤山)의 소효충(蕭孝忠), 법고(法庫) 엽무대촌(葉茂臺村)의 소의(蕭義)라는 사람들의 묘이다. 황실을 제외하고 요나라에서는 최고의 명문이 소씨(蕭氏)였다. 황실인 야율씨는 반드시 소씨 가문에서 아내를 맞이하였다. 그리고 황실의 야율씨 여성이 출가하는 상대도 반드시 소씨였다.

다음으로 동망의를 입고 있는 시체로 성별(性別)이 분명한 것은 모두 여성이라는 사실이 최근의 조사에서 밝혀졌다. 이렇게 하여 수수께끼에 대한 해답은 좁혀졌다. 소씨에게 출가한 황실 야율씨의 여성만이 동망의에 감싸여 묻혔다고 보아도 무방할 것이다. 그리고 황실 야율 씨에게 출가한 소씨 가문의 여성은 동망의를 입지 않았다.

이상의 고고학적 조사에 따라 「요사(遼史)」 '예지(禮志)'의 기록이 정확하다는 사실이 증명된다. 그 중의 내친왕(內親王) 공주 하가(下嫁) 의(儀)라는 항에 그녀들은 황제로부터 청황차(靑幌車) 2대와 송종차(送終車) 1대를 하사받는다고 나와 있다. 송종차에 싣는 것은 무엇인가 하면 송종의 기구, 복시의 물(覆尸儀物)에 이르기까지 모두 있다고 기록되어 있다.

송종의 기구는 장례 용품이다. 그 안에는 시체를 덮는 것도 모두 들어 있었던 것이다. 다른 집안(물론 소씨에 한정되지만)에 출가시킬 때에도 친정에서 마지막까지 돌본다는 사실이었다. 마지막이라는 것은 장례와 매장이다. 혼수감에 그 모든 것이 포함되었던 것이다. 매장할 때 시체를 감싸는 것까지 포함된다고 정사(正史)에 분명히 기록되어 있으며 그것은 바로 동망의였다. 영혼의 안녕을 지킨다든가, 샤마니즘과 관계가 있다는 설은 모든 것을 설명할 수가 없다. 이것은 신적(臣籍)에 출가하였으나 황실의 출신임을 분명히 하기 위한 조치였다는 것이 가장 적당할 것 같다.

원나라는 몽고인이 잠매(潛埋)하는 풍습이 있었기 때문에 현재 발굴되는 원나라 묘는 거의가 한족의 것이다. 1974년에 산동성(山東省) 가상현(嘉祥縣)에서 원나라 때의 통봉대부(通奉大夫) 조원용(曹元用)과 그의 아내의 묘석(墓石) 두 덩어리가 발굴되었다. 그리고 1981년 10월에 목탄층(木炭層)을 발견하였다. 목탄을 쌓는 것은 습기를 방지하기 위한 것이므로 그곳에 묘가 있는 것이 틀림없었다. 그리하여 신중하게 발굴이 진행되었다. 사실은 이 조원용이라는 인물은 「원사(元史)」에서도 상당히 중요한 인물로서 인종(仁宗, 1285년~1320년), 영종(英宗, 1303년~1323년), 태정제(泰定帝, 1293년~1328년), 문종(文宗, 1304년~1332년)년에 걸친 4대를 섬기며 예부상서(禮部尙書, 문교부 장관)와 한림시강학사(翰林侍講學士) 등을 역임한 것으로 전기에 나와 있다. 세조(世祖, 1215년~1294년) 지원(至元) 5년(1268년)에 태어나 문종 천력

(天曆) 3년(1330년)에 사망하였다.

이 묘에서 주목할 것은 2점의 '면적금(棉績錦)'이 부장되었다는 사실이다. 건조한 비단길 이외에서 면방직물이 출토된다는 것은 의외의 일이다. 이것은 매우 귀중한 자료가 되었다. 이 면적금은 「원사」 '조원용전'에, 그가 칙서를 초안하였던 바 매우 훌륭하였던 까닭에 금적문금(金績文錦)을 하사받았다고 쓰여져 있다. 천력 원년(1328년)이라고 기록되어 있으므로 그의 사망 2년 전의 일이었다. 황제의 하사품을 부장하는 경우는 흔히 있는 일이므로 이것이 「원사」에서 말하는 '금적문금'일지도 모른다.

현재의 북경(北京)은 원나라의 수도였으며 지원 4년(1267년)에 축성되어 이미 700여년을 지나고 있다. 북경은 명나라 시대에 대대적인 보수를 하였으므로 원나라 대도시 유적을 조사할 필요가 있는 것이다. 화의문(和議門) 유적, 후영방거주(后英房居住) 유적 구고루대가교 혈(舊鼓樓大街窖穴), 그 이외에도 수십 개 소에 대한 발굴이 수행되어 궁성(宮城), 가로(街路), 수로(水路), 배수로(排水路) 등의 형태나 위치가 점차 해명되고 있다. 또한 그에 수반하여 때로는 훌륭한 자기 등도 출토되고 있다. 원나라 대도시의 유적 조사는 현재 북경시의 도시 계획과 병행하여 접할 수 있기에는 좀 시간이 걸릴 것이다.

명나라는 이미 고고학적 대상이 되기에는 걸맞지 않는 시대이나 명 13릉(明十三陵)은 아직 정릉(定陵)만이 발굴 조사된 단계에 있다. 국력이 충실해지기를 기다려 아마도 서안(西安)의 건릉(乾陵)과 명나라 13릉 중에서 제일 규모가 큰 장릉(長陵)이 어차피 발굴될 것이다. 그때가 기대된다.

또한 관광 코스로 되어 있는 명나라 만력제(萬曆帝)의 정릉(定陵)은 넓다란 묘내에 대리석이 깔려 있어서 그야말로 지하 궁전인 것이다. 그러나 이곳을 발굴하였을 때 부장품들은 흩어져 있는 상태였다. 이 묘는 그때까지 도굴된 사실이 없었는데도 말이다.

아마도 부장품을 운반한 일꾼이 묘갱(墓坑)의 내용을 알고 있었으므로 입을 막기 위하여 죽임을 당하게 되었든가 또는 밀폐당할 염려가 있다고 생각한 나머지 묘실에 놓을 물건을 내팽개치고는 뒤도 돌아보지 않고 도망쳐 나왔을 것이다. 지금은 묘 안을 참관할 수 있도록 조치하고 부장되었던 훌륭한 물건들이 정릉 박물관(定陵博物館)에 소장되어 있다.

# 저자 후기

　역사에 관심을 갖고 역사에 대해 글을 쓰고 있으나 나는 언제나 마음에 걸리는 점이 있다. 중국사의 경우 「사기(史記)」를 비롯하여 「이십오사(二十五史)」, 편년체에서도 「춘추(春秋)」, 「자치통감(資治通鑑)」 등 이루 헤아릴 수 없을 정도로 많다. 마음에 꺼린다는 것은 그 문헌에 너무 의존하는 것은 아닌가 하는 때문이다. 문헌이 역사의 모든 것을 대신하지는 않는다. 온세계를 놀라게 했던 '진시황 병마용갱(秦始皇 兵馬俑坑)'만 하더라도 문헌에는 단 한 줄도 적혀 있지 않던 것이다. 남겨진 문자가 말하는 것 이외에 땅 속에서 나온 역사의 유물도 우리들에게 무엇인가를 말하고 있을 것이다. 은허(殷墟)에서 출토된 복사(卜辭)라는 문헌이 은나라의 왕통보(王統譜)에 관한 한 거의 정확하다는 사실이 확인되었다. 그러나 같은 문헌에서 은나라 주왕(紂王)의 불경 포학한 내력에 대하여 땅 속의 소리는 그 정정을 요구하고 있는 것 같다.

　역사는 인류의 진료 기록부라고 할 수 있는 것으로 그 공백을 메워 보충할 수 있다면 그 병력(旣往病)을 하나라도 더 이해할 수 있지 않겠는가? 그러한 어려운 일들을 생각하지 않더라도 우리에게 '새로운 발견'은 가슴 설레게 하는 사실이다. 요즈음 고고학의 발굴 조사에 의한 새로운 발견이 때로는 신문의 일면 톱기사가 되는 등 일반으로부터의 관심이 집중되고 있다. 문헌과의 부합이 확인되었을 때의 충족감, 문헌에 없었던 사실을 비로소 알게 되었을 때에 받게 되는 충격, 역사를 살피면서 추리의 절차를 새로 얻게 되었을 때의 기대감 등 그 모든 것이 지적인 쾌감이라고 할 수 있을 것이다. 최근 중국에서는 발굴이 간단없이 계속되고 그 때마다 전문지에 보고되고 있다. 나도 「중국의 역사」를 서술할 때 그것들을 참고하였다.

　더욱이 이 책에서 사용된 사진은 문물국, 중국 역사 박물관, 「인민중국」의 도움을 받았다. 여기에 감사의 뜻을 전하는 바이다.